XIANFA SHILI YANXI

宪法事例研析

主　编　吉敏丽

副主编　王存河

中国政法大学出版社

2013·北京

图书在版编目（ＣＩＰ）数据

宪法事例研析/吉敏丽主编. —北京:中国政法大学出版社，2013.11
ISBN 978-7-5620-5032-2

Ⅰ. ①宪…　Ⅱ. ①吉…　Ⅲ. ①宪法学—案例　Ⅳ.①D911.01

中国版本图书馆CIP数据核字(2013)第266547号

出　版　者	中国政法大学出版社
地　　　址	北京市海淀区西土城路 25 号
邮寄地址	北京 100088 信箱 8034 分箱　邮编 100088
网　　　址	http://www.cuplpress.com（网络实名：中国政法大学出版社）
电　　　话	010-58908285(总编室)　58908334(邮购部)
承　　　印	固安华明印刷厂
开　　　本	720mm×960mm　1/16
印　　　张	20.75
字　　　数	370 千字
版　　　次	2013 年 11 月第 1 版
印　　　次	2013 年 11 月第 1 次印刷
定　　　价	54.00 元

▦ 编写说明

　　"案例教学法"已经成为法学教学过程中普遍采用的教学方法之一。案例教学法旨在对所选取的案例中涉及的法律问题进行分析，从而一方面帮助学生掌握比较抽象的法学理论知识，另一方面帮助学生用所学知识分析现实中发生的问题进而解决问题。宪法学是法学学科中一门核心课程，同时也具有很强的应用性。宪法在我国国家政治生活中越来越得到重视，宪法在公民的日常生活中发挥的作用也越来越大，近年来在我国出现了许多与宪法相关的事例。随着课堂教学方式的改革，我们有必要通过对这些事例的研析，培养学生应用宪法基本知识分析问题、解决实际问题的能力。

　　本教材的写作，吸收和借鉴了我国许多宪法学者的成果，同时各位编者结合了自己的教学经验与宪法学发展的实践，紧密联系我国的实际，选取了大量有典型意义的宪法事例（案例）进行研析。编写体例方面，在遵循了传统宪法学教学内容结构的基础上，力求突出本教材的特色即突出实验教材的要求，本教材设计了教学过程的组织和实践性教学方法的运用，帮助老师有效地组织课堂教学，同时充分发挥学生的主动性，鼓励学生参与到课堂教学中来。

　　本教材由吉敏丽主编确定编写提纲和写作要求，并对教材内容进行了审定和定稿。

　　本书编写人员及分工如下（以撰写的章节先后为序）：

　　梁　晨：第一章；

殷兴东：第二章第一、四、五节；第三章；

潘丽萍：第二章第二、三节；

吉敏丽：第四章第一、二、三节；

王存河：第四章第四节。

在本教材编写过程中，我们参考并借鉴了许多学者的研究成果，在此表示感谢。同时，由于编者的水平有限，书中不足之处还望读者谅解，也敬请同行们批评指正！

编　者

2013 年 7 月

▫▪ 目　录

第一章

宪法基本理论

教学设计

项　目	具体内容
教学目标	1. 掌握宪法的基本概念。 2. 培养学生的宪法思维意识，能够熟练掌握宪法解释的基本知识。 3. 通过学习，了解各国宪法监督的体制并能够进行比较。 4. 通过教学，让学生能够发现我国现阶段宪法监督中存在的主要问题并提出完善对策。
教学要求	1. 教师提前将下节课讨论的事例告知学生，要求其搜集相关内容和法律规定。 2. 将全部学生分成若干个小组，每小组 5~6 人，要求对将要讲述的事例进行讨论并得出本小组的结论（可制作多媒体课件）。 3. 在课堂上，每小组推荐一名同学代表本小组进行发言，阐明本小组观点和理由。
教学准备	1. 多媒体教室。 2. 与讲授事例相关的其他事件。
教学过程	1. 讲授宪法的基本理论和相关概念。 2. 针对事例涉及的基础知识进行讲述。 3. 启发学生对争议的焦点进行辩论。 4. 教师进行最后点评并总结。

第一节　宪法的概念及特征

一、宪法的词义发展及概念

宪法一词古已有之，但其含义与近代宪法产生后的指称对象差别较大。

在古罗马帝国的立法中，宪法一词用以表示皇帝的各种建制和诏令，是指由皇帝发布的文件——敕令、策令、诏令和谕旨等，以区别于市民会议通过的法律文件。在中世纪的欧洲，宪法一词用以表示确立国家基本制度的法律。14世纪的法国自然法学家就曾把一些公认的传统和原则，如国王未经三级会议的同意不得开征新税，国王不得割让本国领土，国民有召集国民会议讨论国事的权力，国王的立法权受自然法、上帝法及国家根本组织法的限制等称为国家根本法或组织法或宪法，以便与国王制定的法律相区别。在中世纪，宪法一词有时也指制定法，如英王亨利二世 1164 年颁布的《克拉伦敦宪法》、英王约翰 1215 年颁布的《自由大宪章》等。后经过长期演变，直至 18 世纪末，北美殖民地脱离英国殖民统治而独立，建立了美利坚合众国，颁布了世界上第一部成文宪法——《美利坚合众国宪法》（The Constitution of the United States），宪法这个词的现代意义才最后完全、普遍地确立。[1]

在中国，宪法一词反复运用，或称"宪"，或称"宪法"，或称"宪令"，或称"宪章"，或称"宪典"，或称"宪纲"等。钱大群先生将我国古代典籍中的"宪"字含义归纳为七个方面：①最基本的意义是指法，这既可指除刑律以外的国家典章制度，也可指包括刑律、典章制度在内的整个国家的法律制度；②指一般的法律、法令；③指法律或禁令的公布；④效法、遵循；⑤指受法律的惩罚和制裁；⑥指御史和监察机关；⑦指具有最高效力的法律、法令，有时指最根本、最重要的法律准则。[2] 归而言之，我国古典中的"宪"、"宪法"不外乎两方面的含义：一是指法、法律或典章制度，如《尚书·说命下》中的"监于先王成宪"，《尔雅·释佑》中的"宪，法也"，《国语·晋语》中的"赏善罚奸，国之宪法也"，《史记·三王世家》中的"百官奉宪，各遵其职，而国统备矣"；二是指公布、遵守法律和实行法律制裁，如《周礼·天官·小宰》中的"宪禁于王宫"，《周礼·地官·小司徒》中的"令群吏宪禁令"，《礼记·中

---

〔1〕 参见张庆福主编：《宪法学基本理论》（上），社会科学文献出版社 1999 年版，第 23～24 页。

〔2〕 钱大群："'宪'义略考"，载《南京大学学报》1984 年第 2 期。

庸》中的"祖述尧舜，宪章文武"，《南齐书·沈仲传》中"中丞案载之职，被宪者多结怨"等。由此可见，在中国古籍中反复使用的宪法一词并不具有现代意义。现代意义的宪法出现于 1840 年后。1895 年中日甲午战争后，以康有为、梁启超为首的资产阶级改良派提出了"伸民权、争民主、开议院、定宪法"的政治纲领。戊戌变法失败后，清廷为敷衍民意，于 1908 年颁布了《钦定宪法大纲》。从此，宪法一词在中国作为专门的法律术语，取得了现代意义上的国家根本大法的内涵。

近代意义上对宪法概念的使用，其最根本的特征是强调宪法必须是限制国家权力、保证公民权利的基本法律。凡是不符合上述特性的法律都不能称之为宪法，如法国 1789 年《人权宣言》第 16 条规定："凡权利无保障和分权未确立的社会，就没有宪法"。人类历史上最早出现的成文宪法即 1787 年美国宪法就集中体现了近代宪法的基本精神。所以，在近代意义上，宪法一词的含义侧重点不在于它在一国法律体系中是否居于核心的位置，而是强调宪法制定的正当性和宪法功能的合理性。从近代意义上的宪法具有限制国家权力的作用的角度来看，英国一些学者也将具有限制王权作用的 1215 年英国国王约翰制定的《自由大宪章》解释为近代意义上的宪法的源头。

我们可以把宪法的概念表述如下：宪法是规定国家根本制度和根本任务、集中体现各种政治力量对比关系、保障公民权利的国家根本法。

二、宪法的特征

宪法的特征主要表现在以下几个方面：

（一）宪法内容涉及国家生活中最根本、最重要的问题

宪法规定的内容是国家社会制度和政治制度的基本原则，即国家的根本问题，主要包括国家性质、政权组织形式、国家结构形式以及公民基本权利和义务等内容。我国《宪法》序言宣布："本宪法以法律的形式确认了中国各族人民奋斗的成果，规定了国家的根本制度和根本任务。"在总纲中明确规定了国家的政治制度、经济制度、文化制度和法律制度，并列专章规定了公民的基本权利与义务。由此还可见，宪法规定的国家根本问题的内容极其广泛，涉及整个国家生活的各个重要领域。其他法律则不同，它们规定的内容是国家生活中的一般性问题，而且只涉及国家生活的某一方面。例如刑法只规定犯罪和刑罚问题，民法只规定特定范围的财产关系和人身关系问题，婚姻法规定的是婚姻家庭方面的问题。因此，可以说宪法规定的内容较之其他法律更为广泛。

正因为宪法规定的是国家的根本制度和根本任务等涉及国家全局的根本问题，它便成为其他法律的立法依据，便成为法律的法律，便取得了国家根本法

地位。

（二）宪法具有最高的法律效力

宪法具有最高法律效力，现已为世界上各成文宪法国家所公认。我国现行《宪法》在序言中明确指出，宪法"是国家的根本法，具有最高的法律效力"。宪法具有最高法律效力主要表现在以下三方面：

1. 宪法是其他法律的立法依据和基础。在我国，许多法律往往开宗明义地宣布，本法是以宪法为依据的。宪法与其他法律的这种关系，被宪法学者喻为"母子关系"，即宪法为"母法"，其他法律为"子法"。

2. 其他法律不得与宪法的原则和条文相抵触，否则无效或部分无效。对此我国《宪法》作了明确的规定："一切法律、行政法规和地方性法规都不得同宪法相抵触。"全国人民代表大会常务委员会有权撤销与宪法相抵触的行政法规和地方性法规。

3. 宪法是一切国家机关、社会团体和公民的最高行为准则。我国《宪法》明确指出："全国各族人民、一切国家机关和武装力量、各政党和各社会团体、各企业事业组织，都必须以宪法为根本的活动准则，并且负有维护宪法尊严、保证宪法实施的职责。"这也从一定程度上体现了宪法具有最高法律效力。

（三）宪法制定和修改的程序比普通法律更加严格

宪法规定的是国家根本问题，具有最高的法律效力，从而决定了宪法的制定和修改程序较之其他法律更为严格。宪法严格的制定和修改程序主要表现在：

1. 宪法制定和修改的机关往往不是普通立法机关，而是依法特别成立或组成的机关。宪法的制定机关，称为制宪机关，制定宪法的权力称为制宪权，不同于一般立法权。因此很多国家都成立专门机关从事制宪或修宪工作。例如，1787 年美国宪法是由 55 名代表组成的制宪会议制定的，我国现行《宪法》是由1980 年 9 月成立的宪法修改委员会对 1978 年《宪法》进行修改并重新颁布实施的。

2. 宪法规定了通过或批准宪法的特别程序。例如，美国的宪法修改，须经国会两院 2/3 以上的议员同意，或者应 2/3 的州议会的请求而召开制宪会议，才能提出，而且宪法的修正案必须经过 3/4 的州议会或州制宪会议批准后，才能发生效力。我国现行宪法规定，宪法的修改，由全国人民代表大会常务委员或者 1/5 以上的全国人民大会代表提议，并由全国人民代表大会以全体代表的 2/3以上的多数通过。而法律则由全国人民代表大会以全体代表的过半数通过即可。

事　例

美国制宪会议

【事例介绍】

美国取得独立战争的胜利之后，并没有立即成为一个统一的民族国家，而是出于对强大的中央政府的恐惧，通过《邦联条例》成为了邦联，创建了一个弱小的中央政府。邦联制意味着成员国和邦联议会之间的自愿服从关系，邦联实际掌握的权力少之又少。在《邦联条例》生效之后，13个独立后的殖民地建立了一个邦联议会。邦联议会是一个一院制机构，每州均可指派2~7名议会代表，这些代表由各州立法机关指派，可以行使该州在邦联议会上的一票表决权。每年邦联议会会选择一个轮值主席，但是条例并未创建一个总统职位。国会具有外交、印制货币、规范州际贸易和处理州际纠纷等权力，但是缺少独立的财政来源，以及强制实行决议的手段。

虽然邦联议会具有外交和宣战的权力，但是没有收税的权力。邦联议会只能要求自愿捐赠。另外，邦联议会的条例需要9个州的批准才可以生效，并且对邦联条例的修改需要各州代表的一致同意和各州议会的一致批准。而且《邦联条例》并未创建国家级别的法院。邦联议会的运作基本上依赖于各州政府的同意。《邦联条例》仅仅规定了各州之间要形成一种"彼此友好盟邦"的关系，但是事实上并非如此，它们之间甚至展开了贸易战。

由于邦联议会没有收税的权力，这导致邦联议会不能维持自己的军队。在各州拒绝满足邦联议会的财政要求时，邦联议会不得不出售西部的公有土地。因为严重的财政危机，邦联议会军队经常发生缺饷和欠饷的情况，无力应付外国入侵。

因为条例的弱点，邦联议会在维护州际和平和秩序方面作用不大。各州之间开始产生分歧，不断互相提高关税。1784年的一次财政危机导致银行银根紧张，欠债的人经常锒铛入狱。1786年马萨诸塞州的"谢伊斯起义"证明邦联议会无法保护公民免于武装叛乱以及提供足够的公共福利，使得政治领导人考虑更改这个条例。乔治·华盛顿写道："除非迅速采取补救措施，否则无政府及混乱状态必将接踵而至。"

1786年9月11日，维吉尼亚州召集的一个贸易会议在马里兰州首府安纳波利斯（Annapolis）举行，但是参与者认为中央政府有很多问题急需更正。需要解决的严重问题有州和中央政府的关系、国会的权力、行政首脑的缺乏和经济策略的稳定性。与会代表呼吁大陆会议于 1787 年 5 月在费城召开一个更大范围的会议讨论国家的未来。大陆会议于 1787 年 2 月同意了这个决议。拥护弱化中央政府的共和主义者认为这次会议的唯一且特定的任务是修订《邦联条例》，但是拥护强化中央政府的代表却认为费城会议的目的就是为了制定一部新的宪法。

费城会议原定于 5 月 14 日召开，但是直到 5 月 25 日到达会场的代表才达到法定人数。乔治·华盛顿被选举为会议主席。来自除罗得岛之外所有州的 55 名代表参与了费城会议。除去时年 81 岁的本杰明·富兰克林之外，其余代表的平均年龄是 41 岁。代表中有 9 人是种植园主，有 15 人是奴隶主，有 14 人曾任法官，有一半以上的人是律师，有 29 名代表受过高等教育。为了保密，会议的讨论是暗中进行的。即使在炎热的夏日中，议事厅的窗户仍然紧闭。华盛顿更规定与会者不得以记日记或笔记的形式记录会议情况，但是詹姆斯·麦迪逊仍旧依靠其卓越的记忆力记下了一些个人笔记。在会议 50 年之后，他的日记被公开，公众才得以了解一些制宪会议的细节。

会议代表们大多是国家主义者，他们支持建立一个具有实权的强大中央政府，而不是《邦联条例》下弱小的中央政府。乔治·华盛顿和本杰明·富兰克林支持建立分权和一个受到制衡的政府，但是愿意接受其他人选出的任何形式的政府。亚历山大·汉密尔顿甚至一度建议建立一个君主立宪政体，但是他的提案因和美国与之抗争的英国政府太过相似，很快就被否决了。弗吉尼亚州代表詹姆斯·麦迪逊等人则支持建立一个基于民众支持的中央政府。一些共和主义代表则想要一个清净无为的政府。还有一些代表不关心政府的性质，而只关心西部土地的所有权是否仍旧由中央政府——也就是所有州共有。纽约州的两个代表反对建立全国性的政府，并且在看到会议的制宪进程之后退出了会议。不仅如此，由于各州人口数量差异以及对奴隶是否计入人口等一系列分歧导致在各州在联邦立法机关的建构和代表权方面分化成为大州与小州、自由州与蓄奴州这样两种不同层面的利益派别，而且即便是在某一个层面上意见一致的州，在另外一个层面上可能意见又是相对的。[3] 就是在这种错综复杂的情况之下与会代表开始了激烈的讨论。

会议首日弗吉尼亚州代表艾德蒙·伦道夫向会议提交了同州代表詹姆斯·

---

[3] 在未来联邦立法机关代表席位的分配上，人口较少的州坚持各州所享有的代表权应当是平等的，即各州平均分配代表席位，这样可以防止在未来立法过程中大州对小州利益的侵犯。而人口较多的州则认为各州的每一个公民在联邦立法机关中都应当享有平等的代表权，即席位应当按照各州的人数比例分配。蓄奴州的代表则坚持要将奴隶计入到人口数量当中，但自由州的代表认为由于奴隶本身并不是公民，不享有选举权，所以不能计入人口当中。

麦迪逊所设计的弗吉尼亚方案：议会分成两院制，两院代表由人口多少决定。议会采取两院制，下院由人民直选，上院由各州议会提名后由下院选举。议会具有否决各州所立法律的权力；创建行政首脑职位，行政首脑由立法机关选举产生；创建最高法院，成员由立法机关指派。这个提案于5月29日向会议提出，在6月14日经过由全体代表组成的全体委员会修正后定稿，但是小州很快发现它们的代表权在此方案中被削弱了，于是提出了它们自己的计划——新泽西方案。

新泽西方案是由新泽西州代表威廉·佩特森（William Paterson）在6月15日提出的，主张各州平等。他的提议如下：邦联条例的基本原则——每州各有一票表决权保持不变；国会将具有规范贸易和税收的权力；国会创建的法律将高于各州的法律；国会将选举成立一个行政机关；行政机关将创建一个最高法院。新泽西方案和弗吉尼亚方案有很多相似之处。最大的不同是国会创建的法律的地位，这在后来也被加入了宪法。大多数代表倾向一个强大的政府而不愿选择新泽西方案，但是针对代表权如何分配仍然不能达成共识。在6月27日，分歧再次全面爆发，一些小州威胁要退出会议，讨论似乎陷入了僵局。

7月5日，康涅狄格州代表罗杰·舍曼（Roger Sherman）提出一项折衷方案即康涅狄格妥协案：议会分成上下两院；众议院中每个州的代表数目由州内自由民加上3/5的奴隶的数目决定；参议院中每个州都有两个代表，由州议会选举。这个方案打破了僵局，但是每个州在参议院享有一票的代价是人口较少的州可以在参议院中享有与其人口数量不相匹配的权利。无论如何，小州和大州都同意这个方案。另外，参议院也可以制衡很多人认为可能被大州控制的众议院。康涅狄格妥协案也基本解决了另外一个问题：奴隶的代表权问题。在当时奴隶制在很多北方州仍然合法，但是在南方则更加普及。一些代表要求在全国范围内废止奴隶制，而南方的代表反对这个提案。更进一步，他们要求把奴隶计入用于计算代表众议院代表数目的人口中。北方的代表反对这个提案，反对奴隶被计入。罗杰·舍曼的3/5妥协是南北双方的一个折衷。"五分之三条款"也显示了蓄奴州在会议中的影响。实际上并无选举权的奴隶按3/5计算说明了众议院和选举团的代表数目部分由奴隶主拥有的私有奴隶数目决定，实际上增加了奴隶主和南方州在国会中拥有的代表权。

尽管康涅狄格妥协在7月中达成，但是行政机关和司法机构的组成仍旧没有解决。剩下的工作被转移到一个由5人所组成的细节委员会。在孟德斯鸠三权分立思想的影响下，联邦党人和反联邦党人都致力于将权力分离，在行政、立法和司法机关之间建立平衡。细节委员会在8月6日提出了最终的宪法草案。

1787年9月17日，39名代表签署了宪法，并将宪法草案交由各州进行表决批准。

从起草宪法的辩论和斗争就可以预见到宪法获得批准的困难。签署宪法之后，代表们就开始致力于让宪法在各州议会中获得批准。和《邦联条例》不同的是，代表们同意只要9个州批准了宪法，那么宪法就开始生效，而每个州需要自行举办批宪会议。批准宪法的斗争之中，一方是支持建立强大中央政府和批准宪法的联邦主义者；另一方是反联邦主义者，反对宪法的起草和批准。大部分签署了宪法的代表是联邦主义者一方，比起他们的对手来说，具有两个优势：一是从起草过程中获得的为宪法辩护的经验和对宪法的了解，二是拥有可以影响州议会选举的财产。反联邦主义者的优势是只需维持现状。

在较具影响的纽约州，从1787年10月27日开始到次年5月28日，亚历山大·汉密尔顿、詹姆斯·麦迪逊和约翰·杰伊编写的《联邦党人文集》在宪法的批准过程中发挥了很大作用。反联邦主义者的反击主要集中于少数人创建的宪法可能建立一个寡头政府、政府可能夺取人民权利和自由，等等。这来源于当时影响很大的孟德斯鸠的理论，只有在直接代表制或者小选区的代表立法制政府下自由才有保证。

很快特拉华州、宾夕法尼亚州、新泽西州、佐治亚州和康涅狄格州就以较大优势批准了宪法。在1786年的谢斯起义所在的马萨诸塞州，在联邦主义者承诺制定《权利法案》之后才以微弱优势批准了宪法。马里兰州和南卡罗莱那州之后也很快以较大优势批准了宪法。尽管第九个州新罕布什尔州在1788年6月批准了宪法，达到了宪法生效所需的州数，正式确认了宪法的地位，但是如果纽约州和弗吉尼亚州不批准宪法的话，那么宪法生效的意义并不大。对《权利法案》的承诺使得宪法在弗吉尼亚州以微弱优势获得通过。在纽约州，华盛顿说服了反联邦主义者领袖埃德蒙·伦道夫，再次保证将修订宪法，同时联邦主义者控制的纽约市威胁要独立，才使得宪法以微弱优势获得通过。北卡罗来纳州和罗得岛州直到美国《权利法案》通过之后才批准宪法。

《权利法案》的制定应该归功于反联邦主义者的不懈坚持，其最终迫使联邦主义者不得不修正宪法以保护个人自由。为了预防政府对权力的滥用，从前反对加入《人权法案》条款的詹姆斯·麦迪逊搜集了两百多条各州对宪法的保留意见，在后来总结成17条修正案，国会去掉了其中5条。在1789年有12条修正案被提交各州批准，其中10条在1791年12月15日被通过，成为前10个宪法修正案。历史上称之为《权利法案》。1791年12月15日《权利法案》在弗吉尼亚州被批准之后正式生效。这使得在各州的权力不会受到很大限制的情况下，公民的权利在国家级别受到保护，而不再单纯依赖于州内法律和各州的权利法案。

【本事例涉及的法律问题】

阅读美国联邦宪法结合美国联邦制宪的经过，试分析与部门法相比，宪法应具有哪些特征和本质？

【基础知识】

宪法是根本法，这是宪法的最基本特征。在法律内容上，宪法作为根本大法，它规定了一国最根本、最重要的制度性内容，涉及一国带有普遍性、全局性的根本问题，诸如如何界定主权、如何组织政府、如何设置国家机关、如何调整国家与公民的法律关系、如何确认和保护公民的基本权利等，即宪法的内容是对一国最主要问题的制度化安排，是关于如何划分国家权力和公民权利及其相互关系的法律化处置，这些处置和安排不仅反映了一国政治、经济、文化和社会生活的主要内容及其发展方向，还从社会制度和国家制度的根本原则上规范了整个国家、社会和普通公民的活动。

在法律效力上，宪法作为根本大法，它具有最高的法律效力。所谓法律效力，是指已颁布生效的法律对人、对事、对地所具有的约束力和强制力。任何法律都有法律效力，宪法也不例外，但它的法律效力要高于一般法律。在成文宪法国家，宪法在一国法律体系中居于最高的法律地位，享有最高的法律效力。

在法律创制上，宪法作为根本大法，它有其严格而特殊的创制程序。

宪法是社会各政治力量对比关系的集中体现。根据马克思主义法学观，宪法与其他法律一样都是被上升为国家意志的统治阶级意志的体现，但宪法在表现统治阶级意志的过程中却存在自身的特点：一方面，各国宪法都在实质上或形式上与民主有关，都体现着统治阶级建立民主制国家的意志；另一方面，宪法比其他法律更集中更全面地体现着统治阶级的意志。然而，宪法对统治阶级意志的体现并不是随心所欲的。在创制宪法时，统治阶级必须全面综合考察当时各种政治力量的对比关系，并以这种对比关系为依据来确定宪法的基本内容。因此，宪法的本质就在于，它是一国统治阶级在建立民主制国家过程中各种政治力量对比关系的集中体现。

宪法是公民权利的保障书。尽管对"宪法是治国安邦的总章程"，人们都较为熟悉，但这一结论主要是从国家管理的角度而言，因而与宪法的核心价值取向并不完全一致。事实上宪法最主要、最核心的价值在于，它是公民权利的保障书。1789年的法国《人权宣言》就明确宣布，凡权利无保障和分权未确立的社会就没有宪法。列宁也曾指出："宪法就是一张写着人民权利的纸。"[4] 由此可见，宪法与公民权利之间存在着极为密切的联系。而且，这也可以从宪法的发展历史和宪法的基本内容中得到证实。

英国在 17 世纪资产阶级革命时期，曾于 1679 年通过了《人身保护法》，1689 年通过了《权利法案》，以确认和保障公民的权利和自由；1791 年的法国第一部宪法则把《人权宣言》作为宪法的序言。世界上第一部社会主义宪法——1918 年的苏俄宪法，也将《被剥削劳动人民权利宣言》列为第一篇，可见社会主义宪法也同样具有权利保障的意义。

从宪法的基本内容来看，尽管作为国家根本法的宪法涉及国家生活的各个方面，但其内容仍然可以分为两大块：国家权力的正确行使和公民权利的有效保障。然而，这两大块并非地位平等的两部分，就它们之间的相互关系来说，公民权利的有效保障居于支配地位。因此，在国家法律体系中，宪法不仅是系统全面地规定公民基本权利的法律部门，而且其基本出发点就在于保障公民的权利自由。

宪法是民主事实法律化的基本形式。"民主"一词起源于希腊文 *demokratia*，是指"人民的权力"或"人民当家作主"，更确切地说，是指"大多数人的统治"。如果说宪法的基本出发点在于保障公民的权利和自由，那么这种对公民权利和自由的保障，则是民主最直接的表达，或者说是民主事实的必然结果。

【事例评析】

从上述事例中可以看出，美国的制宪过程反映了宪法是根本法、具有最高效力、保障公民权利、是多种政治力量对比关系的体现以及是民主事实法律化等特征和本质。

美国独立战争之后的邦联条例时期，虽然赋予了邦联国会进行外交、印制货币、规范州际贸易和处理州际纠纷等权力。但是因缺少独立的财政来源以及强制实行决议的手段，邦联国会未能发挥其应有的作用。这也使得独立后的各州之间陷入了相互之间设置贸易壁垒等商业上的恶性竞争、州内为了偿还所分担的战争借款而肆意发行货币等行为带来的混乱和动荡之中。而解决这一问题的关键就是在保障各州权力和州内公民权利的基础上制定出能够被各个州的人民所认可和遵守的调整州际之间关系的法律。

首先，邦联条例时期的混乱也使得制宪会议的代表意识到，为了能够使各州遵守州际之间的协定，避免重蹈邦联条例的覆辙，那么就需要加强中央政府

---

[4]《列宁全集》（第 12 卷），人民出版社 1987 年版，第 50 页。

的权威，使其成为一个强有力的中央政府，从而保障未来联邦宪法能够得到各州的遵守。实际上这种共识使得将要制定的联邦宪法具有了根本法的性质，即联邦宪法成为联邦内各个州和各州人民所应当遵守的最高规范，而且各州立法机关所制定的法律不得与联邦宪法相冲突。从美国联邦宪法的序言中我们可以看出，通过使用"we the people of the United States"这种说法，使得联邦宪法取得了《邦联条例》所不具有的公民基础。这使得联邦宪法不仅成为了规范和调停州际行为的最高规范而且也成为了除了州法之外另一种保障公民权利的规范。

其次，从制宪会议的经过来看，制宪会议实际上就是多种政治力量对比关系的具体体现过程。在制宪会议中大州和小州之间、蓄奴州和自由州之间为了各自的利益，提出了符合自身利益的宪法方案，总体来说在制定联邦宪法的过程中，各州之间主要争议的问题在于联邦的立法机关内大州和小州是否应当享有相同的代表权？奴隶制应当是以一种联邦确认的制度予以保留还是在联邦范围内予以废除？从联邦宪法的内容来看，在以上两个争议点上，争议双方都没有完全实现自己的主张，但从另一个角度来看，争议双方的主张都得到了部分的实现，如大州和小州在立法机关代表权的问题上采取的两院制各自采取不同的代表形式兼顾了大州和小州的主张；在奴隶制问题上，一方面双方形成共识将奴隶制的存废问题暂时搁置并且在联邦宪法中通过修辞的方式不直接出现奴隶或奴隶制等词语避免了把奴隶制作为宪法内容的错觉，另一方面又在与人口相关的问题上双方通过著名的"五分之三妥协案"达成了一致。

最后，宪法批准通过的过程实际上体现了宪法作为公民权利保障书的本质。制定联邦宪法的初衷是为了形成一个强有力的中央政府来管理州际之间的事务，而对作为联邦公民的各州公民的权利提及甚少。所以在联邦宪法交由各州进行表决时，为了避免未来的联邦损害各州公民的权利，弗吉尼亚州以制定保障联邦公民权利的权利法案为交换条件批准通过了联邦宪法，也就使得联邦国会在首届会议时就着手制定意在防止联邦侵犯公民权利的《权利法案》，也就是美国宪法的第 1～10 修正案。

参考阅读

1. ［奥］凯尔森：《法与国家的一般理论》，中国大百科全书出版社 1996 年版。
2. 王希：《原则与妥协：美国宪法的精神与实践》，北京大学出版社 2000 年版。
3. 王绍光：《民主四讲》，生活·读书·新知三联书店 2008 年版。
4. 郑贤君："以宪法概念思维：规范是如何发现的？"，载《当代法学》2005 年第 2 期。

第二节　宪法基本原则

宪法原则是构成宪法内容的三要素之一，它是指构成宪法规范和宪法行为的基础或综合性、稳定性原理和准则，往往直接体现宪法的本质和价值，因此可以说是宪法的灵魂和精神所在。

一、人民主权原则

人民主权原则即主权在民原则、民主原则，意指国家权力来源于人民，属于人民，即一国中的绝大多数人拥有国家的最高权力。所谓主权，即一国所固有的处理其国内外事务而不受他国干预和限制的最高权力，简言之，即一国的最高权力。英文中主权 sovereignty 一词来自拉丁文 *superanus*，其意为较高、最高。近代意义上的主权概念是由法国政治学家、法学家让·布丹在《论共和国六书》中提出的，他反对封建领主割据，主张建立在神权基础上的君主主权，并认为主权是除了上帝和自然法外的最高权，是永恒的、绝对的权力。英国思想家霍布斯坚持集权专制，也主张君主主权，但反对"君权神授"；洛克提出了议会主权的主张，而反对君主主权；卢梭进一步发展了资产阶级主权思想，系统提出了人民主权论，认为国家主权是人民公意的体现，既不能被分割，也不能被转让。美国总统林肯在南北战争期间的葛底斯堡的演说中，提出的"民有、民治、民享"（孙中山译，英文为 of the people，by the people，for the people）原则被认为概括了人民主权的全部内涵。

从世界各国的宪法内容看，各国宪法一般都从以下三方面体现人民主权原则：①明确规定人民主权原则。如 1919 年的德国《魏玛宪法》第 1 条规定："国权出自人民"，1946 年和 1958 年《法国宪法》第 3 条规定："国家主权属于法国人民"，1982 年《中国宪法》第 2 条规定："中华人民共和国的一切权力属于人民"。②通过规定人民行使国家权力的形式来保障人民主权。这包括：一是直接的代议制形式，如俄罗斯联邦现行宪法规定："人民行使权力的最高的直接形式是全民公决和直接选举"；二是间接的代议制形式，如《古巴宪法》第 4 条规定："古巴共和国的一切权力属于劳动人民，人民通过人民政权代表大会和由其组成的其他国家机关行使权力或直接行使"。③通过规定公民广泛的权利和自由来体现人民主权。各国宪法大多设有专门章节规定公民的基本权利和自由，如我国现行宪法第二章。

二、基本人权原则

所谓人权，是作为一个人所应该享有的权利，是一个人为满足其生存和发展需要而应当享有的权利。人权在阶级社会具有阶级性，但就其最原始的意义而言，它在本质上属于应有权利、道德权利。人权又是一个历史范畴。人们通常将人权分为三个发展阶段：第一阶段的人权是资产阶级革命时期的人权，主要为人身人格的权利和政治权利与自由，其具体内容主要是言论、信仰、结社、通讯、宗教等自由以及免受非法逮捕、公正审判等权利，它的诞生和确立以美国的《独立宣言》和法国的《人权与公民权利宣言》为标志。第二阶段的人权，主要受 19 世纪初社会主义运动和革命的影响，其基本内容是经济、社会和文化方面的权利。它在宪法上的表现，在东方以苏联《被剥削劳动人民权利宣言》为代表，在西方以德国《魏玛宪法》为标志。人权的第三阶段，主要是从"二战"后反殖民主义的民族解放运动中产生和发展起来的，其内容包括民族自决权、发展权、和平权、自然资源永久主权等国际集体人权。它已为一系列国际人权文书（如《联合国宪章》、《联合国人权宣言》）所确认[5]。

最早将基本人权原则写入宪法性文件的是被马克思誉为世界历史上第一个人权宣言的美国《独立宣言》，它宣布："人人生而平等，他们都从他们的'造物主'那边被赋予了某些不可转让的权利，其中包括生命权、自由权和追求幸福的权利。为了保障这些权利，所以在人们中间成立政府。"法国 1789 年的《人权宣言》也公开宣称："在权利方面，人们生来并且始终是自由平等的"；"任何政治结合的目的都在于保存人的自然和不可动摇的权利，这些权利就是自由、财产、安全和反抗压迫"。它还强调："凡权利无保障……的地方，就没有宪法"，并对人权的具体内容做了补充："自由传达思想和意见是人类最宝贵的权利之一"，"财产是神圣不可侵犯的权利"。我国现行《宪法》在 2004 年的修改中明确写入了"尊重和保障人权"的条款。

三、权力制约原则

权力制约原则是指国家权力的各部分之间相互监督、彼此牵制，以保障公民权利的原则。在历史上，权力制约思想由来已久。古希腊的亚里士多德从人性恶的角度出发，提出人不能完全消除兽欲，执政者难免会引起政治偏向，为此需要他方的制约，这是因为"人间互相依仗而又互相限制，谁都不得任性行事，这在实际上对各人都属有利"[6]。他因此提出了选举、限任、监督和法治

---

〔5〕　参见李步云主编：《法理学》，经济科学出版社 2000 年版，第 464～465 页。
〔6〕　〔古希腊〕亚里士多德：《政治学》，商务印书馆 1983 年版，第 319 页。

等一系列的权力制约方法。近代意义上的权力制约思想，最典型的是以洛克、孟德斯鸠与汉密尔顿为代表的分权学说和以杰斐逊为代表的民主共和主义。洛克是近代分权学说的首倡者，他认为国家有三种权力，即立法权、执行权和对外权。如果立法权和执行权由一人或同一机关掌握，就会给人类的弱点以极大的诱惑，促使人们去攫取权力，使之不受法律的限制，因此三种权力应由特殊机关分别掌握。立法权是国家的最高权力，但因政府的权力来自人民，它也须受委托条件的限制。他又认为执行权和对外权可由君主一人掌握，因此他的三权分立实际上只有两权分立。孟德斯鸠是三权分立说的完成者，他不仅将国家权力明确地分为立法权、行政权和司法权，并由不同的人和不同的机关来行使；而且认为，"一切有权力的人都容易滥用权力，这是万古不易的一条经验"，因此他得出结论："从事物的性质来说，要防止滥用权力，就必须以权力约束权力"[7]。1787 年美国联邦宪法的起草者之一汉密尔顿根据洛克、孟德斯鸠的分权思想阐述了美国政府的建制，并且提出了立法、行政、司法三权应该分立，而且应该互相牵制与平衡。杰斐逊在美国建国初期，坚决主张在美国必须建立代议制的民主共和国，指出政府必须在人民的控制下体现和执行人民的意志，保障人民的自由权利，保护人民的经济利益和社会地位，并且只有人民才是政府的唯一可靠的保护人。马克思主义经典著作充分肯定了资产阶级思想家的分权学说，提出实行无产阶级专政的国家宜采用民主共和制，并加强对权力机构的监督。他们根据巴黎公社的经验，明确提出了监督的思想："公社是由巴黎各区普选选出的城市代表组成的。这些代表对选民负责，随时可以撤换，来保证自己可能防范他们"[8]。

由于各国国家政权的性质、具体历史条件、政治文化传统等的不同，权力制约原则在各国宪法中的表现是不一样的，大体有两种情况：一是在资本主义宪法中，权力制约原则表现为分权原则；二是在社会主义宪法中，它表现为监督原则。

资本主义宪法中的分权原则即分权制衡原则，它是把国家权力分为几个不同的部分，分别由不同的国家机关独立行使，这些国家机关在行使权力的过程中，保持一种互相牵制和互相平衡的关系的原则。

社会主义宪法中的监督原则主要体现为两方面：其一，在人民与代表和国家机关及其工作人员的关系上，一般规定了人民代表（议员）都由民主选举产

---

[7] ［法］孟德斯鸠：《论法的精神》（上），张雁深译，商务印书馆 1961 年版，第 154 页。
[8] 《马克思恩格斯选集》（第 2 卷），人民出版社 1995 年版，第 375 页。

生，对人民负责，受人民监督，人民对国家机关及其工作人员可提出批评、意见和建议等。如苏联 1977 年宪法第 107 条规定："代表必须对选民以及其他为代表候选人的集会和社会组织报告自己的工作和苏维埃的工作。""辜负选民信任的代表，根据多数选民的决定，依照法律规定的程序可以随时召回。"朝鲜 1972 年宪法第 8 条规定："各级国家权力机关的议员对选民负责。"我国 1982 年《宪法》第 77、41 条也有类似规定。其二，在不同国家机关之间的关系上，也规定了有关监督原则的内容。如我国 1982 年宪法第 3 条规定："国家行政机关、审判机关、检察机关都由人民代表大会产生，对它负责，受它监督。"第 135 条规定："人民法院、人民检察院和公安机关办理刑事案件，应当分工负责，互相配合，互相制约，以保证准确有效地执行法律。"

四、法治原则

法治，即法的统治、法律的统治的简称。所谓法治，是指与"人治"和"德治"相对立或对应的一种治国理论、方略和制度模式。现代意义上的"法治"，即"民治"、"宪法治"，是指统治者按照民主原则将国家事务法律化、宪政化，并严格依宪、依法进行管理的治国理论、方略和制度模式。其核心内容是：宪法至上、法律至上，法律的权威高于政府，依法行政，司法独立，法律面前人人平等。应注意的是：法治与法制两概念的关系。法制即国家的法律制度，它有广义和狭义之分。广义上的法制是描述性的，它指的是一个国家的立法、司法、守法和法律执行的所有法律规则和制度本身，并不含任何价值意义。狭义上的法制（即价值意义上的法制）有时也可用法治来表述，法治是法律制度的一种特殊状态，在这种状态下，法制不仅仅指现存的法律和法律制度，而是一种结构，这个结构的突出特点就是法律的至上性，法治就是法律的统治。[9]

近代以来宪法中的法治原则以形成于欧美的法治思想为理论基础。亚里士多德曾给法治下过定义："法治应包含两重含义：已成立的法律获得普遍的服从，而大家所服从的法律又应该本身是制定得良好的法律。"[10] 他从法律的普遍性和正当性角度所阐明的法治内涵，揭示了法治概念的形式和内容，这成为后来西方法治思想的最重要理论渊源。近代的洛克也力主"法律主治"，"法律面前人人平等"，他说，"谁握有国家的立法权或最高权力，谁就应该以既定的、向全国人民公布周知的、经常有效的法律，而不是以临时的命令来实行统治；

---

〔9〕　参见李步云主编：《法理学》，经济科学出版社 2000 年版，第 366～387 页。
〔10〕　〔古希腊〕亚里士多德：《政治学》，商务印书馆 1965 年版，第 199 页。

应该由公正无私的法官根据这些法律来裁判纠纷"[11]；"法律一经制定，任何人也不能凭他的权威逃避法律的制裁，也不能以地位优越为借口，放任自己或任何下属胡作非为，而要求免受法律的制裁"[12]。卢梭更公开宣称法治国须为人民主权的共和国政体，"我将选择一个立法权属于全体公民的国家作为我的祖国"[13]。他认为，"凡是实行法治的国家——无论它的行政形式如何——我就称之为共和国；因为唯有在这里才是公共利益在统治着，公共事物才是作数的。一切合法的政府都是共和制的。"[14]

合众国诉尼克松案（水门事件）

【事例介绍】

1970年，尼克松上台不久，便指示其行政班子人员秘密建立了一个全方位的监视系统，以保卫国家安全为名，对所有嫌疑人员进行监视和监听。尼克松授意这个班子在必要时可以对嫌疑人的办公室和私人住所进行破入式的检查。但是，所有这些行动都缺少宪法和法律上的依据。尼克松建立的这个秘密情报班子在1972年美国总统大选期间，为了充分了解竞争对手民主党的活动动向，一直积极地开展各种搜集情报的活动。1972年6月17日深夜，这个班子的5名成员在破门进入设在华盛顿水门大厦内的民主党全国委员会办公室的时候，被警察拘捕。警察从作案者身上搜出了与尼克松竞选委员会有关的证据。后来为世人所知的"水门事件"就由此开始。

水门事件发生后，白宫立即发表声明，竭力开脱。尼克松本人在8月29日声明该届政府中没有人涉及此案。与此同时，白宫班子立即在背地里进行了一连串的掩盖行动，包括销毁证据、对联邦调查局施压、要求缩小调查范围等。9月，《华盛顿邮报》的两名记者揭露了惊人的内幕：前联邦司法部长掌管着一笔秘密基金，专门用于窃取民主党情报工作，尼克松的一名助理被指控为与征召"管子工"有联系，这篇报道使公共舆论和国会开始关心水门事件。1973年1月，联邦司法部被迫对涉案7名人员起诉，其中，5人认罪，2人被判刑。在审

〔11〕 ［英］洛克：《政府论》（上），瞿菊农、叶启芳译，商务印书馆1982年版，第80、59页。
〔12〕 ［法］卢梭：《论人类不平等的起源和基础》，李常山译，商务印书馆1962年版，第53页。
〔13〕 ［法］卢梭：《社会契约论》，何兆武译，商务印书馆1980年版，第51页。
〔14〕 ［法］卢梭：《社会契约论》，何兆武译，商务印书馆1980年版，第51页。

理该案件过程中，联邦地区法院被告知该案与白宫有牵连。1973 年 2 月，参议院组成了一个特别委员会对此案进行调查，得知尼克松的律师旁听了所有联邦调查局对此案的侦讯，并审阅了所有相关档案。此事使参议院怀疑白宫进行了掩盖行动，要求进一步调查白宫有关人员。尼克松的白宫办公厅主任和司法部长抵挡不住，相继辞职，尼克松仍然坚称自己对此事一无所知。

1973 年 5 月至 8 月，参议院的特别委员会进行了公开听证会，对水门事件进行广泛的公开的听讯调查，多名白宫官员被传讯。这些证人证明：其一，尼克松直接参与了"管子工"特别调查组的组建和行动计划，并参与了水门事件后的掩盖行动。其二，白宫建立了一份"政治敌人"名单，这些人包括政界人物和新闻记者等，白宫允许特别调查组建立秘密的情报系统。同时其非法利用联邦税收局的情报资料，在必要的时候，以偷税漏税等罪名来打击尼克松的政治敌人和激进的非营利组织。其三，尼克松在白宫装了窃听器，对所有的谈话都录了音。

公众深为听证会所揭露的内幕而震惊，要求扩大调查。在参议院的要求下，尼克松的司法部长埃利奥特·理查森只得任命一名特别检察官阿奇博尔特·考克斯对此案进行全面调查。7 月，考克斯要求尼克松交出调查需要的有关文件和录音磁带时，尼克松以自己享有行政豁免权不受司法审查的理由拒绝了。8 月，联邦地区法院判定考克斯索取录音磁带的行为是合法的，令尼克松交出录音磁带。尼克松不服，上诉到哥伦比亚特区联邦上诉法院。10 月，联邦上诉法院对联邦地区法院的决定表示支持，要求尼克松执行法院命令，将录音磁带交给特别检察官阿奇博尔特·考克斯。尼克松提出只交出磁带的文字材料，这个要求遭到考克斯拒绝。尼克松一气之下命令司法部长和副部长将考克斯解职，两人拒绝执行命令，被迫辞职。新上任的代理司法部长罗伯特·博克终于执行了尼克松的命令，将考克斯解职。但此时，公众舆论怒不可遏，众议院也开始采取行动，提出了弹劾尼克松的决议案。

1973 年 11 月，尼克松迫于国会和舆论的压力，只好让司法部长任命新的特别检察官来调查此案。新的特别检察官利昂·贾沃斯基仍然要求尼克松交出磁带。与此同时，众议院的司法委员会开始对弹劾议案进行审议，并命令尼克松交出磁带，尼克松仍然拒绝交出磁带，只交出了经过剪辑的 42 盘录音磁带的文字副本。在审理了录音副本后，联邦地区法院大陪审团在 1974 年 3 月将尼克松列为"未定罪的同谋者"，并将此决定转交给众议院司法委员会。

1974 年 6 月，联邦地区法院法官约翰·西里卡向尼克松发出命令，要求他交出与掩盖水门事件有关的录音磁带，以用于完成对有关人员的审讯。尼克松仍然以行政豁免权和磁带涉及国家军事秘密为由，拒绝交出磁带。联邦地区法院和特别检察官遂将此案上诉到美国联邦最高法院，定名为"合众国诉尼克松案"。1974 年 7 月 24 日，联邦最高法院作出最后判决，要求尼克松交出磁带。与此同时，众议院司法委员会经过激烈辩论，于 7 月 23 日投票决定以三个罪名对尼克松进行弹劾。三条罪行分别是：①尼克松亲自参与和指示其下属参与了对水门事件的掩盖活动，对法律的实施进行了有意的阻挠，违反了宪法赋予其的职责；②滥用职权，以非法手段对公民进行调查打击，侵犯公民权利，违反了就任总统时的誓言；③无视国会要求交出磁带和其他证据的传票，严重阻碍了弹劾的工作程序。另外两项指控（未经国会允许轰炸柬埔寨和逃税）被删除了。

1974 年 7 月 24 日，美国联邦最高法院打破常规，以异常迅速的速度审理了此案，并形成了 8∶0 的一致决定（大法官伦奎斯特没有投票），并由尼克松提名任命的首席大法官沃伦·伯格代表最高法院对尼克松是否应当交出磁带作出了三项判决：

第一，特别检察官有权对他名义上的上司起诉，因为他的职责允许他这样做，根据《联邦宪法》第 2 条第 2 款的规定，国会授权司法部长处理合众国政府的刑事诉讼，国会还授权司法部长任命下属来协助他履行职责。根据这些规定，司法部长把特定事务中的代表合众国的权力委托给特别检察官，因此，特别检察官在履行职责时是依据法律来行使职权，受法律保护，而不是只听从其名义上的上司联邦总统的意见。由于本案起因于《联邦宪法》第 3 条所规定的刑事诉讼程序，并且审理像尼克松这样的案件在历史传统上一直是由最高法院来进行的。所以，该案并不是如同总统律师所主张的只是行政机构内部分支之间的"管辖性"争议。

第二，尽管总统的录音磁带中包含了行政特权的内容，尤其是那些涉及国家军事机密的东西，但是，当这些磁带被视为一桩犯罪案件的调查证据时，总统必须服从法院的决定，将磁带交出；总统的行政特权不能无止境地延伸到阻碍司法审查的正常程序，司法程序的合法需要可以超过总统所享有的行政特权。从传统来看，法院一贯尊重总统的职责。但是，如果允许总统享有的行政特权可以扣留与刑事审判相关的证据，则会深深地侵犯法律所规定的正当程序。因此，当刑事审判必须使用收到的传票所要求的以及其他资料时，仅基于保密的笼统利益而宣称的行政特权，并不能超越刑事司法中的正当法律程序的基本要求。在刑事审判中，对行政特权的广泛宣称必须让位于对证据的确实和具体需要。

第三，至于总统交出的磁带是否与调查的罪行有关，不能由总统来决定，而只能由法院来决定。

1974年8月5日，尼克松交出了1972年6月23日的3盘录音磁带的文件副本。磁带显示尼克松早在1973年3月以前就参与了掩盖活动，并曾下令指示下属动用中央情报局的力量来阻止对水门事件的调查。到此，不论尼克松是否直接参与和策划了水门事件，证据显示他已经直接地参与了掩盖水门事件的活动，这些正是众议院弹劾他需要的铁证。1974年8月8日，尼克松发表电视讲话，宣布辞职。8月9日上午11时35分，尼克松向国务卿基辛格递交了辞呈，成为美国历史上第一个辞职的总统。30分钟后，由副总统杰拉尔德·福特继任总统。1个月后，福特总统宣布对尼克松"犯下的和可能犯下的所有的（触犯联邦法律的）罪行"予以无条件的赦免，并同意在法院使用3年后，尼克松有权拥有以至销毁所有的与水门事件有关的录音磁带和文字材料。至此，水门事件以美国总统尼克松的辞职而告终。但国会在同年12月通过法案，宣布将所有录音磁带和证据置于联邦政府的控制之下，以便将来开放为公共使用（这些材料已在1997年全部开放为公众使用，其中录音部分也转化成了文字材料）。1978年7月，纽约州宣布禁止尼克松在该州从事律师行业的工作。

【本事例涉及的法律问题】

本事例涉及哪些宪法原则？行政豁免权是相对的还是绝对的？

【基础知识】

宪法的基本原则是指在制定和实施宪法过程中必须遵循的最基本的准则，是贯穿于立宪和行宪的基本精神。宪法的基本原则具有以下特征：普遍性、特殊性、最高性、抽象性和稳定性。结合世界各国宪法与宪政的理论与实践，宪法的基本原则有：人民主权原则、基本人权原则、权力制约原则和法治原则。这些原则构成了现代宪政制度的核心，其内在关系表现为：人民主权是逻辑起点，基本人权是终极目的，权力制约是基本手段，法治是根本保障。

【事例评析】

"水门事件"是美国历史上最不光彩的政治丑闻之一，其对美国本国历史以及整个国际新闻界都有着长远的影响。"合众国诉尼克松案"是美国在20世纪70年代初发生的"水门事件"的组成部分，也是美国联邦宪政史上最重要的案件之一。联邦最高法院通过对该案件的审判，重新确定了美国总统的宪法权力和宪法地位，重申了即使是最高的执法官员也要服从于由独立司法机构所解释的宪法和法律这一原则，扭转了近半个世纪以来美国总统过于集权的局面，并为美国众议院弹劾美国总统尼克松和尼克松辞职产生了直接的影响。该案从调查到审理，体现了"权力制约"、"法治"的宪政原则。例如，在判决书中强调"特别检察官在履行职责时是依据法律来行使职权，受法律保护，而不是只听从其名义上的上司联邦总统的意见"，这也反映了"法律至上"的原则。该案开创了美国宪政史上的一个先例：总统被自己任命的特别检察官起诉，实际上是被联邦司法部起诉。另外，审理本案的9位大法官中，有4位是尼克松任总统时任命的，如首席大法官伯格（Warren E. Burger，1969～1986年任首席大法官）、布莱克蒙（Harry A. Blackmun，1970～1994年任职）、鲍威尔（Lewis F. Powell，Jr.，1972～1987年任职）、伦奎斯特（William H. Rehnquist，1972～1986年任大法官，1986～2005年任首席大法官），但即便如此，他们对法律的忠诚远远超出对总统的感激，最高法院的意见非常明确，什么该交出来，什么不必交出来，这一切都由主审法官西里卡决定。最高法院裁定："总统显然享有行政豁免权，但是，这种豁免权不可以压倒刑事司法的法律既定程序所提出的根本要求。总统不能将自己置于法律之上。"四面楚歌的尼克松，在1974年8月8日，水门事件事发的2年后，宣布辞职。尼克松发表声明："我尊重和接受最高法院的裁决，并承认总统没有超越宪法的权力。"

本事例中尼克松总统所称的行政豁免权分为两种：绝对的和相对的。绝对豁免权是指总统可以一概不理睬法院对其发出的任何传票。其辩护理由，一是事例中所称保密的需要，二是对三权分立的一种解释，也就是行政首脑是不受法院干涉的独立分支。不难发现，第二条理由显然是与权力制约原则和法治原则相违背的。早在1803年联邦最高法院首席大法官约翰·马歇尔在马伯里诉麦迪逊案中就说过，"并非总统的一切行为都不受司法的控制；只有在不受干预的特例中——如政治问题，法院才不应干预"。这是普通法体系的一贯原则。在英国，即便是国王的行为都可以受到审查。作为普通法精神的继承人，美国制宪者设计的体制不会是总统权力完全隔绝于司法控制。在马伯里案中，麦迪逊没有按照法院要求出庭作证，但那是不适宜的做法，不值得效仿——它至少应当派律师出庭。尼克松案的法院意见特别强调，所谓三权分立，并不是指立法、行政、司法各行其是，彼此不受控制；恰恰相反，美国的三权分立是指相互制约与平衡，因而任何一个部门都不能宣称绝对免于其他部门的控制。针对第一条理由，法院固然承认保密的需要，但是也提出了一个与之冲突的需要，也就是刑事审判得以在证据齐全的条件下进行的需要。两种需求必须相互协调、平衡，因而具体情况必须具体分析。总统不能一提出保密要求，就自动将法庭传票挡回去。因此，绝对豁免权是不符合美国三权分立制度的。

至于相对豁免权，也就是豁免权是否成立要看法院平衡不同需要的结果。

在这种情况下，法院将进入实质性的权衡阶段。经过权衡，法院的结论是支撑豁免权的理由不足以压倒法庭传票的需要，尤其是法院可以首先进行庭内审查，由主审法官亲自审查一下那些准备当庭披露的材料是否确实涉及敏感话题，因而泄密的可能性将被降低到最小程度。

而且本案还开创了美国宪政史上的一个先例：总统被自己（通过司法部长）任命的特别检察官起诉，实际上是被受总统管辖的联邦司法部起诉。总统能不能被特别检察官起诉，是一个重要的宪政问题。自杰斐逊起，内阁成员一般必须在政治上与总统保持一致，更不用说一般的联邦官员了。但特别检察官处在一个十分特殊的位置上：一方面，他是总统手下的司法部长任命的，是联邦政府的官员，是总统的下属；另一方面，他又应该独立于行政部门的首长（总统）的权威约束之外，负责调查和处理有关总统的违反宪法的行为的问题。为了维护宪法的尊严，他又必须有权力来检察总统，并在检察受阻时诉诸正常的法律渠道将事情弄个水落石出，包括发出传票和强制令乃至以妨碍司法程序的名义对总统提起诉讼。但特别检察官是否可以这样做，历史上是没有先例的。水门事件后，1978 年美国国会先后通过了《政府行为道德法》和《独立检察官法》，将独立检察官制度以法律的形式固定了下来。

 参考阅读

1. 任东来、陈伟、白雪峰等：《美国宪政历程：影响美国的 25 个司法大案》，中国法制出版社 2005 年版。

2. 周青风："宪政制度中司法审查权的制衡作用——从'合众国诉尼克松'案件谈起"，载《中央政法管理干部学院学报》2000 年第 6 期。

第三节 宪法解释

宪法解释是法律解释[15]的一种，它有广义和狭义之说。广义上的宪法解释是指一切社会主体对宪法的意思的理解和说明，它既包括对已存在但已失效宪

---

[15] 按照张志铭先生的理解，法律解释是对法律文本的理解和说明，它涉及法律解释的场合、主体、对象、目标和目的以及法律解释的一般模式或认知结构五个方面的问题。参见张志铭：《法律解释操作分析》，中国政法大学出版社 1999 年版，第 16～36 页。

法的解释，也包括对已存在但未生效或已生效的宪法的解释；它既指法定解释机关对宪法的有权解释，也指普通公民、社会组织对宪法的无权解释，甚至包括学者出于研究需要对宪法的任意无权解释。狭义上的宪法解释，即有权解释，仅指法定解释机关根据法定程序对已存在且生效宪法的理解和说明。

一、宪法解释的类型

1. 根据宪法解释主体的不同，宪法解释大致可分为三类：第一类是由立法机关解释宪法，即国家立法机关对宪法意思的分析和说明，它发生在立宪和宪法实施过程中。第二类是由司法机关解释宪法，它以普通法院为解释机关，最后决定权属于最高法院，其源于美国，后为许多国家所仿效，这类解释为消极解释、个案解释。第三类是由专门机关解释宪法，它具体又可以分为两类：一是专门的宪法法院解释，如德国、奥地利、意大利等；二是宪法委员会解释，如法国。这些专门机关处理宪法争议，并就其中相关宪法条文进行释义。

2. 根据宪法解释目的的不同，宪法解释可分为两类：一是补充解释，它是解释机关为便于宪法的实施而对宪法本身存在的缺漏所做的补充说明；二是违宪解释，它是解释机关就法律性文件和特定行为是否违背宪法而作的解释。

二、宪法解释的方法

宪法解释的方法是指具体解释宪法的技术手段，一般包括：①语义解释，是对宪法条文中的术语、概念的含义进行的理解和说明，它具体又分为三类：一是字面解释，即按照宪法条文的字面含义进行实事求是的解释；二是扩充解释，即对宪法规定所做的宽于宪法条款文字含义的解释，以使其更符合立宪原意；三是限制解释，是对宪法规范所做的窄于该含义的解释，也是使其符合立宪原意。②文法解释，是指用文法规则分析宪法规范的文字排列、联系及标点符号和句子成分，以解释宪法规范的内容和含义。③逻辑解释，是运用逻辑学的方法，对宪法规范的内容以及所用概念的内在联系的分析，阐明宪法规范的含义，以避免前后矛盾，求得对宪法规范的一致理解。④历史解释，是通过研究宪法制定的历史条件，制宪机关对宪法草案的报告和报刊的讨论，对比历史上的宪法规范，来阐明宪法规范的含义。⑤社会学解释，是运用社会学的方法来考察解释可能导致的社会效果，以确定最终的宪法解释。⑥系统解释，是指从一个宪法规范与其他规范的联系以及这一规范在整部宪法中的地位来阐明其内容和含义。

三、宪法解释的原则

宪法解释是解释者对宪法文本的理解和说明，作为解释者的法定解释机关必须根据特定的原则进行宪法解释：①必须符合宪法的根本精神和基本原则，因为它们最集中地反映了主权者和统治阶级的根本意志和利益诉求，其中宪法精神是宪法的灵魂，基本原则是基本精神的直接体现。如美国以联邦制、民主和三权分立制为基本原则，联邦德国以民主、联邦制和法治为基本原则，这些国家的宪法解释就不得违背它们，否则为违宪行为。②必须符合依法解释原则，解释者必须按法定的权限和程序解释宪法，这样才能保证宪法解释的科学、合理和有效。③符合制宪的目的原则，任何一部宪法都有其制定的目的，以及为实现其目的而提出的根本任务，因此解释宪法不仅要以宪法条文的字面意思为依据，还要特别关注制宪的目的。④适应社会发展需要原则，即宪法必须与社会现实相协调、相一致。⑤系统解释原则，即从整体上、联系上下文的关系上对宪法进行解释，以便从内容、结构和根本精神上真正把握宪法的真实意思。

四、中国现行的宪法解释制度

根据我国现行《宪法》的规定，我国的宪法解释由最高立法机关即全国人大常委会负责。全国人大常委会是全国人大的常设机关，在全国人大闭会期间行使国家最高权力，同时与全国人大共同行使国家立法权。因此，它最了解宪法的根本精神，最便于阐明宪法的内涵，这有利于宪政和法制的统一。按照现行《宪法》的规定，全国人大常委会与全国人大共同行使宪法实施的监督权，而监督宪法必然涉及对宪法的解释问题；全国人大常委会有权解释法律，有权撤销国务院制定的同宪法、法律相抵触的行政法规、决定和命令，有权撤销省、自治区、直辖市的国家权力机关制定的同宪法、法律和行政法规相抵触的地方性法规和决议，这也会涉及对宪法的解释问题。全国人大常委会解释宪法，较为符合宪法解释自身所需的经常性和专业性特点，因为全国人大常委会每两个月召开一次例会，设有若干专门委员会，其有专职的组成人员，且不乏法律专家。

在我国的宪法解释实践中，宪法解释其实并不限于全国人大常委会，其表现形式是多样的。全国人大及其常委会的立法解释，是我国宪法解释的最主要形式。全国人大及其常委会根据宪法制定基本法律和其他法律，就是在具体阐释宪法的内涵和精神，如一系列的组织法就是具体阐释宪法关于国家机构的组织和活动原则方面的规定，又如《宪法》第26条规定："国家保护和改善生活环境和生态环境，防治污染和其他公害。国家组织和鼓励植树造林，保护林木"，而《环境保护法》等就是对该条的解释性说明。全国人大常委会通过决定、决议的形式解释宪法，如1983年9月2日第六届全国人大常委会二次会议通过了《关于国家安全机关行使公安机关的侦查、拘留、预审和执行逮捕的职权的决定》，就是对现行《宪法》第37条、第40条关于公安机关职权的补充解释，因为现行《宪法》无国家安全机关职权的明确规定。宪政实践中形成的宪法惯例也是对宪法的解释表现，如我国《宪法》并无宪法公布机关的明确规定，但 1954 年《宪法》就是由全国人大主席团以全国人大公告的形式予以公布的，历部宪法都是如此，这便形成了我国宪法公告的宪法惯例。又如我国《宪法》第 82 条规定："中华人民共和国副主席受主席委托，可以代行主席的部分职权"，但我国宪法和法律并无有关主席的哪些职权可由副主席代行的具体规定，而实践中已多次出现副主席代行主席关于接受外国使节的职权。在我国，国务院和省级国家权力机关实际上也行使着部分解释宪法的职权。根据我国《宪法》第 89 条第 1 项、第 100 条和第 116 条的规定，国务院有权根据宪法和法律，规定行政措施，制定行政法规，发布决定和命令；而省级人大及其常委会在不同宪法和法律及行政法规相抵触的前提下，可制定地方性法规，民族自治地方还可制定自治条例和单行条例。所谓"根据宪法"和"在不同宪法相抵触"的首要问题就存在对宪法规范的理解问题，即宪法的解释问题，当然这类宪法解释的效力要低于全国人大及其常委会立法解释的效力。

格瑞斯沃尔德诉康涅狄格州案（Griswold v. Connecticut）
对未列举权利的解释

【事例介绍】

康涅狄格州在 1879 年制定实施的综合法典第 53 条第 32 款规定：以避孕为目的而使用药物、器材，处以 50 美元以下罚款或 60 天以上 1 年以下监禁，或同时处以罚款和监禁。第 54 条第 196 款规定：帮助、教唆、建议、促成、雇佣或命令他人犯罪，可以比照主犯起诉并判刑。而在这部法律颁布七八十年后的 1965 年，一名医生和一名耶鲁大学医学教授，格瑞斯沃尔德（Griswold）和布克斯顿（Buxton）由于为已婚人士提供有关避孕方法的信息、指导和医学建议，为妇女进行体检并开出最佳的避孕器具和药物以供她们使用而被捕，并被认定有罪，各被处以 100 美元罚款。两人对判决不服上诉，但州上诉法院维持原判，最后本案上诉至联邦最高法院，上诉的理由是：该部州法的规定侵犯了公民在宪法上的一种权利，即避孕自由，为此违反宪法，应属无效，当事人应当无罪。

【本事例涉及的法律问题】

宪法解释的类型及方法有哪些？宪法解释的原则是什么？

【基础知识】

宪法是国家的根本大法，其规范条文形式简单、概括，并具有相对的稳定性，但由于所处社会地位的不同和法律文化素质的差异，人们在实施宪法的过程中难免对宪法规范产生不同理解。为统一人们的认识，树立宪法的权威，保证宪法的顺利实施和实现，就有必要进行宪法解释，以明确宪法的基本精神和原则，把握立宪者制宪的真实意图和宪法条文的准确含义。

由于社会生活的复杂多变和人们认识水平的局限性，立宪者在具体设计宪法条文时也难免考虑不周，从而出现宪法的漏洞和不完善，一旦在宪法实施中发现这些漏洞和不完善就需要进行宪法解释，以适应不断发展变化的社会需要；社会生活的不断发展变化和社会政治力量关系的不断调整也提出了进行宪法解释的要求。

宪法是国家的根本大法，具有最高的法律效力，一切法律文件必须合宪，一切社会主体必须以宪法为最高行为准则。要判明不同类型的法律文件是否合宪，是否存在与宪法相违背相抵触的情况，这就需要进行宪法解释。同时，在宪法实施过程中，国家机关及其工作人员对宪法和法律的适用会发生分歧，甚至出现违宪行为，这也有赖于宪法解释，以维护宪法尊严，保证国家法制统一。

由于解释对象的特殊性，宪法解释都有严格的程序规定，并因解释者的不同而不同：采用立法机关解释的应适用立法程序或宪法规定的特别程序，由立法法或特别程序法规定；采用司法机关解释的应适用普通法律的诉讼程序，结合诉讼法的规定进行；采用专门机关解释的程序，一般由组织法予以规定。

【事例评析】

一、联邦最高法院大法官基于联邦宪法对本案的解释

这宗案件的关键问题在于，美国宪法没有明文规定避孕自由。但是联邦最高法院最后还是判决康州该部法律违宪。在这宗案件的判决中联邦最高法院提出了著名的"伴影理论"（the Penumbra Theory）对宪法所保护的公民权利进行了解释。判决书中论述到：宪法中明文规定的权利体系拥有一种"伴影"（penumbra），这种伴影是由那些被保障的部分"放射"（emanate）出来的，而一些重要的没有被明示规定的权利类型，就处在这个伴影圈之中，为此也必须予以保障。道格拉斯大法官还在判决书中对这个理论做了这样的描述，"权利法案所开列的保证书有自己的伴影圈，它的形成来自支撑权利法案存在与主旨的保证条款的放射，而在那种'伴影'之中，则存在'隐私环带'（zone of privacy）"。他还列举了宪法第九、十四修正案进行了更进一步的解释："正当法律程序的规定是'任何州，未经正当法律程序（due process of law），不得剥夺任何人的生

命、自由或财产（life, liberty, or property）'。这里涉及三个概念：生命、自由和财产。生命和财产都比较明确，而自由这个概念则比较抽象，我们认为自由就包含了隐私权，于是如果警察没有经过正当法律程序，就不能去侵犯夫妻的隐私权，而是否避孕明显属于个人隐私的范畴，所以政府不能侵入住宅去检查是否避孕"。

戈德堡大法官和沃伦首席大法官以及布伦南大法官赞同了达格拉斯大法官的意见，尽管他们也认为康州的法令违宪，但他们并不认为宪法第十四修正案的正当程序原则体现了前8条修正案的内容。关于宪法所保护的个人基本权利不仅仅限于权利法案的明示条款，因此自由概念应包含婚姻的隐私权，尽管这种权利并没有在宪法中明确提及。他们的上述观点来自于宪法第九修正案，他们强调第九修正案是为了支持这样一个观点，那就是第五和第十四修正案所保护的、免受各州和联邦侵犯的自由不应该被局限于宪法第一至第八修正案所明示的权利。因此婚姻关系的隐私权是基本的和重要的，是一项宪法第九修正案意义下的"由人民所保留的"个人权利。

上述赞同意见与法院意见的区别是，他们推导隐私权所依据的宪法条款不同。法院意见认为隐私权是由第一修正案的"暗影"所包含的，也就是通过对第一修正案的扩大解释得到的，即隐私权存在于第一修正案中。而戈德堡等人的赞同意见则认为，隐私权不是来自于宪法第一修正案，而是来自于宪法第九修正案"由人民所保留的"权利。

哈兰大法官的赞同意见则与上述推论过程都不相同。他认为，该案要探求的是，康涅狄格州的这项法令是否因侵犯隐含于既定自由概念中的基本价值观念而违反宪法第十四修正案中的正当程序原则。他认为，宪法第十四修正案中的正当程序原则的适用范围并没有在宪法前8个修正案中用特定条款明示，而是存在于某些概念之中的，这些概念包括以在社会中生存为目的、为所有自由政府的公民所拥有的权利。正当程序原则代表了我们国家在自由和社会需求之间构建的一种平衡，我们国家是建立在尊重个人自由的假设的基础上的。因此，宪法条款之绝对命令的特征必须在比特定条款的更广的语境中才能获得，这一语境并非是文字的，而是关于历史和目的，正当程序条款所保障的自由不能仅限于宪法在其他地方规定的特殊保障的准确措辞。

哈兰大法官与前述法院意见和戈德堡等大法官的赞同意见的不同在于，他认为隐私权既不存在于宪法第一修正案之中，也不是来自于宪法第九修正案规定的"由人民保留的权利"，而是来自于宪法第十四修正案的"正当程序原则"。此外，怀特大法官的赞同意见与哈兰大法官一样，也认为案件中康州的法令未

经宪法第十四修正案的正当程序剥夺了当事人的自由，法院应该对此法令实行
"严格审查"。

在本案之后，对于"自由"的解释更进一步扩大了，除了在这个案例中所
说的避孕权之外，还被解释为包括堕胎自由、同性恋者的自由（以上并称为隐
私权），还有人主张，其中还应包括安乐死和尊严死等宪法上未列举的权利。

二、宪法解释的原则

1819 年，美国联邦最高法院大法官约翰·马歇尔在麦考罗诉马里兰州案中
曾写道：我们永远不要忘记，我们是在解释宪法。合众国显然是、而且真正是
人民的政府，在形式上和实质上它来自于人民，它的权力由人民授予，直接对
人民行使并为人民利益服务，用限制最适当的手段来阻碍和困扰它行使权力，
绝对不符合人民的利益，也不能被认为是人民的意愿。

宪法体现的是人民的利益和意愿，作为人民利益维护者的宪法解释机关，
应该按照最有利于人民利益的方式解释宪法。因此，人民的利益就成为对宪法
解释者解释宪法的要求，在一定程度上也可以说，人民利益是宪法解释的原则。
换言之，当人民的利益体现于宪法之中成为客观的宪法规范的时候，这种利益
就转化为基本权利，保护这些基本权利就成为国家机关的义务和职责，这时基
本权利作为客观规范对国家机关具有拘束力。具体而言，基本权利约束着宪法
解释机关解释宪法的行为，它们在行使宪法解释职权的时候，一方面要以宪法
的规定为标准约束自己的行为；另一方面要将宪法的抽象规定运用于特定情形
之中，以保护公民基本权利作为其行动的指南，以最能符合人民利益的方式解
释宪法。

宪法与政治之间始终存在着紧张关系，因此宪法解释势必会具有法和政治
的双重性质。宪法解释具有法的性质意味着宪法解释要受法律解释规则的影响，
要受法释义学的约束。宪法解释的释义学性质使宪法不致过度政治化而沦落为
形式化的宪法，所以宪法解释必须依据本身隐含的基本原理和宪法哲学，这样
才能避免宪法解释迷失方向。尽管如此，宪法解释的这种释义学性质并不排斥
其政治性，在诸如对抽象宪法原则的解释、对基本权的构成要件或其界限的解
释等，都会使宪法解释带有一定的政治色彩。宪法释义学之所以离不开政治价
值的实质考察，主要在于一向不容否认的事实，即任何宪法规范与决定，都无
不是制宪者或修宪者为解决特定政治或社会问题所给出的规范性解答，同时其
本身又都无不是特定政治思想的表现、政治冲突或妥协的反映。但是宪法解释
的释义学优先性保证了宪法解释能够成为"规范宪法"之下的法解释活动。

1. 范进学：《宪法解释的理论建构》，山东人民出版社 2004 年版。
2. 刘国：《宪法解释方法的变革——宪法解释的法理分析》，中国政法大学出版社 2008 年版。
3. ［美］基思·E. 惠廷顿：《宪法解释：文本含义、原初意图与司法审查》，杜强强、刘国、柳建龙译，中国人民大学出版社 2006 年版。
4. 韩大元："论宪法解释程序中的合宪性推定原则"，载《政法论坛》2003 年第 2 期。
5. 刘茂林："论我国宪法修改程序的完善"，载《政法论坛》2003 年第 2 期。

第四节　宪法监督

一、宪法监督的概念

宪法监督是法律监督的一种，因此，先得介绍法律监督的概念。法律监督是监督主体对法律是否实施和实现，法律是否得到社会主体的执行、适用和遵守所进行的检察、督促活动，它有广义和狭义之说：广义上的法律监督是指一切社会主体对被监督对象（主要为国家机关及其工作人员）权利行为、权力行为（包括立宪立法行为、行政行为、司法行为、政党行为、社团行为、公民个人行为等）的合宪性、合法性和合理性的评价及对违宪违法行为进行纠正的活动；狭义上的法律监督仅指专司宪法和法律监督权的国家机关按法定权限和程序对权利权力行为的监督。在我国，根据现行《宪法》的规定，专司宪法监督权的监督机关为全国人大及其常委会，专司法律监督权的监督机关为各级各类检察院，当然人大、人民政府和人民法院根据宪法和法律授权也享有特定领域的法律监督权。

宪法监督也有广义和狭义之说：广义上的宪法监督是指一切宪法主体对一切社会主体权利权力行为的合宪性监督；狭义上的宪法监督仅指专司宪法监督权的国家机关及其工作人员按法定权限和程序对国家权力行为和公民权利行为的合宪性监督。

宪法保障是宪法监督的上位概念。宪法保障制度是宪法制度的重要组成部分，它是为了维护宪法权威和最高法律地位，保证宪法实施和实现而建立起来的一系列制度的总称，具体包括：明文规定宪法的最高法律地位和法律效力；

明确规定宪法修改和宪法解释的特定机关及特别程序；建立完善的违宪审查制度与宪法诉讼制度；明确规定宪法监督的特定机关和程序等，其中最关键的还是建立完善的宪法监督制度。[16] 宪法监督是对宪法实施和宪法实现的监督。

二、宪法监督的主体

宪法监督的主体即法定的宪法监督机关，主要为以下三类：

1. 国家最高权力机关。国家最高权力机关即国家最高立法机关、国家代议机关。国家最高权力机关的宪法监督首创于英国，在宪法中明文规定的是苏俄宪法。1918 年苏俄宪法第 31 条规定，全俄苏维埃中央执行委员会为苏俄"最高立法、号令及监督机关"，第 32 条又规定其"负责监督苏维埃宪法、全俄苏维埃代表大会及苏维埃政权中央机关各项决定的实施情况"，第 33 条又规定："一切规定政治经济生活一般规范的法令以及根本改变国家机关工作现状的法令一定要由全俄苏维埃中央执行委员会审查"。

2. 司法机关。司法机关作为宪法监督机关，这首创于美国，它是以宪法判例的形式，在 1803 年由美国联邦最高法院审理马伯里诉麦迪逊一案中确立的。随后，日本、韩国及一些拉美国家纷纷采用司法审查制。

3. 专门机关。由宪法法院等专门机关负责宪法监督起源于 1799 年由拿破仑设立的护宪元老院制度，1920 年奥地利正式设立宪法法院专门负责宪法监督。随后，法国于 1946 年设立宪法委员会、意大利在 1947 年设立宪法法院、联邦德国于 1949 年设立宪法法院等，负责各国的宪法监督。

三、宪法监督的对象和内容

1. 宪法监督的对象。这包括三类：①国家机关，这是宪法监督的主要对象，具体有：一是有权创制法律规范性文件的立法机关及其授权组织；二是有权作出抽象行政行为的行政机关及特定官员（行政首脑）；三是司法机关（主要是最高法院，以法官为代表）。②其他社会组织，这主要有：一是政党，尤其是执政党；二是利益集团；三是公司，尤其是大型集团公司和跨国公司；四是新闻媒体。③特定个人，这是指享有特殊权力的个人，主要是行政司法官员。

2. 宪法监督的内容。主要指审查国家规范性文件和国家机关及其工作人员的权力行为是否合宪，这具体是指审查下列内容的合宪性：①规范性文件，这

---

[16] 参见蒋碧昆主编：《宪法学》，中国政法大学出版社 1994 年版，第 38～43 页；俞子清主编：《宪法学》，中国政法大学出版社 1999 年版，第 45 页。李忠先生从宪法实施的角度认为，宪法保障制度可分两个方面：一是宪法实施的自律，即国家机关、社会组织和公民个人自觉遵守宪法的活动；二是宪法实施的他律，它等同于宪法监督，其性质是通过外部措施来保证宪法的实现。参见李忠：《宪法监督论》，社会科学文献出版社 1999 年版，第 4 页。

包括立法、司法、行政等国家机关及其授权组织制定的法律规范性文件，及政党、利益集团和大型公司制定的非法律规范性文件；②国家机关及其工作人员的权力行为，这包括国家机关的组成和产生、国家机关之间的权限争议、国家机关及其工作人员的职务行为；③政党、社会团体及其他社会组织的权利权力行为；④选举争讼，这包括选举诉讼和当选诉讼；⑤国际条约。

四、宪法监督的方式

1. 事前审查和事后审查。事前审查是宪法监督机关在监督对象制定的规范性文件生效前进行的审查。如果审查发现该规范性文件草案违宪，其便不得公布和生效。事前审查包括两种情况：①自动审查，它是指某些法律或规则生效前，无需任何组织和个人向宪法监督机关提起即应自动接受审查。如法国1958年宪法第61条第1款规定："各个组织法在公布前，议会两院的规章在试行前，都必须提交宪法委员会，宪法委员会应就其是否符合宪法作出裁决。"②提请审查，它是指在立法过程中，如果特定机关或个人发现某一法案违宪，可将该法案提交宪法监督机关审查；引起争议的法案只有经宪法监督机关审查通过后，才能成为正式法律。如瑞典宪法规定，如果议长认为某些法案违宪，应拒绝将其付诸表决，并提交专门负责审查的立法委员会决定其是否合宪。

事后审查是宪法监督机关在法案生效后进行的审查，这是目前大多数国家采用的宪法监督方式。事后审查包括两种情况：①起诉审查。根据性质不同，起诉事项又分四类：一是宪法控诉，即公民因其宪法权利受到国家机关及其授权组织或特定个人的侵害而向宪法监督机关提起的诉讼，以寻求其权利的宪法救济。二是争诉审查，即宪法监督机关对于当事人之间发生的有关宪法问题的争议而进行的审查。三是质疑审查，即有权主体如果认为某项法律违宪，可以要求宪法监督机关进行审查。四是指控审查，即有权机关因认为特定个人的行为违宪而向宪法监督机关提起的审查。②移送审查。当某机关认为自己无权处理有关宪法争议时，应移交宪法监督机关审查。

2. 具体的审查监督和抽象的审查监督。具体的审查监督即附带的审查监督，是指有宪法监督权的国家机关在审理具体案件时，就所适用的法律是否合宪有效的问题，作出有约束力的裁决。由于该监督方式以具体的争诉案件为前提，是对与争诉有关的法律和法律性文件进行附带的合宪性审查，所以又称附带的审查监督。在实行违宪司法审查制的国家多采用此方式，如美国，法院并不就法律是否违宪而作一般性抽象审查；只要没有引起争议，即使某项法律违宪，法院也不予以过问；只有在具体案件的审理中，该案所适用的法律引起了是否合宪的争论时，法院才就该法律是否合宪作出裁决，并且这种裁决只适用于此案而不具有普遍的约束力。

　　抽象的审查监督是就法律规范性文件是否与宪法相一致而进行一般性审查的制度，它可能是因宪法实施中的法律争讼的，也可能是因在法律没有引起争讼而由有权机关就它是否合宪进行的一般评价。所以该宪法监督方式又称原则的审查监督。在立法机关、专门机关负责宪法监督的国家多采用此方式，如法国、中国等。

 事例一

美国的违宪审查制度——马伯里诉麦迪逊案
（Marbury v. Madison）

【事例介绍】

　　1800 年的美国总统选举中，在任总统约翰·亚当斯的联邦党遭遇失败，杰斐逊最终于 1801 年 2 月 17 日当选总统。在同时举行的国会选举中，联邦党也失去多数席位。亚当斯在其任期的最后阶段，和联邦党人在司法部门任命了大批的联邦党人，而时任国务卿的马歇尔被任命为最高法院首席大法官；联邦党人占多数的国会于 1801 年 2 月 13 日通过《司法法》将联邦巡回法院由 3 个增加到 6 个，同时增加了 16 个联邦巡回法官；两个星期后又通过了《哥伦比亚特区组织法》，成立了特区法院；在 1801 年 3 月 3 日，由即将卸任的总统连夜任命 42 位"治安法官"。这些做法，尤其是这两部法律的通过激怒了杰斐逊。

　　根据上述两项新的法律，即将卸任的亚当斯总统一共任命了 50 多名法官，全部都是右翼联邦党人。本案原告威廉·马伯里（William Marbury）是一位来自马里兰州的银行家兼庄园主，也成为被任命的"治安法官"之一。参议院批准了这些任命。即将卸任的总统也签署了委任状，接下来的工作应由国务卿同时也是即将正式就任首席大法官的马歇尔，在委任状上加盖美利坚合众国的国玺，然后发出。但是由于最后时刻工作过多，有 17 份委任状马歇尔未在卸任国务卿之前发出。继任的总统托马斯·杰斐逊得知此事后，指令其国务卿詹姆斯·麦迪逊不得发出这些委任状。

　　1801 年 12 月，马伯里和另外四名没有收到"治安法官"委任状的法官一起，依据国会于 1789 年颁布的《司法法》第 13 条，直接向最高法院起诉詹姆斯·麦迪逊，要求最高法院颁布执行令，指令麦迪逊将委任状投递给他们。其依据是 1789 年《司法法》第 13 条的规定，即针对联邦官员提出执行令的案件，最高法院具有初审管辖权。

但马歇尔首席大法官基于《美国联邦宪法》第3章第2节第2款关于美国联邦最高法院初审案件管辖权的规定[17]，运用司法审查权，裁定1789年《司法法》的第13条违宪，驳回了马伯里的诉讼请求。

【本事例涉及的法律问题】

法院意见提供了哪些论据来为司法审查权辩护？这些依据是来自于宪法本身还是其他源泉？是明文或是隐含？

【基础知识】

司法审查分为两类：纵向审查与横向审查。纵向审查的目的是统一司法决定的原则，并具体表现为上级法院对下级法院或中央法院对地方法院的决定的正确性进行审查。横向审查则是指法院对政府平行机构的行为进行审查。如果法官有权根据法律，独立地审查行政行为的合法性，那就能有效地控制执法机构，防止后者以违法形式侵犯公民权利。如果法官有权根据宪法或其他高于普通法律的基本原则，去审查议会制定的法律，那就将对立法机关构成司法制约，防止它以合法形式去违反国家的根本法典，损害公民利益。相比较而言，纵向审查属于法院的传统功能，因而得到普遍承认；横向审查则关系到法治与民主之间的基本矛盾，至今争论不绝，但总体趋势是越来越受到广泛认同。

此外，根据案件的性质，司法审查又可以分为程序性与实体性两种。程序性审查保障立法或司法的正当程序获得权力机构的遵守。严格来说，如果一项法律违反了正常的民主程序，那么他就不能算作是"法律"。同样的，如果执法机构未能按照法定程序公正地执行法律，那么行政行为就不具有法律效力。这时，法院可以引用具体法律程序来审查立法或执法行为，只需要解释法律条文，而无需自行创造新的法律。因此，法院的程序性审查权受到普遍支持。具有争议的是实体性审查，即虽然法律得到了立法机构多数的通过，并根据其条文获得适当的执行，但是法院认为法律在内容上违背了宪法条文或精神，则仍可以宣布这些机构的决定无效。这时，法院以少数力量抗衡代表多数意志的立法机构，并阻止符合民主程序的立法议案成为有效法律。

【事例评析】

这似乎只是一个联邦最高法院能否向国务卿下达执行令的问题。从表面上

---

[17]　原文为："在所有涉及大使、其他公使与领事、及那些州政府作为一方的诉讼中，最高法院皆应具有初始管辖权。对所有其他案件的法律和事实问题，根据国会所制订的例外和规则，最高法院应具有上诉管辖权。"

看联邦最高法院有两种选择，要么否认拥有对行政机关下达执行令的权力，并驳回马伯里的申请，如果作此选择，将意味着放弃宪法赋予联邦最高法院的司法权的实质；要么命令麦迪逊发给马伯里委任状，这样可以宣称联邦最高法院具有约束行政机关遵守法律的权力，但这只是"纸面的宣告"，因为联邦最高法院并不具有要求行政机关执行自己命令的权力，可以预见杰斐逊和麦迪逊将拒绝发出委任状。无论最高法院采用这两种方法中的任何一种，都将使其地位下降到行政机关和国会以下的次等位置。所以实质上最高法院此时面临的是自身法律地位的问题，宪法赋予最高法院与行政权、立法权同等的权力，但是否能够得以确立？又以何种方式正式确立？问题摆在了马歇尔法官面前。

马歇尔对于政治事务与法律问题同样内行，他找出了《司法法》与宪法的矛盾点，并聚焦于此：美国宪法第3章第2节第2款是这样写的"在所有涉及大使、其他公使与领事、及那些州政府作为一方的诉讼中，最高法院皆应具有初始管辖权。对所有其他案件的法律和事实问题，根据国会所制订的例外和规则，最高法院应具有上诉管辖权。"

1789年《司法法》第13条是这样写的"在法律原则和习惯所容许的范围内，美国最高法院有权向联邦政府现职官员下达执行令，命其履行其法定义务。"

他选择了运用司法审查权，裁定1789年《司法法》第13条违宪。这样马歇尔法官就使自己摆脱了两难境地，理由是宪法赋予联邦最高法院的初审权是排他性的，不能通过国会的法律加以扩大。所以联邦最高法院否决马伯里的申请并不是因为行政机关高于法律，而是因为马伯里直接要求联邦最高法院颁布执行令，而联邦最高法院本身并不具有此案的初审权。

1803年2月24日，马歇尔宣布了由他自己撰写的联邦最高法院的判决意见，他首先提出了三个问题：

1. "申诉人是否有权取得他所要求的委任状？"

2. "如果他有权，而这种权利已受到侵犯，他的国家的法律是否应向他提供补救办法？"

3. "如果法律确实向他提供了补救办法，是否即为本院发出的执行令？"

马歇尔在判决意见中接下来作出了这样回答：对于第一个问题，马歇尔是这样回答的："合众国总统通过签署马伯里先生的委任状，任命他为哥伦比亚特区华盛顿县的一名太平绅士（即"治安法官"），国务卿盖在委任状上的合众国国玺是总统签名正式有效及委任业已完成的确证；委任状授予他担任此项职位五年的合法权利。"

对于前述第二个问题，马歇尔的回答也是肯定的。他说"每个人受到侵害时，都有权要求法律保护。合众国政府被宣称为法治政府，而非人治政府，如果它的法律不能对于合法权利进行保护与补偿的话，那么就不配享有这个荣誉。""太平绅士作为司法系统中的一员，其任命并不像各部部长一样从属于总统的酌情权。所以总统于该案中的作为必须要经受司法审查。"也就是说，国务卿麦迪逊不得剥夺马伯里既得的权利，帮助马伯里从麦迪逊处得到委任状是法院的责任。

对于第三个问题，马歇尔笔锋一转，给出一个否定的回答。马歇尔认为虽然法院有权向行政官员发出执行令，但在马伯里案中，联邦最高法院仅具有"上诉管辖权"，而不具有"初审管辖权"；简单地说，就是马伯里告错了地方。马歇尔的根据是如前所述的宪法第3章第2节第2款；而马伯里在联邦最高法院起诉，是参考了如上所述的1789年《司法法》第13条，于是马歇尔斩钉截铁地指出，《司法法》这一条与宪法冲突，非法扩大了联邦最高法院的权限。在马歇尔的判决意见中，有一部分是这样写的，"宪法要么是一项用普通方法不可改变的最高法，要么就是与普通法处于同等地位，并且像其他立法一样，立法机关想要改变就可以改变。倘若前一种选择是正确的，那么违反宪法的立法就不成其为法律；倘若后一种选择是正确的，那么成文宪法就是人民想要限制一项其本身性质是无限权力的荒谬企图。"马歇尔强调，"宪法构成国家的根本法和最高法律"，"违反宪法的法律是无效的"，"解释法律显然是司法部门的权限范围和责任"。据此，马歇尔得出结论，宪法的含义否定了联邦最高法院拥有原诉管辖权；尽管《司法法案》赋予了联邦最高法院原诉和上诉管辖权，但因违宪而无效，本案予以撤销。

该案对美国宪政的影响主要有：

1. 司法审查制度的确立。就美国制宪的历史背景与政治现实来看，其立宪制度的根本原理是在防范任何一个国家机关权力过于集中与专断，寻求其相互制衡，以保障公民基本权利为设计的总方针，因此"权力分立"与"权力制衡"成为美国宪政的根本原则。然而在三权分立之下的司法权中，所谓违宪审查制度在立宪之初都未能成形，直到1803年马歇尔首席大法官在本案之判决中，宣示联邦最高法院就法律是否合乎宪法或违反宪法，即所谓合宪争议性问题有权予以审查，并对违宪法律不予适用之后，基于英美法"先例拘束"原则，违宪审查权才以"既经确立之事实"的形态形成而逐渐确立，这对美国宪政发展有深远影响。

尽管马歇尔力图从联邦宪法中找到法院解释宪法以及形式司法审查权的明

证，他依然无法改变马伯里诉麦迪逊案首创这项原则的事实。几百年来，对马歇尔首席大法官的论证是否确凿的争论一直没有停止。无论如何，司法审查在普通法历史上没有先例，在联邦宪法的条文或结构中也难以找到明确的答案。从技术上来讲，联邦最高法院也并非像马歇尔首席大法官描述的那样，面临着在对立的宪法和法律之间"没有中间选择"的处境。通常规则是：如果存在其他更为狭隘的判决理由，法院则应避免决定宪政问题。要达到相同的结论，法院可以判决马伯里因未收到委任书而缺乏权利，或把《司法法》第13条解释为仅在法院具有管辖权时才授权颁发训令，从而避免宣布国会法案无效。但部分出于政治竞争的需要，首席大法官并没有按部就班，而是充分利用判案机会，创造了司法审查原则，将这个原来因一时疏忽而产生的党派争议，成为西方宪政史的源头。

2. 宪法优位性概念的确立。宪法是根本大法，凡与宪法抵触之法律均属无效，此基本法理，为法治国家之社会准则。1803年马歇尔在本案之审理中展开了对"宪法是高于一般法律的最高法律规范"的理论阐述。现就本案所涉及的《司法法》第13条为何抵触宪法以致宣告其违宪及马歇尔的见解予以说明如下：①宪法规定。联邦宪法第3条第2项第1款规定：联邦司法权及于"关于普通法与衡平法之案件，及基于本宪法与美国各种法律，及根据美国权力所缔结之条约所发生之案件"。同条项第2款："关于大使，公使，领事，及一州为当事人时之案件，最高法院有初审管辖权。对于前项所述其他一切案件，最高法院有关于法律与事实的上诉审管辖权，但须依国会所定之例外与规则之规定。"②国会立法。国会依宪法第3条的规定，于1789年制定《司法法》，该法第13条赋予联邦最高法院向联邦官员发布执行令之权限。③争论点为执行令的性质为何？《司法法》第13条是否合宪？法律抵触宪法应如何处理？联邦最高法据此条文究竟有无权限发布执行令？而其根本争论点就在于：国会特别立法排除宪法第3条第2项有关联邦最高法院初审管辖权力限制，此立法是否合宪？④马歇尔首席大法官的见解为：其一，认为宪法第3条第2项第2款的立法目的在于限定联邦最高法院初审管辖权之范围仅及于"关于大使，公使，领事及一州为当事人时之案件，此一立法旨意任何机关不得以任何手段更改其限制"。其二，至于同条款后段所言，系指除前段所列案件之外，联邦最高法院拥有上诉审管辖权。但国会可另立法，予以改变。换言之，宪法只赋予国会立法可以变动联邦最高法院上诉审管辖权之部分。其三，发布执行令（即强制联邦政府或其官员、职员履行其对原告的义务，而向该官员，职员发布之司法性裁判，地区法院对此有初审管辖权）不属宪法所列举联邦最高法院初审管辖之事项，因此《司法法》

第13条违宪。本案以判例形式，确立了宪法优位性地位——国家最高之法律，任何法令若与宪法抵触均属无效。

　　3. 政治问题不审查原则之确立。在阐述执行令之本质时，马歇尔首席大法官肯定此乃法院审查公务员行政行为，对不正确之行政行为的受害者，所提供的法律救济措施。但他同时提出三点立论：①总统及其幕僚首长涉及政治性质之事物不受司法审查之监督；②联邦宪法及法律明确规定属于总统及其幕僚首长行政裁量范围内之事物，不受司法审查之监督；③对于联邦宪法或法律明文课予总统及其幕僚首长之法定义务，法院有依法要求其执行上述义务之权力。法院审查特别之法定义务，并未侵犯总统在宪法上之任何行政权能。本案判决书中如此记载："……按联邦宪法赋予总统若干重要政治权能，总统得以自己的裁量权行之，仅以其政治资格向国家负责。为执行这些职务，总统有权任命若干官员。……这些官员本此而为的行政行为具有政治的性质，……绝非法院可加以审理的"。又称："……法院之管辖，仅限于决断有关个人权利事项，至于行政官员本于行政裁量权之职务……法院不能加以审查。其性质上属政治问题，或依宪或法律赋予行政机关执掌之问题不得向法院提起诉讼。"总之，本案判决不但在形成违宪审查制度上起了关键性作用，也对法院是否可以审理政治性争议问题作出了回答。

　　由于马伯里案是确立联邦最高法院审查合宪性的第一案，所以该案对后世有深远影响，此案例后来被数百次引用，成为被引用次数最多的案例。美国首席大法官马歇尔在这个案件的判决中写下的一句著名的话，现在被刻在美国最高法院的墙壁上："解释法律显然是司法部门的权限范围和责任"。

 事例二

法国的违宪审查制度——"结社法"案

【事例介绍】

　　追求个人自由是1789年法国大革命的一面旗帜，这其中就包括结社自由。《人权宣言》取消了对开设报社的事前限制。但1808年的《法国刑法典》对结社自由作了新的规定，指出，只有获得政府同意，并在使公共权力机关满意的条件下，才能组成超过20人的社团。到19世纪末期，议会开始制定法律保护结社自由。1884年，议会立法承认工会和贸易组织的活动；1898年承认合作社自由；1901年制定了专门的《结社契约法》。该法取消了刑法典的事前限制，允许通过递交简单的申请表而组织社团。该法第 2 章规定：个人可自由结社，且无须获得批准或事前通告，但只有使其自身符合第 5 章条款，它们才能享有法律资格。第 5 章规定了结社程序：所有社团都必须通过其创始人的努力使其自身公开，而且社团应通告省政府并获得省政府承认通告的收据。第 6 章规定了社团的诉讼资格，每一个作出正常通告的社团，皆无须任何特殊批准，可在法院诉讼并可获得财产。第 3 章规定了对结社自由的限制，即如果结社是基于非法目的、违背法律或良好道德，或其目标是为了削弱国家的领土完整或政府的共和形式，那么任何这类社团一律无效。在此情形之下，根据任何相关个人的请求或公共检察官的动议，民事审判庭应宣布社团解散。

可以看出在 20 世纪，法国政府对结社的基本立场是禁止事前限制，政府只能在事后进行追惩。但在 20 世纪 30 年代法西斯所制造的紧张社会气氛中，法国议会采取了一系列的措施以保障社会治安。1936 年法国议会制定了《武装集团和私人民兵法》。该法规定，下列社团应予以解散：在街上煽动武装游行；以军事组织形式展示其武装集团或私人民兵之特征，但为军事训练而获得政府批准的协会除外；其目标是削弱国家的领土完整，或武力攻击政府的共和形式；基于祖籍、种族或国籍针对某人或团体而煽动歧视、仇恨或暴力。

以上这些法律的效力直至第五共和国时期仍然有效。1968 年，法国因阿尔及利亚问题发生学生暴乱，法国总统戴高乐就援引 1936 年的《武装集团和私人民兵法》，禁止了 16 个左派组织。1970 年，蓬皮杜内阁根据 1936 年的《武装集团和私人民兵法》解散了一个发表左派言论的社会团体。作为对右派政府的抗议，法国著名存在主义哲学家萨特等左派知识分子成立了一个新的名为"人民之友"的组织，而该名称恰与以前被解散组织的报纸名称相同。根据 1901 年《结社契约法》第 5 章的规定，新组织向巴黎市警察局发出通告，以获得该组织的法人地位。但巴黎警察局长认为新组织乃是刚被禁止的旧组织的翻版，因而在内政部长的批示下，拒绝向该组织颁发承认通告的收据。新组织的发起人向巴黎的行政法院起诉警察局长。经审理后，行政法院认为颁发收据以承认社会团体的法人地位是警察局长必须履行的义务，因而立即推翻了局长的决定。内政部长承认巴黎行政法院的决定正确，所以向议会寻求支持。根据内政部的建议，内阁提议以立法的形式修改 1901 年的《议会立法》，规定结社需要事前获得司法部的批准。对于那些看起来违反 1901 年《结社契约法》第 3 章或第 8 章的结社，修改后的法律规定检察官须把社团的事先通告提交地方普通法院。只有检察官未提交法院或法院未在规定时限内判决该结社违法或是以前组织的翻版，行政机关才能传送通告收据，以承认该组织的法人地位。由于不能保证该法律修改案在参议院获得通过，内阁根据《宪法》第 45 条，使众议院对法律具备最终的决定权。1971 年参议院议长把这项法律提交给宪法委员会，要求宪法委员会对此作出合宪性判断。这就形成了法国著名的"'结社法'案"。

宪法委员会经过审理后作出裁决，指出：根据《宪法》前言、1958 年制定的《宪法委员会组织法》、1901 年《结社契约法》的修正案以及 1936 年的《武装民兵和私人组织法》的规定，可以得知，受共和国法律承认和宪法前言肯定的基本原则包括结社自由。据此，结社可以自由形成，并通过简单事先通告而公开化。因此，除了可针对特殊类型的结社采取限制措施外，即使他们看起来可能无效或具有非法目标，社团之形成不得受制于事前行政或司法的限制。但被提交到宪法委员会的法律修正案的立法目的在于规定一种程序，使社团在公开以前实质上受制于行政或司法的审查，以决定其是否合法。这一法律在本质上影响了社团的创立。所以，该法律必须被宣布违宪。

另外，由于从其起草和采纳的有关条文及议会辩论的情况看，都看不出以上所引用的条款与法律的其他部分不可分割，因此，法律的其他部分并不与宪法相抵触。

在宪法委员会作出这一裁决后，内阁重新制定了法律以取消第三部分的提议，并向"人民之友"颁发了通告收据。

【本事例涉及的法律问题】
政府行为必须符合何种条件，才能成为宪法委员会审查的对象？

【基础知识】
西方国家所采用的宪法监督模式分别有：

1. 普通法院附带审查模式。普通法院附带审查模式，也称司法审查模式，是指普通司法机关在审理具体案件过程中，对涉讼的法律和行政法规的合宪性进行审查、裁决的一种宪法监督模式。因为法院对违宪案件的审查，是在审理普通民事、刑事案件中附带进行的，故称普通法院附带审查模式。普通法院附带审查模式最先是由美国确定下来的，后为日本、加拿大等 60 多个国家所采用。

普通法院附带审查模式是在分权制衡理论的直接影响之下形成的。这一模式的产生和作用，使一国的宪法监督具有经常性、有效性和可操作性。近 200 年的司法实践表明，这一模式在平衡国家权力、协调各种利益关系、稳定国家政权结构、维护宪法的最高权威和一国法制的统一等方面起到了不可替代的作用。许多学者称之为"宪法的卫士"、"天之骄子"是不无道理的。因为它能使立法机关和行政机关在司法机关的监督之下，实现了以权力制约权力，保证了立法行为和行政行为的合宪性和有效性。而且，法院通过违宪判决，宣布违宪的法律、法规和规章无效，以及通过实质性审查裁决，判令撤销和终止违宪的具体行为并赔偿受害人的相应损失，从而协调了国家、社会和公民个人之间的利益。这是其他无实质性审判权的宪法监督机关难以办到的。但是，法院审查只能是事后审查，一项法律如果不涉讼，即使是违宪的，也不能得到及时的修正。同时，法院遵循"不告不理"的原则，一个违宪案件如果没有利害关系人提起诉讼，有关法律的合宪性也得不到审查。由此可见，在普通法附带审查模式下法院对规范性文件的合宪性审查存在疏漏是必然的。

2. 宪法法院专门审查模式。宪法法院专门审查模式是指由宪法法院这一专设的宪法监督机构专门负责审查、裁决违宪案件的一种宪法监督模式，它以奥地利、德国为代表。

作为一种固定的审查模式，各国宪法法院的基本职能是大体相同的，即审查法律规范性文件的合宪性，审理侵犯公民基本权利的案件、裁决国家机关之间的权限争议、等等。审查的方式可以是事先审查，也可以是事后审查。一般来讲经过宪法法院判定违宪的法律，自判决宣布的次日起失效。而且，有的国家在宪法中规定对宪法法院的判决不得提出任何抗议。

宪法法院监督审查是欧洲国家普遍采用的一种宪法监督模式，即欧洲式宪法监督模式。半个多世纪以来，这一模式在保障宪法权威、维护法制的统一和尊严、实行民主政治制度等方面起到了重要作用。它同普通法院附带审查模式相比，具有地位超脱、权限广泛、程序灵活和审查方式多样的特点和优点，而且宪法法院的审查裁决具有终极性效力。

不过，宪法法院的地位超脱、权限范围广泛也带来了不少消极因素。其突出的表现是：案件堆积如山，精力和人手不够，难于应付。据统计，联邦德国宪法法院自 1951 年 9 月建立以来，共受理 3 万余件宪法控诉案，其中判决违宪的仅占 1.5%。可见，其作用是很有限的。同时，宪法法院受理的案件，涉及面广、影响大，有些案件的受诉主体是国家高层机关或重要领导人。因此，承办的法官，无论是基于个人的私利，还是基于资产阶级整体利益，都不可能妄自评价、随意裁定，而总是表现得谨慎甚加、公正甚微，有时甚至会做出违法裁判。

3. 宪法委员会与行政法院并行审查模式。宪法委员会与行政法院并行审查模式是指宪法委员会作为宪法监督的专门机关主要负责审查规范性法律文件的合宪性问题，其审查方式也主要是事先审查。而行为违宪和大量一般规范性文件及行政法规和行政规章的合法性（含合宪性）问题主要由普通法院或行政法院进行审查裁决，即宪法委员会与行政法院共同行使宪法监督职能的一种宪法监督模式。

法国是采用这一模式的国家。究其原因，这与法国具有历史悠久、体制完备的行政法治系统有直接联系。法国大革命以后，确立了三权分立原则和司法不得干预行政的原则，从而为普通司法和行政司法奠定了基础。拿破仑上台后，建立了世界上最早的行政法院。发展至今，法国在西方国家中已经成为行政法最为健全的国家，享有"行政法之母国"的称号。法国行政法院有权审查行政法规、行政规章和具体行政行为的合宪性和合法性，并作出有约束力的裁决。同时，法国普通法院负责审理普通民事、刑事案件和公民因基本权利受到侵害而提起诉讼的案件。由于法国存在着这两种司法系统，以致大量的违宪案件能够得到有效的审查处理。所以，在法国，没有建立像美国、联邦德国那样统一的宪法监督制度。也因为如此，关于议会制定法律的合宪性问题，一直得不到审查。为了填补这一漏洞，法国于1946年设立了一个新的宪法监督机构，即宪法委员会，专门负责审查议会立法的合宪性问题。

法国式的宪法监督模式，是在法国特定的历史条件下产生的，是近代分权理论与法国的政治传统和文化习惯相结合的产物。尽管同美国式模式和德国式模式相比，其违宪审查权限不具有统一性，而且宪法委员会对法律合宪性审查方式过于单一，难以保证文意合宪但实则违宪的法律颁布生效后得到及时的审查处理。除此之外，享有起诉权的主体范围也十分狭窄。但是，宪法委员会具有崇高的政治地位和很高的权威性。在审查过程中能权衡利弊，协调关系，作出公允的裁决。同时，宪法委员会主要采取事先审查的方式，将违宪的法律裁定不予颁布且生效或限期修正，避免了可能产生的一切不良影响。

4. 议会与普通法院并行审查模式。议会与普通法院并行审查模式是指一国的宪法监督权由议会和普通法院共同行使，它们根据法律规定或国家认可的权限、程序和方式监督宪法实施的一种模式。英国是采用这一模式的典型代表，因此也称英国模式。

英国式宪法监督模式的特点表现为监督主体的双重性，即议会与普通法院。根据英国的政治习惯和有关法律，二者的权限分工、运行程序和审查方式是不同的。一般来讲，议会的权限主要为：①审查议会立法的合宪性，审查方式是事先审查，主要是通过"三读"式严格程序进行的；②监督审查行政机关的行政法规、行政规章和具体的行政行为的合宪性和合法性，审查方式主要是质询、辩论和信任投票；③议会上议院审查下议院提出的弹劾案以及普通民事、刑事上诉案件，审查方式是事后审查和个案审查。而普通法院主要是负责公民因基本权利受到侵害而提起的诉讼案件。审查的方式为：按普通司法程序进行的事后审查和个案审查。

　　值得一提的是，由于时代的变迁，议会监督宪法的职能范围有所突破，监督主体趋于专门化，监督方式也更加灵活。其突出的表现是议会中的督察专员，由议会选出具有较强法律能力的人担任。督察专员作为立法机关的组成部分，主要负责监督行政机关的行政行为、保证官员活动的合宪性和合法性，并调查处理因政府的错误行为而引起的公众申诉，以保证公众免受政府越权的侵害。到目前为止，有芬兰、丹麦、挪威等 30 多个国家建立了督察专员制度，负责宪法监督的部分职能。审查方式主要是事后审查和具体审查，以弥补传统模式仅采取事先审查的不足之处。

【事例评析】

　　法国宪法委员会是法国第五共和国的一大创造。在 1958 年制定的现行宪法中，宪法委员会被列为国家的第四大机构，排列在共和国总统、政府和议会之后，而处于司法机关、特别高等法院和经济与社会理事会之前。宪法对宪法委员会的组成、职能及运作规则作了较为详细的规定。宪法委员会的一个重要职能是对议会活动进行监督，所以有人把其称为"一门对准议会的大炮"。第五共和国立宪者当时的想法是通过宪法委员会监督立法机构，保护行政权的行使和国家机器的良性运作。

　　对宪法委员会的性质，目前在法国各界有不同的看法。法国政府认为，尽管宪法委员会具有完整的组织形式，但它并不是一个司法审判机构，它是调整公共权力运行的组织。朱力亚教授认为宪法委员会对议会的监督不是司法性的，而是制度性的。这种监督发生在法律生效之前，有创造性；而司法监督一般发生在法律成立之后，有摧毁性。宪法委员会前委员吕歇教授认为可以把这种对公共权力机构的"调整"委托给一个司法机构。但更多的人认为宪法委员会是司法审判机关，其裁决与其他的司法机构的裁决有同等权威。1958 年通过的关于宪法委员会组织的法令明确了其性质：就所有提交给它审理的案件而言，宪法委员会有权知道在申诉时的各种理由与抗辩。1961 年宪法委员会对自身性质作出决定：现有宪法已使之可以审理议员提出的法案和法律修正案，审理国际协议与普通法律的合宪性问题。1962 年有人提出"就全民公决而言，宪法委员会的角色具有司法性质"。但不可否认，宪法委员会确实有很强的政治性，它本身就是政治斗争的产物。如前所述，立宪者在设计宪法委员会时，就是通过其监督立法机构来保护国家行政权的行使。但是，正是通过本案和其后的一系列关于基本人权的裁决，使宪法委员会树立了人权捍卫者的形象，起到了和很多国家司法机关同样的保护人权的作用，这是其司法性加强的表现。

法国的宪法委员会在运作上与美国联邦最高法院有显著的不同。美国联邦最高法院对法律合宪性的审查是一种附带性审查模式，即对法律是否合宪必须结合具体个案进行。在形式上，美国联邦最高法院也只是表明其认为个案所拟适用的法律不合宪因而决定在该案中不予适用。所以，其效力应是个别的，只是因为英美法系的判例法传统才使得该法律在其他类似案件亦不得适用。而法国宪法委员会采取的是事先审查的模式，即在法律生效以前，根据国家总统、总理、两院议长和60名参众两院议员的提请，对其进行合宪性审查。

同时，在美国，由于判例法制度，联邦最高法院并不是唯一的进行违宪审查的机关。由于司法审查的传统，美国各级法院在审理个案时，都必须对案件所依据的法律的合宪性进行审查。联邦法院审查的依据是联邦宪法，而州法院审查的依据主要是州宪法。只不过联邦最高法院的违宪审查权有终局性。而在法国，宪法委员会是唯一可以进行违宪审查的机构。

"'结社法'案"被称为法国的"马伯里诉麦迪逊案"。它在法国宪法史上的意义主要体现在两个方面：

第一，对宪法委员会本身的意义。1958年法国的制宪者在设计宪法委员会这一角色时，为其赋予的功能是保证立法和执法的权能分配，使议会和政府均不可恣意为之，最主要的是防止立法权对行政权行使的不当阻碍。但宪法并未授权宪法委员会基于不同宪法渊源去判决立法因侵犯公民权利与自由而违宪。制宪者拒绝承认宪法序言提及的公民权利有任何法律效力去为宪法委员会审查议会立法提供宪法基础。如有人指出："这类体制在理论上是诱人的，但对我们而言，通过在法院诉讼来审查议会立法，似乎与法国公共生活的传统冲突太大。在我们看来，授权宪法委员会成员去阻止违宪法律之实施，就已足够。但假如再进一步，就有使我们引入法官政府（Government by Judges）之风险，这将削弱议会的作用，并以有害方式阻碍政府之行动。"但宪法委员会此后的审查远远超过了设计者的初衷。1971年的判决使宪法委员会为自己扩展了权力空间，扩大了自己的管辖权，也使自己在整个宪政体制框架内处于更为重要的地位，实际上是使自己成为法国公民基本人权的守护人。1974年的改革，规定60名议员可将议会通过的法案提请宪法委员会裁决其合宪性。这样就为反对党和执政党间的政治斗争提供了一个司法解决渠道。自此，宪法委员会已不再是执政党的私人工具，其开始名正言顺地独立于政治力量之外。正是自1971年的"'结社法'案"裁决开始，宪法委员会逐步获得了自己独特的宪法地位。

第二，对宪法序言及1789年法国《人权宣言》的意义。1958年，由于法国的立宪者希望构造一个可行的政府，现行宪法并未系统地设计公民的权利和自由条款。但在宪法序言中宣布："法国人民在此庄严宣告其对人权和国家主权原则之归附；这些原则定义于1789年的《人权宣言》，并获得1946年宪法前言的肯定和补充。"而1946年第四共和国的宪法序言则规定："在自由人民战胜试图奴役并使人类堕落的专制之时，法国人民再次宣布，不论种族、宗教或信仰每个人都具有不可剥夺的神圣权利。它庄严肯定1789年《人权宣言》所尊重的人类和公民的权利与自由，以及共和国法律所承认的基本原则。"但是，第四共和国宪法和第五共和国宪法都未明确这些规定是否有法律效力，亦即没有明确《人权宣言》所规定的人的各项权利和自由在第四和第五共和国之下能否被司法机关所适用并保护。

在法国大革命前后，法国的司法机关一直为封建贵族所把持，对社会进步力量形成制约，法院被看做是维护既得利益的工具。所以，资产阶级政治体制完全确立以后，司法机关一直未能在宪政体制中取得与议会和行政机关同等重要的地位。法国独立的行政法院系统的产生即是此例证。在1958年，各方一致反对"法官政府"（Government by Judges）。在历史上，也曾经有学者主张宪法授权法院审查议会的立法。如1852年宪法曾规定"承认、肯定并保障1789年的伟大原则；后者构成法国公法的基础。"法国宪法学者杜吉特认为它具备宪法效力。另一学者豪利奥认为宪法超越所有国家机构，包括议会。但是，由于议会主义盛行，这些观点都没有被普遍接受。根据议会主义观点，既然《人权宣言》只是规定在前言中，就不应具备正式效力；如果《人权宣言》被包括于宪法正文中，则其也将随着这些正式条款的采用而被取代。但是，1971年的判决显然成功突破了此理论。它表明，《人权宣言》所宣示的权利和自由具有宪法价值，构成宪法的一部分，任何国家公共机构和人民的行动和行为都不能置于这些具有宪法效力的原则之上。所以，它的价值在于：扩大了合宪性概念范围，赋予宪法序言正式的法律效力；应用了由共和国法律所确认的原则；肯定了宪法委员会作为人的基本权利保护者的角色；就本案所直接涉及的结社自由而言，将结社自由肯定为宪法意义上的自由。

宪法委员会在后来的判例中坚持了1971年的立场。1977年议会的《搜查汽车法》允许司法警察在一定条件下对私人汽车进行搜查。左派议员向宪法委员会提出申请，要求对其合宪性进行审查。理由是，该法律侵犯了公民住宅不可侵犯的权利以及《人权宣言》第7条规定的禁止非法逮捕和公民思想交流的自由。宪法委员会直接援引"由共和国法律确认的、并由1946年宪法序言宣布的、同时得到1958年宪法序言肯定的基本原则"，认为该法律与之相抵触，所以判定违宪。

在社会上，对1971年宪法委员会的判决刚开始是毁誉参半，但很快就获得了普遍接受，这也标志着法国在司法审查方面态度的实质性改变。1972年，原本坚决反对宪法审查的法国社会党和共产党发表了《联合声明》，宣布完全放弃以前的立场，甚至提出更为激进的司法审查方式：成立最高法院。"最高法院将保证对宪法规则的尊重、全国选举的正常进行，以及公共、个人和集体自由的保障。……最高法院的决定不得受到任何上诉"。而法国的右翼势力原本就支持司法审查原则，现在则是予以更大支持："可以想像，我们国家可以存在一个真正的最高法院，以作为自由的最终保障者。宪法委员会可以承担这一角色。其案例法的发展和1971年扩展权能的改革，为这类演化开辟了道路"。1974年，法国宪法进行修改，规定参众两院的议员60人以上联名，可以将议会通过的法律提交宪法委员会予以审议，以确定其合宪性。这一改革的直接效果是使议会的反对派议员有了新的挑战议会多数派决定是否合宪的权力，其间接效果是使宪法委员会审查议会立法合宪性案件的数量显著增加，这就给宪法委员会坚持和发展1971年的判例，从而系统地为保障《人权宣言》所确立的公民各项权利和自由而建立一整套系统连贯的判例法提供了契机。正如法国前总理巴尔所称："我们在法国最经常持有的观点是，世上只有议会法律。议会法律可根据多数而变化。但我们在近年来理解到，还存在着比议会法律更高的宪法。让我们不要丧失这一基本收获，因为对民主和公民权利的保障就是基于对法律秩序的承认。这项秩序来自宪法委员会，并比议会秩序要高。"

参考阅读

1. 张千帆：《宪法学导论：原理与应用》（第二版），法律出版社2008年版。
2. 张千帆：《西方宪政体系》（上册·美国宪法），中国政法大学出版社2000年版。
3. 张千帆：《西方宪政体系》（下册·欧洲宪法），中国政法大学出版社2001年版。
4. 林来梵主编：《宪法审查的原理与技术》，法律出版社2009年版。
5. 方建中：《超越主权理论的宪法审查：以法国为中心的考察》，法律出版社2010年版。

第五节　我国的宪法监督机制

1954年《宪法》最早确立了由最高权力机关监督宪法实施的体制，如第27

条第 3 项规定全国人大监督宪法的实施；第 31 条规定全国人大常委会监督国务院、最高人民法院和最高人民检察院的工作，有权撤销国务院的同宪法、法律和法令相抵触的决议和命令，有权改变或者撤销省、自治区、直辖市国家权力机关的不适当的决议等。由于宪法监督制度没有在现实生活中得以贯彻落实，国家生活中的违宪行为并没有得到及时纠正，及至 "文化大革命" 时期，我国的宪法监督制度形同虚设。1975 年《宪法》对宪法监督没有任何规定。1978 年《宪法》不仅明确规定了全国人大有权监督宪法和法律的实施（第 22 条第 3 项），而且把解释宪法和法律作为全国人大常委会的职权予以明确化（第 25 条第 3 项），从而恢复了我国宪法监督制度。1982 年《宪法》在确认 1978 年《宪法》有关规定的基础上，还增加了新的内容，扩大了全国人大常委会的职权。它不仅规定了全国人大有权监督宪法的实施，全国人大常委会有宪法解释的权力，还增加了全国人大常委会监督宪法实施的职权（第 67 条第 1 项）。此外，还有 1982 年《宪法》序言、第 5 条第 2 ~ 5 款、第 70 ~ 71 条、第 116 条等条款对我国宪法的最高地位，宪法规范的强制性和规范性，全国人大常委会的宪法解释权，全国人大的审查权、批准权、改变权、撤销权和罢免权，全国人大常委会的法律解释权、审查权、批准权、改变权、撤销权和罢免权，全国人大各专门委员会的职权等进行了详细规定，这使得我国宪法监督制度初具规模。

我国现有宪法监督制度具有如下特点：

1. 宪法监督主体的多层次性。根据我国《宪法》规定，我国的宪法监督主体由国家最高权力机关——全国人大，它的常设机关——全国人大常委会及其专门机构——各专门委员会三个层次有机结合，各司其职、统一行使宪法监督权。关于全国人大各专门委员会的宪法监督权参见《全国人民代表大会组织法》第 37 条第 3 项。

2. 宪法监督具有政治性，而非法律性。我国的宪法监督体制源于我国的人民民主专政的国体和人民代表大会的政权组织形式，而没有设计专门的宪法监督机构，人民法院和人民检察院都无权对规范性文件进行合宪性审查。

3. 宪法监督方式的多样性。我国宪法既有事前审查的宪法规定，如第 116 条关于民族自治地方权力机关制定的自治条例和单行条例生效前的批准备案制度；也有事后审查的宪法规定，如第 67 条关于全国人大撤销违宪法律文件的职权。

4. 宪法监督的抽象性。我国的宪法监督虽有比较健全的制度规定，但并没有涉及宪法的具体适用和宪法诉讼方面的体制设计。

事例一

孙志刚案——三博士上书全国人大常委会要求对收容制度进行违宪审查

【事例介绍】

2001年毕业于武汉科技学院艺术设计专业的大学生孙志刚，案发前任职于广州达奇服装公司。2003年3月17日晚上，孙志刚在前往网吧的路上，因未携带任何证件被广州市天河区黄村街派出所民警李耀辉带回派出所对其是否是"三无"人员进行甄别。孙被带回后，辩解自己有正当职业、固定住所和身份证，并打电话让同事"带着身份证和钱"去保释他。其同事立刻赶往黄村街派出所，到达时已接近晚12点，但被警方告知"孙志刚有身份证也不能保释"。李耀辉未将情况向派出所值班领导报告，于是孙被作为拟收容人员送至广州市公安局天河区公安分局待遣所。3月18日晚孙志刚称有病被送往市卫生部门负责的收容人员救治站诊治。3月19日晚至3月20日凌晨孙志刚在该救治站206房遭连续殴打致重伤，3月20日，孙志刚死于这家收容人员救治站。医院在护理记录中认为，孙是猝死，死因是脑血管意外破裂，心脏病突发。而法医的尸检结果表明：孙志刚死亡的原因，是背部大面积的内伤。而当晚值班护士曾伟林、邹丽萍没有如实将孙志刚被调入206房及被殴打的情况报告值班医生和通报接班护士，邹丽萍甚至在值班护理记录上作了孙志刚"本班睡眠六小时"的虚假记录，导致孙志刚未能得到及时救治。

2003年6月27日上午9时40分，广东省高级人民法院对孙志刚被故意伤害致死案作出终审判决，驳回乔燕琴等12名犯故意伤害罪的被告人的上诉，维持原判。此前，广州市中级人民法院于6月9日对孙志刚被故意伤害致死案作出一审判决：以故意伤害罪，判处被告人乔燕琴死刑，李海婴死刑、缓期二年执行，钟辽国无期徒刑，其他9名被告人也分别被判处3年至15年有期徒刑。

【本事例涉及的法律问题】

1. 《城市流浪乞讨人员收容遣送办法》是否违宪？
2. 公民是否享有宪法监督权？

【事例评析】

此前也发生过收容所员工犯法的案件，但是由于此次受害者身亡，并且其身份不是流浪汉而是大学生，因而产生极大影响。许多媒体详细报道了此事件，并曝光了许多同一性质的案件，在社会上掀起了对收容遣送制度的大讨论。先后有8名学者上书人大，要求对收容遣送制度进行违宪审查。2003年5月14日三名法学博士俞江（华中科技大学法学院）、滕彪（中国政法大学法学院）、许志永（北京邮电大学文法学院）向全国人大常委会递交申请审查《城市流浪乞讨人员收容遣送办法》的建议书，认为收容遣送办法中限制公民人身自由的规定与我国《宪法》和有关法律相抵触，应予以改变或撤销。2003 年 5 月 23 日，贺卫方、盛洪、沈岿、萧瀚、何海波 5 位著名法学家以中国公民的名义，联合上书全国人大常委会，就孙志刚案及收容遣送制度实施状况提请启动特别调查程序。同年 6 月 20 日，国务院总理温家宝签署国务院令，公布《城市生活无着的流浪乞讨人员救助管理办法》，该办法的公布标志着《城市流浪乞讨人员收容遣送办法》的废止。

　　1. 《城市流浪乞讨人员收容遣送办法》确实有违宪之嫌疑。这是因为《城市流浪乞讨人员收容遣送办法》第 6 条、其实施细则第 13 条实际上为限制公民自由条款；而根据现行《宪法》第 37 条的规定，公民的人身自由不受侵犯；《行政处罚法》第 9 条规定，限制人身自由的行政处罚只能由法律设定；《立法法》第 8 条和第 9 条规定，对公民政治权利的剥夺、限制人身自由的强制措施和处罚，只能制定法律；根据《立法法》第 87 条的规定，对超越权限和下位法违反上位法的行政法规应予以改变或撤销。

　　2. 全国人大常委会享有宪法监督权。例如，现行《宪法》第 67 条第 1 项规定全国人大常委会有解释和监督宪法实施的职权，第 4 项规定其享有解释法律的职权，第 7 项规定其享有撤销国务院制定的同宪法、法律相抵触的行政法规的权力。《立法法》第 88 条规定："改变或者撤销法律、行政法规、地方性法规、自治条例和单行条例、规章的权限是：①全国人民代表大会有权改变或者撤销它的常务委员会制定的不适当的法律，有权撤销全国人民代表大会常务委员会批准的违背宪法和本法第 66 条第 2 款规定的自治条例和单行条例；②全国人民代表大会常务委员会有权撤销同宪法和法律相抵触的行政法规，有权撤销同宪法、法律和行政法规相抵触的地方性法规，有权撤销省、自治区、直辖市的人民代表大会常务委员会批准的违背宪法和本法第 66 条第 2 款规定的自治条例和单行条例；③国务院有权改变或者撤销不适当的部门规章和地方政府规章；④省、自治区、直辖市的人民代表大会有权改变或者撤销它的常务委员会制定的和批准的不适当的地方性法规；⑤地方人民代表大会常务委员会有权撤销本级人民政府制定的不适当的规章；⑥省、自治区的人民政府有权改变或者撤销下一级人民政府制定的不适当的规章；⑦授权机关有权撤销被授权机关制定的超越授权范围或者违背授权目的的法规，必要时可以撤销授权。"由此可见，全国人民代表大会常务委员会有权撤销同宪法和法律相抵触的行政法规。

3. 公民享有宪法监督权。《立法法》第 90 条规定："国务院、中央军事委员会、最高人民法院、最高人民检察院和各省、自治区、直辖市的人民代表大会常务委员会认为行政法规、地方性法规、自治条例和单行条例同宪法或者法律相抵触的，可以向全国人民代表大会常务委员会书面提出进行审查的要求，由常务委员会工作机构分送有关的专门委员会进行审查、提出意见。前款规定以外的其他国家机关和社会团体、企业事业组织以及公民认为行政法规、地方性法规、自治条例和单行条例同宪法或者法律相抵触的，可以向全国人民代表大会常务委员会书面提出进行审查的建议，由常务委员会工作机构进行研究，必要时，送有关的专门委员会进行审查、提出意见。"根据该条规定，公民有向全国人大常委会提出违宪审查建议的权利。三博士上书全国人大常委会，建议全国人大常委会改变或撤销《城市流浪乞讨人员收容遣送办法》，正是公民主动行使宪法和法律监督权的具体体现。

事例二

宪法的司法适用：齐玉苓受教育权案

【事例介绍】

齐玉苓原名"齐玉玲"，与被告人之一陈晓琪都是山东省滕州市第八中学 1990 届初中毕业生。陈晓琪在 1990 年中专预考时成绩不合格，失去了升学考试资格。齐玉苓则通过了预选考试，并在中专统考中获得 441 分，超过了委培录取的分数线。随后，山东省济宁市商业学校发出录取齐玉苓为该校 1990 级财会专业委培生的通知书。但齐玉苓的录取通知书被陈晓琪领走，并以齐玉苓的名义到济宁市商业学校报到就读。1993 年毕业后，陈继续以齐玉苓的名义到中国银行滕州市支行工作。1999 年 1 月 29 日，齐玉苓在得知陈晓琪冒用自己的姓名上学并就业的情况后，以陈晓琪及陈克政（陈晓琪之父）、滕州八中、济宁商校、滕州市教委为被告，向枣庄市中级人民法院提起民事诉讼，要求被告停止侵害，并赔偿经济损失和精神损失。

原告齐玉苓诉称：原告经统考后，按照原告填报的志愿，被告济宁商校录取原告为 90 级经财会专业委培生。由于各被告共同弄虚作假，促成被告陈晓琪冒用原告的姓名进入济宁商校学习，致使原告的姓名权、受教育权以及其他相关权益被侵犯。请求判令各被告停止侵害、赔礼道歉，并赔偿原告经济损失 16 万元（其中包括：①陈晓琪冒领工资 5 万元；②陈晓琪单位给予的住房福利 9

万元；③原告复读一年的费用 1000 元；④原告为将农业户口转为非农业户口交纳的城市增容费 6000 元；⑤原告改上技校学习交纳的学费 5000 元；⑥陈晓琪在济宁商校就读期间应享有的助学金、奖学金 2000 元；⑦原告支付的律师代理费 5000 元、调查费 1000 元），赔偿精神损失 40 万元。

被告陈晓琪辩称：本人使用原告齐玉苓的姓名上学一事属实，齐玉苓的考试成绩虽然过了委培分数线，但她表示过不想上委培，因此她没有联系过委培单位，也没有交纳委培费用，不具备上委培的其他条件。本人顶替齐玉苓上学，不侵犯其受教育权。同时因受教育权不是《中华人民共和国民法通则》规定的民事权利，齐玉苓据此主张赔偿，没有法律依据，而且其诉讼请求已明显超过了《民法通则》规定的 2 年诉讼时效。

被告济宁商校辩称：本校收到以齐玉苓名义寄来的委培单位证明后，及时给考试成绩超过委培分数线的齐玉苓发出了录取通知书，因此没有侵犯原告齐玉苓的合法权益。

枣庄市中级人民法院经审理查明：齐玉苓与被告陈晓琪均是被告滕州八中的 90 届应届初中毕业生，当时同在滕州八中驻地滕州市鲍沟镇圈里村居住，二人相貌有明显差异，齐玉苓在 90 届统考中取得成绩 441 分，虽未达到当年录取分数线，但超过了委培生的录取分数线。当年录取工作结束后，被告济宁商校发出了录取齐玉苓为该校 90 级财会专业委培生的通知书，该通知书由滕州八中转交。

被告陈晓琪在 1990 年中专预选考试中，因成绩不合格，失去了继续参加统考的资格，为能继续升学，陈晓琪从被告滕州八中将原告齐玉苓的录取通知书领走。陈晓琪之父、被告陈克政为此联系了滕州市鲍沟镇政府作陈晓琪的委培单位。陈晓琪持齐玉苓的录取通知书到被告济宁商校报到时，没有携带准考证；报到后，以齐玉苓的名义在济宁商校就读，陈晓琪在济宁商校就读期间的学生档案，仍然是齐玉苓初中阶段及中考期间形成的考生资料，其中包括贴有齐玉苓照片的体格检查表，学期评语表以及齐玉苓参加统考的试卷等相关材料。陈晓琪读书期间，陈克政将原为陈晓琪联系的委培单位变更为中国银行滕州支行。1993 年，陈晓琪从济宁商校毕业，自带档案到委培单位中国银行滕州支行参加工作，被告陈克政为使被告陈晓琪冒名读书一事不被识破，曾于 1991 年中专招生考试体检时，办理了贴有陈晓琪照片并盖有"山东省滕州市招生委员会"钢印的体格检查表，还填制了贴有陈晓琪照片并加盖"滕州市第八中学"印章的学期评语表。1993 年，陈克政利用陈晓琪毕业自带档案的机会，将原齐玉苓档案中的材料抽出，换上自己办理的上述两表。目前在中国银行滕州支行的人事档案中，陈晓琪使用的姓名仍为"齐玉苓"，"陈晓琪"一名只在其户籍中使用。

枣庄市中级人民法院作出如下判决：①被告陈晓琪停止对原告齐玉苓姓名权的侵害；②被告陈晓琪、陈克政、济宁商校、滕州八中、滕州教委向原告齐玉苓赔礼道歉；③原告齐玉苓支付的律师代理费825元，由被告陈晓琪负担，于判决生效后10日内给付，被告陈克政、济宁商校、滕州八中、滕州教委对此负连带责任；④原告齐玉苓的精神损失费35 000元，由被告陈晓琪、陈克政各负担5000元，被告济宁商校负担15 000元，被告滕州八中负担6000元，被告滕州教委负担4000元，于判决生效后10日内给付；⑤鉴定费400元，由被告滕州八中、滕州教委各负担200元；⑥驳回齐玉苓的其他诉讼请求。案件受理费按本院核定的实际争议数额19.5万元计收5410元，由原告齐玉苓负担4400元，被告陈晓琪、陈克政、济宁商校各负担300元，被告滕州八中、滕州教委各负担55元。

宣判后，齐玉苓不服一审判决，向山东省高级人民法院提起上诉。理由是：①陈晓琪实施的侵犯姓名权行为给上诉人造成的精神损害是严重的，应按照山东省高级人民法院《关于审理人身损害赔偿案件若干问题的意见（试行）》第75条规定的赔偿标准予以赔偿；②根据当年国家和山东省对招生工作的规定，报考委培不需要什么介绍信，也不需要和学校签订委培合同，滕州市招生委员会办公室的"滕招办定（1990）7号"文件中对委培生工作的规定，违反了国家和山东省的规定，是错误的，不能采信。上诉人在参加统考前填报的志愿中，已经根据枣庄市商业局在滕州市招收委培学生的计划填报了委培志愿，并表示对委培学校服从分配，因此才能进入统招兼委培生的考场参加统考，也才能够在超过委培分数线的情况下被济宁商校录取，正是由于滕州八中不向其通知统考成绩，而且将录取通知书交给陈晓琪，才使本人无法知道事实真相，一直以为是因成绩不合格落榜了，因此也才不去联系委培单位，没有交纳委培费用。各被上诉人的共同侵权，剥夺了本人受中专以上教育的权利，并丧失了由此产生的一系列相关利益。原审判决否认本人的受教育权被侵犯，是错误的。

齐玉苓请求二审法院判令：①陈晓琪赔偿因其侵犯上诉人姓名权而给上诉人造成的精神损失5万元；②各被上诉人赔偿因共同侵犯上诉人受教育的权利（即上中专权利及相关权益）而给上诉人造成的经济损失16万元和精神损失35万元。

被上诉人陈晓琪答辩称：原判认定事实清楚，适用法律正确，程序合法，应当维持。

二审期间，山东省高级人民法院认为，上诉人齐玉苓诉被上诉人陈晓琪、陈克政、济宁商校、滕州八中、滕州教委侵犯姓名权、受教育权一案，存在着适用法律方面的疑难问题，因此依照《中华人民共和国人民法院组织法》第33条的规定，于1999年以［1999］鲁民终字第258号请示，报请最高人民法院进行解释。

最高人民法院经反复研究，于2001年8月13日公布了法释［2001］25号《关于以侵犯姓名权的手段侵犯宪法保护的公民受教育的基本权利是否应承担民事责任的批复》。该批复明确指出：根据本案事实，陈晓琪等以侵犯姓名权的手段，侵犯了齐玉苓依据宪法规定所享有的受教育的基本权利，并造成了具体的损害后果，应承担相应的民事责任。

2001年8月23日，山东省高院依据《宪法》第46条、最高人民法院批复和《民事诉讼法》有关条款，作出如下终审判决：①责令陈晓琪停止对齐玉苓姓名权的侵害；②陈晓琪等四被告向齐玉苓赔礼道歉；③齐玉苓因受教育权被侵犯造成的直接经济损失7000元和间接经济损失41 045元，由陈晓琪、陈克政赔偿，其余被告承担连带赔偿责任；④陈晓琪等被告赔偿齐玉苓精神损害赔偿费50 000元。2001年11月20日，齐玉苓案执行完毕。

2008年12月8日最高人民法院审判委员会第1457次会议通过《最高人民法院关于废止2007年底以前发布的有关司法解释（第七批）的决定》，该《决定》自2008年12月24日起施行。在本次宣布废止的27项司法解释中，最高院就齐玉苓案所做的《关于以侵犯姓名权的手段侵犯宪法保护的公民受教育的基本权利是否应承担民事责任的批复》法释［2001］25号赫然在列。在该《决定》中，对废止的司法解释说明了废止理由，其中，有26项司法解释被废止的理由要么为"情况已变化，不再适用"（此类理由居多，有19项司法解释被废止的理由为此），要么为已被其他法律取代或与现行法律相冲突。与这26项司法解释被废止理由不同，《关于以侵犯姓名权的手段侵犯宪法保护的公民受教育的基本权利是否应承担民事责任的批复》司法解释被废止的理由只是因"已停止适用"而被废止，既无"情况已变化"，又无"被新法取代"。[18]

"齐玉苓案"被称为"中国宪法司法化第一案"，最高人民法院针对该案作出的批复也开创了中国宪法作为民事审判依据的先河。由发生在山东省的一起冒名上学事件引起的纠纷，给中国当时的司法界出了一道不小的难题。齐玉苓案在社会各界尤其是法学界产生强烈反响并引发激烈争论，争论焦点涉及宪法和

---

［18］　"最高法院废止2007年底以前发布的27件司法解释"，载 http://www.china.com.cn/law/txt/2008-12/24/content_16998136.htm，最后访问日期：2013年5月9日。

宪法学研究中的重要内容——宪法适用及相关问题。本文对齐玉苓案的性质、最高人民法院批复及山东省高院判决的性质和适当性、侵犯公民基本权利的主体等问题进行了探讨，并展望了中国宪法诉讼制度的可能模式。

【本事例涉及的法律问题】

宪法的司法适用与宪法监督制度。

【基础知识】

宪法调整的基本关系是国家与公民之间的关系，在此基础上派生出国家机关之间的横向关系、中央与地方之间的纵向关系。宪法关系的基本内容是公民权利义务与国家权力义务，即宪法规定的公民基本权利同时就是国家的基本义务，宪法规定的公民的基本义务同时就是国家的基本权力。

宪法的司法适用，主要是指宪法作为法院裁判案件的直接的法律依据。

违宪审查是指由特定的国家机关依据特定的程序和方式对宪法行为是否符合宪法进行审查并作出处理的制度。[19]

【事例评析】

齐玉苓案件从法院一审判决到 2001 年 8 月 13 日公布的法释［2001］25 号《关于以侵犯姓名权的手段侵犯宪法保护的公民受教育的基本权利是否应承担民事责任的批复》，再到 2008 年最高人民法院废止其曾经做出的关于该案的批复，一直都备受各方关注，在法学界、司法界和社会上引起了强烈的反响，而该案所引发的学术界与实务界的激烈争论与分歧更是仁者见仁，智者见智。对最高人民法院的批复与批复的废止，欢呼者有之，批评者也有之，各方褒贬不一。有人认为，这一批复"创造了我国宪法司法化的先例"，有人甚至把它视为"中国宪政史上的里程碑"。2001 年 12 月 3 日北京市宪法学会召开了"齐玉苓案学术研讨会"，围绕该案进行了讨论，其争论点也是非常多的，[20] 学者们更是撰写文章，不遗余力地试图通过该案将我国宪法在司法中适用的问题厘清。[21] 对于该案，不同的学者研究的视角各有不同，有的研究"宪法司法化"的问题，有的研究"宪法的第三人效力"问题，有的研究"宪法私法化"问题。

1. 齐玉苓案涉及宪法的适用问题。宪法是国家根本法，要使宪法在国家生活和社会生活的各个方面充分发挥作用，就必须适用宪法。宪法适用不仅包括

---

〔19〕 胡锦光、韩大元：《中国宪法》，法律出版社 2004 年版，第 144 页。

〔20〕 韩大元、王德志："2001 年宪法学研究的回顾与展望"，载《法学家》2002 年第 1 期。

〔21〕 如华东政法大学童之伟教授在《法学》2001 年第 11 期发表的"宪法司法适用研究中的几个问题"，许崇德、郑贤君在《法学家》2001 年第 11 期发表的"'宪法司法化'是宪法学的理论误区"，《南方周末》2001 年 8 月 16 日刊登的"冒名上学事件引发宪法司法化第一案"。

国家权力机关通过立法使宪法规范具体化以及国家行政机关贯彻执行宪法，还包括国家审判机关依据宪法规范来裁决宪法方面的争议，即宪法的司法适用。在中国，宪法的司法适用就是人民法院依据宪法规范审理和裁决宪法争议的专门活动。长期以来在我国存在宪法不能被法院作为裁判案件依据的观念，法院内部也有判决不援引宪法的惯例。最高人民法院分别在 1955 年和 1986 年作出的批复中对法院裁判案件时所适用的法律作了规定。1955 年最高人民法院在给新疆维吾尔族自治区（当时为新疆省）高级人民法院《关于在刑事判决中不宜援引宪法作论罪科刑的依据的复函》中指出："中华人民共和国宪法是我们国家的根本法，也是一切法律的'母法'。……对刑事方面，它并不规定如何论罪科刑的问题，……在刑事判决中，宪法不宜引为论罪科刑的依据。"1986 年最高人民法院在给江苏省高级人民法院《关于人民法院制作法律文书如何引用法律规范性文件的批复》中规定："人民法院在依法审理民事和经济纠纷案件制作法律文书时，对于全国人民代表大会及其常务委员会制定的法律，国务院制定的行政法规，均可引用。各省、直辖市人民代表大会及其常务委员会制定的与宪法、法律和行政法规不相抵触的地方性法规，民族自治地方的人民代表大会依照当地政治、经济和文化特点制定的自治条例和单行条例，人民法院在依法审理当事人双方属于本行政区域内的民事和经济纠纷案件制作法律文书时，也可引用。国务院各部委发布的命令、指示和规章，各县、市人民代表大会通过和发布的决定、决议，地方各级人民政府发布的决定、命令和规章，凡与宪法、法律、行政法规不相抵触的，可在办案时参照执行，但不要引用。最高人民法院提出的贯彻执行各种法律的意见以及批复等，应当贯彻执行，但也不宜直接引用。"因此，作为国家根本法和"公民权利保障书"的宪法，其中相当部分的内容在司法实践中没有发挥法律效力，使一些宪法争议得不到有效的司法适用。

　　不少国家已通过宪法诉讼制度，实现了宪法的司法适用，这有两种类型：一种是以美国为代表的普通法院模式，对涉及宪法争议的案件由普通法院来审理；另一种是以德国为代表的专门法院模式，对涉及宪法争议的案件由专门设立的宪法法院来审理。但在中国，涉及国家权力规范的适用，如审查规范性文件和国家权力机关产生及行为的合宪性以及裁决国家机关之间权限争议等，在目前情况下很难有所突破。因此，如果要实现宪法适用，一般也是有关公民基本权利宪法规范的适用；与之相关的诉讼程序只能是普通诉讼程序，而不是真正意义上的宪法诉讼程序。因此准确地说，最高人民法院的批复和齐玉苓案的判决，涉及的主要是宪法中关于公民基本权利条款如何在普通诉讼中适用的问题。

2. 如何看待最高人民法院作出的批复？即涉及宪法中的公民基本权利条款是否可以适用以及如何适用的问题。一般而言，有关公民基本权利的宪法规范有两种情形：一种是未将该种基本权利规范具体化为下位法规范；另一种是已将该种基本权利规范具体化为下位法规范。在前一种情形下，有关公民基本权利的宪法规范是否适用，多数学者认为，法院可以直接适用宪法规范作为判断涉及公民基本权利宪法争议的依据之一；在后一种情形下，即宪法规范和下位法规范同时存在的情况下的宪法规范适用问题，我认为，即便下位法规范与宪法规范之间不相抵触，也不能排斥宪法规范的直接效力，即宪法规范的直接效力不以下位法规范是否抵触宪法为前提。在本案中，齐玉苓被陈晓琪等被告侵犯的权利包括姓名权、受教育权和劳动就业权，但实质上齐玉苓主要受到侵犯的是公民的受教育权，侵犯姓名权只是侵犯受教育权的手段，对劳动就业权的侵犯也只是侵犯教育权的后果。《中华人民共和国宪法》第 46 条规定："中华人民共和国公民有受教育的权利和义务"，可见受教育权是公民的一项受宪法保护的基本权利。对受教育权受侵犯如何处理，我国《民法通则》没有规定，在涉讼侵权行为发生期间，也没有可适用的其他法律规范，这样只能适用《宪法》第 46 条之规定。但是，仅仅适用《宪法》第 46 条只能对陈晓琪等被告的行为作出不合法的裁断，如何追究其民事责任，还需要适用其他法律规范。本案中，最高人民法院在《民法通则》没有规定受教育权的情况下，运用民法理论，将公民受教育权理解为作为一般人格权的人身自由权，用保护人格利益的方式来保护公民的受教育权，并通过作出批复，明确了以侵犯姓名权为手段侵犯公民受教育的宪法权利应承担民事责任，从而为该案的审判提供了依据。山东省高院依据《宪法》第 46 条确认侵权者的行为不合法，再依据批复作出被告应承担民事责任的终审判决，使这一宪法争议得到了解决。

3. 如何看待山东省高院的判决？山东省高院直接依据《宪法》第 46 条、最高人民法院批复和《民事诉讼法》有关条款对齐玉苓案判决后，许多专家、学者和新闻媒体认为该案是"中国宪法司法化第一案"，开创了"法院保护公民依据宪法规定享有的基本权利之先河"。理由是：最高人民法院以前也有过个别间接涉及宪法司法适用的批复，但那些问题都是既侵犯了公民的宪法权利，也侵犯公民在《民法通则》等具体法律中已经规定的权利。而本案中，齐某的受教育权属于民法理论难以包容的权利，而属于宪法规定的公民基本权利，如不直接适用宪法的规定，司法救济是无法实现的。也有不少学者持质疑态度，认为"齐玉苓案只是我国宪法间接适用的又一个案例，而不是宪法司法化第一案"。理由是：齐玉苓案同 1988 年 10 月 14 日最高人民法院对天津市高级人民法院

"工伤概不负责案"的请示所作的批复基本相同，属间接适用宪法，同时，中国尚未实现宪法的普遍适用，因此，齐玉苓案算不上第一案。以上两种观点各有可取之处，但也有若干不足。理由如下：首先，要明确这里所说的第一案是指山东省高院根据批复作出判决的齐玉苓案，而不应当是批复本身。如果是指批复本身，那么1988年10月14日最高人民法院曾就天津市高院［1987］第60号请示作过批复。该批复指出："对劳动者实行劳动保护，在我国宪法中已有明文规定，这是劳动者所享有的权利，受国家法律保护，任何个人和组织都不得任意侵犯"。而且其认为雇主在招工登记表中说明"工伤概不负责任"，"是违反宪法和有关劳动保护法规的，也严重违反了社会主义公德，对这种行为应认定为无效"。尽管该案中可以根据《民法通则》关于民事活动应尊重社会公德的原则，也即民法中的公序良俗原则，而认定其行为无效，而无需直接引用宪法。但毕竟该批复根据《宪法》有关规定对"工伤概不负责任"条款作出了"违反宪法"（实际上是不合法）的判断。据此，该案审判过程中最高人民法院的批复明确了宪法条文的法律效力。其次，在"工伤概不负责任"案中，尽管天津市塘沽区人民法院在审判过程中援引了最高人民法院批复的内容，但该案双方当事人最后在天津市塘沽区人民法院主持下达成调解协议，且在调解协议书中未直接引用宪法条文，只是间接地涉及宪法的适用问题；而齐玉苓案的终审判决书中，直接引用了《宪法》第46条、最高人民法院批复和《民事诉讼法》有关条款，从这个意义上说，齐玉苓案可以说是直接引用宪法条文进入诉讼程序的第一案。最后，所谓宪法司法化是指宪法中有关国家权力规范和公民基本权利规范在司法领域中的全面的、普遍的适用，包括独立于普通诉讼的宪法诉讼制度的建立，其中关键是要建立违宪审查制度。而在中国现行体制下，实现宪法司法化是不可能的，因此，齐玉苓案之引用宪法条文，充其量是宪法关于公民受教育基本权利在普通民事诉讼中的直接适用，离宪法司法化尚很遥远。综上，把齐玉苓案说成是"宪法司法化第一案"不够准确。从严格意义上看，该案可以说是"在普通民事诉讼中适用并直接引用宪法规定的公民基本权利条款的第一案"。

4. 宪法适用与宪法监督并行：中国宪法诉讼制度的可能模式是什么？应当承认，齐玉苓案是中国宪法在普通诉讼中适用的第一案，具有重大现实意义和深远历史意义，但它仅仅是开创了普通诉讼中宪法适用的先例，还不是真正意义上的宪法诉讼。建立独立于普通诉讼的宪法诉讼制度尚待政治体制改革的进一步深化。从理论上说，建立相对独立的专门宪法法院，是最理想的宪法诉讼模式。这种体制更能保证宪法规范的全面、充分适用，更有利于实现宪法的司法化。但笔者赞同"寻求活动空间比制度外设计更具有可行性"的观点，主张在当前中国政治体制未通过修改宪法改革前，应建立宪法监督与宪法适用并行的过渡性宪法诉讼模式。首先，可以考虑在普通法院内组成宪法审判庭（如在最高人民法院和高级人民法院内设立），有选择地直接适用宪法规范审理和裁决案件。有宪法争议审判权的人民法院，既可以将宪法规范、其他法律规范和司法解释一起引用，也可适用宪法原则及其他法律规范和司法解释进行裁断，实行两审终审制。通过直接引用宪法规范或原则，实行普通诉讼中的具体宪法适用；如果法院在审理普通诉讼中涉及宪法争议案件，认为某一行政法规、地方性法规、自治条例、单行条例同宪法相抵触，可依《立法法》第 90 条的规定，向全国人大常委会书面提出合宪性审查的要求或者建议。由于普通诉讼中涉及宪法争议当事人的利益相关性和冲突性，容易发现一些与宪法规范相抵触的规范性文件或违宪行为，从而有利于启动宪法监督制度。其次，在全国人大之下设立相对独立的宪法监督委员会，协助全国人大及其常委会开展经常性的抽象违宪审查工作。同时应当强调，评析齐玉苓案的视角和过程，比齐玉苓案本身更有意义。首先，要以齐玉苓案为契机，对我国宪法理论和宪法制度进行深刻反思，在观念层面上与时俱进，进一步确立"宪法是规范和限制政府权力的根本法"的基本价值理念。其次，在制度层面上应努力创新，大胆探索宪法规范的具体适用。为此，应进行以下工作：其一，适时修改宪法，确认"宪法具有直接的法律效力"；其二，修改《人民法院组织法》，进一步明确最高人民法院对审判过程中宪法应用问题的解释权；其三，在即将制定的《监督法》中，规定"全国人大常委会有权撤销最高人民法院就审判过程中宪法具体应用问题所作的不适当的解释"。

 参考阅读

1. 张千帆："中国宪法为何难以落实"，载《炎黄春秋》2011 年第 5 期。

2. 张千帆："中国宪政的路径与局限"，载《法学》2011 年第 1 期。

3. 林来梵："中国的'违宪审查'：特色及生成实态——从三个有关用语的变化策略来看"，载《浙江社会科学》2010 年第 5 期。

4. 周伟："法院适用宪法是中国宪法保障制度的重要特点"，载《法学》2009 年第 4 期。

5. 海亮："在现行体制下法院仍应间接适用宪法"；熊文钊："在人民代表大会制度框架下适用宪法"，载《法学》2009 年第 4 期。

6. 马岭："齐玉苓案'批复'废止'理由'析"，载《法学》2009 年第 4 期。

7. 黄正东："废止齐玉苓案'批复'与宪法适用之关联（下）：宪法司法化是脱离中国国情的空谈"，载《法学》2009 第 4 期。

8. 郑贤君："'停止适用'齐玉苓案'批复'之正面解析"，载《法学》2009 年第 4 期。

9. 林峰："齐案'批复'的废止与中国宪法适用的未来"，载《法学》2009 年第 3 期。

10. 董和平："废止齐案'批复'是宪法适用的理性回归——兼论'宪法司法化'的理论之非与实践之误"，载《法学》2009 年第 3 期。

11. 黄正东："废止齐玉苓案'批复'与宪法适用之关联"（上），载《法学》2009 年第 3 期。

12. 秦前红："废止齐案'批复'之举值得嘉许"，载《法学》2009 年第 4 期。

13. 朱福惠："理性看待最高人民法院对齐玉苓案'批复'的废止"，载《法学》2009 年第 3 期。

14. 虞平："呼唤符合中国国情的合宪审查制度"，载《法学》2009 年第 3 期。

15. 陈弘毅："齐案'批复'的废止与'宪法司法化'和法院援引宪法问题"，载《法学》2009 年第 3 期。

16. 童之伟："宪法适用如何走出'司法化'的歧路"，载《政法论丛》2009 年第 1 期。

17. 胡锦光、张德瑞："关于齐玉苓案件的法理学思考"，载《河南省政法管理干部学院学报》2002 年第 6 期。

18. 童之伟："宪法司法适用研究中的几个问题"，载《法学》2001 年第 11 期。

19. 许崇德、郑贤君："'宪法司法化'是宪法学的理论误区"，载《法学家》2001 年第 11 期。

20. 陈云生：《宪法监督司法化》，北京大学出版社 2004 年版。

21. 蔡定剑主编：《宪政讲堂》，法律出版社 2010 年版。

22. 胡锦光：《违宪审查论》，海南出版社 2007 年版。

第二章

公民的基本权利

教学设计

项　目	具体内容
教学目标	1. 掌握我国宪法规定的公民基本权利和基本义务的内容。 2. 培养学生的公民意识以及相应的权利意识，树立运用法律维护自己的基本权利的观念和尊重他人合法权利的观念。 3. 通过学习，提高学生分析相关法律问题以及运用法律武器维护自身的基本权利的能力。 4. 通过教学，让学生认识公民权利的重要性和内容的复杂性，懂得珍惜和捍卫公民的权利。
教学要求	1. 教师提前将下节课讨论的事例告知学生，要求学生搜集相关内容和法律规定。 2. 将全部学生分成若干个小组，每小组 5～6 人，要求对将要讲述的事例进行讨论并得出本小组的结论（可制作多媒体课件）。 3. 在课堂上，每小组推荐一名同学代表本小组进行发言，阐明本小组观点和理由。
教学准备	1. 多媒体教室。 2. 与讲授事例相关的其他事件。
教学过程	1. 讲授公民基本权利和义务形成的历史和重要性。 2. 针对事例涉及的基础知识进行讲述。 3. 启发学生对争议的焦点进行辩论。 4. 教师进行最后点评并总结。

第一节 平等权

一、宪法上平等权的发展

平等是人类发自内心的一种基本价值追求。西方大革命使得平等成为一种权利。1776 年的美国《独立宣言》以及 1789 年的法国《人和公民的权利宣言》都将平等确认为基本人权的重要内容。1776 年，美国《独立宣言》第 2 段规定："我们认为这些真理是不言而喻的：人人生而平等，他们都是从他们的'造物主'那边被赋予了某些不可转让的权利，其中包括生命权、自由权和追求幸福的权利。"1789 年，法国《人和公民的权利宣言》第 1 条规定："在权利方面，人们生来是而且始终是自由平等的"；第 6 条规定："在法律面前，所有的公民都是平等的"。法国的《人权宣言》宣布的法律面前人人平等的原则，对近代以来的各国宪法都产生了深远的影响。18 世纪以后各国制定的成文宪法，都借鉴了法国宪法的这个规定，明确宣布法律面前人人平等的原则，将平等权作为一项重要的个人权利予以保护。

近代宪法上的平等主要追求的是"形式上的平等"，是指国家承认所有的人在法律上一律平等，在法律权利和义务上给以相同的对待，禁止歧视对待，事实上是属于机会平等。这种平等虽然能够保障人们在自由竞争中机会均等，却不能确定各具体的"人"是否拥有同等的实力，更不能保证自由竞争后的结果能否达到平等。为了克服这一弊病，现代宪法吸收了"实质上的平等"的原理。所谓实质平等是指依据具体情况和实际需要，对特定的人在经济、社会、文化等各个方面与他人存在的事实上的差异，采取不同的方式和措施，从而在实质上为公民提供平等发展的条件，缩小由于形式平等造成的差距。因而实质上的平等又被称为条件平等，是对形式平等的修正和补充，不能完全取代形式上的平等，而且也不是绝对平等，不同于结果平等。

二、平等权的性质

宪法学界对平等权是一项原则还是一项权利存在争论。在我国，由于现行《宪法》第 33 条第 2 款与第 4 条、第 5 条、第 33 条第 3 款、第 34 条、第 36 条、第 48 条形成了一般与具体的关系，因此"公民在法律面前一律平等"是一项法律原则还是一项基本权利，在宪法学界也一直存在争议。其一，原则说。其认为平等权是宪法上的一项原则，而非一项具体权利。宪法中凡是属于权利和自由的事项，都明确使用"权利"、"权"、"自由"等表达方式，而平等是从各具体权利义务中抽象出来的精神，被包含在各项具体权利中。其二，权利说。其认为平等权是公民的一项基本权利，是人类不可缺少的，与生命权、自由权、财产权等基本权利具有同等价值的权利。其三，双重性质说。其认为"公民在法律面前一律平等"既是宪法的一般原则，又是公民的一项基本权利。目前，第三种学说居于通说的地位。

平等权作为一项公民的基本权利，与其他宪法权利有所不同，具有一定的超越地位，平等权成为公民其他权利的基础。

三、合理差别与权利的平等保护

平等权不但成为公民的一项基本权利，也是公民其他权利得以实现的重要保障。"平等权的产生源于人人都享有因其本质所决定的权利，并且这些权利应当是等同的。立法者不能制定损害人与人之间平等的法律，因为这样的法律必然有损于某些人的自然权利。"[22]

对权利的平等保护主要通过两种方式实现。其一，国家在制定法律时，除合理差别外，不得区别对待。其二，在法律适用的过程中不得出现差别对待。适用法律过程中的平等保护是权利实现的重要方面，无论是政治权利、社会经济权利还是各种自由权，都需要平等权的保护。

现实生活中，人与人之间存在千差万别，在平等权保护的问题上，法律面前一律平等既包括形式上的平等，又包括实质上的平等。实质上的平等承认合理差别。所谓合理差别是指为了保障和实现实质上的平等，在合理程度上采取的具有合理依据的差别。从我国法律实践的状况来看，合理的差别主要有以下几种类型：

1. 针对人生理上的差异所采取的合理差别。例如：妇女的各项权益的特别保护；公民在年老、疾病或者丧失劳动能力的情况下以及对残疾人的特别保护；对未成年人的特别规定。

2. 针对民族的差异所采取的合理差别。其主要表现为少数民族在政治、经济、文化等各领域所享有的优惠政策。

3. 依据特定国家职位的要求，对公民行使某些权利、承担义务在法律上所采取的合理差别。例如，年满18周岁才能享有选举权和被选举权；人大代表享有的人身特别保护和言论免责权。

4. 针对特定职业的需要对从业者所采取的合理限制。首先，对国家公务人

---

[22]　[法] 莱昂·狄骥：《宪法学教程》，王文利等译，辽海出版社、春风文艺出版社1999年版，第178页。

员的任职资格在法律上作了严格限制；其次，对国家公务人员及公众人物的某些权利如隐私权、名誉权等作了合理的限制。

需要说明的是，合理差别本身也是相对的，不能将之绝对化，否则将失去其价值和意义。

四、我国宪法中关于平等权的规定

在我国近代立宪史上，平等权也多次出现在历次制定和颁布的宪法或宪法性文件中。1912 年《中华民国临时约法》第 5 条规定："中华民国人民，一律平等，无种族、阶级、宗教之区别。"1923 年《中华民国宪法》第 5 条规定："中华民国人民于法律上无种族、阶级、宗教之别，均匀平等。"我国宪法或宪法性文件中的这些规定，无疑也吸收了各国宪法所确认的法律面前人人平等的原则。

新中国成立后，保持了关于公民在法律面前人人平等的规定的延续。1954 年《宪法》第 85 条规定："中华人民共和国公民在法律上一律平等"。这条规定确立了在法律面前一律平等的宪法原则，而且被认为包含着立法上的平等，适应了现代宪法的发展。但由于受到左倾错误的影响，1954 年《宪法》的这一规定受到了批评。1975 年宪法和 1978 年宪法都取消了平等权的规定，直到 1982 年《宪法》第 33 条第 2 款再次规定："中华人民共和国公民在法律面前一律平等"。

1982 年《宪法》将 1954 年《宪法》中的"在法律上"改为"在法律面前"，主要是因为 1978 年中国共产党第十一届三中全会公报重申："要保证人民在自己的法律面前人人平等，不允许任何人有超于法律之上的特权"。1982 年《宪法》在反特权的思想推动下，重新认定了平等权的原则，这在当时的背景下具有极大的价值。但这种规定却在理解平等权的范围时被限制在法律适用上的平等。然而全国人大常委会至今也未对《宪法》第 33 条第 2 款的含义作出解释，因此该条规定是否仅指适用法律平等而不包括立法平等就很难确定。

 事例一

中国乙肝歧视第一案[23]

【事例介绍】

2003 年 6 月 30 日，安徽芜湖市人事局在芜湖境内组织实施了公务员招录考

---

〔23〕 案情来源于周瑞平："'乙肝歧视案'有了'说法'"，载《时代潮》2004 年第 8 期。

试，安徽大学生张先著报了芜湖县委办公室经济管理职位。他笔试和面试成绩均排在第一位，但在其后的体检中张先著被检查出感染了乙肝病毒。9 月 25 日，芜湖市人事局依据《安徽省国家公务员体检标准》正式宣布张先著因体检不合格不予录用。10 月 18 日，张先著向安徽省人事厅提请行政复议但被驳回，理由是体检不合格的结论是医院作出的，而非芜湖市人事局作出的行政行为。张先著的律师周伟教授认为，芜湖市人事局的做法已经侵害了张先著基于《宪法》第 33 条而享有的平等权，构成了对他的歧视。11 月 10 日，张先著以芜湖市人事局"歧视乙肝患者"为由向芜湖市新芜区人民法院提起了行政诉讼。

2004 年 4 月 2 日，法院作出一审判决，确认被告芜湖市人事局在 2003 年安徽省国家公务员招录中，以体检不合格的理由取消原告张先著录取资格的决定，主要证据不足，决定应予撤销。但法院同时认为，去年的公务员招考工作已结束，原告报考的位置已被别人顶替，因此，对原告要求被录用至相应职位的请求不予支持。4 月 19 日，芜湖市人事局不服一审判决，向芜湖市中级人民法院提起上诉。经过审理，芜湖中院二审作出裁定：驳回上诉，维持原判。

【本事例涉及的法律问题】

本案中被告的行为涉及的是原告的平等权还是劳动权？被告的行为是否构成侵权，如果构成，又是如何构成侵权的？如何认定歧视的问题，如何将歧视与合理差别对待相区别？

【基础知识】

宪法中规定的平等，不仅是一项原则，也是一项宪法权利。平等作为原则，是指导国家权力行使的准则，即国家权力行使的指导思想。平等作为一项权利，指的是公民平等地享有宪法规定的公民基本权利，国家权力应当平等地保护公民的权利和平等地要求公民履行法律义务，不得在法律上对公民进行区别对待。

平等可以分为形式上的平等与实质上的平等。前者指机会平等或机会均等。由于人们在自然的、社会的和其他方面的情况不可能完全一致，需要给予每个人平等的机会。后者指为了弥补形式上的平等可能导致的事实上的不平等，根据理性决定而采取某些合理差别，以达到实质上的平等，从而在实质上提供平等发展的条件。

【事例评析】

一、本案关涉平等权的问题

本案涉及平等权问题，被誉为"中国乙肝歧视第一案"。本案中，原告是以芜湖市人事局"歧视乙肝患者"为由提起诉讼的，同时也正是由于芜湖市人事局的"歧视"行为而导致原告失去了很好的就业机会。因此，本案中首先需要明确的是，这种"歧视"行为所引发的究竟是平等权保护问题还是侵犯劳动权问题。

在我国宪法规定的基本权利体系中，平等权被置于宪法基本权利体系中的首要位置，位于该章的第 1 条，该条明确规定："中华人民共和国公民在法律面前一律平等"。这就表明"平等权在宪法上主要是作为一种基础性权利而存在的，但它与其他基本权利不同，在整个宪法的基本权利体系中具有一定的超越地位。它不但通过民族平等、男女平等，而且还广泛地通过政治平等权，社会经济平等权以及其他具体的基本权利来体现其作为一种基本权利的具体内容，为此是一种原理（原则）性的、概括性的基本权利"[24]。具体来看，平等权包含了两方面的内容：一是适用法律平等，二是立法上的平等。适用法律平等，是指国家司法机关和行政机关在适用法律的时候，不得区分适用的对象，必须根据法律规定进行判断，平等地将法律规范适用于所有的人，即在适用法律上一视同仁；立法上的平等，是适用法律平等发展的结果，主要是指国家机关在制定法律时，包括国家机关制定行政法规、地方性法规、部委规章、地方性规章、自治条例、单行条例或其他规范性文件时，受宪法平等权拘束，应该平等地设定公民（法人）的法律权利和法律义务。

劳动权又称工作权，是指有劳动能力的公民享有从社会获得有保障的工作并按照其劳动的数量和质量取得劳动报酬和其他劳动所得的权利，即受雇佣权和从事生产活动的权利。我国《宪法》第 42 条第 1 款规定："中华人民共和国公民有劳动的权利和义务。"劳动权的实现，首先必须要有受雇佣的机会，这要求国家积极地创造劳动就业条件，满足劳动者对就业的要求。

本案中，芜湖市人事局因为原告张先著是乙肝病毒携带者，以体检不合格为理由取消对他录取资格的决定。这一行为本身从表面上看，不仅涉及了原告所享有的宪法上规定的平等权，也关联到原告的劳动权，原告因此而丧失了在芜湖做公务员的机会。然而实质上，本案中被告的行为并不涉及原告的劳动权，而是一个平等权的问题。究其原因，主要有以下几方面：

首先，要先有权利，然后才有权利被侵犯的可能。从这个角度来看，本案中的劳动权还没有形成，不存在被侵犯的问题。芜湖市人事局的做法实际上是违背了宪法关于"公民在法律面前一律平等"的规定，侵犯的是平等就业的机会，因此属于平等权问题。

其次，作为宪法权利的劳动权，属于受益权的范畴。与政治权利等参与权

〔24〕　许崇德主编：《宪法》，中国人民大学出版社 1999 年版，第 153～154 页。

不同，它只能通过国家采取各种措施，扩大就业，保障公民都能有劳动的机会来实现，而不是直接向国家提出要求劳动的请求。公民在未能获得适合其劳动的机会时，无法直接行使请求权。因此，芜湖市人事局的拒录行为不构成对张先著劳动权的侵犯。

所以，本案中应该考量的是平等权的问题。平等权与其他权利相比较，它是公民参与社会生活和政治生活的前提和条件，因而平等权"既是基本权利体系的一种，同时也是实现政治权利、经济权利、社会权利与文化权利的手段，为这些权利的实现提供了基础和环境"[25]。本案关涉的是公民的平等就业权问题，它是公民宪法上的平等权在劳动领域的延伸和具体化。平等就业权首先要求就业机会的平等，然而本案中，芜湖市人事局以原告体检不合格为由将原告拒绝在了公务员的门槛之外，使得原告张先著丧失了此次就业机会。

二、歧视与合理差别对待

平等从其性质上可以分为形式上的平等和实质上的平等。如果仅有形式上的平等，可能导致出现实质上的不平等。因此，为了弥补形式上的平等可能导致的事实上的不平等，应该根据理性决定而采取某些合理差别，以达到实质上的平等，从而在实质上提供平等发展的条件。所以，各国宪法在规定平等权的同时，一般根据个人自然的、生理的和社会的不同情况，作出了合理差别待遇的规定。

本案中，要判定被告芜湖市人事局的行为是否侵犯了原告张先著的平等权，关键就在于界定芜湖市人事局的行为是否构成了"歧视"。它在招录公务员时依据的体检标准是一种歧视还是合理的差别对待，主要可以从以下几方面来判断：

（一）合理差别对待需要有法律依据

根据我国宪法和法律的规定，国家权力在设定公民权利、义务时，可以作出合理差别设定的依据一般包括以下方面：

1. 根据履行特定国家职务的需要而对公民行使某些权利在宪法和法律上采取合理差别对待。如《宪法》第 34 条规定，年满 18 周岁的公民享有选举权与被选举权。

2. 根据人的自然生理差异，宪法和法律采取了合理差别对待。如《宪法》第 45 条规定公民在年老、疾病或者丧失劳动能力的情况下，有从国家和社会获得物资帮助的权利。

3. 根据民族、性别等原因造成的公民事实上存在的不平等，在法律上采取

[25]　许崇德主编：《宪法学（中国部分）》，高等教育出版社 2001 年版，第 342 页。

合理差别规定。例如,《选举法》对少数民族公民参加当地人民代表大会和全国人民代表大会作了区别于非少数民族公民参加人民代表大会的规定。

4. 根据特定职业需要而对任职资格采取合理限制。例如,《法官法》、《检察官法》、《警察法》、《公务员法》、《律师法》、《医师法》、《教师法》等法律对担任某些国家机关的公职或者某些特定职业在年龄、文化程度、专业技术资格等方面采取限制。

5. 根据实际负担能力情况进行合理差别对待,例如,税法对个人所得税确定的征税起点以及超额累进税率方法。[26]

结合本案来看,芜湖市人事局的体检标准实质上是对乙肝病毒携带者和非乙肝病毒携带者之间的差别对待,这种差别对待是否符合上述的合理依据,以及这种差别对待是否具有合理性,需要进一步商榷。

首先,芜湖市人事局体检标准中的区别对待缺乏事实依据。一些特殊的行业和职业对身体健康状况有特殊要求。例如,飞行员、航天员考核时对视力的要求,军人、运动员考核时对身体素质的要求,这些都是适当的,并不会构成歧视。本案中,招录公务员时对身体健康状况作出了特殊规定,明确排除了乙肝病毒携带者。然而,就本案中所招录的公务员的工作岗位性质本身而言,并不需要其工作人员必须不能是乙肝病毒携带者。芜湖市人事局在招录公务员时,不是根据他的工作能力和个人表现,而仅是依据他的身体状况,并且在他的身体状况并不会对他的工作造成影响的情况下,就剥夺他此次就业机会,是不合理的,构成了一种歧视。

其次,芜湖市人事局体检标准中的区别对待缺乏法律依据。从被告所参照的法律法规来看,涉及了国务院颁布的《国家公务员暂行条例》、人事部和卫生部颁布的《公务员录用体检通用标准(试行)》和安徽省人事厅颁布的《安徽省国家公务员录用体检实施细则(试行)》等规范性文件。《国家公务员暂行条例》中从头至尾没有对报考公务员作出任何身体条件的限制。《国家公务员录用暂行规定》中增加了“身体健康,年龄为35岁以下”这一报考条件,并相应增加了体检程序,但并没有给出任何“身体健康”的标准。人事部和卫生部的《公务员录用体检通用标准(试行)》第7条明确规定:“各种急慢性肝炎,不合格。乙肝病原携带者,经检查排除肝炎的,合格。”《安徽省国家公务员录用体检实施细则(试行)》[安徽省人事厅(1997)58号文件]作为芜湖人事部门取消原告张先著公务员资格的直接依据,它明确把乙肝“大、小三阳”明确列

---

[26]　参见周伟:《宪法基本权利司法救济研究》,中国人民公安大学出版社2003年版,第83页。

为体检"不合格",这条规定直接表明了对乙肝病毒携带者的歧视,是一种立法上的不平等。它与两部制定的《公务员录用体检通用标准(试行)》也是不一致的。另外,还值得一提的是,在1984年卫生部颁布的《病毒性肝炎防治方案(试行)》中,规定了乙肝患者除了输血之外可以从事其他职业。显然,《安徽省国家公务员录用体检实施细则(试行)》违反了上位法,应属无效,所以芜湖市人事局依据此细则而作出的行为缺乏相应的法律依据。

(二)合理差别应在合理限度之内

合理的差别对待除了要求有合理的依据之外,差别还必须限定于合理的范围之内,超过合理限度的"合理差别",也会导致不平等的出现。

本案中,芜湖市人事局之所以对"乙肝患者"进行限制,主要是基于两方面的原因,一是基于经济成本的考虑,同等职业能力等资格条件下录用身体健康包括心理健康的员工,能够满足其效益最大化的要求,这无可厚非。而且,在未改革公费医疗制度之前,政府机构接受乙肝患者可能会面临庞大的医疗费用支出,这将加重政府机构的经济负担。二是乙肝作为《传染病防治法》规定的乙类传染性疾病,必然不能避免其向周围密切接触人群的传播。因此,芜湖市人事局依据《安徽省国家公务员录用体检实施细则(试行)》而没有录用张先著,这一行为从政府机构的利益角度出发是合理的,但是对乙肝病人以及乙肝病毒携带者而言,则构成了对他们权利的侵犯。我国有大约1.2亿的乙肝病毒携带者,倘若政府机构都依照芜湖人事局的做法对待他们,那么这一庞大的弱势群体的合法权益如何得以保障?

值得注意的是,从医学上讲,乙肝的传染途径有3个,即血液、生育和唾液,其中感染人群中有1/3是通过母婴感染。一般的接触是不会感染的,例如握手、触碰、同桌、同寝室居住甚至游泳等都不会发生感染。一般而言,除了大三阳具有较强的传染性外,其他类型的传染性比较弱,比如小三阳、乙肝病毒携带者的传染性是非常微弱的,几乎与所有的职位申请条件都没有关系。美国斯坦福大学亚洲肝病中心和世界卫生组织认为,即使饮用乙肝病毒携带者制作的饮料和烹调的食品,也不会对他人造成任何传染,美国的《残疾人或无能力人法案》保护乙肝病人免遭歧视。韩国人权委员会认为,仅根据与工作能力无关的一纸医疗记录来决定一个人是否胜任一个职位构成歧视。我国的台湾地区也不把乙肝病毒携带作为不录用的理由。

三、结论

公务员招录过程中,基于职务需要而对公务员的健康状况进行合理的限制是允许的,但这一限制一旦超出了合理限度,就会构成歧视。《安徽省国家公务员录用体检实施细则（试行）》没有具体情况具体分析，对所有乙肝患者一概而论，从而直接导致其体检标准违法，构成了对乙肝患者的歧视。目前正式实施的《公务员录用体检通用标准（试行）》中第 7 条规定："各种急慢性肝炎，不合格。乙肝病原携带者，经检查排除肝炎的，合格。"这一规定就实现了对乙肝患者的在合理限度内的差别对待。

参考阅读

1. 沈岿："反歧视：有知和无知之间的信念选择——从乙肝病毒携带者受教育歧视切入"，载《清华法学》2008 年第 5 期。
2. 杨芳、潘荣华、潘莉莉："乙肝歧视与我国未来的反歧视立法"，载《河北法学》2005 年第 3 期。
3. 汪洪："歧视乙肝病毒携带者的法律责任"，载《人民司法》2011 年第 20 期。
4. 张素伦："乙肝歧视的'变种'及其规制思路"，载《行政与法》2010 年第 10 期。
5. 谢建社、江丝柳："乙肝病毒携带者就业歧视的法社会学思考"，载《广州大学学报》（社会科学版）2009 年第 2 期。
6. 黄晓明："'乙肝歧视'案引起的思考"，载《承德民族师专学报》2006 年第 3 期。

事例二

男女退休不同龄案

【事例介绍】

周香华，生于 1949 年 10 月，退休前任中国建设银行平顶山分行出纳部副经理。2005 年 1 月，中国建设银行平顶山分行以周香华已达到法定退休年龄为由，通知其办理退休手续。周香华认为自己应和男职工同龄退休，单位要求自己 55 周岁退休的决定与我国宪法和法律的有关规定相抵触，应予以撤销，遂向劳动仲裁部门提起仲裁。

2005 年 10 月 17 日，平顶山市劳动争议仲裁委员会对此案裁决如下：因申诉人周香华未提供支持其观点的有效证据和法律依据，故仲裁庭对申诉人的申诉请求不予支持。周香华不服该裁决，于 2005 年 10 月 28 日向湛河区法院递交了民事起诉状。

法院经审理认为，周香华对已满 55 周岁且参加工作年限满 10 年并无争议，依照国务院《关于安置老弱病残干部的暂行办法》的规定，符合办理退休手续的条件，被告中国建设银行平顶山分行以此为据为其申报退休的决定符合现行国家政策和法规，并无不当。周香华认为被告为其办理退休手续的决定违背了宪法关于男女平等的原则，要求予以撤销的理由无法律依据，法院不予支持。

【本事例涉及的法律问题】

男女法定退休年龄不同是否构成对妇女平等权的侵犯?[27]

【基础知识】

妇女的平等劳动权同样作为女性的一项基本权利，规定在我国 1982 年《宪法》的第 48 条第 2 款之中。我国《宪法》第 42 条第 1 款规定："中华人民共和国公民有劳动的权利和义务。"可见，在我国，男性和女性享有平等的劳动权利，反映在宪法中即"男女同工同酬"；另外，《劳动法》第 13 条规定："妇女享有与男子平等的就业权利。在录用职工时，除国家规定的不适合妇女的工种或者岗位外，不得以性别为由拒绝录用妇女或者提高对妇女的录用标准。"《妇女权益保障法》第 22 条规定："国家保障妇女享有与男子平等的劳动权利和社会保障权利。"第 23 条第 1 款规定："各单位在录用职工时，除不适合妇女的工种或者岗位外，不得以性别为由拒绝录用妇女或者提高对妇女的录用标准。"第 24 条规定："实行男女同工同酬。妇女在享受福利待遇方面享有与男子平等的权利。"第 25 条规定："在晋职、晋级、评定专业技术职务等方面，应当坚持男女平等的原则，不得歧视妇女。"

【事例评析】[28]

一、男女不同年龄退休制度的立法原意

---

[27] 在我国，"退休年龄"指的是因年老从工作岗位上离职休养的年龄。"退休年龄"与"领养老金年龄"并不完全相同。世界上大多数国家养老保险制度规定只有拥有工作的人，满一定的工作年限，达到法定退休年龄，才能领取养老金，没有工作的人没有养老金。在这些国家里，"养老金"就等于"退休金"，"退休年龄"也就是"领养老金年龄"。但世界上还有一些国家，除了有工作经历的人有退休金以外，没有工作经历的人达到法定年龄也能领取养老金。在这些国家里"养老金"不完全等于"退休金"，"养老金"是一个统称，它包括"退休金"、"国家年金"、"老年最低生活保障金"等，"退休年龄"也不一定等于"领养老金年龄"。例如，日本"退休年龄"即领取"退休金"并退出劳动领域的年龄为 60~64 岁，而领取"国家年金"的年龄为 65 岁。当然，即使在这些国家，"退休年龄"与"领养老金年龄"也大都相同。鉴于绝大多数国家"退休年龄"与"领养老金年龄"是相同的，本文对两者不作区别。参见潘锦棠："世界男女退休年龄现状分析"，载《甘肃社会科学》2003 年第 1 期。

[28] 主要参考了胡锦光主编：《中国十大宪政事例研究》，中国人民大学出版社 2009 年版，第 1~17 页。

国务院 1958 年 2 月 9 日发布的《关于工人、职员退休处理的暂行规定》在劳动部办公厅、国务院人事局、全国总工会劳动保险部《关于工人、职员退休处理暂行规定的问题解答》中就有如下问答:"问:为什么女职工退休年龄要低一些? 一般工龄要短些? 答:因为男女生理条件不同,女人身体一般较弱,在生育子女的时候,身体是受到影响的,因此国家除了对女职工在生育时给予必需的休息假期和妇婴保护以外,还规定女职工的退休年龄低一些,这是完全必要的、合理的。同时,我国在新中国成立前女职工就业的机会一般说来比较少,她们的工龄和男职工比较起来是要短一些,规定女职工退休条件中的一般工龄,比男职工少 5 年,这也是符合我国实际情况的。"[29]

可见,立法者之所以规定男女不同的退休年龄,至少有两个原因:一是生理上的原因,从保护女性身体的角度,规定比男性更短的劳动年限是有必要的;二是当时的实际状况,女性的工龄一般比男性短。

当然,在新中国成立初期,还存在其他一些可以理解的原因:一是女性的受教育程度普遍比男性低,能够胜任的工作岗位有限。1949 年之前妇女文盲比例达 90%[30],普遍难以胜任需要文化知识的工作岗位。二是当时家庭的子女多,由于性别分工的不同,女性要花费更多的时间在照顾子女和家庭上面。三是当时女性的预期寿命不高,且低于男性,以上海市为例,1952 年上海市女性平均预期寿命仅为 55. 52 岁。[31]

在新中国成立之初,立法者规定男女不同的退休年龄是存在足够的合理理由的。这种男女差别只能视为"合理差别",而并非"歧视"。

二、男女不同年龄退休的现行法依据及其合宪性分析

(一)现行法依据

1978 年 5 月 24 日,第五届全国人民代表大会常务委员会第二次会议原则上批准了国务院《关于工人退休、退职的暂行办法》和《关于安置老弱病残干部的暂行办法》[这两个文件统称"国发(1978)104 号文件"],这两个规范性法律文件构成了我国男女退休年龄的现行法定依据,一直沿用至今。

其中,关于男女"工人"退休年龄的规定,国务院《关于工人退休、退职的暂行办法》第 1 条规定:全民所有制企业、事业单位和党政机关、群众团体

---

〔29〕 中华人民共和国劳动部办公厅、国务院人事局、中华全国总工会劳动保险部编:《关于工人、职员退休处理暂行规定的问题解答》,工人出版社 1958 年 6 月。

〔30〕 数据来源:国务院新闻办公室 1994 年 6 月发布的《中国妇女的状况》政府白皮书。

〔31〕 数据来源:国务院新闻办公室 1994 年 6 月发布的《中国妇女的状况》政府白皮书。

的工人，符合下列条件之一的，应该退休：①男年满 60 周岁，女年满 50 周岁，连续工龄满 10 年的。②从事井下、高空、高温、特别繁重体力劳动或者其他有害身体健康的工作，男年满 55 周岁，女年满 45 周岁，连续工龄满 10 年的。本项规定也适用于工作条件与工人相同的基层干部。③男年满 54 周岁，女年满 45 周岁，连续工龄满 10 年，由医院证明，并经劳动鉴定委员会确认，完全丧失劳动能力的。

关于男女"干部"退休年龄的规定，国务院《关于安置老弱病残干部的暂行办法》第 4 条规定：党政机关、群众团体、企业、事业单位的干部，符合下列条件之一的，都可以退休：①男年满 60 周岁，女年满 55 周岁，参加革命工作年限满 10 年的；②男年满 50 周岁，女年满 45 周岁，参加革命工作年限满 10 年，经过医院证明完全丧失工作能力的；③因工致残，经过医院证明完全丧失工作能力的。

由于这两个规范性法律文件都是经过全国人大常委会批准通过的，可以视为准法律性质。而这两个规范性法律文件的依据是 1978 年宪法，这部宪法于 1978 年 3 月 5 日第五届全国人民代表大会第一次会议通过，其第 53 条规定：妇女在政治的、经济的、文化的、社会的和家庭的生活各方面享有同男子平等的权利；男女同工同酬；男女婚姻自主；婚姻、家庭、母亲和儿童受国家的保护。

国务院 1993 年颁布实施的《国家公务员暂行条例》沿用了这一退休年龄的规定，其第 78 条规定："除国家另有规定外，国家公务员符合下列条件之一的，应当退休：（一）男年满 60 周岁，女年满 55 周岁；……"劳动和社会保障部在 1999 年下发了《关于制止和纠正违反国家规定办理企业职工提前退休有关问题的通知》，其中明确规定："要严格执行国家关于退休年龄的规定，坚决制止违反规定提前退休的行为。国家法定的企业职工退休年龄是：男年满 60 周岁，女工人年满 50 周岁，女干部年满 55 周岁。"2005 年颁布的《公务员法》第 87 条规定："公务员达到国家规定的退休年龄或者完全丧失工作能力的，应当退休。"该条款中的"国家规定"指的仍然是 1978 年的国务院《关于安置老弱病残干部的暂行办法》。

（二）合宪性分析——从司法审查的角度

1978 年宪法并没有规定一般平等权，但单独规定了女性相对于男性的平等权，强调在所有领域内女性都享有与男性平等的权利。全国人大在通过了 1978 年宪法两个多月之后，作为其常设机构的全国人大常委会批准了国务院关于退休的规范性法律文件，其中规定了男女不同的退休年龄。对于工人而言，男女相差 10 岁；对于干部而言，男女相差 5 岁。虽然男女法定退休年龄有差别，但鉴于当时立法者原意和立法事实的考虑，进行一种合宪性推定是较为恰当的，这两个规范性法律文件并不违反 1978 年宪法第 53 条的规定。

但是，当进入 21 世纪之后，整整 30 年过去了，我们是否仍然有足够的理由维持对男女法定退休年龄规定的合宪性推定？在过去的 30 年中，我国经过了剧烈的社会转型，并还处于这一未最终完成的转型过程之中，1978 年关于男女退休法定年龄的规定是否仍然适合已经变迁了的社会需要，甚至仍然合乎 1982 年宪法，至少需要进行反思和检讨。[32]

1. 宪法所规定的男女平等原则的内涵。1982 年宪法规定了一般平等权，在第 33 条第 2 款：中华人民共和国公民在法律面前一律平等。1982 年《宪法》第 48、49 条第 1 款规定了男女平等原则，第 48 条内容与 1978 年《宪法》第 53 条大同小异："中华人民共和国妇女在政治的、经济的、文化的、社会的和家庭的生活等各方面享有同男子平等的权利。国家保护妇女的权利和利益，实行男女同工同酬，培养和选拔妇女干部"。第 49 条第 1 款规定："婚姻、家庭、母亲和儿童受国家的保护。"依照上述条款，宪法上的男女平等权，对女性而言，既包括形式平等权，也包括实质平等权；既包括一般平等权，也包括一般平等权与其他基本权利叠加后所形成的特殊平等权，如政治平等权、教育平等权、劳动平等权等等。平等思想的渊源，虽可以追溯至古希腊，以及"在上帝面前平等"的中世纪基督教学说。但是直到近代以来，平等才成为现代国家立国的根本原则之一以及现代性的最为重要特征之一。以平等的自然法思想为媒介，平等被写入实定宪法而成为近代宪法的立宪原则和概括性的基本人权。如美国《独立宣言》宣称："我们认为下述真理是不言而喻的：人人生而平等，造物主赋予他们若干不可让与的权利，其中包括生存权、自由权和追求幸福的权利。"法国《人权宣言》第 1 条规定："在权利方面，人们生来是而且始终是自由平等的。"

在近代自由资本主义的背景下，平等主要表现为一种形式平等，主要强调机会的平等和起点的平等。形式平等强调在法律上平等对待所有人，并保障其自由活动，但最终普遍出现了个人的不平等现象。直到 19 世纪末 20 世纪初，随着产业革命的完成，社会国家的出现，逐渐出现了实质平等观念，旨在要求国

---

[32] 国内已有研究人员和研究机构对此问题展开检讨和反思。2006 年 3 月 7 日下午，北京大学法学院妇女法律研究与服务中心就国发（1978）104 号文件关于女职工退休年龄的规定，向全国人大常委会提起违宪审查建议。违宪审查建议书指出，国发（1978）104 号文件（包括国务院《关于安置老弱病残干部的暂行办法》和《关于工人退休、退职的暂行办法》）违反了《中华人民共和国宪法》第 33 条第 2 款以及第 48 条第 1 款的规定。参见宋宗合："NGO 首次向人大提请违宪审查"，载《公益时报》2006 年 3 月 14 日。

家采取积极干预的措施，以保护社会经济的弱者享有与其他国民同等的自由和生存条件。因此，从历史来看，平等的观念，是从形式平等向同时也重视实质平等的方向演变。这里需要注意的是，形式平等所强调的自由，不能被实质平等观念下所强调的国家权力全面干预乃至接管，甚至演变成为一种绝对平等主义的乌托邦追求，强调实质平等应清醒地意识到应保持其必要的限度。

我国《宪法》第33条第2款强调"公民在法律面前一律平等"。通说根据字面意思作形式上的解释，认为主要是法律适用的平等，即司法和执法的平等，而对立法者并无拘束力。根据法治、民主、人权原理，在一国之内不分阶级、民族、性别等都应该是平等的，所有公民的人权都应该被法律所保障，不仅是司法和执法，也包括立法。毋庸赘言，如果立法上含有不平等的规定，则无论如何平等地将其适用，也无法实现平等的保障。就本案而言，如果存在对女性平等权的侵犯，则并非是在执法和司法上，恰恰是在立法上。因此，男女平等，首先应是在立法、司法和执法上的全面平等。

我国《宪法》第48条第1款规定了女性在政治、经济、文化、社会的和家庭的各方面都享有同男子平等的权利。这是关于男女平等权的一般性规定，规定了女性在国家和社会的所有领域都与男性享有普遍的、抽象的平等权利。不仅如此，该款还以列举的方式规定了女性的政治平等权、经济平等权、文化平等权以及在社会和家庭中的平等权。更重要的是，该款规定不仅仅意味着女性具有与男性同等的形式平等权或机会平等权，还意味着女性具有相对于男性而言的实质平等权，这一精神反映在紧接着的条款之中。

我国《宪法》第48条第2款规定了对女性的特别保护，这种特别保护反映了实质平等的内容。第49条第1款规定了对母亲的特别保护，由于母亲只能由女性构成，因此该款规定同样可以视为对作为母亲这个角色出现时的女性的特别保护。我国宪法基于事实的、实质意义上的差异，对女性进行特别保护，就如同对少数民族、残疾人等的保护一样，是对实质平等的一种追求。这两个条款排除了男女无区别的绝对平等，而实行有区别的对待，因而它并非违背了形式平等的要求。不仅如此，更为重要的是它还体现了符合时代潮流的男女实质平等理念，即为了在一定程度上纠正男女在事实上的不平等，而对妇女实行特殊权益的保障以恢复法律内在地所期待的男女"机会的平等"的理念。现代宪法大多将实质平等和形式平等并重，坚持以个人的性别、个性、能力、财富以及人与人的特别关系等各种事实的、实质的差异为前提，就法律给予的权利或法律所课赋的义务各方面，在同一情况与条件下都予以平等待遇；同时也是以纠正、消除事实的、实质的差异，在合理的限度内设定差别待遇，以恢复机会平等作为其内容。[33]

2. 本案从违宪审查方面的分析。

（1）违宪审查基准的确定。平等权本身是一项概括性基本人权，既是个人权利，又是兼具人权总括性意义的重要原则。本案中，男女不同法定退休年龄涉及作为一般平等权的一项特殊平等权——女性的劳动平等权，女性的劳动平等权是妇女平等权和妇女劳动权的叠加。

我国政府于 1980 年 7 月 17 日签署《消除对妇女一切形式歧视公约》，同年 11 月 4 日交存批准书，12 月 4 日该公约对中国生效。该公约第 2 条 a 项规定："男女平等的原则如尚未列入本国宪法或其他有关法律者，应将其列入，并以法律或其他适当方法，保证实现这项原则"。因此，在 1982 年宪法中，男女平等是作为一项宪法的基本原则明确规定在我国《宪法》第 48 条第 1 款中。可见，在 20 世纪 80 年代之后，妇女平等权是作为一项宪法基本原则而存在的，其在人权谱系中与精神自由对民主政治之重要性相比，具有同等重要的地位。

妇女的劳动平等权同样作为女性的一项基本权利，规定在我国 1982 年《宪法》的第 48 条第 2 款之中。我国《宪法》第 42 条规定："中华人民共和国公民有劳动的权利和义务。"可见，在我国，男性和女性都享有平等的劳动权利，反映在宪法中即为"男女同工同酬"的规定；另外，《劳动法》第 13 条规定："妇女享有与男子平等的就业权利。在录用职工时，除国家规定的不适合妇女的工种或者岗位外，不得以性别为由拒绝录用妇女或者提高对妇女的录用标准。"《妇女权益保障法》第 22 条规定："国家保障妇女享有与男子平等的劳动权利和社会保障权利。"第 23 条规定："各单位在录用职工时，除不适合妇女的工种或者岗位外，不得以性别为由拒绝录用妇女或者提高对妇女的录用标准。"第 24 条规定："实行男女同工同酬。妇女在享受福利待遇方面享有与男子平等的权利。"第 25 条规定："在晋职、晋级、评定专业技术职务等方面，应当坚持男女平等的原则，不得歧视妇女。"

与之相对的是，基于实质平等和保护女性的考量，男性和女性并没有负有一样的劳动义务。换句话说，女性在劳动义务上基于生理差异和性别差异，负担的劳动义务低于男性。《劳动法》和《妇女权益保障法》都规定了很多对女性开展劳动保护的强制性规定。《劳动法》第 29 条规定："劳动者有下列情形之一的，用人单位不得依据本法第 26 条、第 27 条的规定解除劳动合同：……③女职

---

[33]　参见何永红："性别平等还是男女有别？——女性优惠待遇的合宪性探究"，载《宁波大学学报》（人文科学版）2007 年第 4 期。

工在孕期、产期、哺乳期内的。"第 58 条规定:"国家对女职工和未成年工实行特殊劳动保护。"第七章专章规定对女职工的劳动保护,第 59 条规定:"禁止安排女职工从事矿山井下、国家规定的第四级体力劳动强度的劳动和其他禁忌从事的劳动。"第 60 条规定:"不得安排女职工在经期从事高处、低温、冷水作业和国家规定的第三级体力劳动强度的劳动。"第 61 条规定:"不得安排女职工在怀孕期间从事国家规定的第三级体力劳动强度的劳动和孕期禁忌从事的劳动。对怀孕 7 个月以上的女职工,不得安排其延长工作时间和夜班劳动。"第 62 条规定:"女职工生育享受不少于 90 天的产假。"[34] 第 63 条规定:"不得安排女职工在哺乳未满一周岁的婴儿期间从事国家规定的第三级体力劳动强度的劳动和哺乳期禁忌从事的其他劳动,不得安排其延长工作时间和夜班劳动。"《妇女权益保障法》第 26 条规定:"任何单位均应根据妇女的特点,依法保护妇女在工作和劳动时的安全和健康,不得安排不适合妇女从事的工作和劳动。妇女在经期、孕期、产期、哺乳期受特殊保护。"

劳动权,就其性质来说,本就是一项兼具自由权和社会权性质的权利,但妇女的劳动平等权则更多地具有社会权的性质,从保护妇女和母亲的角度,宪法和法律给予了更多的倾斜性制度保护。

(2) 违宪审查方面的判断和分析。就本案而言,国发(1978)104 号文件(包括国务院《关于安置老弱病残干部的暂行办法》和《关于工人退休、退职的暂行办法》)是否违反宪法关于女性平等劳动权的规定,基于"严格合理性审查基准",运用字面的形式逻辑分析方法和基于立法事实的分析方法,可作如下的违宪审查方面的分析:

第一,关于立法目的是否重要。国务院《关于安置老弱病残干部的暂行办法》在序言中规定:妥善安置这些干部,使他们各得其所,是党对他们的关怀和爱护,是我党干部政策的一个重要方面,也是我国社会主义制度优越性的具体体现。人总是要老的,这是自然规律。由于年龄和身体的关系而退休、担任顾问或荣誉职务,是正常的,也是光荣的。对离休、退休的干部,要在政治上、生活上关心他们,及时解决他们的各种实际困难。国务院《关于工人退休、退职的暂行办法》在序言中规定:"老年工人和因工、因病丧失劳动能力的工人,对社会主义革命和建设作出了应有的贡献。妥善安置他们的生活,使他们愉快

---

[34] 根据人民网消息,国务院拟将妇女产假由过去的 90 天,延长到 98 天。参见"国务院:拟规定将妇女产假增至 98 天",载 http://xj.people.com.cn/GB/188531/16339333.html,最后访问日期:2012 年 4 月 18 日。

地度过晚年，这是社会主义制度优越性的具体体现……""人事有代谢"，不论是对男性还是女性而言，当劳动达一定年限之后，便可退休，安享晚年，是国家对其劳动保护的一种形式，是国家对老年人的一种关爱。从这个意义上来说，这个总的立法目的自然非常重要。

第二，男性干部和工人 60 岁退休，女性干部 55 岁退休，女性工人 50 岁退休，这一不同退休年龄的规定，乃是纯粹基于性别的分类，这一分类立法的目的，据官方的解释，主要是对妇女进行保护。例如，劳动和社会保障部的官方人员如此解释这种差别："《国家公务员暂行条例》规定男、女公务员的法定退休年龄分别为 60 周岁和 55 周岁，这是以我国男女不同的生理特点为科学依据，从保护妇女权益的角度出发研究制定的，有利于保护在基层工作的女性的身体健康。"[35] 诚然，基于男女生理学上的理由对女性给予特别保护的立法目的是非常重要的。但是，需要引起注意的是，从国发（1978）104 号文件的条文中，无法看出该文件规定男女不同退休年龄的立法目的是为了更好地保护女性的权益，而且该文件没有指出如此立法的上位法依据和立法事实依据。显然，该文件仅仅以基于性别来规定不同的退休年龄，是不足以说明其立法目的的，也就无法说明其立法目的的重要性。

与之相对照的是，前述《宪法》、《劳动法》、《妇女权益保障法》等基于性别差异而对女性规定了诸多劳动保护的差别对待，其立法目的在于保护女性能够顺应生理规律维护身体健康，以及在怀孕和哺乳期间保障胎儿和婴儿的身心健康，从而保障人类族群的正常繁衍。前述条款的立法目的都规定的非常明确，一望而知是为了对女性的特别保护采取的差别对待。因而这种差别对待属于事实上的和实质上的，在社会通常观念看来都是合理的，因此并不会被视为违反平等原则。

第三，即便承认立法规定女性比男性提前 5 年或 10 年退休的立法目的是对女性进行特别保护，那么这种手段与目的之间是否存在实质的关联性？

根据官方的解释，1978 年进行退休年龄的立法时，"文化大革命"刚结束，新中国成立之初所存在的那些性别差异并没有得到根本的改变。在 20 世纪 50～70 年代初期，我国还没有实行计划生育，女性生育不受或受很少控制，呈多子女态势。当时的家庭多属大家庭结构，许多妇女在 50 岁左右就需要承担帮助照看第三代的家庭责任。考虑到女性的生理特点和抚育子女的需要，不宜长期从事繁重工作，且女性受教育程度普遍低于男性，同时考虑到女职工就业的机会

---

[35] "综述：女性退休年龄引起广泛关注"，载《北京晚报》2000 年 9 月 1 日。

一般比男性少而且工龄较短的现实，给予女性早退休的特权，大概比较能够达到对职业女性的保护。[36] 但是，经过30年的社会剧烈转型，这种手段与目的之间是否仍然存在实质的关联性，便存在疑问了。为了消除不合理差别的消极目的，通过立法给予的保护性待遇，一旦过度或者过时，都有可能构成"逆反差别"，从而产生新的不平等问题。[37] 我国在对于女性的特别劳动保护上，规定了比男性较早的法定退休年龄，到今天随着社会变迁的加剧是否会构成这种"逆反差别"，可以从立法事实的变迁来分析。

在改革开放30年后，当年作为立法事实依据的男女性别差别，已经发生巨大的变化。其一，与改革开放之前相比，妇女健康状况得到很大改善，综合指数逐年上升，2007年我国女性平均预期寿命已经达到74.1岁，高于男性平均预期寿命。其二，女性受教育程度大大提高，与男性受教育程度的差距大大缩小。其三，由于女性普遍提高了受教育程度，因此职业女性越来越多，知识女性所占比例接近总人口的一半。其四，计划生育政策的实行，家用电器的广泛推广，更使女性的家庭负担大大降低。虽然传统的家庭责任分担模式没有发生根本的变化，但是在家庭资源的分配和婚姻关系上，女性与男性在家庭中的地位更趋于平等。可见，当初作为规定男女法定退休年龄的立法依据的事实，已经基本不复存在，那么在规定女性提前5年或者10年退休与对女性身心健康进行保护的立法目的之间，也就不存在所谓的"实质性关联"，此种保护性手段不仅不能达到保护女性的目的，现在还有可能对女性的权益造成损害。

可见，由于立法事实的变化，通过规定男女不同年龄退休，已经难以实现保护女性的立法目的；不仅如此，这种保护性待遇一旦过时，势必形成"逆反差别"，新的不平等已经产生。实际上，在本案中，周香华女士本人就代表了这一男女性别差异日益缩小的社会事实，她55岁仍然身体健康，有能力、有信心继续从事本职工作，胜任中国建设银行平顶山分行出纳部副经理一职，而她一旦退休，"不仅仅收入少了一半多，在岗员工的调级、涨工资这些福利，退休的都享受不到"，她的疑问代表了一种普通人的合理怀疑："一样是参加工作，男干部就能比女干部多干5年，收入也高出一截，这算不算男女不平等呢？"[38]

第四，女性平等劳动权，除了相对于男性而言之外，相对于女性自身而言，

---

[36]　参见卓冬青："性别视角下的退休年龄——退休制度与妇女发展"，载《女性》2007年第1期；"我国男女退休年龄规定被提请违宪审查"，载《法制早报》2006年3月12日。

[37]　参见［日］芦部信喜：《宪法》（第3版），林来梵等译，北京大学出版社2006年版，第113页。

[38]　引自戴敦峰："女人为何无权与男人同龄退休？"，载《南方周末》2005年10月13日。

同样具有重要意义。根据国发（1978）104 号文件的规定，男性的法定退休年龄都是 60 岁，而女性则并不相同，女"工人"50 岁"应该"退休，而女"干部"55 岁"可以"退休。这种分类是一种基于社会身份的分类，根据通常的观点，同样应该采用"严格合理性审查基准"。对于女性进行"干部"和"工人"的身份分类，这在 1978 年是普遍存在的现象，然而，人事制度改革已从"试水"进入"深水"阶段，体现为打破终身制，授权单位以岗位决定所聘人员的身份，导致干部、工人的身份随着劳动合同制的全面推行而难以区分。因而如今这种基于社会身份的分类日渐成为一种缺乏现实基础的可疑分类，带有对大多数不是"干部"的女性的歧视。基于这种可疑分类来决定女性不同的退休年龄，意味着诸多女工人的劳动平等权被侵犯，已无合宪性推定的基础。进一步来说，将所有的男性与女性分为"干部"和"工人"，然后根据这种社会身份的分类而规定不同的法定退休年龄，其合宪性基础已经被大大削弱。仅就此点而言，国发（1978）104 号文件难脱违宪之虞。不过，这里探讨的重点是性别分类，而非身份分类。

我国 2005 年修正的《妇女权益保障法》第 27 条第 2 款明确规定："各单位在执行国家退休制度时，不得以性别为由歧视妇女。"问题是"国家的退休制度"本身存在违宪的嫌疑，因此建立不违背宪法上男女平等原则的退休制度，应该被提上日程。实际上，在男女不平等历史同样悠久的日本，也一直存在男女不同退休年龄的现象，直到 1981 年的日产汽车男女退休年龄制度事件中，该公司规定退休年龄男性为 60 岁，女性为 55 岁，男女退休年龄相差 5 岁，最后最高法院判示，这是纯粹因性别理由所为的不合理差别，此后日本才将男女退休年龄同一化。[39] 在我国，违宪审查制度尚不完善，更要依赖于正常的立法过程对不平等现象予以纠正。

三、结论

我国规定男女不同法定退休年龄的国发（1978）104 号文件（包括国务院《关于安置老弱病残干部的暂行办法》和《关于工人退休、退职的暂行办法》），有违背宪法男女平等原则的嫌疑。但是，违宪审查所解决的更多的是一种事后的权利救济问题，即使形成关于男女不同法定退休年龄的规定违宪的判断或结论，关于男女同一退休年龄的最终确定仍然并非易事。在现代国家，这是一项牵涉甚广的复杂的公共政策，仍然有赖于民主的立法过程。

---

[39] 参见［日］阿部照哉、池田政章等编著：《宪法——基本人权篇》（下册），周宗宪译，中国政法大学出版社 2006 年版，第 113 页。

1. 徐勤："退休制度与退休年龄问题的探讨"，载《人口与经济》1992 年第 2 期。

2. 刘明辉："中国退休年龄制度中的悖论"，载《中华女子学院学报》2012 年第 2 期。

3. 彭万："对于延长退休年龄的两面性思考"，载《人力资源管理》2012 年第 4 期。

4. 褚福灵："中国退休年龄面临的挑战与选择"，载《北京劳动保障职业学院学报》2012 年第 1 期。

5. 退休年龄问题研究课题组："关于退休年龄问题研究报告"（上），载《中国妇运》2011 年第 5 期。

6. 退休年龄问题研究课题组："关于退休年龄问题研究报告"（下），载《中国妇运》2011 年第 6 期。

7. 徐晓雯、张新宽："对延迟我国法定退休年龄的思考"，载《山东财政学院学报》2011 年第 3 期。

第二节　表达自由权

一、表达自由及其界限

我国现行《宪法》第 35 条规定：中华人民共和国公民有言论、出版、集会、结社、游行、示威的自由。这些自由在宪法学上可概称为"表现自由"或"表达自由"（freedom of expression），指的是人们通过一定的方式将自己内心的想法和观点公诸外部的精神活动的自由。而其中所谓的"一定的方式"，主要体现于一定的表达行为（expressive conduct）之中，并具有复杂的多样性，但传统宪法学认为，其典型的方式主要有言论、出版、集会、结社、游行和示威。

与其他许多宪法权利一样，表达自由也存在着其自身内在的界限。这乃是因为表达自由属于外部性精神自由，其所伴随的表达行为往往超越了思想和良心的范畴，是一种将内心的精神作用或其结果公诸外部的活动，所以存在着与他人的自由权利或社会公众利益发生冲突的可能性，为此必然有一定的界限。正因如此，在现实中，表达自由的内容、场所、方法以及状态等方面亦不可避免地受到限制。美国宪法第一修正案中明确规定："联邦议会不得制定……对言论和出版的自由或对人民和平集会以及向政府请愿诉求冤情救济的权利进行限制（abridging）的法律。"然而实际上也存在对表达自由进行限制的情形，其法理的构成是在维持"不得立法侵害"的原则下，通过判例将一部分需要限制的表达行为加以类型化，并纳入"不受保护的言论"（unprotected speech）的范畴，这些类型主要包括淫秽性表达、对个人的诽谤、对少数种族等集团的诽谤（group libel，group defamation）、侵犯隐私权的表达以及部分营利性表达。当然，美国在实践中确立了一套有关表达自由限制的违宪审查标准，主要由以下四个原则构成：①"禁止事前抑制"原则，即认为对表达行为在其发生之前不能予以制约或禁止。但如下所述，该原则不适用于一些极端例外的情形，此外诚如我国学者所言，该原则实际上意味着容许对表达行为的事后审查。②"显在且现在的危险"（clear and present danger）标准，国内宪法学界亦译之为"明显且即刻的危险"原则，即要求对某种表达自由的限制必须可以判断该表达行为所可能引发的重大危险具有明显性和紧迫性。该原则同样既是对表达自由的保障原则，也是对表达自由的限制原则。③"明确性原则"，即要求对表达自由的规范必须采用明确的基准，不至于导致权利享有主体在做出表达行为之前产生自制或警戒的心理效果。④"较低限制性手段"（less restrictive alternative）的标准，简称为"LRA 标准"，要求法律对某种表达自由的限制手段在达致其立法目的上必须具备最低限度的特性，一旦存在其他限制性程度更低却也能实现其立法目的的限制手段，那么该法律就可能构成违宪。上述的这些表达自由的限制标准和理论，对当今世界上的诸多西方国家产生了一定的影响，然而这均是理性、自律和稳定的即成熟的市民社会业已形成、社会经济的发展程度已经达到足以确立"双重标准的理论"的时代的顺产儿。

二、表达自由的类型

从宪法理论上看，我国宪法上述规定的权利属于表达自由。表达自由是指公民通过各种形式发表自己意见、观点而不受他人非法干涉的自由。表达自由的形式包括口头表达、书面表达和行为表达；其内容涉及社会、经济、政治、文化等各方面。表达自由是公民发表自己的见解并与人交流的一种重要的方式，所以表达自由并非仅仅只是政治自由，它还是公民从事商业、文化活动或者表达情感的自由。鉴于此，西方国家宪法一般把表达自由归于精神自由的范畴。在我国，由于表达自由在宪法中的位置与选举权和被选举权相邻，刑法规定的剥夺政治权利中也包括表达自由，因而我国学者把表达自由纳入了政治自由的范围。

（一）言论自由

言论自由是指公民通过口头方式发表自己见解的自由。言论自由包括新闻自由，然而，从表达自由的本义来看，广义的言论自由应该还包括借助绘画、摄影、影视、音乐、录音、演剧等方式或收音机、电视机、计算机等手段所实现的形形色色的表达行为的自由。在一些西方国家，通过焚烧国旗等象征性地表达自己意见和思想的行为而进行的表达活动也被视为一种言论表达，并冠之以名曰"象征性表达"（symbolic expression）。从内容上来看，言论（含出版）中包括政治言论、商业言论、学术言论、艺术言论、宗教言论等多种具体类型。政治言论的自由，可纳入政治权利的范畴，然而其在日常社会生活中仅仅占有言论范畴的一部分。在市场经济的条件下，商业言论，主要是以增进商业营利为目的的营利性言论（commercial speech）自然也构成言论的一个重要类型。

言论自由包括以下几层含义：其一，每个公民都有平等的发言权；其二，公民有权自由发表自己的意见，不受非法干涉；其三，公民的言论如果违反法律，应实行事后惩罚。言论自由首先是发表不同政治见解的自由，其次是公民发表一般意见的自由，因而它既是公民精神活动的基础，又是国家民主政治的体现。国家对言论自由的保护程度表明了一个国家的民主发展水平。言论自由的内容无论是涉及政治性还是非政治性，对公民来说都是其基本权利，因而我国公民的言论自由居于六项自由之首。

言论自由在行使过程中存在着限度。从一些国家的司法实践看，一般有以下几种情况：①行使言论自由时不得侵犯他人隐私权。虽然现在有一些国家实行公职人员和公共人物隐私权适当减损原则，但如果超出限度仍可能构成侵权。②行使言论自由时不得侵犯他人的名誉权，否则可能构成侮辱或诽谤。③行使言论自由时不得煽动他人实施违法行为。各国对煽动性言论的认识差别较大，因而限制的方式各不相同。④行使言论自由时不得违反善良风俗。对猥亵或淫秽的言论应给以必要的和正当的限制。

（二）出版自由

言论和出版的自由，是表达自由的最基本的、最典型的类型。其中，言论属于以口头形式为主的表达行为，而出版则属于以文字形式为主的表达行为，二者均以语言形态而出现，故而通常也被概称为"言论自由"。出版自由是指公民通过公开发行的出版物表达自己意见的自由。出版物主要包括书籍、期刊、音像制品、电子出版物等，一般较为系统，以固体形态存在。出版自由既可以是指制作出版物的行为自由，也可以是指出版物的内容不受非法干预。出版自由是言论自由的延伸，是广义的言论自由。与言论自由的差别主要在于形式上不同。宪法将言论自由与出版自由分开规定，是为了更好地保障其实现。

由于出版物可以大量发行，流行范围广，影响深远，因而各国普遍重视出版工作的管理。主要有两种体制：一是预防制，即事先干预；二是追惩制，即出版物发行后，如与法律相冲突，即须承担相应责任。我国采用预防制与追惩制相结合的做法。

有学者认为，使用报刊、广播、电视等方式发表意见的为新闻自由。新闻自由主要包括开办新闻媒介的自由、采访自由、写作自由、传递自由、印制自由和获知自由。它是出版自由在新闻领域的具体运用，也是言论自由的一种载体，在现代社会中已成为一种普遍采用的表达意见的方式。新闻自由的实现必须依靠国家或公共组织提供条件并加以保护。作为公民交流思想、了解社会动态的重要手段，有必要给以媒体更大的自由。

出版自由也是有限度的。国家在法律中既要保护公民的出版自由，又要设定合理的界限。我国在法律中也有相应的规定。国务院在 1997 年颁布的《出版管理条例》第 25 条中规定任何出版物不得危害国家统一和安全、不得泄露国家机密、不得侮辱或诽谤他人、不得有淫秽内容等。但我国对出版物实行事先审查的制度，不利于保障出版自由。

如何保护公民对国家机关及其工作人员批评的自由，逐渐被各国所重视。这种政治性的表达自由是公民对国家机关及其工作人员从事公共管理行为进行监督的必要方式。尊重公民的表达自由，不仅可以使政府了解民情，代表民意，而且可以提高公民的参政能力。米克尔约翰认为：保护公共讨论自由的原因是"美国公民只有充分、无畏地面对针对他们制度的一切辩护和一切批评，才适合于实行自治。公共讨论的自由是不可限制的，这是自治政府的基石。"[40] 越来越多的学者认为，国家机关及其工作人员不宜成为名誉权的诉讼主体，诽谤政府官员的言论不能成为国家制裁的对象。美国联邦最高法院于 1964 年在"《纽约时报》诉沙利文案"中确立一项规则，取消政府官员对报纸上某些错误的陈述取得赔偿的权利，除非该官员不仅能证明有关他的新闻报道的这些部分失实并损害其声誉，而且能证明新闻界的这一报道是出于实际恶意，是不顾真伪而蓄意损害他人的利益。现在美国有些学者甚至主张绝对保护新闻机构免受政府官员提出的诽谤起诉。这一规则值得我国借鉴。

（三）结社自由

结社自由是指公民为了一定宗旨组织或参加具有持续性的社会组织的自由。结社自由包括两项内容：其一，公民有结成团体、加入团体和退出团体的自由，任何国家权力不得非法干涉；其二，社团有确立其宗旨并予以实现的自由，任何国家权力不得非法干涉。结社因目的不同可以分为两种：一种是营利性结社

---

[40]　[美] 亚历山大·米克尔约翰：《表达自由的法律限度》，侯健译，贵州人民出版社 2003 年版，第 65 页。

（如商业性公司），多由民商法调整；另一种是非营利性结社，又分为政治性结社（如组织政党）和非政治性结社（如组织宗教、学术、文艺团体）。结社是由特定的多数人组成的有目的、有组织机构的活动，因而与国家安全和社会秩序关系密切，对国家而言，它比言论和出版自由更具危险性。但结社自由对国家的民主而言极其重要，通过社团的力量抵御专制、参与国家事务的管理，与公民个体的力量相比，更具有影响力。所以国家既要保护结社自由，又必须给予必要限制。

鉴于结社自由的具体情况，各国宪法对结社尤其是政治结社都有适当限制。我国对结社的规范主要依据 1998 年国务院颁布的《社会团体登记管理条例》。该《条例》规定，社会团体的成立实行审批登记制度，社会团体的活动实行社会团体登记机关与社会团体业务主管单位的双重监督管理制度。社会团体必须遵守宪法和法律，不得危害国家的统一、安全和民族的团结，不得损害国家利益、社会公共利益以及其他组织和公民的合法权益，不得违背社会道德风尚。该《条例》仅适用于非营利性结社，而且不包括已经存在的民主党派。由此可见，我国的规定较为严格。

（四）集会游行示威自由

集会自由是指公民为了某种目的聚集在一定场所发表意见、表达意愿的自由。集会自由是言论自由的必然要求，是扩大言论影响的重要手段。集会自由是消极权利和积极权利的结合，因而要求国家既不得干涉公民集会自由，又要排除对公民集会自由的妨害。集会与结社都是公民为了某种共同目的而聚集在一起，但两者却存在不同：其一，集会是暂时的聚集，而结社具有持续性；其二，集会只有组织者，而结社必须有组织机构；集会不一定结社，而结社一定有集会。

游行自由是指公民在公共场所采取列队行进的方式表达意愿的自由。示威自由是指公民在公共场所以集会、游行、静坐等方式表达意愿的自由。严格地说，示威并非是一种独立的表达行为，它总是与集会或游行结合在一起。

集会、游行、示威有一定区别：其一，状态不同。集会是静态的；游行为动态的；示威一般是动态的。其二，表达意愿的强度不同。相对来说，集会最弱；游行较强；示威最强。其三，表达方式不同。集会是集中在某地表达意见；游行是在行进中表达意见；示威则可以在行进中或以静坐、绝食方式表达意见。其四，表达的内容不同。集会可以是表达公民对社会或政府的意见或交流思想，也可以只是一种感情联系；游行多表达喜庆、愤怒、声援；示威则多为反对政治决定或提出抗议。

集会、游行、示威是群体性活动，而且往往具有实际行为，因而对社会影响较大。各国对集会、游行、示威都有一定的限制，目前主要有三种方式：其一，申报制。在集会、游行、示威前必须向主管机关报告，但无须经其批准。其二，许可制。集会、游行、示威前必须向主管机关申请，获得批准后方可进行。其三，追惩制。集会、游行、示威前不受任何干预，但在集会、游行、示威中如有违法行为则要追究法律责任。其中许可制是一种事先限制的手段，所以受到的质疑较多，也为一些国家放弃。

我国于1989年制定的《集会游行示威法》规定，公民行使这些权利时必须遵守宪法和法律，以和平方式进行，并依法履行申报审批手续。我国目前实行的是许可制，以及对集会、游行、示威的时间、场所、方式、参加者采取比较严格的管理制度，这对公民行使这些权利存在一定的限制。

 事例一

李尔本受鞭笞案——沉默权的由来[41]

【事例介绍】

沉默权又被称为"反对自证其罪的权利"。这一制度早在17世纪的英国就有了，发生在英国伦敦塔下的李尔本受鞭笞案，对沉默权的确立具有里程碑式的意义。

1639年的一天，英国官方查获了一个名叫约翰·李尔本的书商，认为他贩运的几本书里有"煽动性的文字"，于是便以"贩运禁书"及"煽动反政府邪说"的罪名逮捕了李尔本，并押往伦敦进行审判。法庭强迫李尔本宣誓作证，但被李尔本拒绝。李尔本义正严词地说："任何人都不得发誓折磨自己的良心，来回答那些将自己陷入刑事追诉的提问，哪怕是装模作样也不行。"最后，法官恼羞成怒，以"藐视法庭"为由，决定对他施以鞭刑，李尔本便被拖到伦敦塔下的广场上。在行刑过程中，李尔本大声痛斥审讯的不公。围观的民众也纷纷对李尔本表示同情，对法庭的野蛮感到愤怒。因为大家都知道，当时的英国法律里并没有关于什么是"禁书"的解释，所以李尔本的行为根本不构成犯罪。既然没有罪，当然就不必认罪，面对法官的审问，当然也就可以保持沉默。而且，英国习惯法里有句古老的格言："人无义务控告自己"。在人们的观念中，

---

[41] 蒋来用、高莉编著：《法学的故事》，中国和平出版社2006年版，第140~142页。

除了对上帝的自愿忏悔之外，任何人都不必向其他人低头认罪。看到李尔本受鞭打的惨状，民众们群情激愤，高呼："权利！权利！沉默！沉默！"呼声响彻云霄。

受鞭笞后，李尔本没有沉默，1640年，他呼吁议会通过法律确立反对强迫自证其罪的规则。1641年，议会掌权，宣布李尔本一案判决不合法，同时宣布禁止在审讯中使用"依职权宣誓"，沉默权开始萌芽。但沉默权在英国法上的最终确立是通过英国普通法院审理的一起著名案例——詹姆斯二世诉七主教案来实现的。1688年，国王詹姆斯二世因为七个主教违抗他关于执行极端主义的法律和命令而对他们提出起诉，在审判中，七个主教声称他们有保持沉默的权利。主教圣克罗夫特说："我有权合法地拒绝发表任何可能使我自证其罪的言论。"陪审团裁决七主教无罪，这就以判例法的形式在西方国家中最早确立了沉默权制度。1912年，英国又通过《裁判规则》等法律对沉默权的内容作了明文规定。

英国人到达北美大陆后，沉默权制度也开始在北美殖民地落地生根。由于美国没有封建传统，对个人权利和自由的价值更为珍视。独立后的美国把沉默权明明白白地写入了宪法修正案中，为其提供了具有最高效力的保障。1966年的米兰达案件又确立了著名的"米兰达规则"[42]，其中最重要的一项就是关于要告知嫌疑人沉默权的规定。

凭借英国法与美国法在世界上的影响力，沉默权制度也逐步为其他诸多西方国家所接受。德国、法国、日本等许多国家的《刑事诉讼法》中都有关于沉默权的明文规定。而且，在联合国确立和推行刑事司法国际标准的进程中，沉默权作为一项独立的诉讼权利，也得到了联合国多种文件的确认。其中影响最大的是1966年第21届联合国大会通过的《公民权利和政治权利国际公约》，它在第14条第3项规定刑事被告人有"不被强迫作不利于他自己的证言或强迫承

---

[42] 1963年，一个名叫恩纳斯托·米兰达的23岁无业青年因涉嫌强奸和绑架妇女在亚利桑那州被捕，警官随即对他进行了审问。在审讯前，警官没有告诉米兰达有权保持沉默，有权不自认其罪。米兰达文化不高，从没听说过美国《权利法案》第5条。经过连续两小时的审讯，米兰达承认了罪行，并在供词上签了字。后来在法庭上，检察官向陪审团出示了米兰达的供词，作为指控他犯罪的重要证据。米兰达的律师则坚持认为，根据美国1791年《权利法案》第5条"无论何人……不得在任何刑事案件中被迫自证其罪"，米兰达供词是无效的。然而，陪审团判决米兰达有罪，法官判米兰达20年有期徒刑。此案后来上诉到美国最高法院。1966年，最高法院以5:4的一票之差裁决地方法院的审判无效，理由是警官在审问前，没有预先告诉米兰达应享有的宪法权利。最高法院在裁决中向警方重申了审讯嫌犯的规则：其一，预先告诉嫌犯有权保持沉默；其二，预先告诉嫌犯，他们的供词可能用来起诉和审判他们；其三，告诉嫌犯有权请律师在受审时到场；其四，告诉嫌犯，如果请不起律师，法庭将免费为其指派一位律师。这些规则后来被称为"米兰达法则"。

认犯罪"的权利。根据我国目前的法律，犯罪嫌疑人并不享有完整意义上的沉默权，其虽不承担证明自己有罪或无罪的义务，但对侦查人员的提问却有如实回答的义务。根据修改后的《中华人民共和国刑事诉讼法》[43] 第118条的规定，"侦查人员在讯问犯罪嫌疑人的时候，应当首先讯问犯罪嫌疑人是否有犯罪行为，让他陈述有罪的情节或者无罪的辩解，然后向他提出问题。犯罪嫌疑人对侦查人员的提问，应当如实回答。但是对与本案无关的问题，有拒绝回答的权利。侦查人员在讯问犯罪嫌疑人的时候，应当告知犯罪嫌疑人如实供述自己罪行可以从宽处理的法律规定。"

【本事例涉及的法律问题】

我国应不应该实行沉默权制度，特别是沉默权应不应当入宪，从而使沉默权成为公民宪法上的基本权利？

【基础知识】

言论自由既包括公民说话的自由，也包括公民不说话的自由。不说话的自由就是保持沉默的自由，即沉默权。对于一个公民来讲，由于其不说话的时间比说话的时间多得多，没有说的内容总是比说出来的内容要多，因此，沉默更接近于生活的常态，说话的过程必然始终伴随着沉默的过程。所以，表达思想和观点的权利必须包含不表达思想和观点的权利，说话的权利必须包含沉默的权利。可见，沉默权乃言论自由权不可分割的部分，公民在享有言论自由的同时，也必须享有沉默的自由。[44] 如果人为地把二者割裂开来，无疑违反了事物的本来面目，因而是错误的。

沉默权制度首先是在英国得以确立，后来美国移植了这一制度，并在其宪法第五修正案中规定，任何人不得被强迫自证其罪。根据美国学者的观点，沉默权主要包括以下三层含义：一是犯罪嫌疑人没有义务向控诉方或法庭提供可能使自己陷入不利境地的陈述，控诉方不得采取任何非人道或有损犯罪嫌疑人人格尊严的方法强迫其作出供述或提供证据；二是犯罪嫌疑人有拒绝回答控诉人员讯问的权利，即有权在讯问中保持沉默，并享有因行使这一权利而排除对其作出不利推论的权利；三是犯罪嫌疑人有权就案件事实作出真实的对自己有利或不利的陈述。对于犯罪嫌疑人在迫于外部强制或压力的情况下作出的，不是出于其真实意愿的陈述，法庭不得将它们作为定案的根据。

〔43〕　根据2012年3月14日第十一届全国人民代表大会第五次会议《关于修改〈中华人民共和国刑事诉讼法〉的决定》进行了第二次修正。

〔44〕　参见朱征夫：《公民的权利》，法律出版社2006年版，第191页。

【事例评析】

我国应不应该实行沉默权制度,特别是沉默权应不应当入宪,从而使沉默权成为公民宪法上的基本权利,还存在着激烈的争论。

一、沉默权入宪之肯定论

持沉默权应当入宪观点的学者认为:"公民在刑事程序中的权利首先是宪法权利。相对于刑事诉讼法而言,宪法权利具有更高效力的上位法的保障。宪法的地位决定了宪法是保障公民权利最重要、最有效和最根本的法律,因此,刑事程序权利只有由宪法加以规定,才能够获得相应的保障。如果作为处于法律规范效力阶梯顶端的宪法在保障公民的刑事程序权利方面表现出无可奈何的话,那么其他法律在维护公民权利时也一定是力不从心的。"[45] 具体说来,其主要理由在于以下几方面:

首先,沉默权是公民宪法基本权利的应有之义。我国《宪法》第35条规定:"中华人民共和国公民有言论、出版、集会、结社、游行、示威的自由。"毫无疑问,言论自由既包括公民说话的自由,也包括公民不说话即保持沉默的自由,这实际上是一个问题的两个方面。我国《宪法》第37条规定,中华人民共和国公民的人身自由不受侵犯。禁止非法拘禁和以其他方法非法剥夺或限制公民的人身自由,禁止非法搜查公民的身体。第38条规定,中华人民共和国公民的人格尊严不受侵犯,禁止用任何方法对公民进行侮辱、诽谤和诬告陷害。沉默权也意味着沉默的自由,而沉默的自由无疑是属于人身自由的范畴,因此,剥夺公民沉默的自由当然也就侵犯了公民的人身自由,同时也是侵犯了公民的人格尊严,因为强迫别人说话本身就是降低、贬损别人做人的尊严。可见,言论自由作为一项重要的宪法权利,既包括公民说与不说的自由,也包括公民说什么和如何说的自由。其中,第一层含义"说与不说"的自由是第二层与第三层含义的基础,是最基本的言论自由。而"说与不说"的自由,在刑事诉讼中就具体表现为犯罪嫌疑人、被告人享有陈述与沉默的自由,也就是享有沉默权。[46]

其次,沉默权入宪是我国将来履行国际人权公约义务的必然要求。我国已经签署了《公民权利和政治权利国际公约》,而该《公约》第14条规定,凡受刑事指控者不被强迫作不利于他自己的证言或强迫承认犯罪。尽管我国目前还

---

[45]　周伟:"宪法应增设几项公民的刑事程序权利",载《上海交通大学学报》(哲学社会科学版) 2003年第4期。

[46]　参见殷啸虎、房保国:"我国宪法应明确规定沉默权",载《法学论坛》2001年第2期。

没有批准该条约，但是我们应当提前做好实施沉默权制度的准备。一方面，这是我国正式批准该条约之前所必须做的工作。例如，我国为了加入世界贸易组织，提前对大量的法律、法规进行了修改，特别是废除了《专利法》、《商标法》等法律中关于行政终局裁决的规定，以使这些法律与世贸规则相一致；另一方面，提前做好实施沉默权制度的准备，一旦我国批准了该条约，即刻就可以对该制度付诸实施，而不会出现违反条约的行为。

再次，沉默权不仅被许多的联合国文件和有关的国际条约加以确认和维护，成为刑事司法最低限度的保护，而且也被世界上许多国家的宪法作为基本权利加以确认。"世界历史告诉我们，在西方国家实行的是以人为本，权利本位原则，十分注重保护个人的人身权利和言论自由等，因而有的国家把犯罪嫌疑人、被告人享有沉默权作为一项内容在宪法中予以规定，自在必然。"[47] 比如，前已述及，美国1791年《权利法案》第5条[48]便规定了犯罪嫌疑人享有不被强迫自证其罪的权利。再如，《日本宪法》第38条规定，不得强迫任何人作不利于本人的供述；以强迫、拷问或威胁所得的口供，或经过不正当的长期拘留或拘禁后的口供，均不得作为证据；任何人如对其不利的唯一证据为本人口供时，不得定罪或科以刑罚。《俄罗斯联邦宪法》第49条亦规定了无罪推定及不负证明自己无罪的义务。许多外国宪法之所以要规定沉默权，固然是依据它自己本国的国情及其他一些原因，但沉默权入宪已成为一股不可阻挡的国际潮流，也是宪法本身发展与完善的一个显著标志。

最后，沉默权入宪是保障人权、反对刑讯逼供的客观需要。宪法是"公民权利的保障书"。美国著名学者威廉·伯恩翰也说过："受到刑事追究的嫌疑人和被告人享有的所有权利中最重要的部分是联邦宪法上的权利。"[49] 资本主义社会取代封建制社会最明显的标志之一就是强调保障人的自由、民主和人权，反对强迫被告人自证其罪就是其中之一。我国台湾学者田正恒曾经指出："以权力强迫被告承认犯罪，无异于强迫被告自戴枷锁，是残忍而不人道的行为。"虽然我国《刑事诉讼法》第43条规定了严禁刑讯逼供，但由于没有赋予犯罪嫌

---

〔47〕 刘根菊："在我国确定沉默权原则几个问题之研讨"（上），载《中国法学》2000年第2期。

〔48〕 美国宪法第五修正案（1791年）："无论何人，除非根据大陪审团的报告或起诉，不得受判处死罪或其他不名誉罪行之审判，惟发生在陆、海军中或发生在战时或出现公共危险时服现役的民兵中的案件，不在此限。任何人不得因同一罪行为而两次遭受生命或身体的危害；不得在任何刑事案件中被迫自证其罪；不经正当法律程序，不得被剥夺生命、自由或财产。不给予公平赔偿，私有财产不得充作公用。"

〔49〕 转引自周伟："论刑事司法权利的宪法保护"，载《政法论坛》2003年第6期。

人、被告人沉默权，个别侦查人员为了追求高结案率，仍然奉刑讯逼供为获取证据的灵丹妙药，因此，司法实践中刑讯逼供现象仍时有发生，屡禁不止。刑讯逼供虽然提高了刑事诉讼效率，但这种毕其功于一役的做法显然是得不偿失，因为其不仅伤害了个人的人性与尊严，而且更为严重的是其动摇和损害了国家的法治基础和人民对国家法治的希望和信任，并最终与人类的文明进程背道而驰。因此，只有在宪法中以及刑事诉讼法中赋予犯罪嫌疑人、被告人沉默权，才能有效地遏制刑讯逼供现象的发生，从而切实地保障人权。

　　二、沉默权入宪之否定论

　　与上述观点恰好相反，持沉默权不应当入宪观点的学者也充分论证了自己的主张。他们还用略带嘲讽的口吻说道："刑讯逼供的大棒，正驱赶着'沉默权'迈着沉重的步子隆隆向我们走来。而人权人士的强烈呼吁，则几乎让人们认为没有沉默权便不会有什么刑事司法程序公正。"[50] 其主要理由包括以下几方面：

　　首先，沉默权入宪不符合我国的现实国情。这是否定论最主要的一个理由。该主张认为，法的制定尤其是法律原则的制定，绝对不能脱离一个国家、一个地区的实际情况，法在具有共性的同时必须还要体现出个性来，不能盲目地迷信外国的做法，对于那些支持确立沉默权的人们"在使出'搬运功'之前，最好要先看清搬回国的东西究竟是'他山之石'还是'前车之鉴'"。[51] 我国目前的现实国情是，现正处于社会转型时期，各种利益关系特别复杂，犯罪率不断上升，尤其是暴力犯罪、团伙犯罪、高科技犯罪等更趋猖獗，因此我国目前的治安形势非常严峻。而我国现阶段的侦查技术、侦查设备还比较落后，如果此时再赋予犯罪嫌疑人、被告人沉默权，必然不利于打击犯罪。因为这会使犯罪嫌疑人、被告人的口供这一直接证据大为减少，从而影响案件的侦破，并最终危及社会的稳定。规定沉默权只会保护有罪的人，而对无罪的人没有什么价值。边沁把沉默权称为"人的思想所曾经发现的最有害、最荒谬的规则之一"，并且以讽刺的口吻说道："如果每个级别的罪犯聚集在一起，并且按照他们的愿望设计出一种制度，为了保护他们的安全，除了这项规则作为首选，还会是什么？无罪者绝对不会利用这项规则。无罪的人会主张说出来的权利，就像有罪的人

---

[50]　万永海、姜福先："我国不宜确立沉默权制度"，载陈光中、江伟主编：《诉讼法论丛》（第6卷），法律出版社2001年版，第232页。

[51]　李凯："沉默权制度应当确立"，载陈光中、江伟主编：《诉讼法论丛》（第6卷），法律出版社2001年版，第248页。

会援引沉默权一样"[52]。因此，沉默权入宪目前不符合我国现阶段的具体国情。

其次，沉默权虽然是对人性尊重的司法表现，但它为保障相对恶主体权利而以牺牲相对善主体权利为代价，绝非最高贵的人道。沉默权是本质上为道德权利的自然权利，但未必就一定是法定的权利，更不是绝对的法定权利。根据人道主义理论推导出"沉默权因为是自然权利所以应是法定权利"的结论是对法与道德之间界限的模糊认识。如果由于沉默权是自然权利，因而否认了沉默权就是否认了人性，那就要强迫法律对自然权利兼收并蓄，这种毫无选择余地的包容实际上是使由习俗和道德演变而来的法律退回到习俗和道德状态。[53] 确实如此，沉默权是一种道德权利和应然权利，但把道德权利和应然权利转化为具体的法律权利和实然权利还需要具备许多现实的条件，特别是要受一个国家具体的政治、经济、文化、历史传统等条件的制约。

再次，沉默权入宪不符合我国目前情况下保障权利与提高效率的适度平衡，最终也有悖于犯罪经济学原理。权利与效率的关系应该是对立统一的，忽视或强调其中任何一方都会造成严重的后果。在我国的基本国情和现实条件下，盲目追求表面的"文明"，把沉默权制度不加分析地照搬到我国宪法中来，必将使我国刑事诉讼中权利与效率的相对平衡关系被打破，从而引起二者间剧烈的冲突，最终使权利与效率两败俱伤。一方面，造成办案效率大滑坡，犯罪难以控制，社会治安防线崩溃；另一方面，在整个国家和全体人民的根本利益已被严重损害的情况下，单单赋予犯罪嫌疑人、被告人沉默权已失去其实际意义。[54]

最后，沉默权入宪在我国目前尚缺乏相关的制度保障和人文背景。在实行沉默权制度的国家，还必须有相应的制度保障，如无罪推定原则的充分确立、沉默权的事先告知制度、禁止以刑罚或其他制裁迫使被告承担法律上或事实上的供述义务、侵害沉默权所取得的证据不具有证据能力、在认定犯罪事实时不能以被告沉默的态度作为被告有罪的证据等。所有这些制度都与我国现行法典存在相互冲突和不一致的地方，或者我国法典在这些方面尚缺乏规定。[55] 2012年3月14日第十一届全国人民代表大会第五次会议通过了《关于修改〈中华人民共和国刑事诉讼法〉的决定》，对《中华人民共和国刑事诉讼法》作了修改，其中将第43条改为第50条，修改为："审判人员、检察人员、侦查人员必须依

---

〔52〕 引自孙长永："沉默权的是非之争与正当根据"（上），载《现代法学》2001年第3期。
〔53〕 参见陈连福："沉默权价值的理性分析"，载《吉林大学社会科学学报》2001年第5期。
〔54〕 参见李捷："从权利与效率的关系看'沉默权'的取舍"，载《公安教育》2001年第3期。
〔55〕 参见李婉平："沉默权的价值和实现"，载《北京科技大学学报》（社会科学版）2001年第2期。

照法定程序，收集能够证实犯罪嫌疑人、被告人有罪或者无罪、犯罪情节轻重的各种证据。严禁刑讯逼供和以威胁、引诱、欺骗以及其他非法方法收集证据，不得强迫任何人证实自己有罪。必须保证一切与案件有关或者了解案情的公民，有客观地充分地提供证据的条件，除特殊情况外，可以吸收他们协助调查"。这显然意味着犯罪嫌疑人不享有沉默权。同时，从人文背景上来看，我国也缺乏沉默权入宪的土壤。我国的传统历来是强调以国家和社会为本位，强调个人利益必须服从国家利益和社会利益。而让犯罪嫌疑人、被告人享有作为基本权利的沉默权，实在是与我国的国家利益和社会利益格格不入。

三、沉默权入宪应当缓行

从宪政的基本价值及长远理想来看，我国现行宪法应予确认犯罪嫌疑人、被告人的沉默权。沉默权无疑是一种重要的人权，而加强人权的宪法保护，包括加强犯罪嫌疑人、被告人沉默权的宪法保护，是世界人权发展的趋势之一，我们当然不能逆历史潮流而行。但是，就我国目前情况来看，沉默权入宪应当缓行。理由在于以下几方面：

首先，从理论上来说，人权包括基本权利在内都要受到各种主客观条件的限制和制约。霍姆斯说："长期以来，人们承认价值的享有受到不言而喻的限制。"即使是实行沉默权制度的国家，沉默权的享有也不是绝对的。例如，1993年10月，英国政府决定在三种危害严重的犯罪中限制犯罪嫌疑人、被告人沉默权的行使：一是有组织犯罪，如恐怖分子实施的暴力犯罪；二是武装抢劫等职业性犯罪；三是商业欺诈等智能性严重经济犯罪。对于上述刑事案件，只有限制沉默权的行使，才能有效地打击犯罪分子。[56]因此，沉默权作为一项重要的人权，也不是绝对的。那种抱着使全世界所有国家的公民都享有一模一样的权利的理想，只不过是一厢情愿罢了。因为，世界上从来就没有两片完全相同的树叶。

其次，从实践上来看，我国目前的具体国情是：一方面，我国是一个拥有13亿人口的大国，每年的犯罪率和犯罪的绝对数量有增无减，这给我国的社会治安带来了巨大的压力；另一方面，由于我国是发展中国家，而且仍处于社会主义初级阶段，物质基础还不雄厚，而侦破刑事案件却要花费大量的人力和财力。这就是现实中的两难境地。从实践中来看，口供仍是获取和印证其他证据的重要手段。根据有关资料的统计，目前北京市公安机关通过高科技手段获取犯罪证据再抓获犯罪嫌疑人的案件，不超过20%，而通过审讯犯罪嫌疑人获取

〔56〕 参见龙宗智："英国对沉默权制度的改革以及给我们的启示"，载《法学》2000年第2期。

口供，再获取其他相关证据破案的，每年都占有相当大的比例。作为首都的公安机关，其侦查技术力量相对来说还是比较强的，而其状况尚且如此，其他地区就可想而知了。因此，如果沉默权马上入宪，则势必会增加侦查机关的负担，使侦查机关无从获得口供转而求助于其他手段，甚至是疲于奔命，无疑将导致大量的人力和财力的浪费，这绝对不是我国目前的经济条件所能承受的。

　　最后，我国对《世界人权宣言》、《公民权利和政治权利国际公约》等这些作为国际人权法基础的人权宪章或文献中的积极因素，是支持和肯定的。但是，国际人权公约中的人权从权利的种类到权利的内容，与国内法的人权都有所差异。国际人权公约中的人权在缔约国国内法上首要的法律保护就是"受到尊重"，而不是"被迫接受"。一个不可否认的逻辑上的联系就是，国际人权公约中的被视为具有普遍意义的人权，在未来的人权实践中会逐渐被缔约国的宪法通过国内法的法律机制予以接纳和吸收。[57] 可见，人权包括沉默权在内同样具有渐进性。人权不是浪漫主义的产物，而是由具体的社会生活条件决定的，人权的内容和范围只能是随着历史的发展和社会的进步而逐渐得到发展的。

参考阅读

1. 陈光中主编：《沉默权问题研究——兼论如何遏制刑讯逼供》，中国人民公安大学出版社 2002 年版。

2. 邵士庆："沉默权不应再沉默——论我国刑事诉讼中沉默权制度应该实行"，载《行政与法》2002 年第 1 期。

3. 郭宇燕："沉默权的发展变迁——我国确立沉默权的合理借鉴"，载《河南科技大学学报》（社会科学版）2011 年第 5 期。

4. 谌东华："言论自由与沉默权——以沉默权的合宪性为视角"，载《南华大学学报》（社会科学版）2008 年第 5 期。

5. 肖宇平："刍论沉默权——对我国不适宜建立沉默权制度的几点思考"，载《云南大学学报》（法学版）2005 年第 2 期。

6. 崔敏："关于沉默权与警察讯问权的考察与反思"，载《公安大学学报》2001 年第 6 期。

7. 胡春明：" '沉默权' 不再沉默"，载《河南大学学报》（社会科学版）2001 年第 2 期。

---

〔57〕　参见莫纪宏："宪政、普遍主义与民主——第五届世界宪法大会学术研讨会综述"，载《外国法译评》2000 年第 1 期。

8. 孙长永:《沉默权制度研究》，法律出版社 2001 年版。

 事例二

重庆彭水诗案

【事例介绍】

2006 年 10 月下旬，重庆市彭水县教委人事科科员秦中飞编发短信被拘案（以下简称"秦中飞案"）是一个涉及公民多项宪法权利被地方公共机关滥用职权侵犯的典型案例，其中显露的我国地方公共权力配置和公民宪法权利保障状况的信息很值得剖析。此案的大体情况如下：2006 年 8 月 15 日，秦中飞在别人针对该县几个轰动的社会事件所填写的《虞美人》基础上，改编填写了一首名为《沁园春·彭水》的词，内容如下："马儿跑远，伟哥滋阴，华仔脓胞。看今日彭水，满眼瘴气，官民冲突，不可开交。城建打人，公安辱尸，竟向百姓放空炮。更哪堪，痛移民难移，徒增苦恼。官场月黑风高，抓人权财权有绝招。叹白云中学，空中楼阁，生源痛失，老师外跑。虎口宾馆，竟落虎口，留得沙沱彩虹桥，俱往矣，当痛定思痛，不要骚搞。"[58] 秦中飞用短信以及 QQ 将这首词转发给了他的 10 多位朋友。此词经二传手、三传手转发，看到的有几十人，而据说熟知彭水官场的人，都能从此词中解读到对县政府某些领导的隐喻。同年 8 月下旬，彭水县公安局以秦中飞用"伟哥滋阴，华仔脓胞"的说法诽谤县委书记蓝先生、县长周先生，涉嫌诽谤罪为由对其立案侦查、传讯并予以刑事拘留。9 月 11 日，经县检察院批准，县公安局逮捕了秦中飞，交检察院审查起诉，9 月 28 日又变更为取保候审。10 月 19 日，此事经有关媒体报道后，引发了社会广泛关注，不仅国内人士，甚至国外和境外媒体也纷纷报道和评论。舆论对彭水地方政府十分不利。10 月 24 日，彭水县公安局通知秦中飞，公安局已经撤销了对其"取保候审"的决定，承认以涉嫌诽谤罪对其立案侦查和逮捕是错误的，对给秦造成的伤害表示道歉。同时，彭水县检察院也主动提出给予国家

---

〔58〕 据彭水县当地的知情人介绍，这首词中，"马儿"指的是原县委书记马平，现在已经被逮捕；"伟哥"指的是县委副书记兼县长周伟，"华仔"指的是现任县委书记蓝庆华。"官民冲突"指的是"当地城管打人事件"，即当地的城管在执法过程中打伤了宏江超市十字街头卖馒头的妇女周某。"公安辱尸"指的是彭水下辖的保家派出所阻挠管区内家属安葬被淹死的孩子，还指使人将尸体扔到垃圾堆的事情。词中提到的虎口宾馆、白云中学、沙沱彩虹桥均为当地人所共知的多年未完工的工程项目。"骚搞"为当地语，是指瞎搞。参见胡锦光主编:《中国十大宪政事例研究》，中国人民大学出版社 2009 年版，第 45 页。

赔偿问题，秦中飞 10 月 25 日下午拿到了因被错误关押了 29 天而得到的 2125.7
元国家赔偿金。[59]

【本事例涉及的法律问题】

国家公权力如何更好地保障公民的言论自由和通信自由？

【基础知识】

资产阶级启蒙思想家在反对封建专制的斗争中，提出了言论自由的口号。
1791 年美国宪法第一修正案也把言论自由列为首要的公民权利。其后各国在资
产阶级革命胜利后都用宪法的形式赋予公民以言论自由。在我国，宪法确认公
民享有言论自由。但同时规定，公民在行使言论自由权利时，不得破坏社会秩
序，不得违背宪法和法律，不得损害国家的、社会的、集体的利益或其他公民
的合法的自由和权利。《中华人民共和国宪法》第 27 条第 2 款规定："一切国家
机关和国家工作人员必须依靠人民的支持，经常保持同人民的密切联系，倾听
人民的意见和建议，接受人民的监督，努力为人民服务。"第 35 条规定："中华
人民共和国公民有言论、出版、集会、结社、游行、示威的自由。"第 41 条规
定："中华人民共和国公民对于任何国家机关和国家工作人员，有提出批评和建
议的权利；对于任何国家机关和国家工作人员的违法失职行为，有向有关国家
机关提出申诉、控告或者检举的权利，但是不得捏造或者歪曲事实进行诬告陷
害。对于公民的申诉、控告或者检举，有关国家机关必须查清事实，负责处理。
任何人不得压制和打击报复。由于国家机关和国家工作人员侵犯公民权利而受
到损失的人，有依照法律规定取得赔偿的权利。"

【事例评析】[60]

一、当地公安部门的行为侵犯了公民的言论自由

秦中飞的《沁园春·彭水》这首词被彭水县公安、检察机关认为属于诽谤
性言论，涉嫌诽谤当地的党政主要领导人。诽谤的重要特点就是捏造事实，那
么，《沁园春·彭水》这首词是否捏造了事实？从报道的情况来看，这首词里所
反映的情况均系彭水县客观存在的一些现实，并非无中生有捏造出来的，而且
按秦中飞的说法，他把这些写在诗词里，"是出于对执政者的一种善意规劝"，
"没有任何政治目的"，"不针对任何人"。

作为公民，秦中飞用向亲朋发短信这种私人通信形式表达观点，想说什么
就说什么，完全是他的宪法权利，任何人无权干涉。而任何一个民主、法治社

---

〔59〕　龙志："重庆公务员写短信针砭时弊被拘续：获国家赔偿"，载《南方都市报》2006 年 10 月 26 日。

〔60〕　主要参考韩大元主编：《中国宪法事例研究》（二），法律出版社 2008 年版，第 238～246 页。

会的地方乃至中央的领导人，都不可能没人批评，都不可能在任何场合都不被人在背后讽刺怨骂。公民在日常生活的一般场合非议、嘲笑或怨骂包括政治人物在内的公众人物，那不过是民众劳累之余发泄情绪、自我放松的一种方式，属于宪法言论自由的具体表现形式。再者，从刑法学的角度分析，所谓诽谤罪，是指"故意捏造并散布某种事实，贬损他人人格、破坏他人名誉，情节严重的行为"。该罪侵犯的客体是公民的人格尊严和名誉权，主观方面表现为直接故意，客观方面表现为捏造并散布某种事实，损坏他人人格、破坏他人名誉，情节严重的行为。而本案中的秦中飞主观上并不具有损害他人人格、名誉的故意，客观方面也并没有故意捏造并散布虚构的事实，秦中飞所填写的《沁园春·彭水》这首词里所反映的情况均系彭水县客观存在的一些现实，诸如一些久而未决的工程等，并非无中生有捏造出来的，他无非是用文学化的形式对现实问题进行了阐释，该词通过短信和QQ仅在极小的私人圈子内传播，传播范围仅是为数不多的数十人，因此，秦中飞的行为连"公然侮辱他人或者捏造事实诽谤他人"都说不上，自然也谈不上"情节严重"，更不存在"严重危害社会秩序和国家利益"的后果和事实。所以，秦中飞的行为并不构成诽谤罪。"伟哥滋阴"这几个字，即使真涉及某个具体人，按常理看不过是句对人不够尊重的玩笑话，被取笑者大可不必计较。"华仔脓胞"这句话是有骂人的意味，按常理和生活常识，如果关涉到某位担任领导职务的人，可以理解为指责此人担任现有职务有社会危害，应该免去现有职务。从实际情况来看，"华仔脓胞"这几个字很可能是言过其实的。但人们在谈论或考虑怎样评价这件事情时，应当记住两点：其一，这话是秦中飞在私人通信中说的，谁也无权要求私人通信不讲过头话；至于这个短信后来扩大了传送范围，也毕竟还是在私人间以私人通信的形式进行的，而且接触到的人的范围十分有限，从当时的情况看估计还占不到该县辖区60多万人口的万分之一。其二，按法治国家通常的标准，作为本地主要政治人物、公众人物，书记、县长的名誉权是受限制的，尤其在涉及对其公务活动的评价时更是如此；而从该词的上下文看，秦中飞恰恰表达的是一种对公务活动的评价，尽管这种评价很可能不是实事求是的。所以，秦中飞的行为，连民法上的名誉侵权都算不上，更不用说什么诽谤罪。

当然，秦中飞作为公务人员，在向多位朋友发送的短信中用填词形式和调侃夸张的否定口吻评说上级领导和本地事务时，应该考虑到其所填之词流向社会对有关方面产生不良影响的可能性，故其行为确有不太妥当的地方。如果这个行为已经引起了社会秩序方面的问题，按《公务员法》第12条中关于公务员应当履行"遵守纪律，恪守职业道德，模范遵守社会公德"的义务来要求，其主管领导可以依据《公务员法》第55条对其进行批评教育。

彭水县公安部门对公民言论自由的侵犯是严重的，的确像有人在网上批评的那样，是在制造新型文字狱。公安部门大规模传讯无辜公民，反复追问他们发短信的动机，核对转发的名单，要揪出躲藏在诗词背后的"黑手"。公安部门的人还把案件往党和国家领导人方向扯，说什么在秦中飞QQ聊天记录里发现了一些有关国家领导人的图片，这些图片"破坏了党和国家领导人形象，甚至牵扯到非法组织"，"已经由公安局国保大队立案并查"。这些非法的恫吓手段造成了恐怖气氛，直接侵害了秦中飞和众多被传讯者的言论自由，间接侵害和压制了全县人民的言论自由。其结果是彭水县城的人们开始人心惶乱，按当地一位退休干部的描述就是，"人人自危，不敢谈论政治"，"没人敢对政府官员说三道四"。难怪有人民代表说宪法赋予公民的言论自由在彭水"全部消失了"！这是最严重的社会不和谐！

二、当地公安部门、检察机关还侵犯了公民的人身自由

人身自由即公民有支配其身体和行动的自由，非依法律规定，不受逮捕、拘禁、审讯和处罚。我国《宪法》第37条规定："中华人民共和国公民的人身自由不受侵犯。任何公民，非经人民检察院批准或者决定或者人民法院决定，并由公安机关执行，不受逮捕。禁止非法拘禁和以其他方法非法剥夺或者限制公民的人身自由，禁止非法搜查公民的身体。"资料显示，由于当地警方超越职权范围，枉法办案，检察机关违反法定职权，配合警方违法作为，致使秦中飞办公室遭到搜查，被戴上手铐，右手反铐在墙上，总共被非法关押达29天之久。当地公安部门、检察机关对秦中飞近一个月的关押完全属于非法羁押，秦中飞的人身自由受到严重侵犯。

三、当地公安部门、检察机关肆意侵犯公民的通信自由和通信秘密

通信自由是公民完全按照自己的意愿通过信件、电话、电报等通讯手段与他人互通信息、交流思想而不容任何人非法侵犯的权利。通信秘密是公民以秘密方式自由地与他人互通信息的权利。我国《宪法》第40条规定："中华人民共和国公民的通信自由和通信秘密受法律的保护。除因国家安全或者追查刑事犯罪的需要，由公安机关或者检察机关依照法律规定的程序对通信进行检查外，任何组织或者个人不得以任何理由侵犯公民的通信自由和通信秘密。"秦中飞没有任何犯罪事实，彭水县公安部门检查他发送的短信是非法的。后来彭水县公安部门把检查和追查短信的范围扩大到至少数十人，更属大规模侵犯公民通信自由和通信秘密。

这些非法的侦查活动严重侵犯了秦中飞和至少数十名被调查者的通信自由

和通信秘密。有关报道表明：在公安机关的侦查过程中，警察搜查了秦中飞办公室的书籍、电脑等，没收了秦的通讯工具——手机及 QQ 号；为找到所有的通过短信和 QQ 收到过《沁园春·彭水》这首词的人，警察逐一盘查，对秦中飞及其收到和传播这首词的所有人的通信情况进行详细的调查；这些人被公安局分成了几拨，分别问讯，然后公安局再对各组情况进行汇总，确定了一些没有说清楚的人的名单，次日再次进行了传唤，被叫到公安局问话的据说有 40 多人；警察还在秦中飞 QQ 聊天记录里发现了一些有关国家领导人的图片，他们把这些图片打印出来，追问秦从哪里接收的、又发给了谁等。这些都是彭水县公安部门严重侵犯公民通信自由和通信秘密的事实。

四、从秦中飞案的侦办过程看，当地公安部门和检察机关枉法办案，显然是根据当地党政主要领导的授意进行的

从立案情况看，彭水县公安机关立案侦查秦中飞发短信的行为超越了法定职权。彭水县公安局是以涉嫌诽谤罪为由对秦中飞立案侦查的。从上文分析可知，秦中飞的行为并不构成诽谤罪，退一步说，即使有诽谤罪的嫌疑，在我国现有法律体系中也首先是秦中飞与"被害人"个人之间的事，完全不能像彭水县那样由公安局、检察院来侦办。根据《刑法》第 264 条的规定，诽谤罪原则上属于告诉才处理的自诉案件，只有诽谤行为严重危害社会秩序和国家利益的才属于公诉案件。《刑事诉讼法》第 18 条第 3 款规定："自诉案件，由人民法院直接受理。"具体到秦中飞案，应当是由"被害人"自己向法院起诉。而且，如果"被害人"的确是该县县委书记，鉴于在我国现行体制下县委书记与法院院长、副院长、庭长、副庭长、审判员间事实上存在的上下级关系，该县法院的确应该向上级法院申请集体回避，将案件由有关中级法院一审。

从事情的后续发展看，彭水县公安机关对秦中飞予以刑事拘留没有相应的事实依据，也是非法的。根据《刑事诉讼法》第 80 条的规定，公安机关只有在下列法定情形下才可以对现行犯或者重大嫌疑分子先行拘留：①正在预备犯罪、实行犯罪或者在犯罪后即时被发觉的；②被害人或者在场亲眼看见的人指认他犯罪的；③在身边或者住处发现有犯罪证据的；④犯罪后企图自杀、逃跑或者在逃的；⑤有毁灭、伪造证据或者串供可能的；⑥不讲真实姓名、住址，身份不明的；⑦有流窜作案、多次作案、结伙作案重大嫌疑的。前文已经证明，秦中飞编发短信的行为根本不构成诽谤罪，即便涉嫌诽谤罪也属于自诉案件，应当由受害人直接向法院起诉，完全不需要公安机关插手。而按先行拘留的法定情形——一对照，也是完全不符合的：秦中飞是在填写《沁园春·彭水》这首词并将其用短信和 QQ 转发给自己亲朋半个月后才被公安机关找上门来的，不存

在正在预备犯罪、实行犯罪或者在犯罪后即时被发觉的情形;没有被害人或者在场亲眼看见的人指认他犯罪;警察在拘留秦中飞时所依据的证据只有那首词、秦中飞的电脑、手机和QQ号,而没有将秦中飞的"诽谤"办成公诉案而且没有对其刑事拘留所需要的"严重危害社会秩序和国家利益"的证据;秦中飞没有在逃,也没有犯罪后企图自杀或者逃跑的迹象;他没有毁灭、伪造证据或者串供的意图和行为,因为他在被警察首次询问10多分钟后就承认短信是自己写的,并认为这事儿也没什么大不了;他有名有姓,身份明确;他也没有流窜作案、多次作案、结伙作案的重大嫌疑。一句话,公安机关可以采取刑事拘留强制措施的情形一个也没有在秦中飞身上发生,彭水县公安机关没有理由拘留秦中飞。

从批捕要件看,检察机关批准逮捕秦中飞也是违法的。法律之所以规定逮捕犯罪嫌疑人需要检察机关批准,目的是要检察机关审查把关,防止公安部门违法办案,侵犯公民的人身权利。《刑事诉讼法》第79条规定:"对有证据证明有犯罪事实,可能判处徒刑以上刑罚的犯罪嫌疑人、被告人,采取取保候审尚不足以防止发生下列社会危险性,应当予以逮捕……。"在秦中飞案中,公安部门没有搜集到当然也就不能向检察院提供他们所指控的秦中飞犯了必须由公诉途径追究刑事责任的诽谤罪的任何证据,而检察机关在没见到这些证据,也不符合法律规定的必须逮捕秦中飞的其他条件的情况下,居然批准逮捕秦中飞。可见,检察机关在批准逮捕秦中飞时根本没有依法审查逮捕是否合法、是否侵犯了秦中飞的宪法权利。这显属违法办案,检察权力的行使完全没有受到制约。

彭水县有关领导人和公安、检察机关不顾事实真相,按本地党政主要领导的授意越权办案的情况非常明显。让我们来看一看检察机关的起诉意见。据报道,检察机关的《起诉意见书》称,"秦中飞捏造了一首引起群众公愤的词,利用QQ和短信方式进行发送,严重危害该县社会秩序和破坏了蓝某、周某的名誉,触犯《刑法》第246条之规定,涉嫌诽谤罪"。蓝某、周某何许人也?他们作为受害人为什么不自己向法院提起诉讼,而是由公安机关直接对该案立案侦查、由检察机关公诉呢?再细看报道,原来他们俩分别是时任县委书记和时任县长。蓝某的秘书庹某说得很清楚,"蓝书记也知道这件事情";书记知道这个情况,他不会不让同样作为"被害人"之一的县长知道。看来,公安部门、检察机关实际上是在地方主要党政领导人的指使或纵容下违法办案、越权办案的。

这里要特别指出的是,根据事实,正如前文已经证明的,诽谤案一般被划归为自诉案件,这表明刑法在这里直接保护的主要是一种私人的权益。蓝某、周某二人认为自己的私人权益受到侵害,他们个人有权向法院起诉,但他们无权调动其他国家机关来维护个人的名誉权。同理，公安、检察机关也无权动用手中的职权为蓝某、周某办私事。所以，蓝某、周某利用职权让公安、检察机关将本应由自己处理的自诉案件办成公诉案件，实际上是一种特殊形式的以权谋私行为；而公安、检察机关把自诉案件接过来侦查和检察、起诉，也脱不掉违法办案的嫌疑。

1. 吴麟、孙旭培："言论自由与地方治理——以'彭水诗案'为例"，载《国际新闻界》2007 年第 5 期。

2. 王斐："'彭水诗案'与言论自由的边际"，载《山东社会科学》2007 年第 8 期。

3. 张智："浅论政治言论自由的保障——从'彭水诗'案谈起"，载《法制与社会》2007 年第 9 期。

4. 黄维："言论自由法律保护的冲突、困境与协调——'彭水诗'案的法律解读"，载《云南行政学院学报》2008 年第 4 期。

5. 李先波、杨建成："论言论自由与隐私权之协调"，载《中国法学》2003 年第 5 期。

6. 马岭："言论自由、出版自由、新闻自由的主体及其法律保护"，载《当代法学》2004 年第 1 期。

7. 陈焱光：《公民权利救济论》，中国社会科学出版社 2008 年版。

8. ［美］刘易斯：《言论的边界——美国宪法第一修正案简史》，徐爽译，法律出版社 2010 年版。

"馒头案"中公民基本权利的冲突与竞合

【事例介绍】

2006 年 2 月，一个著作权法领域的问题引起了公众和学者的热烈讨论。陈凯歌执导的影片《无极》被网民胡戈戏谑改编为《一个馒头引发的血案》（以下简称《血案》），在《血案》中，胡戈大量剪辑使用了《无极》的影像片段，并进行了重新的配音和编排，对《无极》进行嘲讽。片中，胡戈多次用戏谑手法指出《无极》缺乏常识和艺术水准的低下。《血案》的视频迅速在网络上传播，引起了《无极》的导演陈凯歌的强烈不满，声称要起诉胡戈。这一事件引起了公众与学术界的热烈讨论，但最终并没有形成诉讼案件。

【本事例涉及的法律问题】

1. 是否存在艺术自由与言论自由的竞合？

2. 如何处理人格尊严与艺术自由的冲突？

【基础知识】

"表达自由"比"言论自由"更加能涵盖这种以表现个人观点和态度为目的的个人自由。除了言论外，个人还可以通过行为、暗示和其他方式，来表达他自己的观点。关于艺术自由，我国《宪法》第 47 条规定："中华人民共和国公民有进行科学研究、文学艺术创作和其他文化活动的自由。国家对于从事教育、科学、技术、文学、艺术和其他文化事业的公民的有益于人民的创造性工作，给以鼓励和帮助。"这一条文的内涵有两个层次：首先是作为"消极权利"的艺术自由，也就是国家不得干预和侵害；其次是作为"积极权利"的艺术自由，也就是国家要予以"鼓励和帮助"，国家对此承担政策上或者法律上的积极义务。这两个层次所保护的艺术自由在标准上是有所不同的。在第二个层次上，国家要"鼓励和帮助"的仅仅是"对人民有益"的"创造性工作"，而在第一个层次上，并没有规定艺术自由的标准。

【事例评析】[61]

一、这一案件何以有可能作宪法层面的考量

这一事件并未形成诉讼，即使形成诉讼，也只是一个民事案件。那么，何以有可能在这一案件中考虑宪法因素，乃至于我们会把这个案件当做"宪法案例"、"宪法事例"去进行分析呢？我们认为，在这一案件中纳入宪法考虑至少要有下面两种假设的可能性：

1. 如果我国有类似司法审查制度或者宪法法院制度的违宪审查制度，在这一案件的审理中或者判决后，如果当事人认为自己的权利在普通法律层面无法得到救济，而主张《著作权法》或者法院依据《著作权法》作出的判决违反宪法，进而提起宪法诉讼、要求宪法救济并得到有司法审查权的法院的受理，这一案件就可能转化为真正意义上的宪法案件。

2. 在特定的基本权利理论下，普通法官也被认为有保护基本权利的义务。所以，法官在审理普通法律案件中，就有义务作宪法层面的考量，对普通法律作"合宪性解释"。这样，在这一普通民事案件的审判中，宪法层面的分析就是必要的。

---

[61]　主要参考了韩大元主编：《中国宪法事例研究（二）》，法律出版社 2008 年版，第 153～166 页。

我们在对这个案件作宪法分析之前，在思想中有这样的制度上、理论上的假设，这一点是必须首先要说明的。

二、争议双方各自能够主张何种基本权利

对基本权利案例进行分析需要解决的首要问题是，这一案件究竟涉及哪些基本权利，这些基本权利在宪法上是如何规定的，宪法规定的恰当内涵是什么，当事人的行为究竟能否落入其主张的基本权利的保障范围之内？

《无极》的著作权人认为自己的"保护作品完整权"受到了侵犯，这项权利是一项民事权利而非宪法上的基本权利。但一般认为，普通法律权利都是宪法上基本权利的具体化，"保护作品完整权"应当是宪法上"人格尊严"和"艺术自由"在著作权领域的映射。而从《无极》著作权人对《血案》所表达的愤慨来看，他们主要是认为自己的尊严受到了冒犯，人格受到了侮辱，导致了公众对自身评价的降低。因而，这一方当事人所可能主张的权利应当主要是"人格尊严"。

关于人格尊严，我国《宪法》第38条规定："中华人民共和国公民的人格尊严不受侵犯。禁止用任何方法对公民进行侮辱、诽谤和诬告陷害。"从该条文使用"禁止用任何方法"的措辞来看，我国宪法对人格尊严的保障程度极高，几乎可以看做是一种绝对权利。从而，该项权利在何种情形下可以被限制就是需要讨论的问题了。而且，在本案中，《无极》的著作权人是知名的"公众人物"，"公众人物"的人格尊严在保障程度上是否有异于普通人也是本案的一个重要问题。

《血案》的作者胡戈在本案中可以主张艺术自由。胡戈的改编行为，虽然在民法上可能是一种侵权行为，但在宪法上却有可能被纳入艺术自由的保障范围。考虑到胡戈精心而为的镜头剪辑、台词编写、剧情设计，以及对几位风格迥异的演员的声音的模仿，很难否认这是一种智力活动和情感表达。将《血案》界定为创作活动应无不可。但是，这样的创作活动能否纳入"艺术自由"的保障范围还需要考察宪法文本关于艺术自由的规定。

可以这样理解，我国宪法对于"艺术自由"的保障，是有两种标准的：一是对于"对人民有益的创造性工作"，国家应予鼓励和帮助，这是一个较高的标准。二是对于其他的艺术活动，国家不"鼓励和帮助"，但也并不禁止。在"帮助"和"限制"艺术自由的标准上，宪法文本显然有不同的态度，这一点对于本案的分析有重要意义。

让我们首先分析胡戈的行为是否属于"有益于人民的创造性工作"：

1. 胡戈的行为是否属于"创造性工作"？胡戈的改编可谓"煞费苦心"，他精心设计人物、剧情，尽管使用的主要是《无极》的素材，但在故事上已经与《无极》基本无关，所关注的焦点是挖苦讽刺《无极》的艺术水准低下。所以，他的行为具有"创造性"毋需置疑。

2. 胡戈的行为是否"有益于人民"？这一点的认定比前一点困难。我们认为应该是可以认定对人民有益的。中国的文化市场充斥着大量水平低下、粗制滥造的文艺作品，许多著名导演和艺人的作品也常有欺世盗名之嫌。胡戈的这种批判应该说对于提高中国艺术创作者的创作自觉，拒绝低水平的创作和"伪创作"是有益的。胡戈的行为在文艺批判上有一定的开创性意义，有人甚至认为："《血案》开创影像化影评的先河。"此外，这种文艺批判能够促进人与人的思想的交流和碰撞，提高人们的艺术审美能力，促进个人心智的发展。我们认为胡戈的行为属于"有益于人民"，应当属于我国宪法上艺术自由的保障范围。

3. 退一步讲，即使无法认定胡戈的行为"有益于人民"，也不妨碍胡戈的行为依然属于艺术自由的保障范围。我们在前面分析过，"有益于人民的创造性工作"这一标准，仅仅是国家"鼓励与帮助"艺术创作的标准（第47条第2句），而即使是达不到这一较高标准的创作活动，也应当有可能纳入第47条第1句规定的艺术自由的范围。也就是说，即使一种艺术创作不像"弘扬主旋律"的作品那么的"有益于人民"，甚至在某些人看来是无聊、低俗、"无益于人民"的创作活动，也仍然可以纳入艺术自由的保障范围。

通过上述分析，我们应该认定，胡戈的行为应当归入艺术自由的保障范围，而艺术自由与宪法同样保障的《无极》著作权人的人格尊严就发生了对立，出现了在此案中最终应保障哪个权利的问题，即本案的关键：基本权利的冲突问题。

三、艺术自由与言论自由的竞合

但在对基本权利冲突问题展开分析之前，我们还需要对本案争论中出现的另一个问题进行分析，这就是艺术自由与言论自由的竞合。有学者主张胡戈是在行使"言论自由"或"表达自由"，认为本案中不存在艺术自由的问题。这种理解没有大错，但却没有意识到"基本权利的竞合"问题。在本案中，存在着"艺术自由"和"言论自由"的竞合，按照解决基本权利竞合问题的一般原理，应当选择"艺术自由"作为本案讨论的焦点。

基本权利的竞合是指，一个基本权利主体的一个行为同时符合数个基本权利的构成要件，受到数个基本权利的保障。从相反的角度看，基本权利的竞合意味着当公权力侵害基本权利主体的利益时，可能同时侵害了多项基本权利。[62]例如，某报社编辑编发稿件的行为，可能同时属于出版自由和劳动权的保障范围，又如，抵制强制拆迁的人，其房屋可能同时受到住宅自由和财产权的保护等。基本权利的竞合问题的关键在于：基本权利主体应当如何主张自己的权利。传统上，基本权利的竞合可以分为两类：非真正的基本权利竞合（法条竞合）和真正的基本权利竞合（想象竞合）。[63] 这一分类的厘清过程，实际上就是解决基本权利竞合问题的过程。

1. 非真正的基本权利竞合（法条竞合）。非真正的基本权利竞合是指一个行为被数个基本权利条款交叉规定，受到数个基本权利的保障，但却只适用其中的一个基本权利条款加以保障。之所以说是"非真正"的基本权利竞合，是因为这种情况并非一个基本权利在观念上能够属于多个基本权利，只不过不同的基本权利条款相互出现了规定上的重合。例如，某人出版一本著作的行为，既属于出版自由的范围，又受到言论自由的保护，同时，由于著作同时有人格与财产的双重属性，这一行为还可能受到财产权的保护。由于是三个不同条款同时能够适用于这一个行为，所以只是宪法的几个法条之间发生了竞合而已。

对于这种非真正的竞合关系，在处理上应该只适用一个基本权利条款。关于如何选择这些竞合的基本权利条款，宪法的理论与实践都尚未形成确定的规则，这里只举例说明一些相对明确的适用方法。较为明确的一个规则是特别关系优先于一般关系。以前述的出版著作的行为为例，"出版"与"言论"是一种特别与一般的关系，也就是说出版是一种特殊的言论方式，同时，因著作而带来的财产利益，也只是财产权的一种特殊形式，所以，这里应该适用"出版自由"条款，而非"言论自由"或者"财产权"条款。还有一种是主要关系优先于次要关系规则。例如，某人为游行示威做准备，购买了纸张、布匹以印制传单、书写标语，其购买纸张、布匹的行为可能受到财产权条款的保障，但其购买纸张、布匹的行为乃是为游行示威做准备，是从属于游行示威行为这一主行为的"次要行为"。所以，如果行政机关在游行示威之前没收了这些纸张、布匹，当事人应当主张自己的游行示威自由受到了限制，而不必主张自己的财产权受到了侵害。

2. 真正的基本权利竞合（想象竞合）。真正的基本权利竞合是指一个基本权利主体的一个行为同时可以主张数个基本权利。真正的基本权利竞合并非各

---

〔62〕　林来梵、翟国强："论基本权利的竞合"，载《法学家》2006 年第 5 期。

〔63〕　（台）法治斌、董保城：《宪法新论》，元照出版公司 2004 年版，第 195～198 页。

基本权利条款之间发生了重合，而是某个行为确实符合了数个基本权利的构成，从而当事人可以主张数个基本权利。[64]

就本案而言，胡戈既可以主张表达自由，也可以主张艺术自由，其行为同时落入了表达自由和艺术自由的保障范围内，构成了基本权利的竞合关系。这里存在一个本案中选择适用哪个基本权利的问题。在美国，由于其宪法上没有关于艺术自由的规定，故而美国宪法对于这种"嘲讽性模仿"（也称"戏仿"）是归入宪法第一修正案"表达自由"的保障范围的，也就是把艺术创作看做是特殊的表达形式。但在德国等宪法里同时规定了言论自由和艺术自由的国家，这类案件却都是用"艺术自由"去保障的。这是因为，在两相竞合的基本权利中，如果一个权利属于另一个权利的特殊形式，按照"特别关系优先于普通关系"的原则，应当选择适用特别关系。我国宪法中既规定了言论自由，也规定了艺术自由，"戏仿"同时落入二者的保障范围，但却应该作为言论的特别形态，也就是艺术自由问题进行处理。也就是说，本案中艺术自由和言论自由的竞合是所谓"法条竞合"（非真正的竞合），应当将其作为一个艺术自由的案件予以处理。

四、人格尊严与艺术自由的冲突

这一案件中更为关键的是《无极》的著作权人和导演的人格尊严与网络改编者胡戈的艺术自由之间的冲突问题。胡戈的改编行为在著作权法上被称做"嘲讽性模仿"（也称"戏仿"），"嘲讽性模仿者常利用被模仿作品最有特色的部分，因而有侵害著作权之疑虑。嘲讽性模仿是一种艺术创作，享有艺术自由，被利用作品的著作权、人格权与著作财产权，也受宪法位阶的人格权与财产权保护。故嘲讽性模仿是否侵害著作权之问题，基本上是一种基本权冲突，立法者与法院应本于利益衡量之立场调和此种冲突"。[65] 我们首先要了解的问题就是：①什么是基本权利的冲突？②如何解决基本权利的冲突问题？

基本权利的冲突是指数个基本权利主体的基本权利相互对立，一个基本权利主体在行使其权利时会侵害另一个主体的基本权利。也就是说，一个主体的基本权利的实现是以其他主体的基本权利的被侵犯为代价的。由于宪法所保障的利益与价值的多元化，基本权利的主张之间相互对立是极为正常的现象。例如，德国基本法规定了生命权与个人的人格发展权，最初人们并没有认识到这两项权利之间会发生冲突，但是如果具体到孕妇堕胎问题上，就会出现孕妇的

---

[64]　[韩] 权宁星：《基本权利的竞合与冲突》，韩大元译，载《外国法译评》1996 年第 4 期。
[65]　林昱梅：《艺术自由与嘲讽性模仿之著作权侵害判断》，载《成大法学》2004 年第 7 期。

人格发展权（自我选择人生）与胎儿的生命权之间的冲突。此时，国家的立法与司法在衡量是否允许堕胎、在怀孕的哪个阶段允许堕胎等问题时，就是在解决宪法层面的基本权利冲突问题。

由于基本权利冲突是平等主体之间主张的对立，所以基本权利冲突主要发生在民法领域，这被称为"基本权利的第三人效力"，也就是宪法上的基本权利对"个人——国家"之外的第三方发生了效力。在两个主体的基本权利发生冲突的情况下，一方援引宪法规定去对抗另一方，就是基本权利在私人关系间发生效力的问题。在刑法领域也有可能发生基本权利的冲突问题，较为典型的基本权利冲突的例子是"侮辱诽谤罪"中言论自由与人格尊严的冲突。而本案中显然存在艺术自由与人格尊严的冲突问题，这也是这个案件的关键所在。

基本权利发生冲突，是因为宪法或法律对这两种权利都加以保护，这些冲突的权利都能从宪法或法律中找到根据，因此，在保护哪种权利上就出现了冲突。在解决权利冲突方面，德国在行政管理方面最先创立了"比例原则"。在适用比例原则时要从三个方面进行考虑：妥当性、必要性以及均衡原则。在两种或多种发生冲突的基本权利之间进行取舍时，就要考虑利益均衡的方法。德国联邦法院采用了相似的方法即"视情况而定的法益衡量"来解决基本权利的冲突问题，也就是以"具体案件中的法益衡量"来决定争议案件中相冲突的基本权利哪一个应处于优先地位。此种方法并非排除某一个基本权利，而是试图平衡基本权利之间的对立，因此，又称为"最小调和原则"。比例原则及利益均衡原则都将制度性保证与个案问题的解决很好地结合在一起，其结合在一起适用于解决基本权利的冲突，不仅在制度上提供了一种解决办法，而且又具有非常大的弹性，能够很好地适应纷繁复杂的个案情况，毕竟基本权利相冲突的情况是非常复杂的，永远不会存在一种一劳永逸的确定的标准。个案与个案的情况差别很大，因此，在适用比例原则的同时，必须对整个社会的现实（国家的政治、经济、文化）以及道德标准进行考量，并辅以哲学上的思量才可能使整个基本权利体系达到一个相对平衡的状态。[66]

五、艺术自由权的范围分析

1. 公众人物的自力救济能力。在本案中，人格尊严这一基本权利的权利主体并非普通的自然人，而是具有很高社会知名度和影响力的公众人物。公众人物（public figure）在很多方面较之普通人具有更强的能力。表现在人格尊严维

---

[66] 鄂振辉、王媛媛："基本权利的冲突与平衡——对言论自由界限的个案分析"，载《北京行政学院学报》2002 年第 6 期。

护上，公众人物显然比普通人具有更强的自力救济能力。公众人物有很多渠道表达自己的观点，他们对于各种批评的反驳更容易为公众所知晓，所以更容易挽回自己的名誉损失，维护自身的人格尊严。这与普通人在人格受贬损时，除司法诉讼外无其他救济途径的状况极不相同。所以，法律上对公众人物的人格尊严的保障程度要低于对普通人的保障程度。在本案中，我们可以看到，《无极》的著作权人、导演等的任何反驳及其他相关言论都被各类媒体迅速报导，很多重要媒体长时间关注事件的动态，如果他们的反驳足够有力，他们的人格尊严的损害应该能得到挽回而无须国家公权力的介入。

2. 基本权利的公益目的。对基本权利的保障，并非仅仅是对私人利益的保障，同时要以维护公益为宗旨。前文中我们已经说明，人格尊严于我国宪法文本上似有"绝对保障"的意思，但实际上，如果人格尊严妨碍了公共利益的达成，则对人格尊严的限制更具有正当性。在本案中，对于《无极》的争论绝非私人间的讨论，而是在公共领域内的意见争论。而对于公共事务的争论，应当尽可能的强烈和公开且无限制。如果在本案中最终作出保障人格尊严的结论，无疑会导致公众不敢展开讨论，这与基本权利对公益负有义务这一原理是相违背的。所以，在很多国家的宪法理论中，都认为公众人物对于批评有"忍受义务"，这也是为了避免人格尊严的保障妨碍公共事务讨论的展开。

3. 胡戈的行为是否超出正常文艺批评范围？文艺批评是艺术创作的一种重要方式。正常的文艺批评与借用文艺形式去进行侮辱、诽谤、中伤应该是可以区别开来的，这种区别就在于批评者是否有侮辱诽谤的主观恶意。在美国，公众人物只有在能证明批评者有"实质恶意"（actual malice）时才可以主张名誉侵权。在电影评论中，寻找电影的"bug"[67]是一种基本方式。而胡戈的创作很大部分是围绕寻找《无极》的瑕疵展开的。而其他的一些内容也是在指出他认为的《无极》中存在的缺乏常识、逻辑错误、表现手法不佳等问题。虽然胡戈在《血案》中也使用了一些戏谑、嘲弄的元素，但绝非是恶意侮辱《无极》的著作权人。所以，胡戈的行为应当认定是正常的文艺批评。

综合以上几点，我们认为，在这个艺术自由和人格尊严相互冲突的案件中，最终应确定保障胡戈的艺术自由，而对《无极》著作权人的人格尊严做出限制。《血案》中使用的《无极》的画面都是为了介绍、评论和说明问题的。在这种表达方式下，没有这些画面就不能表达作者对这一作品的批评性见解。

问题的复杂性在于，这种通过网络画面进行批评的表达方式，完全不同于

---

〔67〕　bug一词的原意是"臭虫"或"虫子"。在此处指电影中出现的一些缺陷或问题。

传统文艺批评的文字表达方式。文字表达方式可以引用，也可以概括、综合批评对象的内容；用网络短片的方式必须要剪接批判对象的画面，没有这些画面，就难以表达作者的意见。如果出于批评的需要，作者甚至可以把一部电影整个地回放，对其故事情节、演员表演、摄影、录音逐一批评，就像文字评论可以把评论的对象附在其后一样，但这并不构成侵权。从评论的角度看，是否构成侵权主要不在于引用的多少，而在于是否有故意诽谤的事实发生。构成诽谤的要件是：向第三人故意传播虚假的事实而致使他人声名狼藉。胡戈的短片基本上没有虚构事实，而只是解构，并有适当夸张，总体上遵从了《无极》的故事情节。如果作者采用的是讽刺性的批评方法，法律上更应宽容批评者采用拙劣模仿、扭曲、夸大、嘲讽等方式改编作品，就像漫画、模仿的艺术方法要以原型为素材一样。

胡戈通过网络方式采用诙谐方法从事文艺批评，这完全是一种新的言论表达方式。如果司法机关对网络这种新的表达方式发展趋势还不明朗时，就擅自作出侵权的决定，势必会极大限制网络的表达空间，扼杀网络的创造力，这也是与宪法价值不相符合的。

在民法层面上，著作权和商业利益往往比言论自由有更高的价值，更容易受到保护。但是，在宪法的层面上，表达自由的价值即使不说是高于著作权和财产利益，也是特别受到关注和偏爱的，因为具有普遍价值的表达权，往往比个人的经济利益有更重要的社会意义，因而更受保护。

如果两者不是在民法的层面上考量，而是拿到宪法层面上权衡，著作权益人必须承担举证责任，充分证明经济利益受到实际侵害，也会使他处于不利地位。

当然，并不是说表达权在宪法上具有绝对高于名誉权或著作权的价值，宪法分析一定要融入社会情理，这是宪法价值判断十分重要的方面，也是与一般法律判断很不同的地方。也就是说，法律适用常是死板而不容情的。宪法的规范和价值是非常原则的，因而适用也是比较灵活的。它的适用一定要考虑社会情理。胡戈的"馒头血案"之所以符合宪法的保护价值，是因为它搞笑、戏谑的对象具有合理性。因为，很多人对《无极》评价不高，认为胡戈做得对。假如胡戈不是戏谑《无极》，而是戏谑电影《林则徐》或《青春之歌》，情况可能就不同了。因为宪法在这个时候可能就要保护著作权或人格权了，而不会保护这种"恶搞"，因为这里有个价值取向问题，宪法最高的价值是维护正义。就像2006年曾报道的一则消息：因发表否认德国二战时期纳粹大屠杀的言论，英国右翼历史学家大卫·欧文在推崇言论自由的奥地利获刑，因为那里的人民对纳粹更深恶痛绝。所以，表达自由不是没有界限的。[68]

 参考阅读

1. 苏力：“戏仿作品的法律保护和限制——从《一个馒头引发的血案》切入”，载《中国法学》2006 年第 3 期。

2. 罗莉：“谐仿的著作权法边界——从《一个馒头引发的血案》说起”，载《法学》2006 年第 3 期。

3. 王迁：“论认定‘模仿讽刺作品’构成‘合理使用’的法律规则——兼评《一个馒头引发的血案》涉及的著作权问题”，载《科技与法律》2006 年第 1 期。

4. 邵长茂、史广龙：“宪法权利如何通过私法之门——‘馒头案’引发的法学思考”，载《北京人民警察学院学报》2006 年第 4 期。

5. 王宏选：“网络时代的法治新范式初探——也谈‘馒头血案’的法哲学意义”，载《内蒙古社会科学》（汉文版）2007 年第 1 期。

6. 梁志文：“作品不是禁忌——评《一个馒头引发的血案》引发的著作权纠纷”，载《比较法研究》2007 年第 1 期。

7. 温汉华：“‘草根’文化对精英文化的狙击——谈‘一个馒头引发的血案’”，载《学理论》2011 年第 9 期。

8. ［美］欧文·M. 费斯：《言论自由的反讽》，刘擎、殷莹译，新星出版社 2005 年版。

 事例四

"宣传宪法事件"

【事例介绍】

杭州退休教师刘进成在上城区的住所面临拆迁，在一年多的时间里，他到各级政府部门上访了近百次，在指责拆迁不公的同时申诉《城市房屋拆迁管理条例》违反宪法有关保护公民房屋、公民住宅不受侵犯等条款，但上访均没有得到有效回应。2003 年 3 月 7 日，上城区人大、政协"两会"召开，他与其他十几个人穿上写有"维护宪法人人有责"、"公民住宅不受侵犯"、"住房所有权不许剥夺"、"强逼签约强制拆迁，严重违宪"等字样的白大褂，到区政府门口

---

〔68〕 "英历史学家被判 3 年监禁"，载《法制日报》2006 年 2 月 22 日。

进行宣传，目的是提醒参加人大会议的人大代表，其首要职责是维护宪法的实施，同时向过往人群宣传宪法。此前，他们也曾想用更激烈的方式——游行来宣传宪法，但在公安机关审批时未获批准。他们的这次行动遭到了制止，并且刘进成也被警方以扰乱上城区政府的正常工作秩序为由，处行政拘留10天。

【本事例涉及的法律问题】

维护个人集会、游行、示威自由是否会损害社会公共秩序?

【基础知识】

对"示威"这个概念，认识不一。世界各国宪法中专门规定示威自由的只有俄罗斯、朝鲜等为数不多的国家，其他的一般只是规定有言论与和平集会的自由。我国《宪法》第35条把言论、出版、结社、集会、游行、示威的自由放在一起规定，表明它们的本质是一致的，即自由地表达意见。集会、游行、示威都是言论自由的具体实现形式。1989年制定的《集会游行示威法》第2条第4款规定:"本法所称示威，是指在露天公共场所或公共道路上以集会、游行、静坐等方式，表达要求、抗议或支持、声援等共同意愿的活动。"与该法规定的集会和游行相比，示威的形式多样，凡是在露天公共场所或公共道路上举行表达意愿的活动，而又不能纳入集会或者游行的范围时，都可以作为示威对待。

【事例评析】[69]

在这一事件中，区政府始终认定刘进成他们活动的性质是"集会、示威"，以此为手段达到上访的目的，而刘进成等人始终坚持他们是在和平、非暴力地宣传宪法。刘进成他们的目的很明确，表面上是提醒人大代表履行维护宪法实施的职责以及向行人宣传宪法，实质上是表达要求解决拆迁中的补偿不公问题的意愿;他们进行活动的场所是区政府对面的人行道上，属于公共道路的范围;他们采取的方式比较新颖:穿上写有宪法内容的白大褂，这样社会效果更明显。从目的、场所和方式这三方面看，这种活动构成示威。区政府和刘进成之间的分歧在于刘所指的是一种事实状态，而区政府说的是"法言法语"。任何事实状态，只要其处于法律调整的范围，就必须通过法律规则赋予其法律意义，从而产生一定的权利义务或者引起某种法律责任。[70]刘进成他们宣传宪法的行为，从法律的角度看，就是在行使示威自由。但是由于没有获得《集会游行示威法》所要求的许可，因此他们是非法示威。

---

〔69〕　主要参考韩大元主编:《中国宪法事例研究（二）》，法律出版社2008年版，第191～198页。

〔70〕　张文显主编:《法理学》，法律出版社1997年版，第64页。

一、限制示威自由的依据

我国现行《宪法》第 51 条规定："中华人民共和国公民在行使自由和权利的时候，不得损害国家的、社会的、集体的利益和其他公民的合法的自由和权利。"《集会游行示威法》第 1 条所说的依据宪法，只能是这一条。[71] 另外，一些国家的紧急状态条款为停止示威自由的行使提供了依据，这是对示威自由最严重的限制。

宪法虽然为限制示威自由提供了依据，但是在具体限制时，世界各国通行的原则是法律保留，即对示威自由的限制只能依法律进行。这既是为了给公民基本权利提供更强的保障，也是实行法治国家和依法行政的必要前提。"法律保留制度能成为宪法之制度，是国会取得权力的表现，也是国会权力受到宪法信任的表现，并借此来防止人民权利之遭到国家第二权（行政权）及第三权（司法权）非法之侵犯。"[72] 我国于 1989 年制定了《集会游行示威法》，为依据法律限制示威自由提供了前提，此后，国务院批准了公安部制定的实施条例，各省、自治区、直辖市也相继制定了适用于本行政区的实施办法。

二、对示威自由的具体限制

"在赞成法治下的自由民主社会中，暴力没有地位；且和平抗议的权利并不表明，每个人都可以在任何地点时间表达他想表达的见解和信仰。即使最和平的抗议，也必须在合适的时间和地点举行；每个公民都有明确的责任和义务，去遵从一切有效的法律。"因此，法律可以禁止某些示威方式。[73]

行使示威自由首要的条件是和平、非暴力。《集会游行示威法》对此有明确规定："集会、游行、示威应当和平地进行，不得携带武器、管制刀具和爆炸物，不得使用暴力或煽动使用暴力。"有秩序的生活是人类恒久的追求，问题也只有在稳定的前提下，在当事双方理性对话的基础上才能得到合理的解决。"人们没有理由去囫视熟悉的红绿灯，而把它作为社会抗议的手段。"[74] 在传统观念里，似乎把矛盾闹得越大，社会秩序越混乱，才会引起重视，才能彻底解决问题。但是，暴力隐含了对他人权利的侵犯，如果引起同态报复，整个社会就没有了秩序，自由也将无处存身，增强示威活动的影响不能通过违法行为来实现。法

[71] 《中华人民共和国集会游行示威法》（1989 年 10 月 31 日第七届全国人民代表大会常务委员会第十次会议通过）第 1 条：为了保障公民依法行使集会、游行、示威的权利，维护社会安定和公共秩序，根据宪法，制定本法。

[72] 陈新民：《德国公法学基础理论》（下册），山东人民出版社 2001 年版，第 355 页。

[73] 张千帆：《宪法学导论：原理与应用》，法律出版社 2004 年版，第 554 页。

[74] 张千帆：《宪法学导论：原理与应用》，法律出版社 2004 年版，第 554 页。

律的作用就在于提供一套和平解决纠纷的机制。对此，刘进成似乎已经有所认识，不管是出于对惩罚的恐惧还是对法律的理解，他坚持在法律范围内活动。

如果刘进成他们想要合法地行使示威自由，就必须符合程序性要求。各国对此规定不一，大致有两类：即向主管机关提出申请并获得许可（许可制），或者在示威前一定时间内通知主管机关（申报制）。在我国，主管机关是各级公安机关，国外一般也是警察局。这个程序决定示威的合法与否。这一要求是为了使政府能为示威者提供及时、合适的警察保护，并避免交通阻塞或因在同一时间、地点发生两组示威而引起混乱。我国法律规定，需要申请示威的，其负责人必须在举行日期的5日前向主管机关递交书面申请，由主管机关在申请举行日期的2日前将许可或不许可的决定书面通知其负责人。逾期不通知的，视为许可。至于这个程序的合理性问题将在下一部分论述。

若他们获得了许可，是否就不再受限制了？当然不是。对行使示威自由的实质性限制也是比较广泛的。从主体上看，我国规定公民不得在其居住地以外的城市发动、组织、参加当地公民的示威；在具体地点上，我国规定在中央国家机关所在地、国宾下榻处、重要军事设施以及航空港、火车站、港口等场所周边距离10～300米内不得举行示威。而在澳门，其回归前的法律规定禁止非法占有公众的、向公众开放的或私人的地方举行示威。在这一事件中刘进成他们这些"白大褂一出现立即产生了惊人的效应。马上就有60多名群众围观"。因此，为避免交通阻塞，也有必要对在公共道路上举行的示威作出限制。在具体时间上，往往规定不准在交通高峰期举行示威。《集会游行示威法》第24条规定，限于6:00～22:00，经当地人民政府决定或批准的除外；澳门特区法律规定，除非是在封闭场地、剧院、无住户的楼宇或楼宇的住户作出书面同意的情况下，不许在0:30～7:30内举行示威。我国还通过规定不予许可的情形从内容上对示威进行限制：①反对宪法所确定的基本原则的；②危害国家统一、主权和领土完整的；③煽动民族分裂的；④有充分根据认定申请举行的集会、游行、示威将直接危害公共安全或者严重破坏社会秩序的。

另外，法律规定警察在示威进行中有比较多的权力，比如搜查权（防止携带武器示威）、解散权、强行驱散权、对示威者采取强制措施甚至拘留的权力。在这起"宣传宪法事件"中警察就行使了这些权力。这些权力相对应的是公民的忍受和服从义务，从公民基本权利的角度看，自然也是对公民示威自由的限制。

三、限制示威自由的限度——对许可制的反思

为了公共利益的需要，可以通过法律限制基本权利，但这并不表明立法者

可以随意地采用一切限制措施。对基本权利的限制也应该遵守一个原则——比例原则，它要求在不违反或减弱该法律所追求之目的的前提下，立法者应该选择对公民权利侵犯最轻的方法。[75] 这是为了防止以法律的名义掏空宪法中公民的基本权利和自由。

许可制和申报制是两种不同的对示威自由程序方面的限制，二者所要达到的目的是一致的，即保障示威和平地进行，维护国家利益、公共秩序以及他人的权利与自由。只是许可制采用的是"防患于未然"的事前控制，而申报制采用的是"惩恶于已然"的事后控制。二者反映的价值理念是不同的，许可制所遵循的思路是"一般禁止——特别许可"，它强调国家权力的优越性，根源于父权式国家观念，认为人民是没有辨别力的，需要国家帮助其选择符合其利益的事物；而申报制所遵循的是"一般许可——特别禁止"，它是以人民有先于国家的自由为依据的，国家权力只有在人民无能为力或侵犯他人自由之时才可介入。但是，它们却能殊途同归，一样可以达到既定的目的。只不过，许可制是通过公安机关将它认为有危险的示威"过滤"掉，仅保留比较友好、缓和的那些，对公安机关来说是一种成本较低的制度。但是，这样做极容易造成"基于内容的歧视"的弊端，对于不受政府欢迎的人申请的示威，或者要表达的观点与政府利益相左的示威，在审查的时候，政府就极有可能不予批准或者拖延批准，使示威的举行丧失意义。[76] 而在申报制下，示威良莠不齐，各种情形都可能发生，这就需要征调大量的警力来维持秩序，当然这是以耗费国家财政为代价的，但是这个代价对于公民的基本权利和保障社会的正常秩序来说是必要的。

四、结语

在现代国家中，由于各种条件的制约，公民一般不直接参与国家管理，权力所有者和权力行使者是分离的。在这种情况下，示威自由具有重大价值。它使公民在通过选出的代表代替自己表达意愿之外，拥有了直接表达意愿的机会；政府虽然是示威的对象，但这也是它收集民意的一种渠道，从而使决策具有民主性、科学性；另外，示威还是"社会安全阀"，和平地表达意愿，释放不满情绪，可以避免矛盾大爆发引起的社会动荡。由于示威自由行使时有可能损害他人利益，需要依据法律对它进行限制，但是这个限制必须有一个"度"，要符合比例原则的要求。宪法所规定的政治自由对民主社会的形成有重大价值，因此，应将

---

[75] 陈新民：《德国公法学基础理论》（下册），山东人民出版社 2001 年版，第 369 页。

[76] 张千帆：《西方宪政体系》（上册·美国宪法）（第 2 版），中国政法大学出版社 2004 年版，第 591 页。

其纳入法治轨道，通过积极引导，使公民和平、理性、非暴力地行使这些自由。

参考阅读

1. 潘东东："论公民游行示威权利的法律保障"，载《改革与开放》2011 年第 16 期。
2. 徐乃龙、朱弋青："公安机关引导下的集会游行示威：一种减少群体性事件的新思路"，载《山东警察学院学报》2011 年第 6 期。
3. 徐乃龙、朱弋青："公安机关在处置群体性事件中的新定位——试议公安机关引导集会游行示威"，载《公安研究》2011 年第 12 期。
4. 殷勇："关于集会、游行、示威自由权利属性的宪法学思考——基于对传统主流观点的反思"，载《淮海工学院学报》（社会科学版）2010 年第 10 期。
5. 刘大生："我国宪法不宜规定示威自由——和谐视角下公民基本权利的一点反思"，载《江苏行政学院学报》2010 年第 2 期。
6. 毛振军、郭杰："非法集会、游行、示威存在的风险与成因及对策"，载《新疆警官高等专科学校学报》2010 年第 1 期。
7. 清林："'示威公园'让中国更开放"，载《南风窗》2008 年第 17 期。
8. 张炜：《公民的权利表达及其机制建构》，人民出版社 2009 年版。

事例五

"微博第一案"："金山"诉"360"引发微博言论自由之争

【事例介绍】[77]

2010 年 5 月 21 日，互联网巨头金山公司通报称当天有大量金山网盾的用户向金山软件客服控诉 360 安全卫士恶意卸载金山网盾。

5 月 25 日，360 董事长周鸿祎在多家网站，通过微博发表"揭开金山公司面皮"的系列文章，对金山网盾进行了点名批评，用词激烈，共发布微博 42 条，总计超过 8000 字。周鸿祎在其微博上公开表示，金山"像黑山"，"俨然一副正人君子的模样"，并批评金山产品有漏洞。此言一出，立即引发舆论强烈关注，导致金山股价市值在次日下跌约 6 亿港币。

因不满周鸿祎频频在微博上对金山进行发难，金山公司在 2010 年 5 月底起

---

〔77〕"'微博第一案'：司法界定言论自由边界"，载 http://www.jcrb.com/zhuanti/fzzt/fzlps/wlp/tm/201201/t20120111_789481.html，最后访问日期：2012 年 4 月 19 日。

诉，要求周鸿祎停止侵权，公开致歉，并赔偿 1200 万元。

2011 年 3 月初，北京市海淀区法院作出一审判决，被告周鸿祎构成名誉侵权，其向金山公司赔偿人民币 8 万元，并连续 7 天在新浪、搜狐、网易三大网站的微博首页刊发致歉声明。双方均不服一审判决，各自提出上诉。

2011 年 8 月 25 日，北京市第一中级人民法院作出终审判决，周鸿祎被判删除 2 条侵权微博，并赔偿金山公司 5 万元人民币。二审期间，金山公司明确以周鸿祎所发 20 条博文作为指控侵权的载体，但法院认为其中 18 条多为影射，"尚未达到名誉侵权的程度"，判令周鸿祎删除另外 2 条有明显的辱骂金山公司意味的微博。"其（周鸿祎）作为一个自称的'网络老兵'，作为一个公众人物，深悉网络传播之快之广，更应当谨慎自己的言行。"二审判决书称，周鸿祎应当以此为警戒，审慎自己的言行。

【本事例涉及的法律问题】

网络微博自由的界限如何确定？

【基础知识】

言论自由是指公民有权通过各种语言形式，针对政治和社会中的各种问题表达其思想和见解的自由。言论自由在互联网时代被赋予了新的理念和表现方式，伴随着互联网的发展，言论自由在更宽广的领域得到实现。所谓网络言论自由权，其实就是言论自由权在网络上的自然延伸。其核心依然是人人都有权享有主张和发表意见的自由，只不过网络的特殊性使其表现形式区别于现实社会。

网络言论属于言论自由的保护对象，二者在本质上是一样的。一方面，言论自由作为公民的一项基本权利，也是民主社会存在的基础之一，其核心内涵是人人都有权享有主张和发表意见的自由，这种自由绝对不受任何无故的侵犯和剥夺；另一方面，任何一项自由都是有限的，不存在绝对的权利和自由。言论自由也是一种有限权利，并且还是一项容易引发冲突的权利。借助网络这种新形式而表现出来的言论自由，使得这些冲突更加明显和激化，更需要加以限制。当然，网络毕竟与以前的载体有实质的区别，网络言论自由具有它的特别之处。因此，在具体保护和限制的范围、方式和方法上，与传统的言论自由应区别对待。

首先，传播方式的特殊性与便捷性。因特网是将信息以数字的形式传播的，因而它的载体和传播途径与传统媒介不同。在网络不断普及发达的今天，只要能够使用一台接入互联网的计算机终端设备，任何人都可通过网络发表言论，信息一旦提交则能迅速地存在和流传于网络中间。

其次，公众参与的广泛性与平等性。因特网是一个互动的空间，每个人都可以参与进来，而不仅仅是一个旁观者。人们可以自主决定对哪件事情、在哪个地方、于哪个时候发表什么样的言论，使用者始终处于一个主动的状态。

再次，特定的匿名性。网络是个开放的空间，任何用户都可以随时进出，并以匿名的方式自由地发表各种言论。用户在虚拟的网络世界中的身份可以与他在现实世界中的身份毫不相干，没有人知道你来自哪里、是何人。

最后，即时的互动性和开放性。进入网络世界，遍及全世界的网民可能有上亿人同时在线，信息的快速传递能被他人在极短的时间内获知，他人又可以通过极为便捷的方式即时对信息作出回应，信息的发出者和接收者可以完全感觉不到时间和距离的限制。这种互动性所具有的新特征是在传统条件下所无法达到的，这也为公众积极行使言论自由注入了动力，使得不同的观点、声音在网络世界里显得异常丰富。

【事例评析】

言论自由权是公民享有的一项基本权利。从古代开始，人们已经意识到言论自由的重要性。近代以来，随着社会文明的进步，人类已经普遍接受了言论自由的观念。言论自由作为一项基本权利受到各国宪法、法律和多个重要国际条约的保护。20世纪90年代以来，伴随着科学技术的飞速发展，异军突起的网络逐渐在日趋激烈的媒介竞争中彰显其重要地位。自1994年中国首次和国际互联网相联，尤其是1995年网络接入和服务面向社会开放以后，网络在中国开始迅速发展，已越来越受到人们的关注和青睐。信奉自由与共享精神的互联网更是以其独特的运作方式，打破了传统媒体对言论的控制，使言论自由得到充分实现，给人们的生活和社会带来了前所未有的冲击和影响。著名的网络预言家约翰·佩里·巴洛在《网络空间独立宣言》中指出，我们正在创造一个任何人都能参与的，没有因种族、财富、暴力和出身差异而产生的特权与偏见的社会。在我们正在创立的新世界中，任何人可以在任何时间地点，自由发表自己的意见和主张，而不会被胁迫保持沉默和屈从。

一、言论自由的含义及其价值

1. 言论自由的含义。言论自由，又称"表达自由"，在我国加入的《公民权利和政治权利国际公约》第10条第2款中这样表述了言论自由："人人享有表达自由；该权利应当包括以口头、书面或印刷物、艺术或自己选择之其他方式，不分国界的追求、接受和传播各种信息和思想的自由"。广义的言论自由涵盖了宪法中言论自由、出版自由、集会游行示威自由、科学研究和文艺创作的自由、批评国家机关及其工作人员的权利和提出建议的权利等条款。

2. 言论自由的价值。言论自由作为人类理性的一种追求，是人类精神文化中极其重要的一部分，是健康社会和人权质量的重要标识。最早为学者所强调的言论自由价值即是它有助于我们增进知识与获知真理。当我们可以自由地认识一切事物，自由地抒发我们对于一切事物的认知，那么真理将在与谬误的斗争中自动显现。我国有学者提出：随着生存权问题的基本解决，自由权特别是言论自由权将成为我国人民的首要人权。世界上许多国家都将言论自由作为公民一项基本权利载入宪法，有 124 个国家在宪法中规定了发表意见自由，占总数的 87.3% 。同时，言论自由在维持和健全现实社会的民主政治方面有着重要的意义。言论自由对民主政治的重要性表现在：言论自由是人民表示同意和进行自我统治的必要条件和基本原则，没有言论自由即没有民主；言论自由是制约公共权力和避免民主从多数统治走向多数暴政的重要保障；言论自由促进着社会内不同群体之间和政府与公民之间政治上的相互信任关系。言论自由不仅是增进知识获知真理、维持与健全民主政治的必要手段，而且其本身即是目的。作为手段，它促进着听者的利益；作为目的，它促进着言者的利益。

二、微博言论自由及其边界[78]

由于言论是公民表达意愿、相互交流思想、传播信息的必要手段和基本工具，也是形成人民意志的基础，因而言论自由在公民的各项政治自由中居于首要地位。我国宪法规定的言论自由具有特定的范围与表现形式。一般说来，其范围包括：其一，公民作为基本权利主体，都有以言论方式表达思想和见解的权利，因而其享有的主体十分广泛；其二，通过言论自由表达的有关政治、经济、文化、社会等方面的看法和见解受法律保护，不受非法干涉；其三，言论自由的表现形式多样，既包括口头形式，又包括书面形式，必要时还可根据法律规定利用电视广播等传播媒介；其四，言论自由作为一项法律权利，在法定范围内，其享受者不应由于某种言论而带来不利后果，因而其合法权益受法律保护；其五，言论自由存在着法定界限，受宪法和法律的合理限制，因而公民的言论自由必须在法律范围内行使。

微博作为一种新媒体，为每一个人提供了信息发布、传播和评论的自由平台。发生在 2007 年的华南虎事件、山西黑砖窑事件、最牛钉子户事件等，发生在 2008 年的"艳照门"事件、"红心爱国"抵制家乐福活动、汶川大地震中的"范跑跑"事件等，这说明我们的生活早已经与网络密不可分。在微博上，人人

---

[78]　李绍章："微博言论自由及其边界"，载 http://article.chinalawinfo.com/Article_ Detail.asp? ArticleID=64270，最后访问日期：2012 年 4 月 19 日。

都可以成为责任编辑、新闻主播和评论嘉宾。在应对公共事件中，微博越来越展现出了其用户主体的多元性和平民性、资讯内容的及时性和公开性、功能效果的传播性和监督性等显著特征。在这个意义上，微博已经不再是单纯的媒体角色，更担当了凝聚公民意识、表达公民思想、行使公民权利、承担公民责任、启蒙公民社会的全新多元功能。只要合理开发和利用微博的舆情集散资源，这种模式会越来越得到普及、推广，并逐步形成"公开信息、追踪真相、推进法治"的重要民间舆论力量源泉。

从微博对 2011 年 7 月份发生的动车追尾特大伤亡事故的反应实践来看，无论是"意见领袖"还是普通网民均投入了前所未有的公共性关注。之所以说"前所未有"和"公共性关注"，一是因为事件本身所包涵的死难、伤亡等生命元素以及企业安全生产、政府依法监督甚至权力腐败等诸多体制元素；二是因为微博作为民间性舆情集散平台，其来势之迅猛是传统媒介所无法比拟的，微博玩家的公众性、活动的公开性和自由性以及传播速度的迅捷性共同体现出了一种公共关注模式。就是因为这种基于资讯客体和媒介主体所贡献的该种"公共性关注"，所以才发挥出了前所未有的监督功能，尤其是凸显出了人民对政府、对垄断性企业及整个公共权力资源的批评生态，而这又恰恰吻合了"创造条件让人民批评政府"的总理承诺，而且还确实引发了传统媒体的深切关注及官方要员的高度重视。应当说，在这种权力监督与制约的公共性关注环境下，微博网站已经容忍了这一整体上良性循环的舆情态势，包括一些激愤性言论。

微博启蒙公民社会的功能不容忽视。现代意义的公民社会（市民社会）之生成，并非一蹴而就，它需要多种条件的成就以及多项指标的齐备，如人的主体地位的真正确立、思想和言论的真正自由、民众拥有公共生活的参与机会与准入资格、资讯信息的公开透明与民众知情权的满足等。这些条件和指标的内核其实就是法治，即公民社会就是法治社会。但要使上述条件皆成就、指标皆齐备，除了公众自身的努力之外，作为与公民社会相对应的政治国家也必须保障公民社会之生成的条件，如真正按照宪法的规定尊重和保障人权，允许思想的多元化和言论的自由性。

如果宪法和法律规定的这些权利能够真正落实，那么，包括微博在内的新媒体就会有"星星之火可以燎原"的良性发展态势，对公民社会的启迪和训练肯定有积极的推动作用。反之，如果政治国家对这种公民社会的启蒙阶段或幼稚状态不予呵护，或者说反而去限制甚至禁止，那么，不仅公民社会的生成遥遥无期，就连已经刚刚孕育起来并已经初步彰显了平民性舆情集散平台功能的微博新媒体也未必可以走很远。所以，乐观与否要看当局政治立场及态度。从大局和大势来看，前面提及的微博"担当的凝聚公民意识、表达公民思想、行使公民权利、承担公民责任、启蒙公民社会的全新多元功能"应当得到进一步发挥，相信政府能够高瞻远瞩地认识到微博的这一依法助政的角色并积极施以保护态度和引导措施，以合理利用好这一舆情集散资源。

　　三、网络微博应当受到法律的约束

　　保障微博言论自由，可以为人民监督政府行为及权力运作提供平台。甚至可以断定：作为新生事物，微博的普及和推广已势如破竹，势不可挡。因其具有应用主体广泛、应用程序方便、应用管制自由等诸多优点，因而微博注册用户享有的言论自由尺度相对较大，绝大多数普通用户微博影响力有限，来自专门机构和公众的监督制约微不足道，言论表达的自由空间就会更广，这也是微博吸引公民表达思想或宣泄情绪的最大优势。但从传播信息、表达言论的角度看，微博和其他传播媒介没有本质区别，都是资讯传播媒介，言论表达平台。所不同的是，微博没有传统媒体所专门配置的责任编辑。但作为微博注册用户，不应因此而忽略行为底线，失去言论责任。微博和传统媒介一样，都有遵守法律、道德和纪律的义务。甚至更进一步说，如果纯粹就空间的公共性而言，微博还不仅仅只是一个媒介和平台，也是一个公共话语空间。因此，微博玩家又和公共场所（如演讲、集会等）的表达者一样，都有守法、守道、守纪的义务，同样应当把准道德和法律的尺度，为自己的言论负责。

　　对此，可以回到具体的微博实践中进一步说明。近来，微博上的"大嘴巴"们引发的多起公共事件甚至法律案件，一方面彰显了微博作为言论表达平台对信息分享、思想传播提供的资源便利性；另一方面也在逐步提醒人们注意微博活动的规范性问题。微博言论一旦失当，要么触及法律、权利、秩序，导致侵权或犯罪，如北京二中院终审宣判的"微博第一案"，即为因微博不当言论导致的侵权案件；要么因游离于法律的边缘而陷入激烈的争论或争议之中，如史玉柱"大嘴巴"事件，[79] 即因微博言论涉嫌操纵市场而引发公众热议，专业人士跟进讨论，媒体也介入报道评论。

　　这又在实践上证明了微博活动把准道德和法律尺度并为自己言论负责的底

---

[79]　2011年8月24日，史玉柱在微博上炮轰中国人寿意欲增持民生银行，称"拜托中国人寿，别虎视眈眈想控股民生银行，中国唯一的民营的重要银行，不应该倒退成国有银行"。尽管这条微博被迅即删除，但仍吸引了各方关注。翌日，民生银行股价大涨6.47%，根据公开资料，目前由史玉柱控股的上海健特生物持有民生银行A股73 907.85万股，由此推算其账面浮盈达2.3亿元。一时间有关"史玉柱微博操纵股价"的说法甚嚣尘上，史玉柱其后也不断发出微博对此作出澄清。

线要求。同时也以实例说明了微博并非无界，自由也不是绝对。尤其是对于公众人物而言，人气关注度和话语影响力都远远高于普通公众，加之往往有特别身份、头衔和职位，他们的言论哪怕仅仅是一句玩笑、半句调侃，也可能会引起公众高度关注甚至疯狂炒作，有时还会造成歪曲传播。"大嘴巴"史玉柱在微博上的"拜托"一词顷刻间即成就了"最贵微博"，无疑是公众人物微博言论引发舆论地震的典型例证。此类微博言论之所以卷起热议、质疑甚或纷争，除了发布者身份及影响之外，从性质本身上分析，它们往往有一个共同点，即微博言论发布行为存在是否具有合法性或正当性的争议焦点，而存在争议性的一个显著原因又是立法的空白、模糊以及执法标准的缺失或歧义。此时，一旦有充分的论据和合理的论证表明言论触犯了相应的法律规则，那么，言论者可能就会进一步陷入了侵权甚至犯罪的尴尬境地。因此，宁可冒险选择游离于法律的危险边缘，还不如在发布言论时理性地虑及后果风险，多一份审慎和严谨。

四、我国在规范网络言论自由方面遇到的问题

我国互联网应用日益普及，网民人数不断激增。这给我国公民行使言论自由提供了更为广阔的空间，同时也给言论自由的保障和正确规范带来了难题。

在立法上，从 1994 年 2 月起至 2006 年 7 月，国家已经颁布实施的网络方面的政策、法规达 47 部多。比较重要的有《中华人民共和国计算机信息系统安全保护条例》、《中国互联网络域名注册实施细则》、《互联网网上服务营业场所管理办法》、《电子认证管理办法》、《互联网著作权行政保护办法》。总的看来，在信息化时代，我国较好地回应了网络对言论自由保护的新挑战。但是，由于我国经济基础不强，信息化建设起步较晚，公民的信息化意识薄弱，法律法规还不健全，对言论自由的保护还存在着诸多问题。比如，从网络的硬件设施看，网络安全的设施和技术水平还有待于提高；从现有的法律法规来看，对国家安全和社会稳定考虑得较多（当然，这是极其必要的），但对公民言论自由的保护考虑得还不够；在某些领域，如公民隐私权、知识产权、信息自由等方面的立法还存在空白；在理论研究上，如何处理好因特网与我国人权保障，尤其是与言论自由保护之间的关系还未广泛而有效地展开讨论等。这些问题在一定程度上制约了网络时代我国言论自由保护事业的发展。

五、小结

在微博时代，我们所需要做的除了对自己所说的话负责外，就是国家应当加快网络立法进度，细化侵权责任标准，强化违法惩戒措施，明晰侵权连带责任，使微博侵权的利害关系人能够通过便捷的渠道来表达诉求和维护权益。在"微博第一案"的一审判决中，法院对于微博的特点首次进行了司法意义上的归

纳：个人微博的特点是分享自我的感性平台而非追求理性公正的官方媒体，因此相比正式场合的言论，微博上的言论随意性更强、主观色彩更加浓厚，相应对其言论自由的把握尺度也更宽。微博应成为沟通思想、分享快乐和思考的交流平台，而不是进行名誉侵权、商业诋毁等不正当竞争的营销阵地。在终审判决书中，承办法官写道：微博作为一个自由发表言论的空间，可以个人视角通过只言片语，表达对人和事的所感所想，为实现我国宪法所保障的言论自由提供了一个平台。同时，由于微博上的言论具有随意性，主观色彩浓厚，甚至一些语惊四座的表达方式，都成为吸引粉丝关注的要素。特别是涉及批评的内容，还往往起到了舆论监督的积极作用。鉴于微博对丰富人们的精神生活具有一定的积极意义，每个网民都应该维护它，避免借助微博发表言论攻击对方，避免微博成为相互谩骂的空间，否则人人都有可能被他人博文所侵害。

 参考阅读

1. 郑燕："网民的自由与边界——关于微博公共领域中言论自由的反思"，载《社会科学研究》2012 年第 1 期。

2. 李晶："微博视角下的新闻自由与言论自由"，载《上海商学院学报》2011 年第 2 期。

3. 王君超、郑恩："'微传播'与表达权——试论微博时代的表达自由"，载《现代传播》2011 年第 4 期。

4. 杨露："浅谈'微博'时代的言论自由权"，载《现代营销》（学苑版）2011 年第 11 期。

5. 张雪竹："我国网络言论自由权行使中存在的问题——'微博第一案'引发的思考"，载《经营管理者》2011 年第 23 期。

6. 韩宁："微博实名制之合法性探究——以言论自由为视角"，载《法学》2012 年第 4 期。

7. [美]潘恩：《人的权利：驳柏克并论法国大革命与美国革命》，田飞龙译，中国法制出版社 2011 年版。

杭州"网络实名制"法规遭遇执行难[80]
——网络用户实名制引发的争议

【事例介绍】

2009 年杭州市人大常委会审议通过的《杭州市计算机信息网络安全保护管理条例》是中国第一个要求"网络实名制"的地方性法规。《条例》规定：从 2009 年 5 月 1 日起，发帖、写博、玩网游要提供有效身份证明。但在该《条例》生效一个月时间过去后，这部法律依旧被束之高阁，当地还没有采取实质性的措施。

杭州市人大常委会认为，随着网上交流方式的增多，网民、网吧数量快速增长，计算机信息网络安全问题日益突出，有必要制定地方性法规，以维护国家安全、公共利益和社会稳定，维护公民、法人和其他组织的合法权益。

"说话者必须对自己的言语负责！过去许多网民采用极端的语言攻击他人，窥探别人的隐私，给他人造成巨大损害，所以通过立法来规范网民的行为。"杭州市人大一位不愿意透露姓名的工作人员说。

但时间过去了 20 多天，条例规定的"登记有效证件"还是没有得到具体实施。在杭州网的论坛里，记者要求注册发帖，网站只需要记者提供用户名、密码、电子邮箱等几个信息，全然没有要求登记身份证明的踪影。记者注册了一个账号，10 秒钟左右搞定，随后就可以自由发帖了。杭州网、19 楼等当地多个知名网站的论坛客服人员告诉记者，目前他们所在的网站还没有要求注册用户必须提供有效身份证明。"准确核实网民信息，很难做到。"杭州当地一家网站的负责人表示，我们怎么核实，是让网民来我们网站当面验证，还是在注册时要求网民真实填写相关信息？目前还没有细化的规定。

事实上，"新规"一直饱受社会各界质疑。许多专家和网民担心，"网络实名制"会影响网民的自由表达权和监督权。

近年来，网络监督在中国发挥了越来越大的社会作用。比如陕西周老虎事件、云南"躲猫猫"事件、南京周久耕事件、温州"购房门"事件等，皆是借助匿名网友的爆料，引起社会的关注。

最高人民检察院日前公布了修订后的《人民检察院举报工作规定》，在新增

---

〔80〕　裴立华、岳德亮："中国首部'网络实名'法律遭遇执行难"，载 http://news.xinhuanet.com/local/2009-05/23/content_11421951.htm，最后访问日期：2009 年 5 月 23 日。

的举报渠道中，网络就是其中之一。

浙江省社科院社会学所副所长杨建华表示，实名举报是要承担很多风险的。就目前而言，政府方面对于网络监督应当"鼓励"而不是"过滤"，及时解疑释惑，引导网上舆论。此外，专家也担心"网络实名"会影响公民的自由表达意愿。近年来，党和政府各级领导与普通民众通过网络交流日益频繁，互联网已成为当前中国公民表达诉求的重要渠道。

杨建华说："互联网之所以成为公民表达诉求的重要渠道，其中一个重要原因就源自于网络发帖的匿名性和放大效应，这既能保护发帖人的安全，也可以避免石沉大海。"

"要保护网络安全，首先要保护网络说话者权益。互联网是疏导社会矛盾的有效的'排气阀'，而'网络实名制'将堵塞这个'排气阀'。"浙江大学传媒和国际文化学院副教授邵志择认为，不能因为网络言论存在一些问题而"因噎废食"。网民发表的意见有一些谣言、语言暴力等问题，但毕竟是极少一部分，守法的网民是占绝大多数的；对于喜欢造谣生事的网民，可以通过刑法等法律追究其责任，如果为防范极少数人的不良行为，而让全体网民"收缩空间"，这样做会不会"矫枉过正"呢？

"实名制只能是提倡，不能用立法来强制推行。"浙江省委对外宣传办公室有关负责人说。

【本事例涉及的法律问题】

网络实名制是限制了公民的言论自由还是保障了公民的言论自由？

【基础知识】

网络实名制又称"网络身份证制度"，是指法律意义上的网络行为人在从事网络活动时应当提供真实有效的个人信息和接受居民身份证确认的制度。网络实名制的目的在于：①保障国家安全、公共利益和其他人的利益，避免国家、社会和他人由于网络言论而受到冲击；②保护未成年人免受不良信息如色情和暴力等的毒害，原因在于未成年人由于认识能力上的限制，对善恶好坏的区分能力不足，避免未成年人接触到这些不良信息是网络实名制的首要目的。《中华人民共和国宪法》第35条规定：中华人民共和国公民有言论、出版、集会、结社、游行、示威的自由。这是公民享有言论自由的宪法依据。第51条同时规定：中华人民共和国公民在行使自由和权利的时候，不得损害国家的、社会的、集体的利益和其他公民的合法的自由和权利。这是国家立法以限制公民言论自由的依据。对公民基本权利的规制需要全国人大进行立法，行政法规和地方性法规在没有获得授权的情况下不能对其进行规制。

　　国家通过立法保障公民的网络言论自由主要是以宪法的以上两条规定为基础。立法的过程实质上是各方利益妥协的过程。有学者主张网络实名的双轨制，是对支持实名制和支持匿名制的社会力量碰撞的预测。网络实名和匿名都有各自的优缺点，有时候妥协并非软弱的表现，集众所长才是折中的目的所在。

【事件评析】

　　一、网络实名制的基本问题

　　中国的网络实名制的出现应该是在 2002 年，清华大学新闻学教授李希光在谈及新闻改革时提出并建议中国人大应该禁止任何人网上匿名。他认为网络也应该严格的受到版权和知识产权的保护，同时网上写东西要负法律责任。包括传统媒体，应该提倡用真名，不用笔名发表文章。该言论一时引得全国轰动，最后却以李希光教授"禁止网上匿名是非常不现实的，在法律上和技术上都行不通"为"结束语"挂起了免战牌，但却从此开启了"网络实名制"的探索时代，随之而来的则是高校教育网、电子邮件服务、QQ 群创建者和管理员、博客等相继开始实行强制实名制。网络实名制自出现以来就备受争议，有人称其为净化网络环境的、规制网络秩序的饮鸩止渴之举，因其在维护秩序的同时，潜伏着对个人自由的侵害。

　　二、网络实名制是限制言论自由抑或是保障言论自由

　　社会上出现了两种对于实名制截然不同的呼声。支持者的理由在于，现在网络秩序十分混乱，我们需要一项制度进行有效整治，给我们一个能够放心上网的网络环境，比如有些父母会希望实施实名制，因为可以节制孩子上网；反对者认为，如果实施实名制，自己发表什么别人都知道了，自己的隐私权何在？原来匿名发的牢骚现在大家都知道是自己发的了，自己的言论自由何在？要网上举报也怕被打击报复，监督权何在？

　　（一）赞成实名制的观点

　　随着计算机技术的飞速发展，互联网的使用率迅速提高，其在人们的工作和生活中占据着越来越重要的地位。人们在享受互联网带来的技术便利的同时，也频受网络匿名制负面效应之苦。网络诈骗、恶意软件、"艳照门"事件、人肉搜索等生动的实例充分显示出网络空间下侵权行为的易发性及其危害的严重性。在网络空间下，网民只需动一下鼠标，点击一下搜索引擎，输入几个词汇，即可通过庞大而又便捷的网络对他人的人身权利、财产权利造成严重危害，进而干扰他人在现实世界中的正常生活。由于网络的虚拟性、无界性，网民在实施违法行为后很难被追踪，难以追究其法律责任。执法困难更是助长了网络侵权者的嚣张气焰，使得许多网民认为网络空间是游离于法律规则之外的，网络空

间的健康有序受到严重挑战。主要表现在以下几个方面：

1. 为诈骗犯罪等犯罪行为提供了空间。在虚拟的网络世界里，网络匿名制使得追查及确认网络犯罪人非常困难。虽然可以追踪到网络地址，但是由于该网络地址的流动用户数量众多且未经实名登记，利用该网络地址实施犯罪的行为人自然难以被追查。在目前公安机关破获的网络犯罪中，有许多犯罪分子就是利用这一点多次流动作案，通过在不同的网络地址上使用不同的网名而多次用同样的手法成功实施犯罪而未被及时识破和抓获。因此，网络匿名制对现实世界成熟的社会规范和控制手段都提出了挑战。

2. 为侵犯知识产权行为提供了便利。便捷的网络为我们提供了大量的信息资源，也为寻求捷径者侵犯他人知识产权提供了可能。在现有的网络技术下，只需动几下鼠标，就可以复制、粘贴别人的文章、视频作品等。知识产权设立的初衷是保护人类具有创新性的智力成果，而在以复制、粘贴为运行方式的网络空间里，匿名制则放纵了知识产权侵权行为。"当盗版遇上网络这个无需真名的绝佳犯罪空间，一切变得更为堂而皇之。毫无限制的下载，……写文章只要动动手指，几次复制粘贴之后，……或者干脆把人家放到网上的成果改个名字，就成了自己的东西，……较早以前议论得沸沸扬扬的北大教授剽窃论文事件就是一个很好的例证。……越来越多的现象表明，年轻一代的创造力降低了，大学毕业生们的论文质量也大不如前。"[81]

3. 侵犯他人人格权事件多发。在现实世界中，自然人往往受到传统道德以及法律规范的制约，会自觉尊重他人人格权。而在实行匿名制的网络世界里，网民们失去了相应的约束，变的无所顾忌，许多网民肆意攻击他人人格。以"艳照门"事件为例，抛开该事件涉及的娱乐圈内诸位明星的道德品行暂且不论，从法律角度来看该事件是典型的侵犯他人人格权案件。侵权人包括照片的上传者、传播者以及帮助照片传播的网络服务运营商。当这些不雅照片在网络上每日更新、不断传播的时候，香港警方却难以查出发布者是谁。在事件愈演愈烈之后，警方确实抓了一些人，但对于整个艳照门的网络传播参与者来说，完全无济于事，绝大多数人还在监管之外。

4. 侵犯隐私权案件频发。在网络世界里，网民的隐私权通过信息数据的形式储存在电脑等网络终端上，一些具备一定网络技术的人（俗称黑客）可以通过互联网之间的彼此联系而进入他人电脑获取这些数据，从而披露个人隐私。随着网民人数的迅速增加以及网友之间互动的增强，网友们通过彼此信息的交

---

〔81〕　祝佳："网络空间匿、实名问题的伦理反思"，华中科技大学 2006 年硕士学位论文。

流并与现实世界相结合，共同发掘目标人物的相关信息，从而披露个人隐私，"人肉搜索"就是一个很好的例子。"较为著名的人肉搜索有 2006 年 2 月的虐猫事件，2006 年 4 月的网游铜须门事件，2007 年 4 月的钱军打老人，2007 年 11 月因丈夫变心最终导致妻子自杀的 3377 事件，2007 年底由打虎网民层层推进的华南虎照事件，2008 年 3 月的天价头事件，2008 年 4 月的谭静坠楼事件等等，在这些事件中，广大网民迸发出惊人的侦缉和审判力量。"[82]

上述网络空间下的违法行为的实施主体位于现实世界，而行为却是在网络空间内发生，后果既存在于网络空间又存在于现实世界。追究网络违法行为人的法律责任，必须实现网络空间违法行为与现实世界实施主体的对接，而网络匿名制则割裂了这种对接，使得打击网络违法犯罪非常困难。虽然法律制度是现实世界的行为规则，但是网络空间与现实世界有着千丝万缕的联系，实施网络实名制，实现网络空间与现实社会的对接，将网络空间纳入法律规制之下，势在必行。

（二）反对网络实名制的观点

1. 侵犯私权。一项新制度的推行，可能起点是好的，最后却由于缺失第三方的制衡力量，而沦为暴政的工具。实行网络实名制，网络用户的个人数据将很容易被政府机关或商业机构所利用，由于公民难以监督这种权力的使用，可能导致广大公民合法权利严重受损，不利于和谐社会的建设。互联网作为第四媒体，是公共权力与私人领域的中间地带，从形式上讲属于公共领域。网络舆论的兴起反映了我国公共领域存在空白。公共领域是介乎于国家与社会（即国家所不能触及的私人或民间活动范围）之间、公民参与公共事务的地方，它凸显了公民在政治过程中的互动。正是人民大众不断参与政治活动以及这种参与的程度不断提高，构成了人类迈进现代文明社会的推动力。

虚拟的网络世界带给了人们一种不同于过去现实社会的新内涵、新规则、新成分。如果说在互联网出现之前，人们更为强调的是共性和凝聚，而在网络出现之后，它就为人们个性化的追求提供了可能性。网络具有更低的参与门槛、更多的虚拟人际平等、更高的自由度，这是非常珍贵的。但网民不是虚幻的人，网民的权利同样是实在的，一旦失去同样是对民众的打击。网络世界与现实世界有着强烈的同构性，在立法过程中应当受到更谨慎的对待，并在执法程序上获得应有的尊重。况且网络具有匿名制的传统，欧洲有些国家也曾提议实行网络实名制，但最终因未获国会通过而不了了之。

---

[82] 杨速炎："网络时代的人肉搜索"，载《政府法制》2008 年第 15 期。

2. 个人信息泄露风险增大。人们牺牲部分自由是为了换取更大的自由。当付出的牺牲与所得差距悬殊时，这样的牺牲则没有必要。网络实名制需要人们付出个人信息，个人信息泄露的风险即是相伴而生的牺牲。个人信息不光是商家的资源，也是犯罪分子可利用的工具。人们为打击网络犯罪而做的牺牲应该同网络犯罪的实际消减效果作比较。通过网络实名制确实可以在一定程度上规范网民的网上行为，但打击网络犯罪的作用微乎其微。实名制在其他领域的实行证明了，犯罪不会因实名制而消灭，犯罪手段很快就可根据实名制的漏洞推陈出新，反过来增大打击难度。值得一提的是，网络实名制其实更具有扩张犯罪的可能，特别是在配套设施、制度不完善的情况下贸然上马，无异于是向犯罪者提供了窃取个人信息的绝好契机，这甚至会对国家安全造成影响。个人数据保护问题在全球范围内仍是亟待解决的难题，我们不能脱离了这一问题来进行网络身份管理。

3. 缩小互联网的普及空间。实行网络实名制，不可避免地就要在全国范围内展开人口普查似的互联网身份登记，这将极大地影响互联网普及的速度。中国是个幅员辽阔、情形复杂的国家，现代的交通尚不能抵达中国的每一个村落，何况是程序复杂的互联网身份登记。再者，网络实名制缩小了上网时间与空间的自由度。截至2009年6月底，中国网民规模达到3.38亿，稳居世界第一位。虽然我国的上网人数增长极快，网民规模巨大，但是仍有数量庞大的民众从未接触过互联网。连上个网都要实名登录，那就等于抛弃了一大部分的潜在网民。国家有义务像以前开展扫盲运动一样，加大普及互联网的力度，让更多的中国人学会利用丰富的网络资源。我国的互联网事业正处于起步阶段，更需要扶植与呵护。

4. 技术难题与成本代价。实名制的实行与一个国家的现代化和法制化程度分不开。推行实名制，外国有先进的个人诚信记录系统和追踪系统作技术支撑，并有完善的法律制度为后盾。反观中国，就算技术可以引进，但合理的制度框架不可能一蹴而就。何况规范整个互联网的法律本身尚在摸索中。在这个大前提下，不能"一刀切"推行网络实名制。

在打击网络犯罪的问题上，我国的网络追踪与网络监督的技术本来就颇有成效。公安部门运用IP地址的测定技术，实现了每一个IP地址的实名可查。管理者总是希望管得越严格，越省事越好。对管理者而言，实行实名制，的确能节省管理成本，而这种"节约"却建立在公众脆弱的信息保护之上。网络实名制并非是个一劳永逸的好办法，现实中存在比实名制更为有效的技术手段，同样能收到预防犯罪和惩罚罪犯的奇效，而无需为了节省那一点成本，将全体公民绑上有安全隐患的舢板。实名制的实施本身需要很大的监督成本，所以一些发达国家的公共管理已经摒弃这种手段，而把精力放在建立一个完善的个人信息体系上。

再者，单方面、全方位地实行网络实名制，必然会有一笔昂贵的身份认证费用，这也是值得思考的问题。

5. 扼杀网络舆论。在中国，人们并不习惯在现实生活中发表自己的言论和观点，对某些事情即使有着自己的看法时，也更多地选择了明哲保身的沉默。人们担心报复，忧虑因言获罪。相反，通过匿名的方式在网络空间上却很活跃地宣扬着自己的言论。这也是互联网成为公民表达诉求的重要渠道的原因之一。近几年来网民们都会就当下的热点或重大问题展开激烈的讨论，且对问题的讨论比较深入，进而形成强大的舆论影响。来自各网站的媒体言论与论坛（BBS）及新闻跟帖中的具有建设性的看法和观点，甚至对有关部门的决策和施政产生了影响。

网络文章的特点就是针砭时弊多，赞扬歌颂少。网络言论在某种意义上也是社会的"安全阀"，是政治的"晴雨表"。网民在网络表达一些不满，对保持社会的安定团结也有有利的一面。网络舆论是高科技和民主相结合的最丰硕的人类文明的成果。网络媒体打破了话语特权的垄断。通过公权力的运作对网络话语权进行干涉，必然引起强烈反弹。

网络调查显示，超过55%的人认为实名制解决不了任何问题。社会民主环境的缺乏及个人保护的考虑，中国的特殊国情无法硬套国外经验。网络世界对民众的意义重大。他们不仅借此娱乐，也借此相对自由地表达。匿名的方式可能更利于真实意见的发表。如果没有这样的渠道的话，政治生活会冷清很多。2008年美国40%的新闻的发布者是非专业机构和非专业媒介工作者的公民，是"公民记者"以自己的这种方式发布出来，而且这种趋势到2010年的时候已增加到70%以上。公民自发行使新闻自由权，参与社会管理已是大势所趋。

　　　参考阅读

1. 晋晓兵、史建婷："网络实名兴起的背景分析"，载《成都电子机械高等专科学校学报》2006年第4期。

2. 肖红春："网络伦理的契约论维度与网络实名制的道德困境"，载《天津行政学院学报》2012年第2期。

3. 田忠钰："略论网络虚拟性在推动人的发展中的作用——基于网络实名制的思考"，

载《实事求是》2011 年第 1 期。

4. 黄碧钗："论当前我国网络实名制的现实可能性——以网络参政为视角"，载《福建教育学院学报》2010 年第 3 期。

5. 姜亦周、张平："网络游戏实名制的法律问题分析"，载《武汉大学学报》（哲学社会科学版）2012 年第 1 期。

6. 马艳华："网络实名制相关法律问题探析"，载《河北法学》2011 年第 2 期。

7. 马骋：《传媒权利与认同》，黄山书社 2009 年版。

第三节　身心自由权利

身心自由权是指公民的身体和精神活动不受非法侵害或限制的权利和自由。这类权利是公民参加各种社会活动，享受其他权利的前提。

一、人身自由

人身即人的肉体身躯。人身权利不受侵犯是指公民的人身和行动受自己自由支配，不受非法限制、搜查、拘捕的权利，各国宪法和法律都有相关规定。

（一）人身自由的法律保障

早在 1215 年，英国的《自由大宪章》规定："任何自由人，如未经其同级贵族之依法裁判，或经国法判决，皆不得被逮捕、监禁、没收财产、剥夺法律保护权、流放或加以任何其他损害"。1628 年的《权利请愿书》、1679 年的《人身保护法》中都有相关的规定。1789 年法国《人权宣言》第 7 条规定："除非在法律所规定的情况下并按照法律所指示的手续，不得控告、逮捕或拘留任何人"。美国宪法第四修正案规定："人民的人身、住宅、文件和财产不受无理搜查和扣押的权利，不得侵犯。"第五修正案，第十四修正案也有类似的规定。

《公民权利和政治权利国际公约》第 9 条对此有更为详细的规定：①人人有权享有人身自由和安全。任何人不得加以任意逮捕或拘禁。除非依照法律所确定的根据和程序，任何人不得被剥夺自由。②任何被逮捕的人，在被逮捕时应被告知逮捕他的理由，并应被迅速告知对他提出的任何指控。③任何因刑事指控被逮捕或拘禁的人，应被迅速带见审判官或其他经法律授权行使司法权力的官员，并有权在合理的时间内受审判或被释放。等候审判的人受监禁不应作为一般规则，但可规定释放时应保证在司法程序的任何其他阶段出席审判，并在必要时到庭听候执行判决。④任何因逮捕或拘禁被剥夺自由的人，有资格向法庭提起诉讼，以便法庭能不拖延地决定拘禁他是否合法以及如果拘禁不合法时命令予以释放。⑤任何遭受非法逮捕或拘禁的受害者，有得到赔偿的权利。

我国现行《宪法》第 37 条规定："中华人民共和国公民的人身自由不受侵犯。任何公民，非经人民检察院批准或者决定或者人民法院决定，并由公安机关执行，不受逮捕。禁止非法拘禁和以其他方法非法剥夺或限制公民的人身自由，禁止非法搜查公民的身体。"根据宪法的规定，在我国，逮捕、拘禁、搜查、剥夺或限制公民的人身自由都必须由有关国家机关依照法定程序进行，任何组织、个人都不得行使这些国家权力。在这里，"非法拘禁"是指任何组织或个人违反法律规定的程序，剥夺或限制公民的人身自由。在我国刑事诉讼中，刑事强制措施是指公安机关（含国家安全机关）、人民检察院和人民法院为了保证刑事诉讼的顺利进行，防止发生逃避侦查和审判的意外情况，依法对犯罪嫌疑人、现行犯和被告人采取的暂时限制人身自由的各种强制方法，包括拘传、取保候审、监视居住、逮捕、拘留，并对这些强制措施规定了严格的程序。这里的"其他方法"是指以非法拘禁以外的使他人失去人身自由的一切方法，如隔离审查、软禁等。"非法搜查"是指任何组织或个人违反法律规定的程序对公民的身体强行进行搜查。根据宪法的规定，我国公民的人身自由不受侵犯包括以下三个方面的内容：其一，公民享有不受他人支配和控制的人身自主权、行动自由权和保护自己身体免受非法侵犯权。其二，国家禁止任何组织或个人非法拘禁、剥夺、限制公民的人身自由。禁止非法逮捕、搜查任何公民。其三，如果公民触犯了法律，有违法犯罪行为，需要限制或剥夺其人身自由的，必须由法定的机关按照法定的程序进行。根据我国宪法和法律的规定，有权批准、决定、限制或剥夺公民人身自由的机关是人民法院、人民检察院、公安机关、国家安全机关、监狱机关，法定的程序由《逮捕拘留条例》和《刑事诉讼法》等作了具体规定。

为了保障公民的人身权利不受侵犯，我国已制定了《刑事诉讼法》、《逮捕拘留条例》等法律，对拘留、逮捕人犯的程序和搜查程序以及审理程序作了严格的规定。

（二）人身自由的界限

宪法规定的人身权利不受侵犯是有限度的，为了社会利益和他人权利，国家机关在必要时可以采取一定的措施限制或剥夺公民的人身权利，但国家机关必须依照法定程序进行。我国的《刑事诉讼法》和《逮捕拘留条例》均对剥夺公民的人身自由规定了必须遵守的法定程序。

二、住宅不受侵犯

（一）住宅不受侵犯权利的涵义

住宅不受侵犯，也称住宅自由，是指公民居住、生活、休息的场所不受非法侵入或搜查的权利。公民的住宅不受侵犯的权利是公民人身权利不受侵犯的延伸。公民的人身权利要想得到有效保障，就必须使其住宅得到宪法、法律的切实保护。因为公民的住宅，是其日常生活、工作、学习和休息的地方，是家居生活的中心。保护公民的住宅不受侵犯，有利于保护公民的居住安全和生活安定，有利于保护公民自己的生活空间，有利于社会的安定团结。

（二）住宅不受侵犯的法律保障

1949 年的《德意志联邦共和国基本法》第 13 条规定："住宅不受侵犯。只有法官发布命令，或如延搁即将发生危险的情况下，根据法律规定由其他机关发布命令，才能进行搜查，并且只能按法律规定的方式进行。"1993 年《俄罗斯联邦宪法》第 25 条规定："住宅不受侵犯，任何人都无权违背居住人的意愿而入其住宅，除非在联邦法律规定的情况下或者根据法院的决定。"

《世界人权宣言》第 12 条规定："任何人的私生活、家庭、住宅和通信不得任意干涉，他的荣誉和名誉不得加以攻击。人人有权享受法律保护，以免受这种干涉或攻击。"《公民权利和政治权利国际公约》第 17 条也有类似规定。中国政府虽然在 1998 年 10 月已经签署了《公民权利和政治权利国际公约》，但尚未得到全国人民代表大会常务委员会的批准，公约的效力还有待进一步的确认。

我国现行《宪法》第 39 条规定："中华人民共和国公民的住宅不受侵犯。禁止非法搜查或者非法侵入公民的住宅。"为了保障公民的住宅安全，非依法律规定，任何机关或个人不得对公民的住宅进行搜查或者强行进入公民的住宅。《中华人民共和国逮捕拘留条例》对搜查公民住宅的法律程序作了严格的规定。《刑事诉讼法》对公安机关、检察机关搜查犯罪嫌疑人及有关人员的住所规定了严格的程序。

（三）住宅不受侵犯的界限

住宅不受侵犯，也不是绝对的权利，国家机关基于合适的理由，遵循法定的程序，得以搜查，进入公民的住宅。这大致有以下几种情况：①公安机关、检察机关为了收集犯罪证据，查获犯罪嫌疑人，侦查人员可以对犯罪嫌疑人的身体、物品、住处或其他有关的地方进行搜查，但必须严格依照法定程序进行。比如进行搜查时，必须向被搜查人出示搜查证，应有被搜查人或者他的家属、邻居或其他人在场。搜查后，要将搜查的情况形成笔录，由侦查人员和被搜查人或者其家属、邻居或其他见证人签名盖章。②行政机关为了法定的检查任务，也可以依法进入公民的住宅。当然，对这种行政检查，国家应当设置更为严格的限制。③基于国防或其他公共利益，尤其是为了防止危害社会的行为或紧急事态的发生，根据紧急状态法或其他有关法令可以对公民住宅进行搜查或是征收、征用。另外，当公民的身体、生命或财产遭受危害时，或是国家为防止其他违法情况或是为了处理紧急事故时，也可以适当限制公民的住宅自由权。

三、通信自由权

（一）通信自由权的涵义

通信自由权包括两层含义：一是通信自由，也称通讯自由，是指公民在与他人交往中，通过信件、电话、电报、传真、电子邮件等形式表达自己意愿的自由，任何组织和个人不得非法干涉。二是通信秘密，是指公民与他人的通信内容，任何组织和个人不得窃听、偷看、传播，或以非法方法获取。二者结合起来构成了完整的通信自由权。公民私人之间或公民给有关组织或机关的通信往往涉及一些与其他人无关或不希望他人知道的内容，这是属于公民私生活的范畴，是人们参与社会生活，进行思想或情感交流的必要手段。

（二）通信自由权的宪法保障

保障公民的通信自由，在许多国家的宪法中都有明确的规定。如 1993 年《俄罗斯联邦宪法》第 23 条规定："每个人都享有保守通信、通话、邮件、电报和其他通讯秘密的权利。只有根据法院的决定才可对这一权利加以限制。"

《世界人权宣言》第 12 条规定，任何人的通信不得任意干涉，人人有权享受法律保护。《公民权利和政治权利国际公约》中也有类似规定。

我国现行《宪法》第 40 条规定："中华人民共和国公民的通信自由和通信秘密受法律的保护。除因国家安全或者追查刑事犯罪的需要，由公安机关或者检察机关依照法律规定的程序对通信进行检查外，任何组织或者个人不得以任何理由侵犯公民的通信自由和通信秘密。"应当说，现行宪法关于通信自由的规定内容比较完整。一方面，公民享有通信自由，即公民有通过信件、电报、电话等形式表达意愿的自由；另一方面，公民的通信秘密受到法律保护，即公民与他人通信的内容，任何组织或者个人不得偷听、偷看或者以其他方法非法获取。1954 年《宪法》仅规定保障通信秘密，1975 年和 1978 年《宪法》规定公民有通信自由，现行宪法则完整地规定了上述两方面的内容。通信自由与通信秘密原本就是不可分割的，它们既有联系又有区别。一方面，如果只承认通信自由而无通信秘密，公民的通信自由就没有保障；另一方面，如果只承认通信秘密，而无通信自由，公民的通信权就无法实现。所以我国现行宪法将两者放在一起进行了规定。

（三）通信自由权的界限

公民的通信自由也是有限度的。各国宪法条文中一般都有规定，即允许有关国家机关为了国家安全或者同刑事犯罪作斗争的需要，可以对通信自由加以限制，对公民的通信进行检查，但必须依法进行，我国宪法也有类似规定。我国现行《宪法》明确规定："除因国家安全或者追查刑事犯罪的需要，由公安机关或者检察机关依照法律规定的程序对通信进行检查外，任何组织或者个人不得以任何理由侵犯公民的通信自由和通信秘密。"

四、人格尊严

（一）人格尊严的涵义

人格，是人作为人所必需具有的资格。公民的人格，是公民作为权利义务主体的资格。人格尊严，是指作为一个人所应有的最起码的社会地位以及应当受到社会和他人最起码的尊重，集中表现在人的自尊心与自爱心不受伤害，个人的价值不被贬低，不能被降级对待。

人格尊严表明个人必须受到尊重的内在价值，内涵十分丰富，大体上包含两方面的内容：一是每一个公民都享有人格尊严不受侵犯的权利，不论公民的民族、种族、性别、职业、家庭出身、宗教信仰、教育程度、财产状况、政治立场等有何差别，其人格都是相同的，无高低贵贱之分；二是人格尊严具有不可剥夺性，始于出生，终于死亡，公民即使因违法犯罪而受到惩罚，其人格同样应该受到尊重，不可任意侮辱。

（二）人格尊严不受侵犯的法律保障

人类对于人格尊严的重视始于"二战"后。鉴于"二战"中法西斯野蛮践踏人格尊严和无视人的基本生存权，人们深切认识到，人格尊严是一项基本人权。最早将人格尊严载入宪法的是德国。1949 年的《德意志联邦共和国基本法》第 1 条规定："人的尊严不可侵犯，尊重和保护人的尊严是全部国家权力的义务。"这一规定正式开创了以宪法保障人格尊严的时代。随后，许多国家都将此写进宪法。如《俄罗斯联邦宪法》第 21 条规定："①个人尊严受到国家保护。任何事情都不得成为贬低个人尊严的理由。②任何人都不应受到拷打、暴力、其他残酷或贬低个人尊严的对待或惩罚。任何人都不得在非自愿同意的情况下被用来进行医学、科学或其他试验。"

《世界人权宣言》开篇即宣告，"对人类家庭所有成员的固有尊严及其平等的和不移的权利的承认，乃是世界自由、正义与和平的基础"。《公民权利和政治权利国际公约》第 10 条第 1 款规定："所有被剥夺自由的人应给予人道及尊重其固有的人格尊严的待遇。"

我国现行《宪法》第38条规定："中华人民共和国公民的人格尊严不受侵犯。禁止用任何方法对公民进行侮辱、诽谤和诬告陷害。"新中国成立以来，我国前三部宪法都没有规定公民的这项权利。现行宪法吸取了"十年动乱"中公民人格权受到肆意侵犯的惨痛教训，第一次明确规定了保护公民的人格尊严不受侵犯的内容，它是对公民人身自由不受侵犯的补充和扩展。2004年我国对现行宪法进行了第四次修改，把"尊重和保障人权"，"国家建立健全同经济发展水平相适应的社会保障制度"写入宪法，极大地充实了宪法上人格尊严的内容，对于加强和促进我国人格尊严的保护起到了十分重要的作用。

根据《宪法》的规定和精神，我国《民法》、《刑法》、《刑事诉讼法》、《监狱法》等有关法律将公民的人格尊严进一步具体化。如果公民的人格尊严受到侵害，受害人有权请求司法机关依法追究侵权人的民事责任、刑事责任和行政责任。

我国学术界的主流观点认为宪法上的人格尊严即是法律上的人格权，人格尊严不受侵犯通常被认为是指民法意义上的人格权，包括姓名权、肖像权、名誉权、荣誉权和隐私权等不被侵犯。当然，宪法上的人格尊严权与民法上的人格权不能完全等同。根据民法学理论，姓名权是指公民有权决定、使用和依法改变自己的姓氏名称，其他任何人不得干涉、滥用和假冒公民的姓名。肖像权是指公民有自主地制作、占有和使用其肖像的权利。名誉权是指公民享有自己的名声并享有维护其名声不受侵害的权利。荣誉权是指公民对社会给予的褒扬享有不可侵犯的权利。如由于对社会的贡献而得到的荣誉称号、奖章、奖品、奖金等。

五、宗教信仰自由

宗教信仰是思想意识范畴内的问题，是人类精神生活的重要内容，本来不应由法律加以控制。但是，由于西方国家经历了宗教战争以及独尊基督教的长达千年之久的中世纪黑暗时期，人民强烈的反对宗教压迫，而且世界上信仰宗教的人口众多，因此，很多国家在宪法里都规定了宗教信仰自由。

（一）宗教信仰自由的涵义

现行《宪法》第36条规定："中华人民共和国公民有宗教信仰自由。"这里的宗教信仰自由的含义是指：①每个公民有信仰宗教的自由，也有不信仰宗教的自由；②有信仰这种宗教的自由，也有信仰那种宗教的自由；③在同一宗教里，有信仰这个教派的自由，也有信仰那个教派的自由；④有过去信教而现在不信教的自由，也有过去不信教而现在信教的自由；⑤有按宗教信仰参加宗教仪式的自由，也有不参加宗教仪式的自由。

根据《公民权利和政治权利国际公约》第 18 条的规定，宗教信仰自由包括"维持或改变他的宗教或信仰的自由，以及单独或集体、公开或秘密地以礼拜、戒律、实践和教义来表明他的宗教或信仰的自由"。这里的宗教信仰自由包含三层含义：①选择信仰某种宗教或不信仰某种宗教的自由，即公民在内心中有信仰任何宗教与不信仰任何宗教的自由，由于这只是人的内心活动，是一种绝对的自由，要求各国采取绝对保障主义。这种自由的范围包括：不得强迫公民违反自己的意志去接受或奉行任何宗教信仰；不得强迫公民表示其宗教信仰；更不得强迫公民放弃或改变其宗教信仰；公民有反宗教的自由。②礼拜自由，即公民有参加或不参加宗教礼拜仪式的自由，任何人包括政府都不得强迫。③传教自由，即任何教派都有自由宣传其教义的自由。

宗教作为一种唯心主义的意识形态，同马列主义唯物论世界观相对立，为什么我国宪法还要保护公民宗教信仰自由呢？原因在于：①宗教是人类社会一定历史阶段的产物，有它产生、发展和消亡的过程。虽然宗教存在的社会根源已基本消除，但认识根源还没有消除，因此，只有发展科学、文化和技术，不断地提高人们的科学文化水平和思想觉悟，认识和掌握自然和社会发展规律，才能从宗教的影响和束缚下解放出来。②宗教具有民族性、群众性。我国是一个多种宗教并存的国家，信教群众非常多，而且少数民族与某些宗教联系非常密切，有十多个少数民族几乎全民族信教。因此，宗教问题在少数民族地区常常和民族问题交织在一起，因此，正确处理好宗教问题，对于增强我国各族人民的团结，维护祖国统一有重要意义。③宗教具有国际性。宗教在世界各地有广泛的影响，佛教、伊斯兰教、基督教被称为世界性的宗教，全世界有超过 60% 的人信仰宗教，其中大多数是劳动人民，因此宗教信仰是涉及千百万群众的事情，通过宗教，可以促进友好往来，加强国际团结。④宗教信仰属于思想领域问题。毛泽东曾指出："我们不能用行政命令去消灭宗教，不能强制人们不信教，不能强制人们放弃唯心主义，也不能强制人们相信马克思主义。"

（二）宗教信仰自由的法律保障

无论是西方国家还是社会主义国家在宪法里都规定了宗教信仰自由。如 1791 年美国宪法第一修正案规定："国会不得制定关于下列事项的法律：确立国教或禁止宗教活动的自由；……" 1949 年的《德意志联邦共和国基本法》第 4 条规定："①信仰与良心之自由及宗教与世界观表达之自由不可侵犯。②宗教仪式应保障其不受干扰。" 1993 年《俄罗斯联邦宪法》第 28 条规定："保障每个人信仰自由、信教自由，其中包括个人或与他人一起信仰任何宗教或不信仰任何宗教，自由选择、拥有和传播宗教以及其他信仰并根据信仰进行活动的权利。"

《世界人权宣言》第 18 条规定："人人有思想、良心和宗教自由的权利；此项权利包括改变他的宗教或信仰的自由，以及单独或集体、公开或秘密地以教义、实践、礼拜和戒律表示他的宗教或信仰的自由。"《公民权利和政治权利国际公约》第 18 条也有类似规定。

我国《宪法》第 36 条第 1、2 款规定："中华人民共和国公民有宗教信仰自由。任何国家机关、社会团体和个人不得强制公民信仰宗教或者不信仰宗教，不得歧视信仰宗教的公民和不信仰宗教的公民。"这就是说宗教信仰是公民个人自己的事情，由公民个人按自己的意愿自由选择。国家法律对信教和不信教的公民一视同仁，而且也不允许国家机关、社会团体或个人干涉公民的宗教信仰自由。现行宪法和选举法明确规定：中华人民共和国年满 18 周岁的公民，不分民族、种族、性别、职业、家庭出身、宗教信仰、教育程度、财产状况和居住期限，都有选举权和被选举权。另外，我国《民法》、《刑法》、《兵役法》、《义务教育法》等法律，都对保护宗教信仰自由和信教公民的平等权作了明确、具体的规定。我国尚未制定《宗教法》，为了加强对宗教活动和宗教事务的管理，更好地保障公民的宗教信仰自由，我国还制定了《宗教活动场所管理条例》、《宗教活动场所登记办法》和《境内外国人宗教活动管理规定》等法规，具体规定了对宗教活动场所的登记制度。

（三）宗教信仰自由的界限

宗教是种意识形态，宗教信仰自由属于思想范畴。但是我们也要看到，宗教信仰不仅仅停留于内心的信仰，它通常伴随着一定的活动，通过一定的行为表现出来，一旦这种行为造成社会危害时，就要对它进行限制。为此，我国《宪法》第 36 条第 3 款规定："国家保护正常的宗教活动。任何人不得利用宗教进行破坏社会秩序、损害公民身体健康、妨碍国家教育制度的活动。"中国是一个政教分离的国家，宗教活动和宗教人士不得干预国家的行政、司法、教育活动，不得利用宗教进行违法活动；国家也不得干扰正常的宗教活动，国家要保护宗教设施，尊重宗教风俗习惯。另外，贯彻宗教信仰自由还必须划清正当的宗教活动与封建迷信活动的界限，正常的宗教活动有公开合法的组织，有正式的教义、教规和固定的活动仪式，而迷信活动则装神弄鬼、占卜算命、招摇撞骗，损害人民健康甚至危害人民生命。我国法律规定对这些违法犯罪行为必须予以制止和打击。

此外，我国对宗教信仰自由还有一个特殊限制，即"宗教自治"。现行《宪法》第 36 条第 4 款明确规定："宗教团体和宗教事务不受外国势力的支配。"这是我国宗教自治的根本原则。我国宗教坚持宗教发展的"三自"方针，即"自传、自治、自养"，不接受外国宗教组织的渗透和影响，不允许外国宗教势力以任何形式干涉和控制我国的宗教事务，我国的宗教团体不同外国的宗教团体发生领导与被领导的关系，也不发生经济上的往来关系。当然，我国政府一向积极支持国内宗教团体和宗教人士在坚持"三自"方针和完全平等、相互尊重的基础上进行正常的交流和友好往来。

 事例一

<h3 style="text-align:center">袁春海、宋立伟等六人被劳动教养案[83]</h3>

【事例介绍】

2004 年 5 月 17 日，吉化公司明城建材总厂下岗工人正常行使上访权利，要求解决劳资问题，并依法选出了 5 名上访代表；在受到公司领导欺骗后，他们决定进京反映情况。但铁路部门拒绝向他们出售到北京的车票，因此，他们决定买票到烟筒山后再按规定补票。在烟筒山车站，他们发现列车外面已经布满了防暴警察。车到梅河口车站后，他们乘坐的车厢挂钩被摘下，公安机关开始上车抓人。因车厢里人数众多车门被阻塞，公安人员随即打碎车窗并准备从车窗将人拖出。后经协商，他们在有关部门答应回吉林市就解决问题后主动下车。随后这些上访人员被分别强制送到吉林市的四个看守所，并被要求写不再上访的保证书。其中 8 人被决定处行政拘留 15 天；10 人被刑事拘留，后又决定将该 10 人劳动教养，劳动教养决定书中认定："这 10 人将二百多名上访人员聚集到 13 号车厢，煽动上访人员拒不服从劝阻工作，组织部分上访妇女堵住车厢门，在公安人员上车工作时，不听劝阻，导致 2224 次列车在烟筒山、梅河口火车站累计误点 4 个小时，铁路部门直接损失人民币 15 000 元。"其中袁春海、宋立伟、陈忠城、王丽香、郭翠兰、王金萍 6 人依法提起行政诉讼，要求撤销劳动教养决定。

【本事例涉及的法律问题】

袁春海、宋立伟等 6 人的行为是否是合法行使公民的上访权，以及公安机关对他们所采取的强制措施和处罚措施是否侵犯了公民的上访权？

---

[83] 该部分主要参考了董和平、秦前红主编：《宪法案例》，中国人民大学出版社 2006 年版，第 235 ~ 241 页。案件来源于李海波："袁春海、宋立伟等六人被劳动教养案代理词"，载 http://china. findlaw. cn/info/wenshu/lvshi/daili/181369. html，最后访问日期：2013 年 7 月 19 日。

【基础知识】

上访，又称为信访，是指上访人采用书信、电话、走访、电子邮件、传真等形式，对依法应当由各级人民政府处理的事项，向各级人民政府反映情况，提出意见、建议和要求的活动。上访不是法律用语，它是中国的一种独特的社会现象。但公民的上访权可以从《宪法》第41条规定的公民的批评、建议、申诉、控告、检举权中找到依据，"批评"、"建议"、"申诉"、"控告"、"检举"正是上访行为的主要内容。《信访条例》[84]（1995年）对此有部分规定。

我国《宪法》第41条规定："中华人民共和国公民对于任何国家机关和国家工作人员，有提出批评和建议的权利；对于任何国家机关和国家工作人员的违法失职行为，有向有关国家机关提出申诉、控告或者检举的权利，但是不得捏造或者歪曲事实进行诬告陷害。对于公民的申诉、控告或者检举，有关国家机关必须查清事实，负责处理。任何人不得压制和打击报复。由于国家机关和国家工作人员侵犯公民权利而受到损失的人，有依照法律规定取得赔偿的权利。"《刑法》第254规定："国家机关工作人员滥用职权、假公济私，对控告人、申诉人、批评人、举报人实行报复陷害的，处2年以下有期徒刑或者拘役；情节严重的，处2年以上7年以下有期徒刑。"上访，即群众越过基层相关国家机关到上级机关反映问题并寻求解决的一种途径。向上级政府反映群众意见，反映出群众对上级政府的信任，是我国特有的政治表达形式，有着悠久的历史。上访是群众反映意见、上级政府了解民意的一个重要途径。根据上访的事件起因（理由）可将上访分为有理上访和无理上访，但总的来说上访多是因问题在当地政府得不到解决或解决不合理而引起，针对的往往是权力和资本结合所产生的不公平现象，例如贪污腐败、黑恶势力与政府勾结，因此针对上访者的暴力事件时有发生。

【事例评析】

一、公民有依法上访权

我国《宪法》规定，中华人民共和国的一切权力属于人民。人民享有依照法律规定，通过各种途径和形式，管理国家事务，管理经济和文化事业，管理社会事务的权利。作为人民当家作主地位的体现，宪法规定了公民的选举权、罢免权，还规定了公民的批评、建议、申诉、控告或者检举的权利。上访作为公民行使批评、建议、申诉、控告或者检举权的现实表现方式之一是具有宪法

---

[84] 新的《信访条例》已经于2005年1月5日国务院第76次常务会议通过，本文因为发生在2004年，所以适用1995年颁布的《信访条例》。

依据的。根据《宪法》第41条的规定，中华人民共和国公民对于任何国家机关和国家工作人员，有提出批评和建议的权利；对于任何国家机关和国家工作人员的违法失职行为，有向有关国家机关提出申诉、控告或者检举的权利，但是不得捏造或者歪曲事实进行诬告陷害。对于公民的申诉、控告或者检举，有关国家机关必须查清事实，负责处理。任何人不得压制和打击报复。

一方面，上访制度的存在是历史文化和习惯的积淀在国民性中的延续，是社会发展的现实需要，同时也是民主法治建设的重要组成部分。公民有上访的权利。

新中国成立以后，上访成为宪法确认的公民的一项重要的民主权利。由于批评、建议权的行使要受到公民的政治热情、受教育水平、参政议政能力等条件的制约，而申诉、控告与检举权的行使几乎没有什么条件要求，因此，在现实的信访活动中，形成了批评建议权相对失语与申诉、控告、检举权相对活跃的失衡状况。这种失衡的状况，在相当程度上异化了信访的民主性质和民主功能的定位。但是，我们不应当就此淡化信访的民主功能，将信访视同公民告状的第二渠道。[85] 信访发挥着监督国家权力同时又保障公民自身权利的双重责任，同时以其威慑意义在社会生活中发挥着减压阀的作用。

另一方面，公民的上访权利必须在宪法和法律的框架内行使。由于上访是公民单方面的意愿表达，会影响到上访对象的权益，又因为国家对上访回应需要占用巨大的制度和经济资源，同时上访人也要为此付出时间、精力、金钱甚至是人格尊严等巨大的成本，所以上访权需要理性地行使，至少应当在宪法和法律的框架内行使。

本案中，吉化公司明城建材总厂下岗工人因为认为自己的合法利益受到公司的侵害，上访群众购票乘坐火车，没有围堵、冲击国家机关，也没有拦截公务车辆，在还没有到达接待场所时即被公安机关采取强制措施终止了其上访行为。所以本案的6名原告的上访行为是在法律的限度内行使宪法赋予的批评、建议、申诉、检举和控告权的行为。

二、国家机关依法规范上访行为

为了保障公民的上访权的行使，《宪法》第41规定，对于公民的申诉、控告或者检举，有关国家机关必须查清事实，负责处理，任何人不得压制和打击报复。同时《信访条例》（1995年）第29条第2款也规定，任何组织和个人不得压制、打击报复、迫害信访人。

---

[85] 参见刘永华:《信访制度的法治思考》,载《浙江人大》2004年第2期。

此外，行政法规也对上访活动加以了规范。针对上访人员在上访过程中作出的影响国家机关工作秩序的行为，《信访条例》（1995年）第22条规定，信访人围堵、冲击国家机关，影响国家机关工作秩序，损害接待场所的公私财物，纠缠、侮辱、殴打、威胁接待人员，影响接待工作的，信访工作机构可以给予批评教育；批评教育无效的，信访工作机构可以请求所在地的公安机关将其带离接待场所，并按照国家有关规定予以收容、遣送或者通知其所在地区、单位或者监护人将其带回。针对信访工作机构发现来访人员中有传染病人或者疑似传染病人及发现来访人员中有精神病人的情况，《信访条例》（1995年）第20、21条有具体规定。在接待场所携带危险品、爆炸品和管制器械的，公安机关或者信访工作机构应当依法予以收缴。第24条规定了重大、紧急信访事项和信访信息报告制度。第25条规定对于可能造成社会影响的重大、紧急信访事项和信访信息，有关行政机关应当在职权范围内依法采取措施，果断处理，防止不良影响的发生、扩大。

对于以上规定，由于收容遣送制度已经由新的社会救助制度所取代，新的社会救助站已没有收容遣送的功能，因而只能通知其所在区、单位或者监护人将其带回。其中公安机关可以使用警力的只有以下情形：信访人围堵、冲击国家机关，影响国家机关工作秩序，损害接待场所的公私财物，纠缠、侮辱、殴打、威胁接待人员，影响接待工作的，信访工作机构批评教育无效后，主动请求公安机关介入；信访人违反治安管理的，由公安机关依照《治安管理处罚法》予以处罚；构成犯罪的，依法追究刑事责任。而且公安机关针对上访人员使用警力和依法采用强制措施时必须遵循法定的程序。

据此，本案中公安机关的强制措施在现行法律框架内是没有依据的。本案中的上访人员只是在上访途中，并没有《信访条例》（1995年）中的禁止性行为、违反治安管理的行为及违法犯罪行为。而公安机关出动大批防暴警察阻断铁路交通，强行将上访人员所乘车厢挂钩从列车摘掉，并且打碎玻璃上车抓人，仅仅针对上访人的上访行为就作出了治安拘留的行政处罚及刑事拘留的强制措施。正是公安机关的不当强制措施造成了铁路部门的损失。在公安机关向检察机关提请批准逮捕时，检察院经多次开会研究，认为公安机关认定的事实不成立，这些人的行为不构成犯罪[86]，未批准逮捕。公安机关最终作出了劳动教养的决定。

---

〔86〕　参见李海波："袁春海、宋立伟等六人被劳动教养案代理词"，载 http://china.findlaw.cn/info/wen-shu/lvshi/daili/181369.html. 最后访问日期：2013年7月19日。

此外，本案中参与处理上访人员的公安机关适用公安部的部门规章作出限制公民人身自由的行政行为也违反了《立法法》、《行政处罚法》的有关规定。退一步来讲，即使《劳动教养试行办法》的合法性没有问题，公安机关适用该《办法》第10条第5项的规定作出对原告劳动教养1年的决定也违反了该依据限定的主体要件，而且公安机关作出的劳动教养决定还违反了法定程序。依据《劳动教养试行办法》第12条的规定：对需要劳动教养的人，承办单位必须查清事实，征求本人所在单位或街道组织的意见，报请劳动教养管理委员会审查批准，作出劳动教养的决定，向本人和家属宣布决定劳动教养的根据和期限。本案中，被告在作出劳动教养决定之前根本没有履行这些法定程序，应属程序违法。被告作出的劳动教养决定事实认定不清、证据不足，而且存在着严重的刑讯逼供行为。

三、上访制度的困境与新《信访条例》

新中国成立以来就已产生的上访制度，在监督国家权力正确行使、保护公民利益、排解社会生活压力、释放人民群众不满情绪以及调节人民群众与政府之间关系等方面发挥着重要的作用。但随着改革不断深化、经济社会加速转型以及社会利益格局的调整，上访制度也出现了困境：一方面，上访的人数趋于增多，重复上访、越级上访和集体上访严重，甚至出现了严重影响社会秩序的过激行为。百姓的"青天"情结难解，涉法上访事件在整个上访事件中占有很大的比例。另一方面，接待上访的机关因为权限的限制，往往不能直接解决上访人员的问题，而是将事件转交地方相关机关处理，同时又没有相应的硬性约束机制，因此依靠上访途径解决问题的效果并不理想。两方面相互作用导致这一中国特有的制度陷入了困境，甚至出现了对其存在合理性的讨论。

对于上访的未来转型，当前有两种主要的观点。一种可以被称做"要权论"，认为信访难以推动是因为信访接待部门缺乏权力，所以突破口在于强化信访部门的权力。另一种可以被称做"休克疗法论"，认为当前应该大刀阔斧削弱，甚至干脆取消信访系统，依靠法律途径来解决问题。[87] 以上两种观点实际上都反映了上访制度中所存在的问题的一个方面，但单独采用其中任何一种观点都不足以克服上访制度存在的缺陷。

国务院颁布了新修订的《信访条例》，该《条例》已于2005年5月1日起施行。在传统的信访制度面临尴尬境地、社会舆论尤其是有专家对信访制度的存废提出质疑的背景下，国务院及时颁布了新修订的《信访条例》，这无疑传递了革新信访制度、重新焕发信访制度的生机活力的信号，同时也从立法上进一步肯定了信访制度在构建和谐社会中的积极作用。新《信访条例》对 1995 年《信访条例》作了较大的修正，新修订的《信访条例》最大的亮点是突出保护信访人的合法权益。这主要表现在以下四个方面：其一，畅通信访渠道。例如，《条例》第 9 条规定，各级人民政府、县级以上人民政府工作部门应当向社会公布信访工作机构的通信地址、电子信箱、投诉电话、信访接待的时间和地点、查询信访事项处理进展及结果的方式等相关事项。各级人民政府、县级以上人民政府工作部门应当在其信访接待场所或者网站公布与信访工作有关的法律、法规、规章，信访事项的处理程序，以及其他为信访人提供便利的相关事项。其二，明确信访受理和办理程序。例如，《条例》第 21、22、28、31、33 条分别规定，信访工作机构收到信访事项，应在 15 日内处理；行政机关对职能范围内的信访事项，不得推诿、敷衍、拖延；办理信访事项应听取信访人陈述事实和理由；对重大、复杂、疑难的信访事项，可以举行听证；信访事项应在 60 日内办结，情况复杂者延长期限不得超过 30 日。其三，建立信访责任制。《条例》第 7 条规定，各级人民政府应当建立信访工作责任制，对信访工作中的失职、渎职行为，严格依法追究责任。其四，在总则中明确规定任何组织和个人不得打击报复信访人。这一规定虽然在旧《信访条例》中也存在，但却只是作为普通条款而不是作为总则条款规定的。

信访制度是我国整个解纷和救济机制的一个环节。应该说，我国现行解纷和救济机制运行情况总的来说是顺畅的，它对于公正和及时解决各种社会争议、纠纷，特别是解决因国家公权力违法、不当行使而产生的各种争议、纠纷，监督行政机关依法行政和其他国家机关依法办事，防止其滥用权力，保护公民、法人和其他组织的合法权益，消除或缓解社会矛盾，维护社会稳定，建立和谐社会中是发挥了重要作用的。

但是，毋庸讳言，由于我国当前正处于转型时期，受各种主观和客观条件的限制，信访制度还很不完善，其作用和功能远不能适应及时、公正解纷，控制公权力滥用和保障公权力相对人权益的需要。信访作为解决问题、矛盾、争议和纠纷的重要途径，通过不断完善和创新，在维护社会稳定、建立和谐社会方面还可以发挥更大的功效和作用。

信访人通过信访向国家机关投诉，如前所说，是国家解纷、救济机制中的一个环节。国家解纷机制中的基本法治渠道是复议、诉讼和仲裁。无论是公权力相对人之间的争议，还是公权力相对人与国家机关之间的争议，都应该尽可能地通过复议、诉讼和仲裁这些较正式的法治化渠道解决，信访应该是起补充、辅助的作用。因此，《信访条例》第14条和第21条规定，信访人对依法应当通过诉讼、仲裁、行政复议等法定途径解决的争议，应当向有关机关提起诉讼、仲裁、行政复议等，而不能诉诸信访；如果向信访机关提出信访，信访机关将不予受理，并告知其向有权机关提出。所以，规范信访，首先就要将信访置于国家整个解纷、救济机制的适当位置，从完善国家整个解纷、救济机制的高度来改革、改进信访。

规范信访，也要完善受理、办理信访的程序。《信访条例》规定了几项重要的制度。例如，信访信息系统互联互通制度以避免重复信访；信访受理管辖制度以避免越级信访；信访受理、办理、复查、复核的时限制度以避免拖延、耽搁和以冷漠、官僚主义态度对待信访；信访处理听证制度以保障信访案件处理的公正，等等。过去，信访解决问题的效率低，很大程度上是与信访没有较严格的程序制约有关。当然对信访也不能设定像诉讼、复议那样的严格程序，如果那样，信访的优势就不存在了，就会不仅没有效率，而且也不能以适当的灵活性缓和法治在一定情形下的过分僵硬和过分刚性了。

四、结论

本案中公安机关采用警力及强制措施和行政处罚没有法律依据，侵犯了上访人的上访权、人身权。对上访行为秩序的规范必须依照法律的规定行使方为有效，否则只会以身试法、激化矛盾、侵犯公民权利，并埋下新的上访隐患。

参考阅读

1. 陈兴良："劳动教养制度与中国法制建设问题研讨（一）——劳动教养之权力归属分析"，载《法学》2001年第5期。

2. 杨建顺："劳动教养制度与中国法制建设问题研讨（二）——劳动教养法律规范的缺陷与辨析"，载《法学》2001年第6期。

3. 陈泽宪："中国的劳动教养制度及其改革"，载《环球法律评论》2003年第4期。

4. 刘健、赖建云："论我国劳动教养制度与国际人权公约的冲突及其调整——对免于强迫劳动权的剖析"，载《法学评论》2001年第5期。

5. 张益刚、李继刚："分配与制约：劳动教养权力的法理思考"，载《山东社会科学》2010年第7期。

6. 雷鑫、潘益云："对劳动教养废除论的反思"，载《湖南社会科学》2010年第2期。

7. ［英］密尔：《论自由》，许宝骙译，商务印书馆2010年版。

事例二

公民迁徙自由权

【事例介绍】

2004 年 9 月，公安部废止了《城市户口管理暂行条例》，与此同时，全国各地也掀起了一场户籍改革的浪潮。[88]

重庆市将进一步推进城乡户籍制度改革，争取在 2012 年前全面取消农业和非农业户口划分。[89] 2009 年 7 月兰州市统筹城乡发展和建设社会主义新农村协调领导小组（扩大）会议决定，兰州市的流动人口由暂住证管理向居住证管理转变，兰州市将进一步放宽户口迁移落户政策，农民的城市梦不再遥远。兰州市将制定包括推进城乡经济一体化发展总体规划在内的 7 大规划及城乡一体化的户籍管理等 8 项新机制。[90] 广东省中山市出台《关于实施户籍登记管理制度改革的决定（征求意见稿）》，指出从 2012 年 4 月 1 日起，中山市将取消农村户籍，本市户籍人口统一登记为居民户口，目标是要逐步统一全市城乡居民福利待遇和基本公共服务。不过，在改革后的一定时期内，继续保持全市户籍人口权责不变，改革前为农业户口的人员继续适用国家、省和市制定的有关农业户口在土地、计划生育、股份合作制等方面的政策措施。[91]

【本事例涉及的法律问题】

迁徙自由权应不应当写入我国宪法当中？

【基础知识】

迁徙自由，即选择住所的自由，包括国内迁徙和移居国外两个方面，具体而言，迁徙自由是指宪法和法律保障公民在国内任何地方自由迁徙和定居的权利以及出国、移民国外和别国的权利。迁徙自由有广义和狭义之分，广义上的迁徙自由是指公民在符合规定的范围内自由离开原居住地到外地（包括国内和国外）旅行或定居的权利，简言之，就是居住的自由。狭义上的迁徙自由仅指公民在国籍所在国领土内自由旅行和定居的权利。具体说来，迁徙自由包括三项含义：一是居住自由；二是离返任何国家的自由；三是出入本国的自由。《世界人权宣言》和《公民权利和政治权利国际公约》也规定了公民有迁徙和选择

〔88〕 "《城市户口管理暂行条例》等被废止"，载《济南时报》2004 年 9 月 30 日。

〔89〕 原载《法制日报》2007 年 5 月 16 日。

〔90〕 原载《西部商报》2009 年 7 月 31 日。

〔91〕 原载《南方日报》2011 年 12 月 29 日。

住所的自由。

【事例评析】

以上事例都涉及公民迁徙和居住的自由和权利。虽然我国宪法中对迁徙自由没有具体的规定，但在我国签署和加入的国际人权公约中明确写有"迁徙自由权"。因此，这里引发了一个国内宪法权利和国际人权公约如何协调的问题。国际公约中列举的我国宪法没有规定的权利，只要我国在批准公约时没有声明予以保留即应在我国适用，可以视为对宪法基本权利的补充。

户籍制度改革从根本上说是为了实现迁徙自由，2004 年我国户籍制度的变迁可以折射出政府逐渐放宽对迁徙自由限制的一种倾向，这同时也是我国政府"尊重和保障人权"、履行国际公约义务的重要表征。

一、迁徙自由是国际人权公约中的一项基本权利

我国是《世界人权宣言》的签署国之一，同时，我国政府于 1997 年 10 月 27 日和 1998 年 10 月 5 日又先后签署了《经济、社会和文化权利国际公约》及《公民权利和政治权利国际公约》，并于 2001 年 2 月 28 日第九届全国人大常委会第二十次会议上表决通过了《全国人大常委会关于批准〈经济、社会及文化权利国际公约〉的决定》，我国目前也在为批准加入《公民权利和政治权利国际公约》做立法上的准备。这些都表明了我国对这一系列国际人权公约中的权利条款的认可。但由于国际人权公约的内容与我国宪法关于公民基本权利和义务的规定存在差异甚至冲突，我国宪法面临着如何与国际人权公约相协调的问题。因此，有必要结合目前我国户籍制度改革的趋势，以迁徙自由权为例对我国宪法权利与国际人权公约的整合问题进行分析。

迁徙自由作为一项基本人权，在国际人权公约中有明确规定。1948 年的《世界人权宣言》第 13 条规定："①人人在各国境内有权自由迁徙和居住。②人人有权离去任何国家，连其本国在内，并有权归返其本国。"1966 年的《公民权利和政治权利国际公约》第 12 条规定："①合法处在一国领土内的每一个人在该领土内有权享受迁徙自由和选择住所的自由。②人人有自由离开任何国家，包括基本国在内。③上述权利，除法律所规定并为保护国家安全、公共秩序、公共卫生或道德或他人的权利和自由所必需且与本公约所承认的其他权利不抵触的限制外，应不受任何其他限制。④任何人进入其本国权利，不得任意加以剥夺。"第 13 条规定："本公约缔约国境内合法居留之外国人，非经依法判定，不得驱逐出境，且除事关国家安全必须急速处分者外，应准其提出不服驱逐出境之理由，及申请主管当局或主管当局指定之人员予以复判，并为此目的委托代理人到场申诉。"从该《公约》的规定可以看出，迁徙自由不仅包括了迁出及

迁入自由，还包括选择居所的自由；不仅包括国内迁徙自由，还包括国际迁徙自由；其主体不仅包括本国人，还包括外国人或无国籍人。

另外，虽然《经济、社会和文化权利国际公约》本身没有直接规定迁徙自由，但是该《公约》规定的某些权利与迁徙自由有关联，如该《公约》第7条第1款规定了同工同酬、提级的同等机会及同等带薪休假的权利，但是由于我国的限制迁徙自由的城乡二元户籍制度的存在，农民工与城市工的差别待遇明显存在，农民工总是干更脏、更累、更苦的活，拿城市工一半或更低的工资，晋升的机会也无法比拟，带薪休假更是天方夜谭。[92]

二、我国宪法有关迁徙自由规定的演变历程

我国历史上关于迁徙自由的宪法实践，可以追溯到1912年的《中华民国临时约法》。这一宪法性文件最早承认了迁徙自由，该《约法》第2章第6条第6款规定"人民有居住迁徙之自由"。自此以后，在北洋军阀政府和国民党政府制定的宪法性文件中，都无一例外地承认了公民的迁徙自由权。以1939年中国共产党领导的根据地制定的《陕甘宁边区施政纲领》为开端，根据地的法律也开始注重对迁徙自由权的保护。全国解放后，新中国第一个宪法性文件《共同纲领》也承认并保障公民的迁徙自由。1954年《宪法》规定："中华人民共和国公民有居住和迁徙的自由。"但我国政府在1958年颁布的《户口登记条例》中将居民分为"农业户口"和"非农业户口"，开始对人口的自由流动实行严格限制，迁徙自由在事实上已不复存在了。但宪法意义上的迁徙自由权直到1975年修改宪法时才被取消，此后的1978年《宪法》、1982年《宪法》都没有涉及公民迁徙自由权。这种对迁徙采取的回避的态度，主要是出于计划经济体制的需要。在社会主义改造完成后，资源配置改为完全由国家计划控制以市场机制配置，劳动力资源的迁徙自由自然无存在的必要。为了防止大量农村人口进入城市并由此带来供应、就业等一系列问题，减轻城市的承载压力，国家实行了户籍管理制度，严格限制城乡之间的人口流动，进行保守封闭式的管理。这种"城乡二元结构"的户籍管理模式实际上否定了公民享有迁徙自由的权利。虽然特定的历史条件下对保持社会稳定曾起过积极作用，但随着我国实行改革开放，特别是确立了社会主义市场经济体制后，传统的户籍管理模式越来越不适应时代的要求了。现行宪法中虽然规定了"国家尊重和保障人权"，这也只是从理念上为保护迁徙自由提供了宪法依据，并不存在对迁徙自由的详细规定。

---

[92] 参见曹祥华："论迁徙自由权"，载杨海坤主编：《宪法基本权利新论》，北京大学出版社2004年版，第112页。

　　随着市场经济的建立，迁徙自由对于保障劳动力资源的合理流动已经产生了决定性的影响。我们如果不通过宪法确认迁徙自由，并采取措施排除阻碍迁徙自由实现的障碍，那么统一、有效的公平竞争的市场秩序将难以建立。并且，迁徙自由与政治权利也有紧密的联系。以选举权和被选举权为例，我国大量外地户口的打工经商人员在所在地的选举权上与当地人是存在差别的。按广东省人大代表名额分配方案，深圳市的人大代表名额是按其正式人口分配的。在这个典型的移民城市中，外地户口人员是不属于人大代表名额分配所考虑的范围之内的。所以，外地打工人员的政治权利很难实现。不仅如此，近年来，因限制迁徙自由而引发的案件也时有发生，如 1999 年湖南少妇苏萍在收容所遭众多暴徒轮奸、2001 年朴永根死于沈阳、2003 年孙志刚在收容所被殴致死等。这几年，因收容、遣返人口带来的恶性案件不断发生。收容遣送制度正是政府限制迁徙自由的典型表现。这一系列恶性案件的接连发生，引起了社会公众、媒体、学者及政府等多方的共同关注，大家不得不反思，到底该不该限制公民的自由迁徙行为？据媒体报道，在 2002 年 3 月第九届全国人民代表大会上，广东代表陈丽妮提出议案，主张修改宪法，恢复公民的迁徙自由权。

　　三、国内宪法与国际人权公约在迁徙自由问题上的协调

　　根据国际法中"约定必须信守"的原则，我国加入国际人权公约后有义务调整国内法以适应公约的规定，并应该保证公约所规定的权利在国内得以实现。迁徙自由作为国际人权公约中规定的基本人权，在我国宪法中却没有得到体现，宪法的基本权利如何与国际人权公约进行协调的问题凸显在我们的面前。因此，我国目前应该调整宪法权利体系，以履行公约规定的义务。

　　一般而言，国际人权公约在国内的适用通常有两种途径：一是直接适用，即不需要特殊的立法措施即可将国际人权公约直接作为国内法实施，如日本；二是转化适用，即将国际人权公约转化为国内法后再适用。我国关于国际人权公约如何在国内适用并没有法律进行明确规定，因此，需要结合我国的法律环境及政治状况等来进行实际分析。

　　关于我国宪法如何对迁徙自由权进行规范的问题，有学者建议，关于迁徙自由的规定应单列一条，该条内容可以这样规定："中华人民共和国公民有迁徙往来的自由和选择居所的自由，有自由出入国境的权利，有迁居国外或脱离国籍的自由。中华人民共和国的任何公民不得被驱逐出境或引渡到国外。"[93]　这

───────────────

〔93〕　曹祥华："论迁徙自由权"，载杨海坤主编：《宪法基本权利新论》，北京大学出版社 2004 年版，第112 页。

种方式是否可取？应该结合迁徙自由权本身来进行分析，因此，首先必须对迁徙自由权的权利性质有清楚的认识。

迁徙自由是一种带有经济自由权性质的人身自由权，迁徙自由的一头连着人身自由，另一头则连着包括工作自由权在内的经济自由权。事实上，如同赵世义先生所说："早在19世纪早期，各国宪法的规定和宪法学理论一般都把迁徙自由视为经济自由，从19世纪中叶后，迁徙自由就被看成一项个人自由了……在20世纪中叶后经济自由重新受到强调，从经济自由的角度观察迁徙自由就具有了一定的现实意义。"[94] 因此，有关迁徙自由的立宪处理方式，如果说在我国早期实行计划经济、城乡严密分立的二元体制下，为保证城市人口福利供给，控制城市规模，进而严格控制城乡间人口流动尚有稍许合理性的话，那么在市场经济愈来愈充分发展，人口的自然流动、劳动力资源的合理配置已越来越迫切的情况下，我们如果仍然秉持以往关于应然权利的理论来对待迁徙自由，无疑会阻碍经济发展、社会进步。另外，我们认为，把迁徙自由不完全归属于人身自由，而主张其具有经济社会权利的性质，这在理论上和实践中都有重大意义。国际法学界公认经济、社会权利和公民、政治权利是两种不同的权利。前者是一种积极权利，充分实现这类权利，取决于资源的多少，因此，我们只能逐步实现。公民、政治权利是一种消极权利，它们只要求政府不去做可能损害它们的行动，而不需要动用多少资源就可以立即实现。因此，当我们把迁徙自由作为一项具有经济自由属性的权利规定于宪法中时，我们就不必再顾虑其规定不具有现实性、不实事求是了。[95]

同时，由于迁徙自由权与自由择业权、同工同酬的权利、平等的受教育权、选择生活方式的权利、社会救济权以及选举权和被选举权都是紧密联系在一起的，宪法在恢复迁徙自由权时还应该注意与相应权利的衔接和对应，对有关条款进行修改或增加某些条款。此外，对迁徙自由权还应有相应的权利保障机制，以防止对权利的侵犯，从而实现真正的迁徙自由。这就需要树立宪法至上的观念，建立违宪审查制度，以保障宪法迁徙自由权的实现。

任何自由都不是绝对的，有自由必有限制。宪法在规定迁徙自由的同时也需要对其进行适当的限制。《公民权利和政治权利国际公约》第12条第3款规定对迁徙自由的限制时，以"必要，且与本公约所确认之其他不相抵触"为条件；第4款规定"人人进入其本国的权利，不得无理剥夺"。另外，该《公约》

---

〔94〕 赵世义：《资源配置与权利保障》，陕西人民出版社1998年版，第211页。

〔95〕 参见秦前红：《宪法变迁论》，武汉大学出版社2002年版，第219～220页。

第 2 编还规定了保障公民权利和政治权利的一般性条款，如第 4 条第 1 款规定，在缔约国当局宣布紧急状态时，减免其所负公约义务，但必须在"绝对必要之限制内"，且"不得抵触其依国际法所负之其他义务，亦不得引起纯粹以种族、肤色、性别、语言、宗教或社会阶级为根据之歧视"。第 5 条第 1 款规定："本公约条文不得解释为国家、团体或个人从事活动或实行行为，破坏本公约确认之任何一种权利与自由，或限制此种权利与自由逾越本公约规定之程度。"由此，可以看出，该公约对权利行使在某些方面还是规定有限制条件的。所以，我国宪法在规定迁徙自由时，也应适当对其进行限制。

四、结论

总而言之，在我国，保障公民实现迁徙自由具有十分重要的意义，有必要将其写入我国宪法。一方面它是我国履行国际人权公约的应有之义；另一方面也是由我国目前社会发展的现实状况所决定的，也是体现我国人权宪政理念变迁的具体标志。具体而言，保障公民的迁徙自由有利于实现人与人之间的平等，保障我国人权事业的发展；有利于消除城乡差别、工农差别和脑力劳动与体力劳动的差别，解决就业问题等，从而促进市场经济的发展，以实现我国社会的全面进步。此外，保障迁徙自由还可以促进各民族各地区的经济、文化交流，加强民族团结和民族融合，等等。

参考阅读

1. 张瑛杰："浅析迁徙自由权"，载《重庆科技学院学报》（社会科学版）2011 年第 7 期。

2. 陈友华："迁徙自由、城市化与贫民窟"，载《江苏社会科学》2010 年第 3 期。

3. 林益："中国语境下的迁徙自由权"，载《东南大学学报》（哲学社会科学版）2010 年第 1 期。

4. 邢爱芬："论迁徙自由在中国的确立与实现——价值、契机与措施"，载《北京师范大学学报》（社会科学版）2009 年第 2 期。

5. 金雪花："我国公民迁徙自由法律制度研究"，载《江苏社会科学》2009 年第 4 期。

6. 赵小鸣："社会秩序型构下的迁徙自由"，载《山东社会科学》2006 年第 2 期。

7. 李宾华："论户籍制度改革与迁徙自由"，载《云南大学学报》（法学版）2006 年第 2 期。

8. ［美］霍尔姆斯、桑斯坦：《权利的成本——为什么自由依赖于税》，毕竟悦译，北京大学出版社 2011 年版。

事例三

"非典"疫情多发区限制公民人身自由案

【事例介绍】

2003 年 4 月 28 日，辽宁省人民政府发布《关于进一步加强非典防治工作的通告》，规定凡来自"非典"（非典型性肺炎）疫情多发区的各类人员，必须立即自觉向住地居民委员会、村民委员会或住地所属单位报告，在住地相对封闭地接受医学观察 10 天，期间不得随意外出。沈阳市进一步规定，这些人员将被隔离到政府指定的 9 家宾馆入住，并且住宿、餐饮费需自理。

【本事例涉及的法律问题】

如何认识非典型性肺炎防治期间对公民人身自由的限制及保障？

【基础知识】

人身自由是人的所有权利中最为基本的一项权利，构成公民自由权的核心。我国《宪法》第 37 条规定："中华人民共和国公民的人身自由不受侵犯。任何公民，非经人民检察院批准或者决定或者人民法院决定，并由公安机关执行，不受逮捕。"人身自由的宪法意义在于：其一，人身自由是体现公民宪法地位的重要标志。人身自由是公民作为人的基本价值要求，是人的不可剥夺的权利。人身自由制度的完善是社会文明与进步的结果，反映了人类自我完善的过程。其二，人身自由是人类生存所必需的权利。享有精神自由和经济自由的前提是人身的独立与自由，即首先在人身上成为自由的人，其人身自由受宪法和法律的保障，客观上存在有效的人身自由保障制度。其三，人身自由的保障直接关系到社会的稳定与发展。人身自由体现了人的价值，构成公民与国家之间保持协调的要素，是维护社会稳定的基础。[96]

【事例评析】[97]

自 2003 年 4 月非典型性肺炎在全国范围内爆发以后，中央政府和地方各级政府采取了许多措施防范疫情的蔓延。这些措施中的留验观察、隔离治疗等防止非典型性肺炎措施涉及人身自由。人身自由属于公民的基本权利，受到我国宪法的保护。在非典型性肺炎这样的突发传染病爆发时，如何合理界定国家防

---

〔96〕 董和平、韩大元、李树忠：《宪法学》，法律出版社 2000 年版，第 389 页。

〔97〕 李树忠主编：《宪法学案例教程》，知识产权出版社 2007 年版，第 77 ~ 80 页。

治"非典"的权力与公民人身自由的关系，实质是考验我国宪法的权威性和公民权利在国家权力面前真实的生存能力。

一、人身自由的宪法保障及其限制

人身自由是作为宪法基本权利而存在的，因而对公民人身自由的限制符合公民基本权利限制的一般宪法原理。主要包括：其一，必须由立法机关以法律的形式限制，即人身自由应成为立法的"法律保留"事项。我国《立法法》第8条规定："限制人身自由的强制措施和处罚只能由全国人民代表大会或全国人民代表大会常务委员会立法规定。"《立法法》第9条规定："全国人民代表大会及其全国人民代表大会常务委员会对此事项的立法权不可授权给国务院行使。"根据《立法法》第64条的规定，全国人民代表大会及其常务委员会对此事项的专属立法权也不可由地方人民代表大会及其常务委员会以制定地方性法规的方式行使。其二，限制公民的人身自由必须基于正当的目的。只有在为维护某种公共利益显为必要时，才可由法律规定对公民人身自由进行限制。从一般意义上讲，只有在行为人因自己主观过错而作出损害社会公共利益的行为时才可限制其人身自由，处以行政拘留、司法拘留、刑事拘留、有期徒刑、无期徒刑等强制措施。如果非基于公民个人的过错而限制公民的人身自由，则必须基于维护重大公共利益，且限制公民人身自由对实现这一目标显为必要。如对传染性疾病爆发疫区的公民人身自由的限制。其三，限制公民人身自由必须基于正当法律程序。这些法律程序包括：必须由有权机关决定；告知公民相应的权利；司法机关应对限制公民人身自由有最终决定权等。

二、抗击非典型性肺炎时的限制公民人身自由措施的合法性

如前所述，无论是基于公民个人的过错还是为了维护重大公共利益而限制公民的人身自由，都必须基于法律的规定。就抗击非典型性肺炎而言，行政机关最应该，同时也是最可以直接适用的是1989年2月21日第七届全国人民代表大会常务委员会第六次会议通过的《中华人民共和国传染病防治法》（以下简称《传染病防治法》）。因此，基于法律保留规则，检测抗击非典型性肺炎措施中有关涉及人身自由限制部分的合法性，首先应该考察这些措施与《传染病防治法》之间的关系究竟如何，并以此法作为判断这些措施是否合法的基本依据。

《传染病防治法》规定的各项防治传染病措施中涉及对人身自由限制的是第24条和第26条。第24条规定了隔离治疗、强制隔离治疗、医学观察等控制措施（以下简称"第24条措施"）；第26条规定了对人员、物资和交通工具实施卫生检疫和疫区封锁等措施（以下简称"第26条措施"）。自2003年4月中央和地方各级政府采取各种措施抗击非典型性肺炎以来，所采取的限制人身自由

方面的措施主要是《传染病防治法》第 24 条、第 26 条所规定的各种控制措施。

但根据《传染病防治法》，采取这些措施对人身自由进行限制时必须以确认某种事实的存在为前提：实施"第 24 条措施"的前提是相应的传染病必须属于法定传染病（事实要件）；实施"第 26 条措施"的前提是针对已经被宣布为疫区的地区（地域要件）。

1. "第 24 条措施"的法定前提要件是法定部门对法定传染病的宣布。根据《传染病防治法》第 24 条第 1 项和第 3 项的规定，可以实施隔离治疗或者强制隔离治疗措施的对象是："甲类传染病病人和病原携带者，乙类传染病中的艾滋病病人、炭疽病中的肺炭疽病人"；可采取医学观察的对象是"疑似甲类传染病病人"。归纳而言，实施这些限制人身自由措施的前提要件是存在甲类或特定的乙类传染病。而判断某种疾病是否属于甲类传染病或特定乙类传染病有两种方法：一是考察这种疾病是否涵盖在《传染病防治法》第 3 条第 2 款和第 3 款所规定的甲类和特定乙类传染病的范围之内；二是根据《传染病防治法》第 3 条第 5 款规定，由国务院宣布该种疾病属于甲类传染病。非典型性肺炎并不包括在《传染病防治法》明示的甲类或特定乙类传染病范围之内。所以，只有当国务院根据该法第 3 条第 5 款的规定，增加非典型性肺炎为甲类传染病并且予以公布之后，"第 24 条措施"才能够成为合法的抗击非典型性肺炎的措施。然而事实上，在抗击非典型性肺炎的过程中，各地普遍实施的这些措施并不具备这项法定的前提要件。2003 年 4 月 8 日，国家卫生部发布《关于将传染性非典型肺炎（严重呼吸道综合症）列入法定管理传染病的通知》宣布将非典型性肺炎列入《传染病防治法》所规定的法定传染病范围进行管理，并规定对诊断病例和疑似病人等可以采取诸如隔离治疗等强制措施。[98] 该通知指出："根据国务院会议精神，为加强传染性非典型肺炎（严重急性呼吸道综合症）防治工作，经研究，决定将其列入《中华人民共和国传染病防治法》法定传染病进行管理。"由此可知，"研究、决定"的主体是卫生部，是卫生部决定将非典型性肺炎纳入法定传染病的。但根据《传染病防治法》第 3 条第 5 款所设定的权限，卫生部只能增加乙类或丙类传染病。质言之，卫生部宣布增加的法定传染病不能构成适用"第 24 条措施"的前提要件。

2003 年 4 月 12 日，卫生部、财政部、交通部、民航总局联合发布《关于严格预防通过交通工具传播传染性非典型肺炎的通知》。宣布设置病人留验站，对

---

[98]　但值得注意的是，该项通知在发布程序上也存在一定的瑕疵。参见李咏、吴小亮："SARS 催促行政透明"，载《廉政瞭望》2003 年第 7 期。

病人或疑似病人实施留验观察和隔离治疗等措施。该通知指出："国务院决定，将传染性非典型肺炎列为传染病，按照《传染病防治法》的有关规定管理。"由此可知：在4月8日卫生部发布通知之后，国务院已经作出了将非典型性肺炎列入传染病行列的决定。但并未明确宣布其为甲类传染病。而且国务院也没有以自己的名义明确对外公布这项决定。根据《传染病防治法》第3条第5款的规定，这项决定只有经公布程序后才能对社会发生效力。但是，在国务院至今已公布的各项文件中未见这项决定。

所以，在考察整个的抗击非典型性肺炎的全过程后会发现，非典型性肺炎一直都没有被国务院宣布为甲类传染病，而且根据《传染病防治法》的规定，非典型性肺炎显然不属于艾滋病或肺炭疽病这两种可对相关人员采取限制人身自由措施的乙类传染病。

综上所述，根据《传染病防治法》的规定，在抗击非典型性肺炎的过程中，各级行政机关所采取的对公民人身自由的限制并无法律依据。

2. "第26条措施"的法定前提要件是法定部门对疫区的宣布。自典型性肺炎疫情发生之后，各级地方政府实施了一系列的卫生检疫措施，"严防死守"，抗击非典型性肺炎。例如，中共北京市委、北京市人民政府作出了《关于加强北京防治非典型肺炎工作的决定》，该《决定》的第4部分规定：对通过民航、铁路、公路进出北京的乘客实行防疫检查。根据这一规定，北京市交通局、北京市卫生局、北京市公安局、民航华北管理局、北京铁路分局在北京行政区域内的机场、火车站、省际长途汽车站和公路检查站设立联合检查组，实行防疫检查；所有进出北京的乘客要按规定填写《健康登记卡》，并接受体温测量；发现有发热症状的乘客，要送留验站；对疑似病人由卫生部门及时选定定点医院；对与疑似病人同舱或同一车厢的乘客由流行病学调查队进行造访和医学观察；对拒不接受体温测量或留验诊断经劝阻无效者，由公安机关采取必要措施予以制止；全市各宾馆、饭店、旅馆、招待所要严格执行入住旅客填写《健康登记卡》制度，并对住店客人每天测量体温，发现问题，及时向所在地卫生防疫部门报告。上海市人民政府也采取了类似的措施。自2003年4月中旬开始，上海在所有关口实行双向防堵，改变了前期仅对入沪旅客检查的做法，其目的是既控制"非典"的流入，也防止其流出。所有空港、水上航运码头、陆路道口和铁路列车等对到沪和离沪的旅客统一实行测量体温、填报健康申报表制度。自4月29日起，民航部门对所有从上海出港、离境的旅客进行体温测量。异常者必须出具有关医疗证明方可办理登机手续。在公路方面，上海市自2003年4月26日起，在32个道口由医务人员对旅客进行检查，发现有高烧等症状的进出人员就地进行复查，如果仍然不能排除高烧症状，一般应在 15 分钟内送到区县中心医院观察。

上述这些地区所采取的各种强制性的检查措施，只有在以《传染病防治法》第 26 条为依据时才具备合法性。但是，实施"第 26 条措施"的一项前提要件是被宣布为"疫区"的地域要件。该条规定：甲类、乙类传染病爆发、流行时，县级以上地方政府报上一级地方政府决定，可以宣布为疫区，在疫区内采取本法第 25 条规定的紧急措施，并可以对出入疫区的人员、物资和交通工具实施卫生检疫。

但遗憾的是，在整个抗击非典型性肺炎的过程中，中国政府的有权机关没有宣布中国的某个地区为疫区，而只是称某些地区为"疫情多发区"。[99] 世界卫生组织（WHO）曾分别于 2003 年 3 月 16 日和 4 月 12 日将北京列入非典型性肺炎的疫区，但世界卫生组织的行为显然不能成为国内行政机关采取相关措施的法律依据。在国内，尽管许多地区的政府事实上实施着"第 26 条措施"，但在缺乏宣布"疫区"这项前提要件之下实施的第 26 条的防疫检查等措施，其合法性显而易见是可受质疑的。

三、合法性与正当性的冲突：抗击非典型性肺炎措施的困境

如上所述，为抗击非典型性肺炎而采取的各项涉及限制人身自由的措施存在合法性瑕疵。但是，上述对抗击非典型性肺炎措施合法性的分析是以实定法为根据进行的。而非典型性肺炎疫情中的很多情况则显然并非是可从既存的实定法中寻找到有效的对应措施。在相当大程度上，既存的实定法并不是能够全然预测到各种未来可能发生的事情，这正是实定法的局限性。非典型性肺炎突如其来的发生，寻找其病原体的艰难过程以及至今尚未研究和生产出能有效治疗的药物等事实说明非典型性肺炎本身与《传染病防治法》第 3 条所列举的 35 种法定传染病不同，传染病防治的法律体系并未预设其发生之后可采取的有效措施。分析和评论抗击非典型性肺炎措施与人身自由之间的关系，就不能仅仅以既存的实定法为惟一依据，而必须寻求"必要性"理论的支撑。

"必要性"是应解决非常状态下问题之需要而产生的。当"必要性"并不是构成某项措施形式方面的合法性要件时，其直接反映出的是社会对法律和公共权力的实质要求。在非典型性肺炎爆发时期，人们期待的是各级政府能够实质性地解决非典型性肺炎造成的公共健康和安全方面的危机，真正承担公共卫生

---

〔99〕 "疫区"与"疫情多发区"的内涵显然不同。至为关键的是"疫情多发区"并非一个法律概念，对"疫情多发区"的宣布并不能成为采取只有在"疫区"才能采取措施的法律依据。

职责。因此"必要性"支撑的正当性也只有在这类非常状态之下，即当实定法无法或者难以提供有效的法律资源以实质性地满足社会需要时才具有真正的法律意义。观察目前使抗击非典型性肺炎措施发生效力的各种因素，可以看到，人们对"必要性"的认识起着决定性的作用，即如果不采取现行的抗击非典型性肺炎的措施，则难以预防或遏制非典型性肺炎疫情的发展。处于非常状态的事实，使人们对采取抗击非典型性肺炎措施的"必要性"有了一定的认识，这为这些措施提供了正当性基础，使其有效的作用得以维持。以下两个方面可以说明抗击非典型性肺炎措施具有正当性：其一是各级政府和绝大部分社会公众对实施抗击非典型性肺炎措施"必要性"的共识。由于人们对非典型性肺炎在知识方面缺乏充分的认识、对非典型性肺炎流行方式感到束手无策和恐惧，为了尽最大可能避免非典型性肺炎的威胁，人们需要政府的公共权力积极介入以弥补社会和个人力量的微弱。事实上也只有政府独有的公共权力介入之后才能够取得有效遏制其传播的效果。其二是多数被限制人身自由的公民所表示的自愿同意和接受。这种同意和接受当然也是建立在对上述必要性的认识基础之上的。他们大多认为自愿接受对自己人身自由的限制是对家庭和社会负责的表现。

四、紧急状态制度：正当性的法律归宿

从以上分析可知，在非典型性肺炎爆发期，以具有限制人身自由内容的《传染病防治法》"第 24 条措施"和"第 26 条措施"的形式表现出来的抗击非典型性肺炎措施在合法性方面均存在相当的瑕疵。事实上维系这些措施有效运作的则是基于"必要性"产生的正当性。但是，这种建立在"必要性"基础上的正当性是非常脆弱的。随着人类对非典型性肺炎的暂时恐慌的心态逐渐平和，转而以冷静和科学的态度去关注"非典"之时，人们对自己宪法权利的关注得到提升。此时，政府行为的合法性将会受到不仅是来自于理论界和学术界的质疑，而且可能还有来自于司法实践的质疑。同时，非典型性肺炎的爆发并不是人类可能面临的唯一未知的危机，其他传染性疾病、自然灾害、战争、社会动乱等都有可能给社会带来在公民权利保护和国家权力运作之间所无法解决的困境。可见，建立在"必要性"基础上的正当性是脆弱的。所以，解决问题的根本在于建立我国的紧急状态制度，以紧急状态的理论作为构建这些措施的正当性基础。

紧急状态制度是世界各国普遍建立的一种制度，是指为了应付某种特别的、迫在眉睫的危机或危险局势，由有权机关确认或宣布危机或危险局势的存在，并采取某种超越于宪法和法律之上的行动的制度。国家在紧急状态之中行使的是紧急权，它包括两种情形：一是宪法紧急命令、戒严等事先可以预见的非常态下的权力；二是宪法上完全无法预见的紧急权，即采取宪法和法律上没有确认的权力。紧急权构成对公民权利的合理限制。[100] 在紧急状态下，公共权力的任务主要是控制和消除紧急状态，以恢复正常的社会和法律秩序，维护包括国家利益、国家安全、集体利益等在内的公共利益。而要重点保护公共利益，就必须赋予政府以行政紧急权力。这些权力一方面相对于立法机关、司法机关的权力具有更大优先性；另一方面相对于宪法和法律规定的公民权利而言，其具有更多的权威性。

但紧急权的行使是有条件的：其一，紧急状态的宣布和紧急权的行使必须以恢复国家秩序和宪法秩序为目的，而不可以抗击非正常状态为名，行限制公民权利之实。其二，紧急状态的宣布要遵循法定程序。各国一般由立法机关或国家元首宣布紧急状态，并根据宪法和法律的授权，由行政机关行使紧急权力；其三，紧急状态下的公民权利限制应是合理的，即为恢复国家秩序和宪法秩序所必要，而且对维护人类生存所必须的最基本的权利，诸如生命权、宗教信仰自由等不得被剥夺或限制，亦即紧急状态下对公民权利的限制也应是有底线的。

总之，在法律制度中有效地处理"必要性"，通过紧急状态制度的建构将建立在"必要性"基础上的正当性转化为合法性基础上的正当性，使合法性中蕴涵正当性是今后法律制度建设的应有走向。如何平衡有效地满足"必要性"手段与法治国家对包括人身自由在内的人权的保障要求之间的紧张关系，寻找出两者之间的平衡点是这方面法律制度建设的关键所在。

参考阅读

1. 冉克平："论人格权法中的人身自由权"，载《法学》2012 年第 3 期。

2. 周强："刑事被追诉人人身自由保护模式之完善"，载《法学》2010 年第 12 期。

3. 汪进元："人身自由的构成与限制"，载《华东政法大学学报》2011 年第 2 期。

4. 朱芒："SARS 与人身自由——游动在合法性和正当性之间的抗 SARS 措施"，载《法学》2003 年第 5 期。

5. 周伟："公民人身自由的宪法保护"，载《法学》2003 年第 7 期。

6. 钟会兵："个人权利与公共利益的平衡——抗 SARS 中限制人身自由措施的正当性与合法性分析"，载《法律适用》2003 年第 7 期。

7. 吴琼、王怀刚："浅析传染病病人和传染病疑似病人的人身自由权利"，载《法律

---

[100] 董和平、韩大元、李树忠：《宪法学》，法律出版社 2000 年版，第 330 页。

与医学杂志》2003 年第 2 期。

8. ［美］约翰·邓恩:《让人民自由:民主的历史》,尹钛译,新星出版社 2010 年版。

 事例四

深圳大运会期间清理治安高危人群事件

【事例介绍】

为保障第 26 届世界大学生夏季运动会在深圳顺利举行,2011 年初警方加大了对团伙和系列案件的破案力度。全市共抓获犯罪嫌疑人 6371 人,破获刑事案件 7679 宗;治安拘留 1731 人、强制戒毒 829 人、抓获在逃人员 921 人。截至 4 月 10 日,已有 8 万余名"治安高危人员"受到震慑离开深圳,但这还不是全部。接下来,深圳警方将继续对该群体进行严格监管。[101]

《人民日报》报道,针对深圳警方日前披露的 8 万余名"治安高危人员"迫于形势压力自行离开深圳,引发"挤压了特定人群生存空间"、"不负责任"、"行政懒惰"等质疑之声。面对质疑和争议,深圳警方回应说,排查清理"治安高危人员"既不"违宪",也不存在"侵犯人权",排查清理行动仍将继续。[102]

【本事例涉及的法律问题】

排查清理"治安高危人群"是否违宪?

【基础知识】

所谓"迁徙自由权",不仅仅是选择居住的权利,从更广义上讲就是指根据人之本性,为更好地满足人性的各种合理需要而享有的一种可以离开自己居所以及变换居所的资格;在法治社会中,"迁徙自由权"则意味着是一种被法律所保障的由公民所享有的离开以及变换居所的资格。

迁徙自由权的性质:首先,迁徙自由权当然地具有人身自由权的属性。正如所知,所谓人身自由,最起码的一条就是身体自由(当然,也包括其他方面的自由,如通信自由),而迁徙自由恰恰表现为公民"身体"上的自由,因此,我们至少可以说迁徙自由是人身自由的重要组成部分。其次,迁徙自由权又确

---

[101]　"深圳为大运会安保清出 8 万余治安高危人员",载 http://news.sina.com.cn/c/2011 – 04 – 11/100822270751.shtml,最后访问日期:2012 年 4 月 21 日。

[102]　"深圳称清理'高危人员'不违宪",载 http://news.sina.com.cn/c/2011 – 04 – 17/043622306582.shtml,最后访问日期:2012 年 4 月 21 日。

实具有政治权的属性。我们通常的一种形象说法"迁徙自由是公民用脚投票"就已经表明了迁徙自由权与公民参政权之间的重要关联。另外，就现实层面来看，是否承认公民的迁徙自由权问题也确实会在很大程度上影响公民能否实际行使参政权。以选举或被选举权为例，如果一国承认公民的迁徙自由权，那么，当公民从甲地迁往乙地时就当然地享有乙地公民所享有的选举权和被选举权；但如果一国并不承认迁徙自由权，则迁居的公民往往会由于经济或其他因素的考量而不得不放弃选举权和被选举权（这在我国"民工"中非常常见）。因此，从如上两个角度看，迁徙自由权是具有一定的政治权利属性的。当然，最后，迁徙自由权还是一种具有社会经济权利属性的权利。如前述，权利本身就意味着"利益"，具体到迁徙自由权而言，特别是在当今社会，公民是否享有迁徙自由权往往意味着公民是否存在追求更大的经济利益的机会（这使得迁徙自由与经济权利相关联），或者往往意味着公民是否能够获得其所迁居之地的社会保障、物质帮助的机会（这使得迁徙自由与社会权利相关联）。申言之，在现代社会，迁徙自由权是一种具有政治、社会、经济权利属性的人身自由权。

【事例评析】[103]

一、社会管理创新背景下的深圳"治安高危人员"问题

（一）深圳"治安高危人员"的界定及目的

按照深圳警方此次给出的解释，所谓"治安高危人员"，是指在深圳对社会治安秩序和公共安全有现存或潜在危害的人群。对此，深圳警方给出了较为详细的分类。这些人员具体是指无正当理由长期滞留深圳，行踪可疑，对社会治安和人民群众生命财产安全构成现实威胁的人员；有刑事犯罪前科，长期滞留且无正当职业及合法经济来源的人员；没有正当职业，生活规律异常或经济来源可疑的人员，特别是经常昼伏夜出，有群众举报，具有现实威胁的人员，如涉嫌吸毒者、涉嫌卖淫失足妇女、肇事、肇祸的精神病人员等[104]。

以往的很多教训表明，一些高危人员实施的犯罪后果是危害很大并且无可挽回的，如果对他们控制不好，就可能会给其他人带来严重危害乃至灾难。中国软件与技术服务股份有限公司高级工程师、中国人民公安大学客座教授王电指出，高危人员相对一般人员更可能会成为犯罪嫌疑人员，高危人员分析的主要目的就是要找出这些特征，分析、挖掘出某些特征项和特征值，对公安人员防范

---

[103]　主要参考王世卿、徐志豪："关于深圳警方清理'治安高危人员'行动的学理探析"，载《河南警察学院学报》2011年第4期。

[104]　孙瑞灼："清理'治安高危人员'有违法治精神"，载《新华每日电讯》2011年4月12日。

打击犯罪的过程给出指导性意见，使公安人员的决策判断更加有效、准确[105]。因此，对"治安高危人员"的识别就是对于现实多数人的保护，目的在于为社会系统防范人为危害提供指导。

（二）社会管理创新背景下对"治安高危人员"管理的要求

在社会处于转型时期，矛盾集中突出的大背景下，急速扩张的城市和不断增加的人口尤其是流动人口对城市治安管理提出了新要求，然而当前地方政府在社会管理和政策上都缺乏足够有效的机制和手段。2011年2月19日，在省部级主要领导干部社会管理及其创新专题研讨班开班式上，原中共中央总书记、国家主席、中央军委主席胡锦涛发表重要讲话，就当前要重点抓好的工作提出了8点意见。其中特别强调要进一步加强和完善流动人口和特殊人群管理和服务，建立覆盖全国人口的国家人口基础信息库，建立健全实有人口动态管理机制，完善特殊人群管理和服务政策。原中共中央政治局常委、中央政法委书记周永康在该研讨班上也强调，要积极推进社会管理体制、机制创新。在人口服务管理方面，要完善居民身份证制度，建立国家人口基础信息库，提高对实有人口的管理服务水平。把城镇基本公共服务延伸到流动人口身上，使他们进入城镇社会管理工作范畴；对特殊人群实行特殊关爱，使他们更好地融入社会。

二、深圳警方在大运会期间针对"治安高危人员"的管理措施

（一）深圳市"治安高危人员"管控存在的特殊难题

截至2010年末，深圳市实际管辖人口超过1400万，人口密度每平方公里超过6500人，密度高居中国城市首位。更值得注意的是，深圳市常住人口达到900多万人，而深圳本地户籍人口总量仅为250多万人，两者之比在4:1左右，深圳也因此被称为"中国人口结构倒挂最为严重的城市"，由此造成的比较突出的治安问题也是长期存在的客观事实。来自深圳统计局的数字显示，深圳近年来的人口增长率高达7.2%，而且主要是机械式的"移民"增长。估计在今后的20年间，还会有300万到500万的人口进入深圳。另据调查，深圳平均每月有31%左右的人即360万人处于流动或者变更居住地址状态。对此，深圳市公安局副局长、新闻发言人申少保解释说，出租屋和流动人口管理一直是影响深圳治安的源头性、根本性、基础性问题。深圳大运会安保工作的真正难点也在于社会面的安保工作，社会面治安管控的难点在人口管理特别是流动人口管理，而人口管理的难点则在于对"治安高危人员"的管控。以治安为例，深圳近10

[105]　王电、杨永川："高危人员数据对象分析与数据挖掘研究"，载《中国人民公安大学学报》2009年第1期。

年来抓获的犯罪嫌疑人和被犯罪侵害的对象中，非深圳户籍的分别占到98%、95%以上。当然，外来人口中的绝大部分是对城市有贡献的劳动者。据一份统计数据显示，真正破坏社会治安的违法犯罪嫌疑人，只占深圳外来人员的约0.7%。但这一小撮坏分子是一个巨大的绝对数，是市民安全的隐形炸弹。1200万的0.7%是8.4万人。同时，被伤害和损害的被害人中，外来人员占95%。

（二）深圳警方出台的具体管理措施

针对上述特殊情况，深圳警方为了给大运会创造良好的治安环境，采取了包括清理"治安高危人员"在内的一系列社会管理措施。

为确保"大运会"平安顺利举办，深圳警方把排查清理"治安高危人群"作为构建治安立体防控体系的第一个突破口，通过全市发动、全警动员，开展强有力的排查整治，营造并保持严管、严查、严治、严打的高压态势，最大限度地压缩不法分子的生存活动空间。通过电子管理系统的动态跟踪和上门走访、跟进核实，深圳警方掌握，已有8万余名"治安高危人员"离开深圳。据悉，在"治安高危人员排查清理百日行动"中，深圳警方接报110的警情数同比、环比双下降，其中刑事警情环比下降24%，仅抢劫、抢夺警情就分别下降16.4%和13%。面对社会上针对此问题的一些争议，深圳警方新闻发言人、深圳市公安局副局长申少保说，如何依法对"治安高危人员"进行全面、可持续性的防控，是社会管理的一个新课题，我们将在建立长效机制上下工夫。尽管相关的争议仍在继续，但深圳警方表示，该市"治安高危人员"的排查清理行动仍将继续。警方呼吁广大市民积极向公安机关举报或提供线索，配合公安机关对这类人员进行排查、清理和挤压。[106]

三、深圳清理"治安高危人员"所引发争议的宪政分析

在深圳警方宣布清理"治安高危人员"的行动后，以外来人口众多、社会治安压力巨大而著称的中国经济特区——深圳，因为这项举措立刻成为社会舆论关注的焦点，此行动也引起了社会和学界的广泛争议。如何依法对"治安高危人员"进行全面、可持续性的防控，是社会管理的一个新课题。应该在建立长效机制上下工夫。而从学理角度，对社会和学界关于深圳警方行为所引发的争议作认真研究和分析，能够使我们的社会管理创新更加符合法治的要求。

（一）认为深圳警方的做法侵犯公民的自由迁徙权

1. 关于是否侵犯公民自由迁徙权的争论。针对深圳警方清理"治安高危人

---

[106] 胡谋："深圳回应排查'治安高危人员'：一次正常的治安排查清理"，载《人民日报》2011年4月16日。

员"的做法，不少人认为它侵犯了公民的"自由迁徙权"。只要是我国公民，便有在境内自由迁徙的权利，有权选择在中国任何一个地方定居生活，这是法律赋予公民的基本权利。深圳并不只是有户籍的深圳人的深圳，所以没有权力驱逐所谓的"治安高危人员"。深圳警方在回应排查"治安高危人员"的问题时提到，"治安高危人员排查清理百日行动"中，明确要求排查清理必须依法进行，严禁超范围、超标准执法。8 万余名"治安高危人员"是迫于形势压力自行离开深圳的。深圳警方还提到，让有危及他人安全倾向的精神病人返回原居住地、由监护人监管，既可避免其危害他人，又可防止其成为被侵害对象，也是对这类弱势群体的一种保护。

2. 关于自由迁徙权争议的宪政分析。关于深圳警方"清理"措施所引发的争议焦点，虽然我国 1982 年《宪法》对迁徙自由没有具体的规定，但是在我国签署和加入的国际人权公约中明确写有"迁徙自由权"。迁徙自由作为一项基本人权，在国际人权公约中都有明确的规定，1948 年的《世界人权宣言》第 13 条规定："人人在各国境内有权自由迁徙和居住。"1966 年的《公民权利和政治权利国际公约》第 12 条规定："①合法处在一国领土内的每一个人在该领土内有权享受迁徙自由和选择住所的自由。②人人有自由离开任何国家，包括基本国在内。③上述权利，除法律所规定并为保护国家安全、公共秩序、公共卫生或道德或他人的权利和自由所必需且与本公约所承认的其他权利不抵触的限制外，应不受任何限制。"从该《公约》的规定可以看出，迁徙自由不仅包括了迁出及迁入自由，还包括选择居所的自由。随着我国市场经济的建立，一方面，迁徙自由对于保障劳动力资源的合理流动产生着决定性的影响，并且迁徙自由与公民政治权利也有着紧密的联系；另一方面，近年来因收容、遣返人口带来的恶性案件也不断发生，引起了社会公众、媒体、学者及政府等各方的关注。如1999 年湖南少妇苏萍在收容所遭众多暴徒轮奸、2001 年朴永根死于沈阳、2003年孙志刚在收容所被殴致死等[107]。因此，保护公民的迁徙自由权，一方面是我国履行国际人权公约的应有之义；另一方面是由我国社会发展的现状所决定的，它是体现我国人权宪政理念变迁的具体标志。

（二）认为"强制清理"变相复活了收容遣送制度

1. 关于"强制清理"引发的争议。北京大学宪法学教授张千帆认为，深圳"清除高危"至少临时性地复活了 2003 年废止的《收容遣送条例》，从而背离了

---

〔107〕 董和平、秦前红主编：《宪法案例》，中国人民大学出版社 2006 年版，第 188 页。

户籍制度改革的大方向。[108] 对此，深圳警方回应称，"治安高危人员"是自行离开，未采取强制遣返或驱赶离开举动。在深圳，人们的住店、租房、就业等活动信息，都会通过时时更新的动态管理系统进入警方的管理视线，旅馆业、网吧、出租屋等更是管理重点；警方的基层走访、核查信息、巡逻设卡、调查取证和对旅馆业、网吧、出租屋等的重点管理也完全公开。

2. "强制清理"问题的宪政分析。人身自由是指公民有人身的自主权，不受他人的支配或控制，公民的身体不受非法侵犯。人身自由是公民参加社会活动和享有其他合法权益的基础，因此，人身自由在各项权利自由中是最基本的。[109]我国《宪法》第37条规定："中华人民共和国公民的人身自由不受侵犯。任何公民非经人民检察院批准或者决定或者人民法院决定，并由公安机关执行，不受逮捕。禁止非法拘禁和以其他方式非法剥夺或者限制公民的人身自由，禁止非法搜查公民的身体。"因此，要采取限制公民人身自由的措施，必须依照法律。公民因国家机关及其工作人员违法行使职权，限制其人身自由而受到不法侵害时，有获得国家赔偿的权利。所以，深圳警方在清理"治安高危人员"的过程中，要格外注意保护公民的人身自由权问题。另外需要说明，国务院1982年颁布的《收容遣送办法》作为收容遣送制度的法律依据，本身具有违宪性。2003年大学毕业生孙志刚被广州黄村街派出所转到收容站收容之后被殴打致死的事件，曾引发了广泛的社会关注。2003年国务院总理温家宝主持召开国务院常务会议，审议并原则通过了《城市生活无着落的流浪乞讨人员救助管理办法（草案）》。会议决定，该草案经进一步修改后，由国务院公布施行，同时废止1982年5月国务院发布的《城市流浪乞讨人员收容遣送办法》。

（三）深圳警方的做法缺乏法律依据

1. 关于深圳警方执法依据的争议。公安机关作为行政机关，其行为应当遵循依法行政原则，任何行政行为都应当有明确的法律依据。据此，不少人认为，没有法律授予公安机关"清理"所谓"治安高危人员"的权力，显然，这是一种缺乏法律依据的行为。张千帆教授也提出深圳限制人身自由的强制措施，与《收容遣送条例》一样属于越权立法。还有人认为，即便这些人群确系"构成现实威胁"，将他们清出深圳也无法可依。无论是在治安管理，还是在刑事惩戒方面，目前我国的法律都没有将本国公民从自己国家的某个城市清出的惩罚措施。一个合法的政府公共管理行为，都要以事实为根据，以法律为准绳，严格遵循

---

[108] 张千帆："深圳'清除高危'要复活收容条例?"，载《新京报》2011年4月16日。
[109] 李步云主编：《宪法比较研究》，法律出版社1988年版，第476页。

"法无授权即禁止"的法治原则。[110] 而深圳市社会科学院副院长黄发玉认为，通过排查清理，掌握"治安高危人员"的信息，是警方基层、基础管理的常态工作；将8类人员作为日常治安管理的重点关注对象，是警方的理性选择。盐田公安分局布吉派出所的一位民警说，对"治安高危人员"的关注在国内许多城市，甚至许多国家都是警方的通行做法，也是警方维护社会稳定、保障人民群众安居乐业的职责。"平安大运"，是深圳承办世界大学生运动会的重要目标，因此，有必要采取这种措施来整治治安环境。

2. 关于公安机关依法行政的宪政分析。公安执法应当严格遵循依法行政原则，任何行政行为都应当有明确的法律依据。一方面，依法行政要求公安机关按照法律的明文规定行使职权；另一方面，依法行政要求公安机关依宪、法律执法，法规和规章只有在符合宪法、法律的规定时，才能作为行政行为的依据。2000年《立法法》第8条规定："对公民政治权利的剥夺、限制人身自由的强制措施和处罚，只能制定法律。"《立法法》第9条规定："本法第8条未规定的事项尚未制定法律的，全国人民代表大会及其常务委员会有权作出决定，授权国务院可以根据实际需要，对其中的部分事项先制定行政法规，但是有关犯罪和刑罚、对公民政治权利的剥夺和限制人身自由的强制措施和处罚、司法制度等事项除外。"因此，公安机关在具体的行政执法过程中，一定要遵循依法行政原则，不能越权执法。

四、结语

当然，对于这个事件，一方面我们能体谅警方改善治安环境的苦衷；另一方面，我们也有必要强调公民的权利本位，不能以治安改善的宏大叙事，掩盖公民可能的权利受损。法治社会的公正是以个案正义为逻辑起点，以公权的依法行政为实现途径的。如何依法对"治安高危人员"进行全面、可持续性的防控，是社会管理的一个新课题，需要在建立长效机制上下功夫。社会歧视的根源在于等级性的身份制度，法律以制度化的形式把人划分为三六九等式的政治不公是社会不公的祸根。因此，我们要消除歧视性法律身份，倡导政治民主与公平，从源头上为实现社会公平而努力奋斗。

 参考阅读

1. 翟校义："社会变革中的行政歧视与反歧视"，载《中国行政管理》2005年第

---

〔110〕 张贵峰："排查'治安高危人员'本身就很'高危'"，载《燕赵都市报》2011年4月12日。

3 期。

2. 姜涛："法治视野中的法律歧视与反歧视"，载《云南行政学院学报》2006 年第 6 期。

3. 张元鹏、李寿荣："法律身份的经济歧视对社会公平的影响"，载《经济导刊》2011 年第 11 期。

4. 张爱梅："基于身份差别的教育歧视"，载《福州大学学报》（哲学社会科学版）2011 年第 2 期。

5. 李寿荣："法律身份的政治歧视对社会公平的影响"，载《东疆学刊》2011 年第 4 期。

6. 王晟："农民工考公务员现象所引发的对平等权和社会身份歧视的思考"，载《科教导刊》（中旬刊）2011 年第 1 期。

7. 郑贤君：《基本权利研究》，中国民主法制出版社 2007 年版。

第四节　生命权与生育权

一、生命权的概念

（一）生命权的定义

生命权，在英语中为 the right to life。学术界对生命权这个概念的界定不尽相同，有的学者认为，生命权是人们对自己的生命安全所享有的权利，任何组织、团体和个人均不得非法剥夺他人的生命，也不得威胁他人的生命安全。生命权是一种维持生命存在的权利，即活着的权利。有的学者认为，生命权有广义和狭义之分，广义的生命权其实是指人生活中的各种权利，包括人的政治、经济、文化、教育等权利的各个方面，狭义的生命权则专指法律保障下任何人的生命不被无理剥夺的权利，西方某些学者称之为不被杀害或不受被害威胁的权利。有的学者认为，人的生命权是一种自他出生时起，就自然享有并应得到持续的法律保护的权利；国家保护公民的生命权是指公民只可因不可抗拒的自然原因自然死亡之外，任何人不得用任何非法手段致使他人死亡，消灭他人生命。有的学者认为，生命权是指公民对自己的生命安全所享有的权利，不能被非法剥夺。还有的学者认为，生命权就是享有生命的权利。

"生命权"舶自西方人权理念，仅指自然人的生命不被非法、任意剥夺。以至于 60 年代的《公民权利与政治权利国际公约》第 6 条也作了这样的表述，"人人固有的生命权，应受法律保护，不得任意剥夺任何人的生命"。可见，传统法律上的生命权，仅仅是一种"生命拒害权"。其含义消极、保守，因此价值是有限的，法律只保证公民的生命不被非法或者任意剥夺，那么除此之外公民的生命是否已经安全？公民对来自经济、社会和自然因素危机生命的灾害（诸如出现饥荒、新或旧的传染病肆虐、工程重大安全事故、剧毒污染饮用源以及洪灾、震灾等），有无要求政府排除危害从而改变生命危险状况的权利？这就不在生命权的"保护区"了。在当代社会，一个对人民利益高度负责的政府，首先应是一个对人民生命安全全面负责的政府；一个珍惜公民生命权的立法机关，应当重塑生命权的保护理念。现代意义的公民生命权，应由传统的"生命拒害权"拓展到"生命拒害权"与"生命危难救助权"的统一，由"生命权"改造为"生命安全权"。

二、生命权的特征

生命权作为人的一项基本权利，与其他权利相比，它有哪些特征呢？探讨这一问题的内涵有利于我们对生命权的全面认识和特别保护，我们认为，生命权作为人的一种权利，它应该具有以下几个特点：

（一）生命权具有天赋性

自然法学家认为，人权（包括生命、自由、财产等）是天赋的人权和自然的权利。生命权的天赋性，也就是人权的自然生成性。因此，它是与神权观念相对立的。生命权的天赋性，不仅使其从神权中解放出来，而且使其在人权的三种形态——应有权利、法定权利和实有权利中，成为先于法定权利的存在，法律对生命权的规定只不过是对生命权的认可而已。

（二）生命权具有普遍性和平等性

生命权既然是天赋的自然权利，那么它便是人人都享有的普遍的、平等的权利，而不是某些人享有的特权。生命权是一种不分种族、肤色、性别、年龄、语言、宗教、政见、财产、教育、职位身份等人人都享有的基本权利。

（三）生命权具有至上性、母体性和基础性

生命权作为一项基本人权，是一个人一切权利的载体，生命不存，其他权利焉附？人的一切权利始于出生，终于死亡。因此生命权在所有权利中，是一项最基础、最原始的权利。只有有了生命权，人才可能拥有和实际享有自由、财产等其他基本权利，生命一旦丧失，他便不再成为法律的实体，他的其他权利自然也随之丧失。正因为如此，生命权与其他权利相比，具有至上性和母体性。无论是各国宪法，还是国际人权公约，在列举具体人权的时候，都把生命权列为第一位。

（四）生命权具有不可替代性和不可转让性

侵害一部分人的生命权，不得成为保护另一部分人生命的手段，不能为了一部分人的生存，而影响和牺牲另一部分人的生命。生命权的目的性是以生命权的平等性为前提的，既然人的生命无高低贵贱之分，那么就不应该存在为了一部分人的生存而影响和牺牲另一部人的生命的现象。这一点在联合国有关反对种族歧视、种族隔离的文件中有明确规定。根据该类文件的规定，一部分人不得将另一部分人沦为奴隶而任意予以歧视、买卖和杀害。在自然和社会资源有限的地区，不得为了使一部分人更充分地享有资源而剥夺另一部分人的生存权利。生命权具有不可替代性。生命一旦丧失，就不可能再生。此外，人作为万物之灵，是有思维能力和创造能力的高级动物，生命的价值无法用金钱或其他物品来衡量，无法用这些东西对生命的损失进行等价赔偿。人的生命的唯一性和无价性，使得人和生命不可分离。因此，生命只能由本人占有，不得让渡或转让给他人。

（五）生命权具有防御性

生命权的本质是对一切侵害生命的行为的防御，防止国家把生命权作为达到国家目的的手段。由于生命权是人的尊严的基础和一切权利的出发点，个体的生命权同时具有社会共同体价值秩序的性质。因此，对个体生命权的侵害，同时也是对宪法秩序价值的侵害，每个社会成员都有责任同侵害生命权的现象进行斗争。

三、生育权的含义

（一）生育权的定义

在我国学术界，对生育权概念尚未有统一的认识。主要有如下几种定义：①生育权利是公民的一项基本权利，是基于合法婚姻而产生的，指夫妻双方有权决定是否生育子女延续后代，包括生育的自由和不生育的自由，是在夫妻共同合意前提下行使的一项人身权，具体应纳入身份权的范畴，是夫妻间的平等权、共有权和自由权。②生育权则是指在一定历史条件下公民基于合法婚姻而享有的决定是否生育子女以及如何生育子女的自由。为夫妻共同享有的权利，属于夫妻身份权范畴。③生育权是夫妻双方各自或共同，在法律规定的范围内，享有的自主决定是否生育和生育子女的时间、数量以及间隔的权利。这里不生育的自由既指终生不生育，也指暂缓不生育。④生育权是指女人对生育、避孕包括堕胎进行控制的权利。⑤生育权指已婚妇女有权按照国家有关规定生育子女，也有权享有按个人意愿不生育子女的自由。⑥生育权是一个国家为保证人口质量和控制人口数量，以法律的形式赋予已婚公民的一项民事权利，等等。

（二）生育权的性质

生育权是一种人身权已为学术界所接受，但它究竟是人格权还是身份权争论较多。笔者认为，生育权是一种基本人权，是一种自由权，是一种人身权，对个人而言是人格权，对夫妇而言表现为身份权，其实现需要一定的条件，主体需有相关权利能力和行为能力。

（三）生育权是一种自由权

生育权是一种自由权，它意味着权利主体可以自主决定生育及生育的次数和时间，而且也可以自主决定不生育。生育权主体可以选择自己的行为方向，决定自己是否进行一定的行为，但不能要求他人尽相应的义务。生育权又是相对要求权。要求权是指权利主体可以要求义务主体进行或不进行一定行为的权利，也即权利主体可以左右义务主体是否尽其对权利主体所承担的义务。要求权包括两方面，一是"绝对要求权"，权利主体可以要求义务主体进行一定行为，其权利的实现，依赖于义务主体进行一定积极行为。二是"相对要求权"，权利主体可以要求义务主体不进行一定行为，其实现权利时义务主体只负不干预的义务。生育权属于相对要求权，生育权的拥有者只能要求他人不干预其依法自主决定是否生育、生育时间及次数，不能要求他人为其实现生育权而进行一定的积极行为。生育权主体不仅可以依法自主决定是否生育、生育次数和时间、生育方式等，而且还有权排除他人的非法干预，任何人侵害生育权，都应当承担侵权的法律责任。

自由是在法律规定范围内的自由，不是绝对的、不受限制的自由。它不是损害国家利益和社会公共利益以及他人合法权益前提下的自由权。如前所述，在国际性相关文件中，"自由"和"负责"是紧密联系在一起的，"所有夫妻和个人享有负责地自由决定子女数和生育间隔以及为达此目的而获得资料、教育与方法的基本人权；夫妻和个人在行使这一权利时应考虑他们现实的子女和将来的子女的需要，以及他们对社会现实的责任"。在美国，从美国高院的诸多判例中也可以看到，生育自由也并不是绝对的，其至少要受三方面的道德因素的制约：一是对孩子的潜在伤害；二是对孩子之外的他人的潜在伤害和负担；三是对后代的潜在伤害。这三个方面若可能出现，则其生育自由将被限制。

事例一

<h1 align="center">因同居者"不签字"致孕妇、胎儿死亡事件[111]</h1>

【事例介绍】

2007 年 11 月 21 日下午 4 时左右,怀孕 41 周的 22 岁女子李某因呼吸困难,在"丈夫"肖某[112]的陪同下赴北京某医院检查就医。医生检查后发现李某患有较严重的肺炎,需立即进行剖宫手术取出胎儿,否则李某与体内胎儿均面临生命危险。然而肖某拒绝在手术单上签字,在长达 3 个小时的僵持过程中,该男子一直对众多医生的苦苦劝告置之不理,竟然在手术通知单上写上:"坚持用药治疗,坚持不做剖腹手术,后果自负"。为确认其精神没有异常,医院紧急调来已经下班的神经科主任,经过询问,其精神毫无任何异常。该医院妇产科医生在 3 个小时的急救过程中,一方面请"110"紧急调查该孕妇的户籍,试图联系上她的家人;一方面上报了北京市卫生系统的各级领导,得到的指示为:如果家属不签字,不得进行手术。这样,在医院设法说服肖某、寻找孕妇其他亲人、请示上级无果的情况下,在"违法"与"救死扶伤"的两难中,几名主治医生只好采取药物急救等"保守治疗",不敢"违法"进行剖宫产手术。当晚 7 点 20 分,22 岁的孕妇经抢救无效死亡。

看到"妻子"真的死去,肖某当场大放悲声,说要签字给"妻子"手术。当晚 11 时,在"妻子"的尸体被抬走后,该男子始终在病房的走廊徘徊,并到医生办公室大喊:"看看我的孩子还活着吗?我的孩子呀!孩子肯定活着啊!我要我孩子啊!"事后肖某坚持认为责任在院方。2008 年 1 月,死者李某的父母向法院提起民事诉讼,将该医院和肖某一并告上法院。法院已正式受理此案。[113]

【本事例涉及的法律问题】

保护公民的生命权与法律规定冲突时如何取舍?

【基础知识】

简单地说,生命权就是"活的权利",或者说"享有生命的权利";说得复杂点,就是作为人存在标志的生命不被随意剥夺的权利。用词典释义,就是人

---

[111] 该部分主要参考胡锦光主编:《2007 年中国典型宪法事例评析》,中国人民大学出版社 2008 年版,第 37~56 页。

[112] 后经查明,肖某和李某两人是从湖南来北京的打工者,尚未进行结婚登记,属于同居者。

[113] "'男子拒签字致产妇死亡'专题报道",载 http://news.sina.com.cn/z/zfjqzzcfsw/index.shtml,最后访问日期:2013 年 3 月 19 日。

身不受伤害和杀害的权利或得到保护以免遭受伤害和杀害的权利，取得维持生命和最低限度的健康保护所必需的物质的权利。

生命权是人的一项最基本的权利，没有生命，其他一切权利都无从谈起。但生命权是不是我们最重要的权利却是有争议的，可谓仁者见仁、智者见智。有人说：生命诚可贵，爱情价更高。有人说：不自由，毋宁死。不过，如果说没有生命就没有一切，那么，生命权是一项最基本的人权，是承载其他一切基本权利的基础。自古以来，生命一直被普遍认为是人所能拥有的最宝贵的财富，任何理性的人都不会否认生命的价值。

【事例评析】

一、问题的提出：生命权与宪法

该事件发生后，引起社会各界的极大关注和争议。对此主要有如下几种不同的观点：

第一种观点认为，未及时就诊是孕妇死亡的主要原因，医院已经尽到责任。医院依据《医疗机构管理条例》的规定，没有家属的签字不能为患者实施手术，不能违法救治。

第二种观点认为，患者死亡的责任在院方。在患者病情危重的情况下，拥有专门医学知识的专业人员的医疗机构应当从道义和责任担当的角度出发，积极作为，就是没有签字医院也应履行救死扶伤的职责，积极进行手术治疗。

第三种观点认为，患者死亡的责任在肖某。肖某不签字，导致了患者及其胎儿的死亡，其应当承担过失责任。

不管如何，李某在生命奄奄一息的危急关头毕竟没有得到救治。逝者已逝，留给人们的反思应当是深刻的，由本事件引发的一系列法律问题的争论也如火如荼地进行着……不同的人群从不同的视角也许会对此事有不同的观点和看法。大家在追究肖某和医院的责任中争吵得相当热烈，但我们在此关注的主要不是责任问题，而是造成这场悲剧的根本症结所在——我们的社会还缺乏一种尊重生命的宪法文化，或者是生命权的文化。

生命权作为一项基本人权，是一个人一切权利的载体，生命不存，其他权利焉附？人的一切权利始于出生，终于死亡。因此生命权在所有权利中，是一项最基础、最原始的权利。只有有了生命权，人才可能拥有和实际享有自由、财产等其他基本权利，生命一旦丧失，他便不再成为法律的实体，他的其他权利自然也随之丧失。正因为如此，生命权与其他权利相比，具有至上性和母体性。从公法学的视角来看，本案存在的问题至少包括：缺乏对于生命权的尊重；在生命权面前，如何设置保护制度及其依据；在特殊情况下，公民宪法权利如何实现等。

可以说，肖某不过是生命权的价值没有树立起来的社会里的一个替罪羊。在进入 21 世纪的今天，没有哪一个国家或个人公然地反对或否定生命权的价值，但在现实生活中忽视、否定甚至摧毁生命权价值的现象还是存在的。在国家的立法、政策的制定、法律制度的具体运作过程中，人的尊严与生命权的价值有时也得不到应有的关注，于是我们不得不重新提出生命权的价值问题，不得不呼吁全社会都要关注人的生命权，要从宪法的高度来认识与保障生命权价值。

二、生命：病人、家属与医院

"妻子"面临生命危险，"丈夫"拒绝签字同意医院进行剖宫产手术，而医院则根据我国《医疗机构管理条例》第 33 条有关实行手术治疗前必须取得病人家属的同意签字的规定没有施行手术[114]，最终导致孕妇李某死亡。这是一个罕见的悲剧。人们在为两条无辜生命的凋零伤感、叹息之余，不禁要问："丈夫"为什么不签字？生命到底掌握在谁的手里？"丈夫"不签字难道医院就可以不救人了？从宪法的视角来重新审视这个案件，我们或许会得到答案。

（一）"丈夫"拒签：正常抑或愚昧

当看到媒体出现"丈夫拒签手术，产妇胎儿双亡"的标题时，我们的第一反应也许是想问作为患者"丈夫"的肖某为什么不在手术同意书上签字。而事后患者母亲第一眼见到肖某后也质问："你干吗不签字？写个名字要你死！黑心的，看着我女儿生生地死了！"是啊，如果他动动手指，签个名，就极有可能挽救两条生命。那到底究竟是什么强烈的"信念"让肖某面对医生与病友等众人的再三规劝而不为所动，一再地拒绝签字同意手术呢？据报道，他始终认为"她只是感冒，好了之后就会自己生了"。事后面对记者的提问时他也回答说："我发现医生在谋杀她，如果签字的话，医生就更有理由了，更有理由明目张胆把我'老婆'整死，可以害死她，我不签字，他就不敢害死她，我是这样想的，我有很多无奈。"

从中我们可以看到肖某对医院的极度不信任。他首先不信任医院给出的治疗方案，认为医院是在"小病大治"。因为如果实施剖宫产，手术费用将在 5000

---

[114] 《医疗机构管理条例》第 33 条规定："医疗机构施行手术、特殊检查或者特殊治疗时，必须征得患者同意，并应当取得其家属或者关系人同意并签字；无法取得患者意见时，应当取得家属或者关系人同意并签字；无法取得患者意见又无家属或者关系人在场，或者遇到其他特殊情况时，经治医师应当提出医疗处置方案，在取得医疗机构负责人或者被授权负责人员的批准后实施。"

元以上，而这对于食不果腹、居无定所的他来说无疑是个天文数字。虽然医院同意对其减免费用入院，还有人给他1万元作为奖励[115]，但饱尝世间辛酸、经常遭人调侃取笑的他也根本不可能相信这是真的。他不相信医院和人们会对他那么好——免费做手术，还送钱给他，他感到怀疑和恐惧。他也许是怕花钱，也许是怕承担那个未知手术的责任。"我不签字，是害怕。我害怕她死了，她父母来找我，要我来承担这个责任。"在面对律师时，肖某垂下头，用低沉的家乡话说。也许正如人们所说，事实上，钱对于他来说绝对是个问题。如果不是因为没有钱，事情就不会逐步演变成悲剧。没有钱、看不起病对于他来说是个根源性的问题，这就使我们不得不质疑我国现有的医疗救助保障制度到底在多大程度上发挥着作用。[116]

但是似乎人们也没有充足的理由去一味地指责肖某，假如我们是肖某，我们也许不会轻易地去签字。那么，"丈夫"不签字，医院是否就可以依此拒绝手术，这就涉及生命权的宪法价值和手术签字制度的问题。

（二）生命权：生命神圣不可侵犯

前面提到，医院正是依据《医疗机构管理条例》第33条，在肖某拒绝签字的情况下，作出了不予手术的决定，并且认为是"合法"的。那么这一条是否意味着本案在没有"丈夫"肖某的签字同意或准确地说拒绝签字的情况下，医院便可以不手术而让两条生命就在眼前白白消失呢？在回答这一问题之前，我们先来看看什么是生命权。

1. 生命权的具体含义。具体来说，生命权的内容主要包含两个方面：一是享受生命的权利；二是放弃生命的权利。

第一，生命权首先意味着个人享有按照自然规律存在于世界，活着而享受生命的权利。在这个层面上，生命权本质上是个人对一切侵害生命权的行为的防御，排除来自个人或国家对生命的威胁和剥夺。当然，正如同宪法上其他基本权利一样，生命权也具有积极权利的性质。当个人的生命权受到侵害时，受害者有权向国家提出保护的请求，国家应为维持其生命存在提供必要的保障等。

---

[115] 最先报道这一事件的是当时正在该院住院的"正义网"记者吕卫红（也是怀孕住院），她担心肖某是因为经济因素不肯签字，还主动答应，只要他签字，就给他1万元作为奖励。

[116] 目前我国的医疗救助覆盖面窄，资金缺乏，尤其是像肖某这样的流动人口缺乏基本的医疗保障。在面临大病时是否治疗便成为这些困难群体的顾虑，他们不得不作出痛苦的选择。因此，以医疗救助为基础，着力解决最贫困人群的就医问题，不仅是保障这部分人群的基本生存权所必需的，也是当前实现社会正义、和谐的必然要求。参见朱娟："人本法律观视角下的孕妇死亡案"，载《法治论丛》2008年第1期。

可以说，这一层面的内容是生命权的首要含义，是生命权的起点。

第二，生命权还意味着个人享有处置自己生命的权利，决定如何死去的权利。众所周知，死是与生对立的，为什么说生命权还包括如何死去的权利呢？我们知道死亡可以是愉快的，也可以是痛苦的；可以是悲剧性的，也可以是称心如意的，正如我们希望一生大部分生活是愉快的一样，我们希望临终时也能是快乐的。"生命"这个词不仅仅意味着活着，而且是要有质量地活着，仅仅活着并非就一定是好的。选择死亡也是一种自由，既然活下去成为人的一种负担，那么个人有选择解脱、选择摆脱痛苦的自由。可以说，这个层面的生命权是更高意义上的生命权。[117]

当然，这种处置自己生命的权利的行使是有限制的。珍视和享受自己的生命是最基本、最重要的理念和价值判断。一般情况下，一个人不会轻易地随便放弃自己的生命。他要考虑很多因素，诸如来自自己、亲人或之外的第三人、社会或国家等各方面的利益。可以说，保护人的生命权，为了真正体现个人的真实意愿，防止随意放弃生命权，各国都对处置生命或放弃生命的权利加以了限制，要求其必须符合严格的条件。

2. 生命权的宪法价值。正如前面所说，生命权是人最基本的人权，而宪法是人权的保障书，那么生命权在宪法上有什么根据？又有什么宪法价值？对这一问题的回答有助于我们从更高层面上理解生命权，更好地保障生命权。

（1）生命权的宪法根据。生命权作为一项最基本的人权，在近现代一直受到各国宪法和法律的特别保护。但生命权的具体宪法规定各国却不尽相同：有的国家在宪法中明文规定了生命权，有的国家并没有在宪法中具体明示生命权。

在我国，生命权就没有在宪法上明确规定，而是一种隐含的基本权利。当然，是否在宪法上直接规定生命权并不影响生命权作为基本权利的价值与属性。

当宪法上没有具体规定的生命权条款时，我们可以通过宪法解释的方法，从宪法的价值体系以及已有的基本权利条款中找到能够说明生命权价值的条款。例如，我国《宪法》第33条规定国家尊重和保障人权、第37条关于人身自由的保护、第38条关于人格尊严的保护、第43条关于休息的权利、第45条关于弱者的特殊保护等条文，都是以生命权为前提的，是生命权的延伸。如果宪法不承认公民的生命权，其他任何权利都是没有意义的。所以，生命权作为基本权利价值体系的基础和出发点，是宪法首要保护的基本人权，这在宪法上是有

---

[117]　参见蔡桂生："生命权可不可以放弃？——对比中国宪法基本权利中的生命权保护"，载《阶梯》2004年第35期。

充分的实定法和自然法上的根据的。

（2）生命权的宪法意义。生命权如此基本和重要，也大都作为一项基本权利规定在了宪法中，具有宪法根据。那么，生命权的宪法价值何在，或者说生命权有什么宪法意义呢？

生命权的宪法意义或者说生命权的宪法化主要体现在"生命权是国家与社会的最高价值，在任何情况下国家不能把人的生命权作为一种工具或手段，应把生命权的维护作为制定法律或制定政策的基本出发点"[118]。一方面，生命权的宪法确认意味着国家负有不侵害公民生命权的消极义务和积极保障每一个公民生命权的道德和法律义务；另一方面，也是更为重要的方面，生命权的宪法意义表现在它使生命权成为社会共同体价值体系的基础，把尊重生命权的价值转化为社会基本的共识，建立一个尊重生命的宪法文化，或者是生命权的文化。

在现实社会中，生命权的宪法价值和具体的法律规定、政策、法律的执行有时是有冲突的，而我们的社会现在还缺乏尊重生命的文化，缺乏公权力对生命权真正的关怀和社会的关怀。在一定意义上，我们并没有以生命为最高价值来制定政策和法律。正是这样一种文化形态，导致了近年来我们国家出现了一些侵害生命权的案例[119]，本案可以说是很典型的一例。

（三）拒绝治疗：自己说了算

正如前文所讲，生命权还意味着个人享有处置自己生命的权利、决定如何死去的权利，其体现之一就是拒绝治疗的权利。这项权利在患者有行为能力时可以根据自己的意愿来行使，在其丧失行为能力时由其家人或其他密切关系的人来代理行使。手术签字制度就是这样一种保障患者生命权的体现。它包含了知情同意权、知情选择权等，也就是说患者有权决定是看病还是不看病，是手术还是不手术，即有处置自己身体直至结束自己生命的权利。从法学角度来看，知情同意不仅是权利，更是正当法律程序的一个重要过程，通过对患者自主权利与自决权利的保障来保护其身体免遭不法侵害，其背后潜藏着只有患者有权决定如何处置自己的身体的规则。而在我国，这一制度却被异化成了即便患者本人能够独立作出判断和选择，也必须要求家属或关系人签字才能手术，而不是患者本人签字即可。[120] 这其中的逻辑其实是断裂的，是以患者家属或关系人

---

[118]　韩大元："论生命权的宪法价值"，载《中国法学》2002年特刊。

[119]　比较典型的如2003年的"孙志刚案"，还有"聂树斌案"、"佘祥林案"等。

[120]　参见《医疗机构管理条例》第33条的规定："医疗机构施行手术、特殊检查或者特殊治疗时，必须征得患者同意，并应当取得其家属或者关系人同意并签字。"

的同意取代了患者本人的同意。据此，可推导出的结论是家属或关系人有权决定如何处置患者的身体，进而言之，其他人有权决定如何处置患者的身体。这样的结论是异常危险的。

（四）家属拒绝治疗时国外的经验：从一个美国案例说起

同样，为了充分保障患者的生命权，在代理的情况下，政府必须通过法律经由一定的严格程序来保证家属的代理行为最大限度地符合患者在仍有行为能力时所表达的愿望，以避免亲属权利的滥用。这就要求代理人提出明确而有说服力的证据，来证明患者有停止治疗的愿望，否则，政府有义务进行治疗以防止不幸的发生。[121]

在 1990 年的"病人自决案"[122] 中，南希·克里斯在 1983 年的一次交通事故中受了重伤而成为"植物人"，长期处于只能作出简单机械的反应而没有认知能力的状态。她的生存完全依赖于人工输液和进食设备，医疗费用由所在州负担。她的丈夫和父母一直在期待会有实质性的恢复，但 4 年后，他们认为南希显然不可能重新恢复其认知能力。因此，南希的父母向法院起诉，要求"撤掉南希的输液和进食设备"。地方法院支持了这一请求，但州最高法院进行了改判，认为如果不具备《密苏里生存愿望法》规定的形式要件，没有明确且有说服力的证据表明当事人自己有终止治疗的愿望，其他人没有权利终止维系一个活人生命的治疗。南希的父母提出上诉，认为州最高法院拒绝允许终止治疗的决定侵犯了她"在这种情况下停止维系生命治疗"的宪法权利。联邦最高法院以 5∶4 的判决驳回了原告的主张。

首席大法官伦奎斯特书写的多数意见指出，治疗或停止治疗必须征得当事人的同意；这一要求体现了人身完整的观念，并已成为美国侵权法的一项原则。只要人还有行为能力，那么宪法就保证其自己的意愿受到尊重，包括拒绝维系生命的意愿。但如果一个人已经失去了行为能力，他就得通过代理来行使这种权利、表达自己的意愿。密苏里州的法律通过制订严格的程序规则，保证代理

---

[121]　2000 年发生在美国佛罗里达州的一起案件从另一个方面反映了病人的生命自决权和家属的代理权之间的冲突。一个 23 岁的宗教信徒跌倒受伤，在送往医院时，他明确表示不接受输血。3 天后，他进入昏迷状态。为了挽救他的生命，必须输血。他的父亲知道输血违背他儿子的信仰，但是面临生死问题，向法院申请允许医生输血的命令。他说，"我只希望我的儿子活着，快快乐乐，即使以后他得知真相后不愿见我，不再和我说话。"法官应这位父亲的要求，发出了允许输血的命令。转引自丁林："面对生命和信仰的两难处境"，载《南风窗》2001 年第 4 期。

[122]　[美] 保罗·布莱斯特等编著：《宪法决策的过程：案例与材料》，张千帆等译，中国政法大学出版社 2004 年版，第 1303～1315 页。

行为能最大限度地符合病人在仍有行为能力时所表达的愿望，要求明确且有说服力的证据，证明无行为能力人有停止治疗的愿望。可以说，多数意见平衡了个人的正当程序权利和州政府所保护的生命利益，防止了亲属权利的滥用。

不过，在 1990 年年底，法院确认已有明确证据表明，南希如果可能的话将表示愿意停止维持生命的治疗。最终她在处于植物人状态长达 8 年之后，因断绝医疗设施后离世。可以说，在美国，生命权至高无上，救死扶伤是医生的职责。不管是公立医院，还是私人诊所，只要有病人送来，都要在第一时间进行救治，哪怕病人没有医疗保险，甚至付不起医疗费。如果医生需要对病人进行手术，而病人头脑清楚，只要病人签字就能手术，家属的签字只能起辅助作用。

在治病过程中如果出现紧急情况，比如病人出现大出血、休克以及神志不清，病人的手术决定权在医院，而不是家属或其他人。医生首先会马上对病人的病情进行会诊，只要有 2 名以上的主治医生商讨并签字，就能决定病人是否需要手术。然后，医生会把会诊结果和病人的病情以及急救措施告知家属。如果遭到家属的反对，便由医院设立的"道德办公室"作出最后决定，一般该办公室都会采纳医生的意见。除此之外，医院还可以寻求法院的支持。比如，医院遇到身份不明的病人，需要马上动手术，但病人本人神志不清醒，自己无法判断是否同意手术，这时医院可以打电话到法院征求意见。而当地法院会有专门的工作人员负责处理此类事宜，他们会根据实际情况，从病人利益出发，签发同意委托书。医院拿到委托书后，即可为病人实施手术。

在德国，患者在手术前通常也要签字，基本上可以分为两大类，即一般状态和有生命危险的紧急状态。在紧急状态下，若患者没有判断能力和签字能力，但处于生命危急状态，不手术就会死亡，那么医生必须实施手术救人，这种情况下便无须家属签字。医生有权利也有义务为患者实施手术。总的原则是，治病救人是第一位的。

在澳大利亚，如果患者的代理人作出违反患者最佳利益的决定，医生有义务向相关的法律机构挑战这项决定。在危急时刻，则以病人的最佳利益为最高原则去实施医疗行为。

日本有着严格的医疗制度，必须有病人或其亲属签名方可手术。至今还没发生过因拒签导致医疗纠纷的事件。日本网民认为日本医患彼此信任，因此这种事不可能发生。

三、以生命的名义：宪法视角下对本案的再审视

在本案中，在孕妇李某无法行使生命处置权的情况下，由其"丈夫"代理行使无可厚非。但问题是，肖某出于对法律的不信任、对医生的怀疑等，违反

常理地拒绝签字，已然违背了其"妻子"在有行为能力时所要表达的愿望[123]。在这种情况下，医院显然应当实施手术治病救人，而不是怕承担风险和责任，拘泥于规章制度而去请示上级领导。

在接受记者采访和相关公开发言中，该院常务副院长和法律顾问均表示，医生救治过程中没有违法行为，医院没有责任。根据我国《医疗机构管理条例》第33条的规定，是否实施手术的决定权和相应的责任在患者家属，而不是医院。现在反过来指责医院，让医院超越法律、超越规章制度做违法的事，这显然是不公平的。当然在某种意义上，医院方面的说法是有一定道理的。因为一些手术的意外是难免的，比如动脑外科手术，可能会导致意外脑血管畸形；再比如老年人的心脏手术、恶性肿瘤等，因意外死亡有时候是不可避免的，这与医生的技术和工作态度无关。但这样的事情家属不明白，容易形成纠纷。如发生这样的事故，医生则无任何责任。这是需要签字的原因。让病人知道手术存在着风险，且任何治疗都存在风险，这需要当事人理解和承担，与医院和医生无关。而医疗签字就容易理清医患双方的责任，减少一些不必要的医疗纠纷。这也是现行手术签字制度的目的之一。但对病人家属来说，手术签字制度实质上应该是知情告知制度，它保护的是患者家属对病情和治疗方案的知情权，签字同意只是表明医生的告知义务已经履行、患者的知情权利得以实现，不应该是由患者家属来决定手术。是否手术是医疗专业上的问题，本来应该是医生根据患者的情况独立地决定，任何人，除非患者本人明确坚决反对，不能影响医生的决定。

可以说，我国《医疗机构管理条例》第33条的规定在实践中早已演变成做手术必须由患者家属签字，教条式的执行抹杀了生命权的主体性，漠视了生命的价值。医院不能冒风险救治患者的生命的逻辑，最终取代了奄奄一息的患者的生命至高无上的地位。

由此，我们便有必要具体分析一下这条规定。下面，我们就从宪法所保障的生命权的角度来看看这一条款是否真的给予了医院在家属拒绝签字的情况下"见死不救"的理由。

首先，根据《医疗机构管理条例》第33条，结合本案的具体情况，在已无

---

[123] 据报道，在患者李某神志尚清醒的时候，医院医生曾经征求她的意见，问她是否同意做剖宫产手术。她摇头，并手指肖某，示意听从肖某的意见。她当时并不知道自己的病情会急剧恶化，会有生命危险，也许是担心医疗费用等各种原因让她的"丈夫"来决定是否手术。但之后面临不手术，自己和胎儿就会死亡的情况时，如果她还有意识，还有行为能力，可以想见她肯定会选择手术，挽救自己和自己将要出生的孩子的性命，而不会让肖某的拒签葬送了自己和孩子两条人命。

法取得孕妇李某的意见的情况下，应当取得其"丈夫"肖某的同意并签字。但本案中肖某在面临"妻子"难产、生命垂危的危急情况时不肯在手术通知单上签字，这种违背常理的极不正常的情形应当属于该条所规定的"遇到其他特殊情况"，这时医院完全可以依照该规定由医生提出医疗处置方案，在取得医疗机构负责人或者被授权负责人员的批准后对李某实施手术，以挽救孕妇李某的生命。医院认为肖某不签字，就不能做手术，显然是没有对该条作出全面、正确的理解。此外，医院向北京市卫生行政部门领导请示的做法，也不符合该条的规定，有推卸责任的嫌疑。

其次，即使在该《条例》没有对哪些情形属于"其他特殊情况"作出明确界定，医院无法确定肖某在"妻子"生命危急之时拒绝签字的情形是否属于"其他特殊情况"时，医院也不能见死不救。任何一部法律法规都有其立法宗旨和目的，结合该《条例》第1条、第3条和其他相关规定[124]，我们可以看出《医疗机构管理条例》的制定目的和立法精神是加强对医疗机构的管理以保障公民的生命安全和身体健康，救死扶伤是医疗机构的天然使命和职责。在病人家属不签字患者就要死亡的情况下，医院就不能拘泥于具体的制度规定和文字条款，而应从该《条例》的制定目的和精神出发去理解该条款，以患者的生命权为最高考量，采取一切必要的措施救助生命。

最后，我们还要从宪法的基本原则和精神来理解和适用法律、法规。[125] 我们都知道宪法是国家的根本大法，是制定一切法律的最高准则，任何法律都不得与它的基本原则相抵触。普通的法律、法规在制定时必须依据宪法，人们在遵守和适用普通的法律法规时理所当然地也应当考虑到宪法，必须根据宪法的基本精神来理解和解释相关条款。那么，什么是宪法的基本精神和原则？宪法的根本目的是什么？简单地说，就是保障人权。2004年的宪法修正案明确将"国家尊重和保障人权"载入宪法，可以说保障人权已成为我国宪法的基本精神。生命权作为最基本的人权，必须首先予以尊重和保障。因此，在本案中，医院本应当以保障病人生命权的精神来理解和适用《医疗机构管理条例》，而该医院却宁愿眼睁睁地看着生命处于危急时刻的李某难产而死，胎儿在其腹中窒

---

[124] 《医疗机构管理条例》第1条规定："为了加强对医疗机构的管理，促进医疗卫生事业的发展，保障公民健康，制定本条例。"第3条规定："医疗机构以救死扶伤，防病治病，为公民的健康服务为宗旨。"第31条规定："医疗机构对危重病人应当立即抢救。对限于设备或者技术条件不能诊治的病人，应当及时转诊。"

[125] 详见上官丕亮："要用生命权至上理念来理解医疗法规——'孕妇死亡'事件留给我们的启示"，载《法学》2007年第12期。

息而亡，也要机械地理解和固守《医疗机构管理条例》第 33 条有关患者家属签字同意的规定，显然是违背宪法的基本精神的。

四、结语：关注宪法、关爱生命

不容否认的是，现实生活中侵害生命、漠视生命权价值的现象是比较严重的。这就需要我们在全社会广泛地普及生命权价值，培养人们敬畏生命的意识，真正以生命权价值的维护作为制定法律与政策的基本理念和出发点。关爱生命，关怀每个人的生命价值，建立一个尊重生命权的宪法文化，也是现代宪法学存在与发展的价值基础。面对"'丈夫'拒签手术，产妇胎儿双亡"这样的悲剧，我们应该反思。只有这样，我们才能吸取教训，防患于未然，让生命之花常开而不轻易凋落。我们相信，随着社会的发展与文明的进步，人类将更加关注宪法、关爱生命，积极寻求保护生命权的更加多样化的形式，以维护和实现生命权价值。

参考阅读

1. 上官丕亮：《宪法与生命：生命权的宪法保障研究》，法律出版社 2010 年版。
2. 韩大元：《生命权的宪法逻辑》，译林出版社 2012 年版。
3. 马伟杰："论对'漠视生命权'的规制——以'矿难'为视角"，载《长春大学学报》2012 年第 3 期。
4. 何斌："对进一步健全人的生命权法律保障制度的思考"，载《天水行政学院学报》2010 年第 6 期。
5. 汪进元："生命权的构成和限制"，载《江苏行政学院学报》2011 年第 2 期。
6. 易军："生命权发展中的权利论证"，载《法学研究》2009 年第 4 期。

事例二

死刑犯生育权案

【事例介绍】

2001 年浙江省舟山市的一对新婚夫妇，由于新婚丈夫犯下命案，经过法院的开庭审理，一审法院判决其死刑后，他的新婚妻子向当地两级法院提出了一个请求，即在其丈夫被执行刑罚之前，希望能够通过人工受精的方式怀上丈夫的孩子，为丈夫延续香火。这位新婚妻子的请求给法院带来的不仅是震惊，而且是一个全新的问题，一个法院从没有碰到过的问题。由于法院从来没有过类似的先例可以做为参照，最后这位新婚妻子的请求被驳回了。然而这个案例并没有因为法院的驳回而就此打住，这个新婚妻子提出请求的行为已经闯入了我国现行立法和司法实践的一个真空地带，它给我们带来了一个前所未有的问题，不仅引起新闻媒体的高度关注，并且在全国引起了一场不小的讨论。对于这样的一个案例引发出的死刑犯生育权的一系列问题，让我们不得不思考死刑犯的生育权到底是什么？他是否拥有这样的权利？如果他有，又应该通过怎样的途径来实现？

【本事例涉及的法律问题】

一方为死刑犯的夫妻双方享有生育权吗？生育权的宪法主体是夫妻一方，还是夫妻双方作为一个共同体？

【基础知识】

生育是给予下一代生命的机会，即一个人为了种族的延续而为的行为。从生理上讲，它是人类繁衍的必然途径和人的一种基本的生理需要。

从自然法的角度而言，生育权的主体是个别的公民。因为每个人都有生育自己后代的权利。从此角度而言，某个公民只需其身体发育到能够行使生育权的生理学要求时，其即可行使这一权利。但自然法的权利通过实证法（首先通过宪法）的确认和承认仍有一个选择的过程。基于生育权的特殊自然属性，即必须男女结合才能行使的权利，法律必须对此作出选择：是尊重任何男女双方的生育权，还是只承认某种法律形式要件的男女双方的生育权？

【事例评析】

一、本案需要解决的问题

结合本案的实际情况，我们不赞成"死刑犯配偶的生育权"或"死刑犯的生育权"等范畴。从生育乃为夫妻双方的权利角度出发，本案的问题就是夫妻双方的生育权是否因一方为死刑犯而受到合理限制？

从逻辑上讲，夫妻双方生育权的实际行使必须以双方同时具备某些必备的条件方可为之。如某些生理的条件，还应包括法律的条件，即男女双方的某种法律权利状态。应当说，在法律权利状态方面，死刑犯配偶应是没有问题的。所以，在解决此问题前，先要解决死刑犯的权利状态。

二、死刑犯的权利状态与死刑犯夫妻的生育权

不能认为死刑罪犯的权利在从宣判到执行这一阶段处于真空状态。法律作为围绕权利与权力进行设计的一种构架，从逻辑上看，不应当允许存在没有任何权利的人。死刑判决书生效之后，的确意味着该罪犯在死刑执行日期之后不能再享有生命权利以及与生命相关的其他任何权利，但在这之前判决明确剥夺

了的只是罪犯的政治权利和人身自由，而根据中华人民共和国宪法的规定，我国公民的政治权利只包括公民基本权利的一部分，即言论、出版、结社、集会、游行、示威等方面的权利和自由，它们不能涵盖所有的权利内容，并且这些权利除了出版自由以外，都是随着生命的消灭而消灭的。如果推断判决宣布之日就是罪犯不再享有生命权之日，那么他也同时当然不能继续享有出版权以外的其他政治权利，那么"剥夺政治权利"就是一句几乎没有意义的判决。除非这个判决仅指"出版权"这一项权利，但是这样似乎就没有必要使用"剥夺政治权利"这种说法来加以概括了。所以更合理的逻辑应该是，除政治权利和人身自由以外，罪犯仍然享有其他各项权利，并且当他的这些权利受到侵犯或者受到不公平待遇的时候，仍然有权为自己寻求法律上的救济。

如果坚持认为罪犯自死刑判决生效之后就已经不享有生命权而成为权利真空的人，似乎避开了判决后、行刑前对罪犯的权利的保护这个需要具体操作的事实问题。因为从生理上来讲，罪犯的确仍然活着，只要人是有生命的，我们就不得不具体的解决这个人所遇到的各种问题。而且即便是死刑，也只是刑罚的一种，它的意义在于罪犯从判决书裁定的某个特定时间开始接受他应当受到的惩罚或者教育，也就是说刑罚的执行总是有一个起点时间的，并且这个时间是特定的，是由判决书确定的时间，不是可以任意提前和模糊计算的。死刑是刑罚的一个种类，它与其他刑种对罪犯的否定意义是一致的，只是在刑罚幅度上有所差别。即使是死刑，也只是对罪犯行为的社会价值的否定，而不是对罪犯作为一种生命的存在的否定，任何人都没有权利去否定其他人的存在。犯罪违反的是国家的强行法，损害的是国家的利益，这不能成为剥夺其基本人权的理由，科以刑罚意味着罪犯侵犯国家利益的行为已经受到了相应的惩罚。

判决只是宣布罪犯将于某个时间被执行死刑，而不是直接宣告罪犯死亡，即宣判的是将要执行的刑罚，而不是罪犯的权利状态。权利状态只能是我们由判决出发进行的推断，而不是由判决当然确定的。既然我们认定判决的效力，就应当尽量遵从判决的意思，尽可能的不在判决确定了的内容的基础上增加当事人的负担。对于死刑判决，判决所宣布的执行时间就是罪犯生命结束的时间，如果我们同时认为判决宣布后罪犯即丧失生命权，这将与我们对判决的服从相矛盾。也必然导致罪犯生命自然状态与法律状态的不一致。尽管在宣告死亡制度中也存在这样的不一致，但是死刑的判决和宣告死亡的目的是不同的，宣告死亡制度并非对被宣告人的权利的剥夺，而只是对申请宣告的当事人的权利的确认和支持，并不影响被宣告人本人的各项权利。那么，在肯定了罪犯及其配偶的权利之后，接下来的问题是：我们如何对待这些权利？我们是否应当出于人道而支持配偶生育权的主张？我们对于"人道"的理解常常是基于"法不外乎人情"的观念。但是人情只能框定在法律设计的范围之内，我们不能为了人情超越甚至牺牲法律的设计，否则将导致法律成为摆设和借口。

所以，一个基本的事实是，一个被宣判死刑的公民在其判决实际执行之前，并不因该判决而丧失一切权利。在此期间，严格而言，其所丧失的只是：其一，政治权利（因我国刑罚制度的强制性规定，即被判死刑的罪犯必须附加剥夺政治权利终身）；其二，人身自由，此为被判死刑的附带性后果，因为如果此时承认仍保留其人身自由将可能使国家的刑罚制度落空。所以，丧失人身自由是死刑宣判的自然延伸。从中可以看出，夫妻的生育权并不涵盖在死刑犯被剥夺的权利范围之列。在科以刑罚的同时由于刑罚操作和演绎判决的原因导致生育权的被剥夺，就造成尚未执行的死刑犯的额外损失。这是不符合法治原则和刑罚制度的。

因此，接下来要解决的一个问题是：夫妻双方生育权的行使是否需要以这些死刑犯丧失的权利为前提，如果答案是肯定的，则夫妻的生育权将不能行使，因为此时权利的行使是客观不能，这不是权利本身的丧失问题。但如果答案是否定的，即使一方是死刑犯但尚未执行的，该夫妻（此时他们的婚姻关系没有因一方的死刑判决而自动解除）双方亦可主张生育权。

从一般意义上讲，夫妻生育权的行使需要以双方的人身自由为前提。但死刑犯夫妻的生育权与死刑犯的在押状态之间存在一定的冲突。死刑犯的在押状态是被国家施加了刑罚而处在被羁押的状态，死刑犯的在押状态体现了国家对个人的否定态度。而人身自由权也是个人的一项基本权利，是一项宪法性权利。所以，在该案中就体现了死刑犯的在押状态与夫妻生育权之间的微妙关系：法律设定了惩罚，限制了人身权，而生育权的行使也是牵扯到是否与人身权受到限制状态相冲突的问题。宪法上的基本权利以不同形式与其他基本权利的规定保持着一定的联系，而非以孤立的形式存在。基本权利之间的相互联系在一定条件下导致基本权利的摩擦与矛盾。因此而引发的问题即是"基本权利的冲突"。而基本权利的根由是利益，是权利的内容和权利的资源，构成了权利的实质内核。不管是主观权利还是客观权利，都内在的蕴涵了对利益的期待或实际享有。权利是利益的法律外衣，利益是权利的核心结构。正是利益冲突导致了权利冲突，即权利不相适用的情况。这是权利冲突的根本原因。由于利益冲突的存在，往往容易发生权利冲突。传统理论认为，权利与权利之间是可以划清界线的；严格依法界定并保护一个人的合法权利时，实际上也就是界定和保护了他人的权利。然而美国经济学家科斯研究后发现，事实并非如此，相反，权利是交叉重叠的，在两个权利之间无法找到一个互不侵犯的界线。即使作了这样的界定，也只能在字面上保持彼此互不侵犯。

所以，一方是死刑犯的夫妻虽然享有生育权，但实质上难以行使这一权利。对死刑犯的这一要求，相关机关只能拒绝。因为即使承认这项权利，也几乎没有实现的可能。当然，这些困难从理论上来讲不应当成为否定基本权利的理由，并且宪法也不应当仅仅根据现有的法律技术的设计来确定是否对一种权利给予认可和保护，但是，我们所要作出的判决不应当只具有形式意义。判决不是宣言，而是要解决具体的问题，本身要具有可操作性，或者至少要能够通过后续的法律程序来补充可操作的内容和程序。否则将必然使判决成为一纸空文，其效力和尊严也就无从谈起。所以，在无其他技术可以实现夫妻双方不在一起而可以实现怀孕的情况下我们只能作出不予支持的决定。

但随着时代的发展，刑罚的出发点正在发生变革。在传统观点中，刑罚主要是一种报复和惩罚。但随着社会的演进和文明的进步，法律的发展使其更具人性化色彩，人们对刑罚的核心认识发生了很大的变化。刑罚已经不仅仅具有上述的功用，而且扩展到了教育，使其在出狱后更容易回归社会，更加注重人文主义的关怀。因此，刑罚执行理论和实践发生了许多的改革，谦抑性、轻刑化、人道化等都成为大家关注的话题。

随着社会的发展，公民权利的内容体系也在不断丰富和发展，而且社会科学技术的进步也为权利的行使提供了更为便捷的条件。从人在社会中的终极性价值出发，为了人的权利，一切可利用的科学发展成果均可利用。如果技术上能够允许在不解除罪犯人身自由的情况下使其实现生育，那么就不能说一方为罪犯的夫妻不享有生育权。就生育权而言，人工授精的技术为那些一方没有人身自由的刑事罪犯的夫妻行使生育权提供了可能。所以，当一国政府有能力为普通的社会大众提供人工授精的技术时，就不能拒绝死刑犯与其配偶的这一共同请求。

三、女性死刑犯夫妻的生育权与男性死刑犯夫妻的生育权

肯定死刑犯夫妻的生育权将可能面临一个诘难：这一行为是否降低了国家刑罚的严肃性和威慑性，从而使刑罚失去其对犯罪的威慑功能？

国家对刑事被告人判处死刑的根本目的，是通过剥夺该人的生命来否定其人生的价值。所以，只要承认死刑犯夫妻的生育权没有从实质上改变剥夺罪犯的生命，这一死刑判决的最主要目的即为正当；但如果承认死刑犯夫妻的生育权实质上改变了死刑判决的效力，则是不正当的。

从这一判断出发，应将女性死刑犯夫妻的生育权与男性死刑犯夫妻的生育

权分开讨论。生育权的行使具有持续性特征，即从受精成功到婴儿的出生将持续一段时间（由于自然的原因，这一过程主要是由女性来承担）。对于男性死刑犯夫妻的生育权应予保护，而不能承认女性死刑犯夫妻的生育权，因为客观上夫妻双方生育的主要行使者是女性，如果允许其在被判死刑以后还在监狱中行使自己的生育权，将可能使法院的死刑判决长时间得不到执行，国家司法判决的权威性将受到严重损害。

这样将女性死刑犯夫妻的生育权与男性死刑犯夫妻的生育权区别对待是否是有违宪法的平等保护？这其实是在宪法平等保护所允许的差别范围内的一种合理分类。然而，死刑判决的合法有效是进行本案讨论的前提。否则将违背本案的立案初衷，因而也将超出本案的处理范围。所以我们首先是要确定对判决的服从。既然它的效力被我们认可，我们就显然不能再故意作出可能导致改判事由（本案中指女性罪犯因怀孕导致死刑的不能执行）发生的各种认定和授权。因为即便是女性罪犯，也必须在判决确定的时间接受刑罚执行，即在确定执行日期之后，该罪犯任何与生命相关的权利将不能得到延续，那么她也就无法实现她和配偶的生育权，这是实现上的不可能，而并非法律的不公平对待。因此，在这种情况下，我们无法认可女性死刑犯夫妻对于生育权的主张。

承认男性死刑犯夫妻的生育权可能还面临一个诘难，即因此而产生的新的生命将没有选择地生活在单亲的环境下，这可能并不是任何主张死刑犯夫妻有生育权的人士所希望的结果。但是，法律在这种选择上是不能够干涉的，至多只能是在人道的基础上作出善意的提醒。

 参考阅读

1. 万广军、杨遂全："论基因遗传权的保护——以单身女性生育权和死刑犯父母人身权为视角"，载《上海政法学院学报》2010 年第 6 期。

2. 刘冬梅、管宏杰："论死刑犯的生育权问题"，载《西北农林科技大学学报》（社会科学版）2009 年第 4 期。

3. 陈秀萍："死刑犯之生育权问题探微"，载《河北法学》2009 年第 11 期。

4. 寇学军："关于死刑犯生育权问题研究"，载《河北法学》2003 年第 5 期。

5. 刘文："再论死刑犯的生育权"，载《重庆工商大学学报》（社会科学版）2005 年第 5 期。

6. 刘洋："再论我国死刑犯的生育权和实现途径"，载《商丘职业技术学院学报》2010 年第 6 期。

事例三

安乐死争议案[126]

【事例介绍】

1992 年，在加拿大的一个委员会的听证会上传出颤抖却又有力的声音："各位先生，我想问问你们，若我不能决定自己去死，那我这个躯壳的主人是谁呢？究竟我的生命是谁拥有呢？"短短几句话，问得委员们不知所措。这是患上绝症后，一直争取安乐死合法化的罗得里格斯太太临终前的呐喊和抗争。[127]

1986 年 6 月 23 日，陕西省汉中市传染病医院肝炎科收治了晚期肝硬化、腹水患者夏素文。6 月 27 日，夏素文病情严重恶化，痛苦不堪，强烈要求医生和其儿子采取措施让其迅速死去，不要再让其忍受毫无意义的痛苦。医院根据其病情，向病人和其儿子王明成送达病危通知书。王某不忍心看到母亲在极度痛苦中生存，恳求科主任、主治医师蒲连生让母亲早些辞世。在王某保证承担一切责任后，蒲连生指示护士对患者注射了 87.6 毫克的冬眠灵，致使夏某于 6 月 29 日凌晨死亡。案发后，侦查机关将二人以故意杀人罪逮捕。1991 年 4 月，汉中市人民法院判决被告属于故意剥夺公民生命权利的行为，另一方面又指出，夏素文直接死因是肝性脑病，严重肝肾功能衰竭，也不排除肝疮感染等原因，冬眠灵虽然促进了病人的死亡，但药量尚属正常范围，不是造成夏素文死亡的直接性、根本性原因。综合全案具体情况，二被告人行为属于"情节显著轻微，危害不大"，因而宣布王连成、蒲连生无罪。1992 年 3 月 25 日，裁定驳回抗诉，维持原判。至此我国首例"安乐死"诉讼经历了漫长的 6 年诉讼，终于尘埃落定，被告人被拘 492 天，以宣告被告人无罪释放结束。[128]

的确，我们有决定自己死亡的权利吗？对生与死的考问和思索几乎是人类社会有史以来就始终存在的永恒困惑。2001 年 4 月，荷兰通过的安乐死法案再次把世界的目光聚焦到这个令人关注的话题上。安乐死的观念和行为，自其产生的那一天起就注定是个法律上的难题。至今似乎还没有哪一个问题能像它那样，会涉及如此多的重要法律理念而又如此惹起纷争；也很少有哪个法律问题

〔126〕 本部分主要参考了张玉堂："我们有死的权利吗——对安乐死争论的法理学思考"，载《法学》2001 年第 10 期。

〔127〕 潘希熙："走向死亡，谁说了算"，载《政府法制》1995 年第 8 期。

〔128〕 邹同军："全国第一例'安乐死'，医生被拘 492 天"，载 http://blog.sina.com.cn/s/blog_9a99b2af0101239k.html，最后访问日期：2013 年 4 月 19 日。

能像关于安乐死的争论那样常常让我们感到无法自圆其说。

【本事例涉及的法律问题】

安乐死是否应合法化?

【基础知识】

安乐死亦称安死术,是英文"euthanasia"一词的汉译,最早源于希腊文"euthanasia"一词,本意为"快乐死亡"或"尊严死亡";在牛津词典中的解释为"患痛苦的不治之症者之无痛苦的死亡;无痛苦致死之术"。[129] 国内目前对安乐死尚无权威统一的定义,有人认为安乐死"是指对身患绝症濒临死亡的病人,为解除其极度的痛苦,由病人本人或亲属要求,经医生鉴定和有关司法部门认可,用医学方法提前终止其生命的过程"[130]。但也有学者持不同意见,认为这是沿用了西方的传统解释,对安乐死的内涵外延界定的不准确,是导致安乐死被误解及引起争议的原因。安乐死的本质是死亡过程的文明化、科学化,主张"安乐死是对于医学无法挽救的濒临死亡者的死亡过程进行科学调节,以减轻或消除死亡痛苦,使死亡状态安乐化"[131]。安乐死根据其实施的方式的不同,可分为主动和被动两种。主动安乐死是指采取主动措施,如注射或服用药物等加速病人死亡。被动安乐死则是指对危重病人不给予治疗或撤除支持其生命的医疗措施,而听任其死亡。根据被实施安乐死的病人是否明确表达其愿望,安乐死又可分为自愿和非自愿两种。前者系由病人本人通过遗嘱或口头表态方式决定,后者则是因本人无法表达意愿而由亲属或监护人做出决定。[132]

【事例评析】

一、安乐死及其合法化纷争

(一)安乐死的历史

从最广泛的意义上讲,安乐死的理论和实践可谓古已有之。在西方,有些原始部落为了其整体的生存、健康和强盛,常把病人、老人击杀或埋葬,以此来减少病弱者的痛苦和部落的负担。[133] 古希腊哲学家柏拉图认为,医生延长那些最终仍不免死亡的危重病人痛苦是不合伦理的,并赞同不堪忍受病痛折磨的病人自己结束生命。斯巴达人为了保证士兵的健康和战斗力,也有处死有先天疾病或生理缺陷之新生儿的习俗。在东方诸国,尤其是受佛教影响的地方,崇

---

[129] 《牛津现代高级英汉双解词典》,牛津大学出版社、商务印书馆1998年版,第395页。

[130] 石文亮:"试论安乐死立法",载《法律与医学杂志》1995年第3期。

[131] 冯秀云:"关于我国安乐死立法的几点思考",载《政法论丛》1997年第5期。

[132] 陈霆宇:"安乐死几个相关问题探析",载《政法论丛》1998年第2期。

[133] 许士凯等:《安乐死启示录》,上海科技教育出版社1992版,第38页。

尚人自然的死亡,"圆寂"、"坐化"等就是佛教徒追求的死亡方式。但是,由于安乐死违背传统的伦理观念,[134] 并与传统的医学理念和死亡概念相冲突,自杀和他杀的界限也因此而趋于模糊,故安乐死的思想和行为也普遍地无法得到法律的支持。

在西方,启蒙时代的到来宣告了传统社会走向式微的开始,个人对于自己生命和自由的把握与张扬迅速拓显至社会生活的各个层面,于是自 17 世纪起,具有现代意义上的安乐死思想便应运而生了。[135] 与此同时,由于现代生物医学技术的迅速发展,使一部分濒危病人的生命可以在人工干预下长时间地、极其痛苦地予以延长。这极大地激化了医学伦理中的一对固有矛盾———延长病人的生命与解除病人的痛苦。有关安乐死的病例和讨论不断涌现,终于使安乐死合法化运动在 20 世纪初与人权运动结合在一起正式走上了历史舞台。1935 年在英国出现了第一个"安乐死合法化委员会",其后美国、法国、丹麦、瑞典、荷兰等国也陆续出现了类似的组织。

但安乐死运动很快就随着纳粹德国的兴起及其对非日尔曼种族的屠杀而遭受挫折。第二次世界大战期间根据其信奉的优生学理论以及其纯净种族(雅利安)的理想,纳粹党人用"安乐死"、"尊严死亡"等名义有计划的屠杀慢性病、遗传病和精神病患者以及犹太人、吉普赛人等其他民族人士达 600 万人。[136] 从 1938 年法西斯分子滥用安乐死到 20 世纪 50 年代后期,安乐死声名狼藉,关于安乐死的讨论也几近销声匿迹。

从 20 世纪 60 年代起,随着工业革命掀起的第三次浪潮使医学革命得到复苏,安乐死合法化的讨论再度兴起。1960 年,有人在英国议会提出了安乐死法案。1962 年,日本最高法院规定,允许早死条例并附先决条件:本人自愿并提出申请,医生诊断患绝症,患者痛苦异常,亲属同意。1969 年,英国国会辩论的一项安乐死法案中声明:"医生给一个做出宣布的合格病人实行安乐死是合法的"。类似的法案也曾被美国爱达荷州、俄勒冈州等地的立法机构提出,但最终

---

〔134〕 长期支撑社会秩序的传统,在西方是以宗教伦理为主,如基督教就曾经禁止自杀;在东方,尤其是受儒家思想影响的大部分地方,无不视死为一个禁忌,在大多数时代里的大多数人也无不将长寿视为一种极其自然的追求。

〔135〕 培根、莫尔、洛克以及休谟等人都阐述过他们对于死亡的看法,托马斯·莫尔在其《乌托邦》一书中还对如何实施安乐死提出了许多具体的设想。参见许士凯等:《安乐死启示录》,上海科技教育出版社 1992 年版,第 39~40 页。

〔136〕 [美]亨利·弗莱德兰德:《从"安乐死"到最终解决》,赵永前译,北京出版社 2000 年版,第 1~4 页。

均未获通过。1976 年美国加利福尼亚州通过了《自然死亡法》，首次从法律上承认了"死的权利"。20 世纪 70 年代后期的法国、德国也都先后制定了有关安乐死的法律程序。荷兰和澳大利亚分别于 1993、1995 年通过有关安乐死的法案，但结果施行未几均告夭折。

2001 年 4 月，荷兰再次通过一项安乐死法案，不仅世人瞩目，在我国也掀起了又一轮讨论安乐死的高潮。我国的立法，迄今为止尚未涉及安乐死问题。但被动安乐死的情形在现实中是较为普遍的，通常也不会引起什么诉讼，即使有，一般也是作为普通医疗纠纷加以处理。前文提到的 1986 年发生在陕西汉中的案件是我国迄今为止最为典型的安乐死诉讼案，[137] 并引发人们开始普遍关注安乐死问题。1988 年全国和上海的各界专家学者分别组织了一次关于安乐死的研讨会，虽然意见不一，但与会者多主张无论在医学上还是在立法上都应谨慎对待。自 20 世纪 90 年代中期起全国的两会上亦不断有些代表（多为发达地区如广东、上海等地的代表）联名提出有关安乐死的提案，山东的一所大学甚至受其地方立法机关的委托起草出一份关于安乐死的立法草案。

（二）安乐死之合法化纷争

显然，从安乐死的历史发展来看，乐观的人倾向于把安乐死的合法化视为社会发展和法律进步的体现。但各国的立法实践表明：这种认识也许忽视了社会存在的复杂性从而太过乐观了。谨慎的人尽管对安乐死持理解态度，但却不希望法律过早的做出让步。在安乐死合法化问题上，双方的争论异常激烈，因为安乐死从表面看是关乎一个人的生与死，而实质上是关乎到人的生命权问题。

赞同一方的主要观点认为：其一，生命只属于个人，他有权按自己的意愿自由处置。这是自由主义者的主张，集体主义者即使赞同安乐死，一般也只主张消极安乐死。他们认为，个人生命是人类集体生命的组成部分，前者应服从于后者，个人是否可以实行安乐死要看对集体利益是否合适。其二，人的尊严具有最高价值，尊严使人有选择的自由，包括结束自己生命的自由。其三，追求生命质量是实现生命价值的重要目标，当一个人的生命只具有纯粹生物学意义上的存在或是只能在巨大痛苦中等待死亡时（生命质量已大大降低），医生却硬要拖延以使他承受痛苦，实际上是对病人的虐待，恰恰是一种不人道。其四，

---

〔137〕　对于此案，当年的媒体一直有各类报道和介绍评述。主要有：宋蔚林："'安乐死'与杀人罪"，载《民主与法制》2009 年第 22 期；王鸿鳞："关于我国首例'安乐死'案件"，载《人民司法》1990 年第 9 期；徐宗良：《大学生人文素养讲座：当代生命伦理的困惑》，上海交通大学出版社 2000 年版，第 57～58 页；王政勋：《正当行为论》，法律出版社 2000 年版，第 496～502 页；"当事人披露我国首例'安乐死'案审判始末"，载《华商报》2001 年 4 月 23 日。

社会资源是有限的，对一个无望挽救的绝症患者投入大量的医疗力量实际上是浪费资源，应当将这些宝贵而有限的医疗资源节省下来用于救助那些可能治好的病人。其五，死亡并非永远是人类的敌人，应正确看待死亡。生和死都是宇宙万物的基本问题，死亡不过是事物的自然序列中的一环。[138]

即便是在赞同者内部，关于安乐死的实施对象，也还存在很大分歧。有人认为安乐死的对象主要有三类：植物人、脑死亡者、身患绝症濒临死亡而又极度痛苦者。[139] 也有人主张安乐死的对象主要是两种病人：一是身患绝症处于晚期而极度痛苦的病人；二是有严重残疾，生命质量和生命价值极其低下或已丧失的病人，如不可逆的植物人状态或已发生脑死亡者，严重畸形且医学上无法治疗的胎儿、新生儿等。[140] 还有学者将植物人和严重先天缺陷的新生儿排除，提出安乐死的实施对象应是"医学上无法挽救存在痛苦的濒死者"。[141]

反对一方的主要观点有：其一，生命是神圣的和至高无上的，医学伦理要求医生必须尽一切可能救助病人的生命。其二，各国法律、道德、舆论和风俗习惯，对痴呆、严重畸形、伤残乃至各种濒临死亡的人，普遍采取极其宽容的态度，这是人道主义精神在全人类中的普遍体现。人类只有从尊重最弱的人做起，才能保持自己的尊严。不能把个人尊严和个人自由简单扩大到可以把濒危病人致死。其三，每一个生命都有一定的价值，都是人类的组成分子。社会对各个社会成员不仅有安置的权力，也有保护的义务。对有些被误认为是社会"负担"的患者进行救治，是人类社会的基本职责。其四，不可逆的诊断未必准确，不仅医学的发展可以使绝症可治，现实中更有许多病例是医学无法解释的奇迹（如植物人数年后苏醒），应该给病人以这样的机会。其五，病人要求安乐死的意愿未必是其理智而真实的意思表示，有的只是精神空虚或一种暂时的要求。其六，法律允许安乐死可能会被别有用心的人利用来实施犯罪行为，历史

---

[138]　本段观点分别参见：许士凯等：《安乐死启示录》，上海科技教育出版社 1992 年版，第 45～47 页；纪宗宜："关于医学法律中若干问题初探"，载《大自然探索》1999 年第 4 期；诺埃勒·勒努瓦："生物伦理学：宪制与人权"，载人大复印报刊资料《法理学、法史学》1998 年第 1 期。

[139]　徐宗良：《大学生人文素养讲座：当代生命伦理的困惑》，上海交通大学出版社 2000 年版，第 45 页。

[140]　陈霆宇："安乐死几个相关问题探析"，载《政法论丛》1998 年第 2 期。

[141]　冯秀云："关于我国安乐死立法的几点思考"，载《政法论丛》1997 年第 5 期。

上更有过纳粹借安乐死来进行屠杀的教训。[142]

二、生命权与自由

综观安乐死合法化纷争之双方的观点，如何看待人的生命与生命权、个人能否自由的选择死亡，是他们的主要分歧。古希腊哲学家普罗泰戈拉说过："人是万物的尺度。"人类社会有史以来的所有行动和思考，从最终意义上讲，也的确未能超出我们人类自身的立场和价值取向。个人生命的存在与发展、人类种群的存在与繁衍是我们考虑一切问题的前提。但被视为个人权利和利益的生命在安乐死的争论中却不得不面临更为全面的审视：人既然有生存的权利，为何就不能有死亡的权利呢？法律应不应该保护个人对其生命的自由选择？

（一）安乐死中的生命权悖论

一般而言，一个人的生命是始于出生而终于死亡，这也是一个人作为法律主体之享有权利在时间上的起点和终点。探讨生和死可以从哲学的、宗教的、医学的和法学的等不同的角度出发。单就法律角度而言，生死的标准主要是由民法界定的。民法上自然人的权利能力的开始时间有"受孕说"、"阵痛说"、"断带说"、"独立呼吸说"等学说和立法例；自然人的权利能力因死亡而终止，对死亡亦有"心跳停止说"、"呼吸停止说"、"脑死亡"等标准。就前者论，有的是被界定在出生（医学标准）以前，有的是在出生以后；就后者论，则主要有医学上（传统的）"心肺死亡"和（现代的）"脑死亡"标准的差异。我国民法对决定自然人权利起讫之界定采纳的分别是"独立呼吸说"和"心肺死亡"标准。[143]

那么，在这段短暂的人生历程中，我们的生命究竟属于谁？每个人的生命只能归他自己所有，这似乎是一个无须证明的常识。保护每个人生命的安全并不受任何非法侵害也是法律的基本职责。但这只是我们现在的常识，历史和理论曾经给过不同的答案。比如历史上的奴隶不仅没有独立的人格，连生命也完全属于他的主人所有，更别说享有什么生命权了。而基督教的神学家认为人是上帝的创造，每个人的生命都是属于上帝的，自杀就是违背上帝的意志，是一种犯罪行为。[144] 自文艺复兴起，西方人逐渐从神的阴影下被解放出来，直至现

---

[142]　本段观点分别参见许士凯等：《安乐死启示录》，上海科技教育出版社 1992 年版，第 45～47 页；纪宗宜："关于医学法律中若干问题初探"，载《大自然探索》1999 第 4 期。另外，念九州还提供了一些较为不同的观点，详见念长州："价值冲突：安乐死合法化的根本障碍"，载《西北民族学院学报》（哲学社会科学版）2000 第 1 期。

[143]　彭万林主编：《民法学》，中国政法大学出版社 1997 年版，第 68 页。

[144]　这是托马斯·阿奎那在《神学大全》中表述的观点。

代人权运动的深入发展，个人的人格独立与尊严终于成为全世界人们的共识。1948年《世界人权宣言》第3条规定："人人享有生命、自由和人身安全"，可见，人的生命只能由他自己来享有，庄严而神圣的生命权是任何一个人的最基本的人权。

安乐死中对于生命和生命权的争论，首先是在人的本质的认识上存在分歧。赞同安乐死的人一般都更加重视个人的尊严及其社会意义上的生存，往往以生命的质量来评判生存的意义、生命的价值。而多数反对安乐死的人则更注重从人的共性上来看待生命的意义，再大的肉体痛苦、精神折磨甚至是丧失了意识，都并不能降低其作为人的意义和生命的价值。就像密尔说的那样，即使是痛苦的苏格拉底也比最快乐的猪幸福。

如何看待这个分歧？赞同论者认为尊严的死比痛苦的生存更有价值。在这里，尊严成为了一个标准，但问题是：什么是尊严？绝症患者临终前的痛苦不堪，往往包括肉体和精神两方面的折磨。感觉到肉体上的痛苦如肢体残缺、组织疼痛等，这些只是医学上的事实，是否能构成尊严问题，却要因人而异。单纯的肉体痛苦必须经过个体的主观评价才能转化为尊严问题。而一个生活在社会底层的人如弃儿、乞丐、流浪汉等也许同样感到尊严的丧失，他们是否也会觉得生不如死？可见，不能断言尊严是死的理由。

赞同论者也许可以进一步附加其他条件来支持其主张，如要正确看待死的意义（死亡本身是生命的归宿），濒死者的死亡已无法避免，安乐死的本质是由人工来控制死亡的过程（使病人安乐而死）而不是杀人。但以生的归宿是死来主张一个人可以结束自己的生命，这应当是非常消极的人生观，也不是劝戒任何人主动死亡的合适理由。另外，何谓濒临死亡？绝症病人也许在几天内死亡，也许几个月后死亡，有些植物人可能会活几年甚至十几年，若要选择一个期限作为实施安乐死的标准显然不现实。再者，如果安乐死是要回避死亡之前的痛苦体验，医生拖延其死亡是对病人的虐待，那么对痛苦的慢性病人而言，医生岂不是在对他们进行更长时间的虐待？虐待的指责不过是对医生职责的误解和无理的情绪化表达而已。即使缩短病人临死前痛苦的目的是正当的，手段是提前终止他的生命，法律显然不能仅因目的的正当就当然肯定手段的正当。

再来看看反对论者的意见。生命神圣的主张固然正确，但这一般不会妨害对一个人生命的正当剥夺，如对杀人犯执行死刑通常都能被人们接受。但是，若社会和国家应当尊重并有义务保护病弱者——我们应当如何保护？以谁的标准来保护？如果我们认为病人要求安乐死的主张是一种不理智的决定，那我们又如何判定保障其痛苦的活着就一定是正确的理智呢？真理从来都不是投票的结果，以多数人的价值观去替代少数人自己的判断并不总是明智的选择，历史上的教训常常使人们对"民主的暴政"怀有深深的切肤之痛。

（二）安乐死的个人自由

当人们发现对一个问题无法自圆其说的时候，他们如果不是误入歧途，那就意味着已经到了答案的门前。人们在安乐死问题上之所以争论不休，其原因或许在于：讨论死是不是一项权利，从某种程度上说是在讨论一个伪问题。人们真正应当讨论的应是：一个人在选择安乐死的时候究竟有什么样的个人自由，他是否因此涉及了他人的利益并应当受到法律的限制？即我们应当如何行使这种与生俱来的权利？

在自愿安乐死中，病人和普通自杀者一样，都有死的意愿。不同的是，自愿安乐死的病人不能像普通自杀者那样由自己独立完成自杀的行为（一般地，他已经丧失了这种行动能力），而必须通过亲属、监护人尤其是医生的帮助才能实现他死的愿望。对于任何能够独立完成自杀行为的人而言，他无疑有选择死的个人自由，因为在仅涉及他本人的行为中，自由原则主张任何人"对于他自己的身和心，个人乃是最高的主权者"[145]。

另外，对自杀行为实际上的无法预防、无法控制，也使得法律一般不便干预自杀。历史上虽然有过禁止自杀的法律，但那不过是历史留给人们的笑柄而已，自杀最终还是从犯罪变成了人们的权利。[146]

由于自愿安乐死的病人必须借助他人的行为，其死的自由便不再是"仅涉及本人"的行为了。亲人和医生若要满足他的愿望，就要冒着杀人的危险，他们不得不考虑其协助行为的性质及后果。"不得杀人"自古以来就是一个不证自明的道德法则，而从刑法上来讲，有被害人的承诺并不足以使实施者的致死行为具有正当性。与病人死的自由相比，"不得杀人"戒条即使不是更高至少也可算具有同等价值，即应为那些协助者即亲属和医生所必须遵守。若协助者满足了病人的愿望以后无法避免道德或法律的惩罚，那么他们实际上就是受到了伤害。

自愿安乐死既然已经涉及他人，主张死亡的病人就有了对他人和社会的义务，反过来说，也就是社会取得了干涉的权力。在已经涉及他人的任何行为中，我们的自由都应当是有限制的。这完全可以用一个最通俗的例子说明：我们挥

---

〔145〕 张文显：《二十世纪西方法哲学思潮研究》，法律出版社 1996 年版，第 547～549 页。

〔146〕 李建军、刘世萍："从'犯罪'到'权利'：自杀行为的西方法律史述略"，载《河南省政法管理干部学院学报》2000 年第 3 期。

动手臂的自由止于他人鼻子所在的地方。密尔还提供了更进一步的观点:"自由原则不能要求一个人有不要自由的自由。"[147] 比如,他举例说一个社会不能承认任何人有要求卖身为奴隶的自由,尽管这可能的确是他真实而理智的意愿。至于非自愿安乐死的情形,不仅涉及他人协助自杀的问题,在此之前更涉及监护人或亲属以推定方式代理病人表达意愿的行为。

在医疗中,通常涉及两类推定的授权行为。一类是医患关系中存在的推定授权,即医生的救治权被认为是来自于病人的明示或默示的授权。比如,针对患者的症状医生进行必要的检查、开相应的处方、采用适宜的临床手术措施等,一般医生无须征得患者的事先认可,除非此治疗措施存在几种类似方案且医生的选择会给患者带来无法预料或难以承受的后果时,医生才有义务征求患者及其亲属的事先认可。另一类推定授权存在于患者一方的内部,即对医生的上述明示授权本来应由患者本人实施,而实际上病人常常因为其病症的紧急或危重已不能表达其意志,只能由其亲属或监护人来代理表达选择意愿。

因为目的和手段都是对病人进行救治而非伤害,按密尔的自由理论,医生和患者亲属上述的行为一般还算不上是涉及他人的行为。但如果是对病人实施非自愿安乐死,性质就不同了。首先,医生之所以有推定的救治权,其基础在三个方面:①维护或恢复患者的健康;②减少患者的痛苦;③拯救患者的生命。这都是患者的根本利益,医生的职责和义务也在于尽力实现这个目标。但这三个方面并非完全等同,医生的最高使命是拯救病人的生命。因为大多数医疗手段总会给病人带来痛苦,同时相当数量的病人在治疗后也失去了正常人的健康。所以,我们一旦授权医生可以主动为患者采取致死措施,就从根本上动摇了原先医生据以取得救治权的逻辑基础。其次,病人亲属或监护人的代理授权是否也能毫无限制?单就民法上的代理理论而言,代理人所有合法的代理行为都必须基于被代理人的某种利益。在医疗中,病人亲属的代理权的基础也就是医生据以获得救治权的基础,拯救病人的生命同样是这种代理权的最高来源。根据"伤害原则",医生和亲属实施安乐死的行为涉及了(剥夺)病人的生命权,法律必须对他们的行为加以禁止。

中国目前正在经历一次急剧的但却是相对稳定的社会变革,对安乐死的争论只是这股急流中的一朵小浪花。个人生死观的变化,可能会随着经济状况、社会地位、文化素养以及外来文化影响等因素的变化而在某些人身上有明显体现。但整个社会生死观的变化,却未必会和其他社会巨变一样而产生质的不同。

---

[147] [英]约翰·密尔:《论自由》,程崇华译,商务印书馆1959年版,第112页。

尽管中国迄今为止尚无针对安乐死的明确立法，但我们的法律却早已接受了安乐死问题的考验。[148] 不管是今天我们对安乐死持否定的态度，还是将来我们对之采取更加开放的态度，从司法的角度看，都将继续面临各种法律观念的角逐与冲突。对任何个人而言，给自己找个死的理由并不是件多么困难的事，难的是我们如何同时也给整个社会一个交代。在安乐死案件中，真正能够考验法官的难题，也许不是写在法典里的某个条文，而是来自病榻的永恒质问："我们有死的权利吗？"

参考阅读

1. 刘刚："安乐死与生命的尊严：国外安乐死研究的新理路"，载《南华大学学报》（社会科学版）2011 年第 3 期。

2. 仲崇玉、刘惠娟："安乐死的人格权解读——亦谈安乐死的合法化问题"，载《东方论坛》2003 年第 4 期。

3. 王燕："安乐死的民法学思考——亦谈安乐死的合法化问题"，载《西南政法大学学报》2003 年第 1 期。

4. 张红、杨航征："关于安乐死的立法思考——中国的安乐死立法之路还有多远"，载《西安建筑科技大学学报》（社会科学版）2004 年第 2 期。

5. 张玉堂："我们有死的权利吗——对安乐死争论的法理学思考"，载《法学》2001 年第 10 期。

6. 杨遂全："畸婴安乐死的法学与经济学分析"，载《法学论坛》2011 年第 1 期。

事例四

德国通过《空中安全法》案

【事例介绍】

2004 年 9 月，德国通过了《空中安全法》，授权军方可击落被劫持或有攻击意图的民用飞机，以防恐怖分子的空袭活动。

德国联邦议院通过的旨在防止恐怖分子袭击的空中安全法案，让国防部长可以在万不得已的情况下，命令空军击落被劫持或有攻击意图的民用飞机。

---

[148] 除著名的 1987 年陕西汉中安乐死案以外，潘希熙在"走向死亡，谁说了算"一文中还列举了从 1961 年到 1995 年间发生在中国的 5 起安乐死案件。参见潘希熙："走向死亡，谁说了算"，载《政府法制》1995 年第 8 期。

　　此外，法案还对加强机场和民航客机安全作了具体规定，如进入非公众区域人员必须进行安检等。这项法案经德国总统签署后即可生效。

　　德国在"9·11"事件后，相继推出了一系列加强空中和其他公共交通设施安全的法规，防范恐怖分子的袭击行动。[149]

　　2006 年 2 月 15 日，德国联邦宪法法院裁决，由前红绿政府制定的一项有关在紧急情况下可以授权联邦国防军击落被恐怖分子劫持的民航机的《空中安全法》违法，因而无效。联邦政府对宪法法院的这一裁决感到遗憾，但表示尊重这一裁决。[150]

【本事例涉及的法律问题】

生命权能否量化?

【基础知识】

　　生命权到底是什么? 我们说，生命权是人的一项最基本的权利，它是人的其他一切权利的前提和基础。生命权作为一项基本人权，自 18 世纪被美国宪法确立以来，已得到世界许多国家宪法的确认，并载入许多国际人权公约。《世界人权宣言》第 3 条规定："人人有权享有生命、自由和人身安全。"《公民权利和政治权利国际公约》第 6 条规定："人人有固有的生命权。这个权利应受法律保护，不得任意剥夺任何人的生命。"在现代宪法学视野中人的尊严与生命权是人类享有的最基本、最根本的权利，是构成法治社会的理性与道德基础。宪法学是以人的需求为出发点的，始终以人的尊严与生命权价值的维护作为基本的历史使命。如果离开或漠视人的尊严与价值，宪法学就会失去理性与道德基础。在这种意义上，各国学者们普遍认为，生命权是宪法价值的基础和核心，集中体现了人的价值与尊严。

【事例评析】

一、生命权价值量化的担忧

　　自 2001 年 9 月 11 日恐怖分子袭击美国的事件发生之后，有的人提出，如果在发生恐怖分子劫持飞机并威胁其他人的生命或是国家安全的时候，空军提前将飞机击落就可以避免造成更多无辜人丧失生命。笔者认为从逻辑学上讲，这个假设是可以成立的。但这个假设成立的首要前提是人的生命权价值能够量化，

[149]　"德国通过空中安全法：授权军方可击落被劫持客机"，载 http://www.chinanews.com/news/2004/2004 - 09 - 25/26/488140. shtml，最后访问时间：2013 年 4 月 19 日。

[150]　"德防长称紧急情况下可击落恐怖分子劫持的飞机"，载 http://news.sina.cn/w/2007 - 10 - 08/0159126839445. shtml，最后访问时间：2013 年 4 月 19 日。

即多数人的生命价值是可以大于少数人的生命价值。即便是这个假设的首要前提成立，那么我们还将面临谁又能够有权作出为了多数人的生命就可以剥夺少数无辜人生命的决定的难题。面对这样的问题即便是已经通过"空军可以击落被劫持或有攻击意图的民用飞机"的德国，其国内依然存在着激烈的争论。

"联邦宪法法院的裁决证实了德国总统克勒在签署该法案时表明的顾虑，即人的性命到底能不能用价值来衡量？能不能为了解救无辜者的性命而夺走其他无辜人的性命——德国最高法院联邦宪法法院院长帕皮尔在 2005 年 11 月进行法庭调查时提出了这些问题。审判团 8 名法官的判决是一致的、明确的。那就是：每一个人的生命都同等宝贵，因此，国家不能够在为了保护其他人性命的同时贬低被劫持飞机上的乘客性命的价值，仅仅把他们看成是靶子。帕皮尔说：把夺取人的生命作为拯救他人的一种手段，意味着把人的生命当成一种物质，具有可比性。国家出于自身考虑认为可以支配同样需要保护的飞机内乘客的生命，等同于否定了这些人生命的价值。而这一价值是每个人与生俱来的。帕皮尔说：可能考虑下达击落飞机命令的一种情况是飞机上仅有自杀式袭击者。除了这种情况之外，都不能够简单地将飞机里的乘客看成是武器的一部分，并像对待武器一样对待人命，审判团认为，持这一观点的人并没有将事件受害者本身看成是人，而是一件物品。也就是说，人命在这一情况下被物质化。"[151]

德国最高法院联邦宪法法院院长帕皮尔提出的问题及其忧虑是有其历史原因的。笔者以为，生命的产生、存在以及消失都应遵循自然规律。对生命的判断只能从生物学角度来考虑，而不能加入任何人为的判断。如果加入人为的判断标准，就会产生所谓"没有价值"或"价值低"的生命，这些生命就会以各种理由被剥夺。从历史的长河中我们不难看到，在原始社会，四处漂流的原始人往往把病人和老人留下，任由其自生自灭，就是因为这些病人和老人"没有了价值"或者"价值太低"了。古希腊斯巴达的法律要求遗弃弱的、畸形的婴儿，也是因为这些婴儿"价值低"。特别是第二次世界大战时期，德国纳粹希特勒也是以"没有价值"、"价值低"为借口残害了数以百万计的智障、残疾和精神疾病患者。历史上惨痛的教训都时刻提醒后人不能够将人的生命权进行简单的价值量化。

当部分人的生命权与另一部分人的生命权发生冲突而且这种冲突不能两全时是不是就应该放弃少部分人的生命权而保护多数人的生命权呢？抑或是当一

---

〔151〕　"德国联邦宪法法院裁决：恐怖分子劫持的飞机也不可击落"，载 http://www.chinalawedu.com/news/15300/155/2006/4/xi511416485971460021255 8 - 0. htm，最后访问时间：2013 年 4 月 19 日。

部分人可能生还的希望极其渺茫时为了保护其他人的生命权我们就可以提前结束他们的生命权呢？"以前，没有人考虑过这样的法律棘手问题，但自从2001年9月11日起，这种可能会出现的情况便是令所有国防部长最头疼的情况，因为击落命令最终是要由他们发出的。"我们必须清醒地认识到，如果我们盲目地将生命权给予物化或是量化，其危害性将是非常严重的。正如德国自民党的希尔施批评德国《空中安全法》时说："这是国家首次在非战争时期行使杀死行为完全合法者的权力。"笔者也同样坚持，生命权既不应当物化也不应当量化，如果不这样就会将使人们对生命权的最核心的价值"平等性"产生动摇，也同时动摇人们数百年来对生命权价值的认识。那么当生命权发生冲突必须取舍时我们应该怎么办？我们的取舍应当基于怎样的理论基础才能为公众所认同？这些都要求我们在回答上述问题时必须对生命权冲突取舍进行理性分析。

　　二、艰难的抉择

　　在立法中规定当一部分人可能生还的希望极其渺茫时，为了保护其他人的生命权我们就可以提前结束他们的生命权的行为是需要慎之又慎的，而且应当将其严格限制在一定的范围之内。笔者这样的结论并不代表笔者一方面坚持生命权不可量化和物化，另一方面又赞成在实践中运用量化和物化的思想来对待生命权。这使笔者不得不想到关于安乐死的世界性争论。目前荷兰是世界上唯一一个将安乐死合法化的国家，但实施安乐死被法律限制在严格的范围内。即便是在恐怖分子劫持民用飞机的情况之下，至少应当满足两个条件时才可击落客机，即，一是机上乘客的生命已经明确无疑地无可挽回，也就是根据事件的发展过程已经可以完全有把握地认为作不出其他判断的时候；二是客机在恐怖分子的控制下即将夺去更多无辜人的生命；三是出击还有可能。这三条必须同时成立才行。实际上只有完全确信当生命权不可挽救而同时这样做可以挽救更多人的生命时，这样的假设才能成立，并且在生命权发生冲突的情况下，作出牺牲一部分人的生命而保护住另一部分人的生命的决定只能被限制在极其苛刻的条件之下，任何的扩张解释都将导致灾难性的后果，因此这样的条件必须是经过民众的讨论并经法律以列举的方式予以确定的。这里笔者是将坐在客机中的所有无辜的机组人员和乘客推定为舍己救人的英雄。因为每一位舍己救人的英雄都是在心甘情愿地为了救助他人的生命而义无反顾地作出自愿放弃自己生命的思想下作出的壮举。毕竟这是一个无奈的推定。

1. 郑贤君："生命权的新概念"，载《首都师范大学学报》（社会科学版）2006年第

10 期。

2. 翟滨："生命权内容和地位之检讨"，载《法学》2003 年第 3 期。

3. 上官丕亮："生命权的全球化与中国公民生命权入宪研究"，载《金陵法律评论》2004 年第 3 期。

4. 郑莉芳："刑法中的生命权承诺"，载《河北法学》2006 年第 3 期。

5. 张平华："生命权价值的再探讨"，载《法学杂志》2008 年第 1 期。

6. 王奎："生命权的概念及其入宪的必要性和价值"，载《西南政法大学学报》2007 年第 6 期。

第五节　经济、社会与文化权利

一、经济、社会和文化权利概述

（一）经济、社会和文化权利的概念

对权利的概念作以界定，本身就涉及权利的分类问题，"经济、社会和文化权利"并不是一个概括的提法，是相对于政治权利等权利而言的，基本上可以认为经济、社会和文化权利是人们在从事包括经济生活、文化生活等在内的社会生活所涉及的一系列权利，它们既具有个性的特点，又有共性的特点。另外，"经济、社会和文化权利"的提法与《经济、社会、文化权利国际公约》的提法是一致的。

（二）经济、社会和文化权利的特点

事物的特点和概念是密不可分的，特点既是事物概念认识的自然要求，也是事物概念认识的适当深化。如前所述，"经济、社会和文化权利"是一个较笼统的提法，所以为了弄清它们的概念，有必要探讨它们的特点；当然，"经济、社会和文化权利"是一个集合概念，每个具体的权利的特点也是不同的，此处是把它们当做一个整体来探讨的。

1. 经济、社会和文化权利属于集合权利。经济、社会和文化权利是包括财产权、劳动权、休息权、受教育权、文化活动权以及环境权等在内的一系列权利，是一个较大的集合权利的概念，并不是一个单体的权利。我们注意到《经济、社会、文化权利国际公约》并没有将经济、社会和文化权利进行具体类别的划分，而是将其作为集合权利来对待的。

2. 经济、社会和文化权利大都属于积极权利。权利可以分为积极权利和消极权利。一般认为，所谓积极权利是指国家必须履行积极作为的义务，才可以实现的权利。经济、社会和文化权利以及参政权大都属于积极权利。在经济、社会和文化权利这个集合权利里面，无论是劳动权还是受教育权、环境权等，从现代含义而言，没有国家的积极作为，没有国家提供更多的就业机会、改善劳动条件，没有国家开办学校、提供师资，没有国家改善环境等，这些权利是无法实现的。所以经济、社会和文化权利有一个显著特点即大都是积极权利。所谓消极权利是指必须排除或逃避国家的干涉才利于实现的权利，如身心自由、言论自由以及经济自由等多属于消极权利。因此，这两类权利对于国家的要求是不一样的。

3. 经济、社会和文化权利本质上都是社会权利。从狭义的角度讲，经济权利和文化权利等有不同的特点，经济权利是人们在经济生活中涉及的权利，文化权利是人们在文化生活中涉及的权利，经济生活和文化生活显然不同；从最狭义的角度讲，财产权、劳动权、休息权、受教育权、文化活动权以及环境权等也是特点各异；但是从现代国家和社会的理念出发，这些权利的目的都有一个共同的特点即都是为了社会的利益、社会的安全、社会的保障等，所以从这个意义上讲，经济、社会和文化权利本质上都是社会权利。

二、财产权

(一) 财产权是基本人权

西方社会的权利保护传统，14、15 世纪涌现的人道主义思潮以及如火如荼的资产阶级大革命使得"人权"概念于西方大陆产生。大革命成功后，作为胜利的成果，人权开始写进了宪法文件，如 1776 年美国的《独立宣言》、1789 年法国的《人权和公民权宣言》等。

在诸多人权当中，生命权、自由权和财产权被称之为三大基本人权。宪法意义上的生命权主要是一种防御权，目的是防止国家侵害公民的生命。如果一个人连自己的生命都不能够决定，还何谈其他权利？如果一个人无法真实表达自己的意愿，无法自由行动自己的身体，跟动物又有何区别？

但在三大基本权利当中，财产权又处于基础性的地位，是其他权利实现的基础。正如有学者所言，保障财产权与市场经济的要求是一致的；是实现生命权、自由权的必要工具；稳定的财产权保障制度有助于实现个人的自治和人格的自我发展；也有利于加强保护公共财产。[152]

正是由于财产权处于重要的地位，世界各国宪法几乎都明确规定了财产权。从最早的《人权宣言》等宪法性文件对财产权的宣告到 2004 年中国宪法的明确

<hr>

[152] 张千帆主编：《宪法学》，法律出版社 2004 年版，第 197 ~ 199 页。

规定，财产权写进宪法可以说已有两百余年的历史。由早期的规定私有财产权神圣不可侵犯到 1919 年德国《魏玛宪法》规定"财产权伴随着义务，其行使必须同时有益于公共的福利"。我们认为从中可以总结出两个发展趋势：其一，宪法制定的越晚、对其保护越肯定和明确。如前社会主义国家在 20 世纪 90 年代新制定的宪法中基本上无一例外地规定私人财产权，像俄罗斯、白俄罗斯、乌克兰等。在现社会主义国家中，除中国外，对私人财产保护较好的 1992 年越南宪法也是最晚制定的。其二，各国越来越强调对于财产权的限制且限制的目的多为公共福利、利益。如 1998 年《德国宪法》规定：只有符合社会公共利益时，方可准许征收财产。再如《韩国宪法》规定：行使财产权时应尽力照顾公共福利。限制的方式有没收、征用、国有化和税收。这些方式多体现在法国、德国、日本、韩国和俄罗斯等。

（二）我国宪法规定的财产权

2004 年 3 月 14 日，我国现行宪法作出修改，对财产权予以明确规定。修改后的内容为："公民的合法的私有财产不受侵犯。国家依照法律规定保护公民的私有财产权和继承权。国家为了公共利益的需要，可以依照法律规定对公民的私有财产实行征收或者征用并给予补偿。"应该说，修改后的条文较为全面的规定了财产权；"不受侵犯"等属于保障条款；"征收或征用"属于限制条款；"给予补偿"属于补偿条款。克服了修改前对私有财产权保护的内容的限定性、规范体系的不完整性以及保障制度的倾斜性等缺点。因此，财产权入宪有助于维护公民权利和社会正义；有助于促进法治建设。

三、劳动权

（一）劳动权的涵义

劳动权是指公民为了维持个人生存、社会发展等目的，在国家和社会提供一定条件的前提下，通过合法劳动获取一定报酬的权利。在现代社会，劳动权具有以下几方面的含义：

1. 劳动权是平等基础之上的一项权利。平等权是一项原则性权利，既体现为政治权利平等，又体现为经济权利、文化权利平等，所以平等权包含了平等的劳动权。反过来说，劳动权首先是以平等为基础的。劳动权中的平等主要体现在地域平等、男女平等、城乡平等以及民族平等等多个方面。

2. 劳动权是一项积极权利。在现代社会，劳动权的实现已不仅仅是个人的事情，劳动对象、劳动机会、劳动条件等都依赖于国家和社会的提供。国家和社会有积极的义务来帮助公民实现劳动权。但是，不能以国家和社会的积极义务为理由，免除公民个人应具备的条件和义务。

3. 劳动权不仅是一项权利而且是一项义务。如前所述，劳动权对于公民来讲既是权利又是义务。劳动不仅是个人维持生存的基本手段，也是社会得以延续发展的重要途径。公民不进行必要的、适当的劳动，从个人角度而言，可能要食不果腹、衣不蔽体；从社会角度而言，可能会生产停滞、社会倒退。特别是随着福利国家的出现，如果不给公民设定劳动的义务，将会滋生懒汉思想，最终有害于社会和国家的发展。所以，每一位健康的公民都有义务进行与其身体和智力状况相符合的适度、必要劳动。

4. 劳动权主要包括劳动就业权和取得报酬权。劳动就业权是劳动权的核心内容，是公民行使劳动权的前提。《劳动法》第 3 条规定："劳动者享有平等就业和选择职业的权利。"第 12 条规定："劳动者就业不因民族、种族、性别、宗教信仰不同而受歧视。"为劳动者提供更多的就业机会是国家的一项义务，为此现行《宪法》第 42 条有专门规定。劳动就业权关系到劳动者的切身利益，为此国家采取了一系列的措施，如 1990 年国务院通过了《国务院关于做好劳动就业工作的通知》，1993 年国务院发布了《国有企业富余职工安置规定》，对国有企业富余职工的安置问题作了具体规定。

劳动报酬是公民付出一定劳动后所获得的物质补偿。《劳动法》第 46 条规定："工资分配应当遵循按劳分配原则，实行同工同酬。工资水平在经济发展的基础上逐步提高，国家对工资总量实行宏观调控。"为了保障劳动者的取得报酬权，我国实行最低工资保障制度。根据《劳动法》的规定，最低工资的具体标准由省、自治区、直辖市人民政府规定，用人单位支付劳动者的工资不得低于当地最低工资标准。

5. 劳动权是有限制的。劳动权固然是公民的一项与生存权密切相关的基本权利，但如果公民所从事的劳动损害国家或社会公共利益的，则不属于宪法保障的范围，应当由法律加以限制。另外，劳动权尽管对于公民的生活改善至关重要，但并不意味着公民在失业的情况下，国家必须给失业者提供就业的机会等。

（二）我国宪法规定的劳动权

我国现行《宪法》第 42 条明确规定劳动权。共有四款，其内容为："中华人民共和国公民有劳动的权利和义务。国家通过各种途径，创造劳动就业条件，加强劳动保护，改善劳动条件，并在发展生产的基础上，提高劳动报酬和福利待遇。劳动是一切有劳动能力的公民的光荣职责。国营企业和城乡集体经济组织的劳动者都应当以国家主人翁的态度对待自己的劳动。国家提倡社会主义劳动竞赛，奖励劳动模范和先进工作者。国家提倡公民从事义务劳动。国家对就业前的公民进行必要的劳动就业训练。"该条四款比较完整的表达了劳动权的含义。

权利的保障是权利的基本要素之一，我国现行宪法虽然明确规定了劳动权，但是在我国，目前仍然存在着性别歧视和地域以及城乡歧视等问题，这些都是以后应当研究解决的课题。

四、休息权

（一）休息权的主体

《世界人权宣言》第 24 条宣告："人人享有休息和闲暇的权利。"可见休息权的主体应是"人人"，即每个人，而不仅仅是劳动者。

（二）休息权的内容

1. 享有一定时间和质量的休息是每个人的生理需要，也是一项基本人权。休息是人类基本的生理需要，劳动者在付出一定的劳动后，需要消除疲劳，恢复必要的劳动能力。休息权是劳动权存在和发展的基础，也是一项基本人权。

2. "休息"包括时间的保障和设施的提供。对"休息"不能仅仅作狭义的理解，应当作全面的、多角度的解释，既要保证休息的时间，也要保证休息的设施等。

3. 国家和社会应当规定休息时间和提供休息设施。如前所述，休息权作为一项经济、文化和社会权利，也具有积极权利的特点，因此，国家和社会有义务通过多种途径来保证公民的休息权。就休息权而言，国家和社会的义务主要表现在时间的规定和设施的提供等方面。

（三）我国宪法规定的休息权

我国现行《宪法》第 43 条明确规定了休息权。该条共有两款，内容为："中华人民共和国劳动者有休息的权利。国家发展劳动者休息和休养的设施，规定职工的工作时间和休假制度。"从条文中可知，在我国享有休息权的主体是劳动者而不是全体公民。在我国休息权的保障主要体现在"休息和修养的设施"以及"工作时间和休假制度"等方面。

在我国，除了宪法以外，国家立法机关根据宪法还制定了一些诸如《劳动法》等法律文件来规定保留工资的休息和度假制度，规定了劳动者的法定节假日。同时，国家还根据实际与可能，在各地兴建了大量的疗养院、休养所、文化馆、公园、图书馆、影剧院、体育场等设施，为劳动者的休息提供物质保障。

马克思说过："权利永远不能超出社会的经济结构以及由经济结构所制约的

文化发展。"[153]在我国随着经济的发展，人们生活水平的提高，人们会越来越重视休息权及其保障。

五、受教育权

（一）受教育权的提出

与其他权利相比，受教育权提出的历史较短，始于1919年的德国《魏玛宪法》。制定于1919年的德国《魏玛宪法》是近现代宪法的分水岭、现代宪法产生的标志，受教育权的规定是此部宪法诸多开创性内容之一。《魏玛宪法》在其第二编《德国人民之基本权利及其基本义务》中，专设一章即第四章《教育及学校》，该章从第142条到第150条，较为详细地规定了公民受教育权诸问题。在《魏玛宪法》之后，有相当多国家在宪法中规定了公民受教育权。据资料统计，目前各国正在实施的宪法中，有约一半规定了公民受教育权。[154]

（二）受教育权的内容

1. 受教育权是平等基础之上的一项权利。平等权作为一项原则性权利，包括文化权利的平等，任何包括受教育权在内的文化权利都应当以平等权为原则。平等是受教育权的第一要义。受教育权中的平等主要包括性别平等、地区平等、城乡平等以及民族平等几个方面。

2. 公民可以通过多种形式来享有受教育权。受教育的形式主要有：学龄前儿童有接受学前教育的机会；适龄儿童有接受初等教育的权利和义务；公民有接受中等教育、职业教育和高等教育的权利和机会；成年人有接受成人教育的权利；公民有从集体经济组织、国家企业事业组织和其他社会力量举办的教育机构接受教育的机会；就业前的公民有接受必要的劳动就业训练的权利和义务。

（三）受教育权的性质

1. 受教育权是一项积极的受益权。我国台湾地区有许多学者认为，有一种权利可称之为受益权。受益权又可分为消极的受益权和积极的受益权。林纪东认为："受益权，谓人民为其一己之利益，请求国家为某种行为之权利。"他将受益权分为消极性之受益权和积极性之受益权。救济权即为消极性之受益权。"积极性之受益权，亦有多种，如生存权、工作权、受教育权等。"[155]我们认为，台湾学者的分析颇有道理，公民要想享有受教育权，须依赖于国家创造必要的

---

[153]　《马克思恩格斯选集》（第3卷），人民出版社1972年版，第12页。

[154]　［荷］亨利·范·马尔塞文、格尔·范·德·唐：《成文宪法的比较研究》，陈云生译，华夏出版社1987年版，第159～160页。

[155]　林纪东：《比较宪法》，五南图书出版公司1982年版，第247～251页。

条件，提供基本的设施，实质上即要求国家履行必要的积极义务。

2. 从自由权和社会权并列在一起的角度来看，公民受教育权实质上是社会权。有学者认为，受教育权包括教育权、受教育自由、教育自由和教育目的等四方面内容。受教育权同时兼具自由权与社会权两种权利的特性。在受教育权的四方面内容中，受教育自由与教育自由侧重自由权，而教育权与教育目的则侧重社会权利特性。[156] 此种观点应该来说有较多的新颖性和较大的启发性，但我们不太同意该观点。首先，要确定公民受教育权的主体是"公民"，而不是国家或别的什么人。所以，我们不同意受教育权还要包括教育权、教育自由的说法。其次，从公民受教育权的产生理念和实质内容来看，是社会权而不是自由权成为公民受教育权的特性。该权利本身是在国家理念和宪法理念发生重大变化的历史背景下出现的，法律社会化的潮流必然会使新出现的权利受到潮流的影响。该权利的本质是为了公民个人更高层次的发展，更有尊严的生活，同时也是为了整个国家和民族素质的提高，从这个意义上来说，这些因素也应该使公民受教育权具有更多的社会权属性。当然，并不是说"自由"在公民受教育权中毫无体现，但"自由"是非常有限的、次要的、非本质的。一所高校有在一定的范围内选择到底录取哪一位学生的自由，但它必须要录取本地区或本国的学生，这是确定无疑的，也就是说，自由是受限的。一名学生，他有在一定范围和条件下择校的自由，但他只能是在一定范围内和一定条件下，同时他必须要接受教育，这是对现代社会一个公民的最起码的要求，此时，他的自由也是受限的。

所以，从自由权和社会权并列在一起的角度来看，公民受教育权可能会有一些自由权的性征，但这是次要的，是以社会权的特征为前提的。

3. 从经济权利、文化权利和社会权利并列在一起的角度来看，公民受教育权属于文化权利。文化权利须是一国历史文化传统、民族精神等在其中的凝结和浓缩，具有文化目的。公民受教育权显然属于文化权利。受教育权的主要内容即是对本国文化的一种继承和发扬，另外也蕴含着深远的文化目的。如我国现行《宪法》第 46 条规定："中华人民共和国公民有受教育的权利。"公民享有和行使该项权利，一则可以提高自己的文化水平，二则可以提高全民族的文化素质。可以这样定义，公民受教育权是指公民有通过学校和其他教育设施和途径，学习科学文化知识和专业技能，提高文化素质、政治素质或业务素质和水平的权利。它是一项基本的文化权利，是公民享受其他权利、得以全面自由发

---

[156] 温辉：《受教育权入宪研究》，北京大学出版社 2003 年版，第 28、103、104 页。

展的前提，在文化甚至包括社会权利中都占有十分重要的地位。

4. 公民受教育权既是一种权利，又是一种义务。公民受教育权首先是一种权利，如列宁所言，宪法是公民权利的保障书，一种权利当它作为基本权利写进宪法，最主要的是把它作为公民权利体系的有机组成部分，保障公民享有正常的美好的生活。在探讨公民受教育权的问题时，应将主要精力投入到受教育权的"权利性"上。但是，权利和义务从来都是孪生兄弟，既是权利，又是义务是现代国家大多数宪法权利的鲜明特色。坚持权利和义务的一致性，是马克思主义的一个基本观点。早在 1864 年组织国际工人协会时，马克思就在协会的临时章程中提出："没有无义务的权利，也没有无权利的义务"。并在他亲自重新修订的 1871 年版的《国际工人协会共同章程》中继续坚持了这一基本观点。[157] 另外，资本主义国家随着自由竞争向垄断阶段的发展，国家干预逐渐加强，人们在继续重视公民权利的同时，也开始强调义务的一面。我国台湾学者林纪东认为："宪法关于人民义务之规定，各时代不同，在 18 世纪后期，民权革命成功之始，对于人民之义务，甚少规定，可称为缺少义务规定时期。19 世纪以后，各国宪法，对于人民之义务，略有规定，可称为开始义务规定时期。至于 20 世纪第一次大战以后，各国新宪法，对于人民之义务，设有较多之规定，且每规定人民享有某种权利时，连带规定其所应负之义务，其所定义务之种类与性质，与前均不相同，可称为重义务时期。"[158] 受教育权也具有同样的特点，宪法在赋予公民权利的同时，也规定了必须的义务。如 1919 年德国《魏玛宪法》第 120 条规定："养育子女，使之受身体上、精神上及社会上美格，为父母之最高义务及自然权利。"第 145 条规定："就学为一般的义务，就学义务的履行，应以在小学修业 8 年以上，及毕业后至 18 岁止，在补习学校修业为原则。"它还规定："受国民小学教育为国民的普遍义务，……国民小学及完成学校之授课及教育用品，完全免费。"

（四）受教育权的实现

1. 公民受教育权实现的基本途径是该项权利的法律化。在现代社会，法律是最基本的社会规范和行为准则，一项权利的实现的最基本的途径就是在法律中明确规定并使之得到落实。权利有三种形态，即应有、法定和实有。实有是我们的最终目的，但要实有，先要法定。

2. 公民受教育权实现的现实途径是国家及政府不断增加财政投入。从该项

---

[157] 《马克思恩格斯选集》（第 2 卷），人民出版社 1972 年版，第 137 页。
[158] 林纪东：《比较宪法》，五南图书出版公司 1982 年版，第 317 页。

权利是积极的受益权的特点来看，该项权利的实现依赖于国家与政府积极的履行义务。积极的义务包括多个方面，但经济是基础，所以，一切义务的履行都可以归结在"钱"的问题上。

3. 公民受教育权实现的关键途径是实现该项权利的可诉性。公民受教育权的法律化，以及国家加大教育投入，为该项权利的实现提供了基础的和现实的条件，但在实际中，权利经常不能正常实现，所以权利的救济对于权利是至为关键的，而权利的救济实质上要求权利具有可诉性。

4. 公民受教育权实现的根本途径是正确的宪法观念、权利观念的树立。观念是深植于人们内心的对一事物认识、评价、情感等的总和。它会指导人们的行为，所以，观念突破才是公民受教育权实现的根本之所在。具体来说，就是要树立宪法具有具体制裁性的观念；树立公民受教育权具有直接法律效力的观念。

（五）我国宪法规定的公民受教育权

我国现行《宪法》第46条规定："中华人民共和国公民有受教育的权利和义务。国家培养青年、少年、儿童在品德、智力、体质等方面全面发展。"该条文共有两款，比较完整地体现了受教育权的内容及性质。目前在我国，公民受教育权主要存在平等保护和实际享有两大现实问题。

六、文化活动权

（一）文化活动权的含义

文化活动权是指公民有参加有关文化活动的自由以及要求保障其正当的文化活动的权利。文化活动权是文化权利的重要内容，对于一个国家的文化建设、民族的文化水平的提高都有重要的意义。

从现代意义而言，国家和社会有义务为个人的文化活动权免受他人侵犯提供保护；应当为充分实现个人的文化活动权而积极采取措施，包括为保存、发展和传播科学和文化所必要的措施；应当尊重个人寻求和接受科学技术进步方面的信息；应当尊重公民进行科学研究和创造性活动所不可缺少的那些自由等。

但是，国家保护公民文化活动的权利，仅仅是针对合法的文化活动。对于不利于人类的创造性工作，严重损害公共利益的文化活动，国家不但不保护而且要通过法律加以限制。任何人不得利用自己的科研成果去进行危害他人利益、国家安全或社会公共利益的活动。

（二）我国宪法规定的文化活动权

我国现行《宪法》第47条规定："中华人民共和国公民有进行科学研究、文学艺术创作和其他文化活动的自由。国家对于从事教育、科学、技术、文学、艺术和其他文化事业的公民的有益于人民的创造性工作，给予鼓励和帮助。"可见，在我国，公民文化活动权主要包括科学研究、文艺创作以及其他文化活动的自由。

科学研究自由作为公民的一项基本权利，其含义是：①公民有权自由地对科学领域的问题进行探讨，任何组织和个人不得非法干涉；②公民有权通过各种形式发表研究成果，国家有义务提供必要的物质条件和设施；③国家积极创造条件，鼓励和奖励科研人员，保护研究成果。国家先后颁布了《中华人民共和国著作权法》、《中华人民共和国学位条例》、《自然科学奖励条例》等法律法规，从法律上保护公民这项自由的实现。

文艺创作自由是指公民依法可以自主地选择内容和形式，从事文艺创作活动并发表成果。其他文化活动自由，主要是指公民有权按照自己的意愿和兴趣观赏艺术珍品、欣赏文艺作品以及利用图书馆、博物馆、文化宫、游艺厅等场所进行各种健康的文化娱乐活动。

七、环境权

（一）环境权的提出

随着人类生存环境的不断恶化，人们希望在生活改善的同时能有在一个舒适的、适宜的环境当中生活的权利——环境权，作为一个新兴的权利，逐渐被人们提出并倍受关注。

环境权的提出始于 20 世纪 60 年代。1966 年，联大第一次辩论人类环境问题，与会代表一致认为应专门召开一次会议来共商环保大计。1970 年 3 月，国际社会科学评议会在东京召开了"公害问题国际座谈会"，在会后发表的《东京宣言》中更为明确地提出了环境权的要求。联大 1966 年决议并于 1971 年召开的斯德哥尔摩人类环境会议通过了《人类环境宣言》，该《宣言》第一条庄严宣告："人类有权在一种能够过尊严的和福利的生活环境中，享有自由、平等和充足的生活条件的基本权利，并且负有保证和改善这一代和世世代代的环境庄严的责任。"[159]诺贝尔奖获得者、著名的国际法学者雷诺·卡辛认为：健康和优雅的环境权应包括在人权原则之中，具体而言，环境权包括保证有足够的软水、纯净的空气等。

（二）环境权的性质

在承认环境权是一项基本人权的前提下，我们认为环境权的性质主要有以下几点：

---

[159]　有关环境权提出的一些资料，见吕忠梅："论公民环境权"，载《法学研究》1995 年第 6 期。

1. 国际性。环境问题具有整体性和全球性。从局部来看，环境问题在某些地区可能表现得更突出，但世界各国家、各地区的相互依存性以及资源使用的同一性，使得环境问题的国际化特色相当明显。

环境问题的解决、环境权的保障，尽管首先是某一个国家及政府的责任，但如果不能够实现国家间的资源共享、国际合作以及确立公平责任，环境问题最终是不能得到根本解决的，人们最终也无法真正享有环境权。

有很多国家及国际组织充分注意到了环境问题的国际性。如《人类环境宣言》第21条规定：各国享有按照自己的环境政策开发自己的自然资源的主权，同时也有责任保证在它们管辖或控制下的活动，不致损害他国的环境或属于国家管辖范围以外的地区的环境。

2. 技术性。一般来说，一国宪法和法律中规定的许多公民权利与技术的运用并无太大关系，但环境权则不同。环境问题中的很多术语，如酸雨是指PH值小于5.6的雨雪或其他方式形成的大气降水，什么是PH值这就涉及一个技术问题。再比如说，臭氧层是指距离地球表面10～50公里的大气层中由臭氧构成的气层，什么是臭氧也是个专业术语。另外像空洞、温室效应等，都有较强的技术性。

环境权的实现，实际上依赖于包含着相当多技术色彩的环境问题的较大程度的解决，因此，这一权利不可避免地具有较多的技术性。

3. 社会性。环境权的主旨在于整个人类社会资源的维持和正确的利用，使得人类不至于生活在恶劣的环境中（这与社会发展的目标是大相径庭的），以及避免资源枯竭这一最不安全因素的出现，因此环境权属于社会权利。

4. 复合性。所谓环境权的复合性是指在权利和义务上的复合性，就是说环境权既是权利，又是义务。仅仅提环境权利或者环境义务都是有待商榷的。

环境权之所以被提出来，其大背景就是环境问题日益严重，并危及到人类社会的可持续发展。权利有一基本的特点就是可以放弃。如果我们仅仅主张环境权，那么公民可以要求实现环境权利，也可以放弃。公民放弃环境权就意味着他可以容忍周围糟糕的环境，比如空气的污染、噪音的污染、等等。如果大家都放弃了这项权利，那么可以预测到的事实就是整个环境的破坏，这显然与我们最初主张环境权的初衷是相背的。世界上有些国家的宪法，就规定公民应履行保护环境的义务。如《土耳其宪法》规定：改善自然环境、防止环境污染是国家的责任和公民的义务。再如《印度宪法》规定：保护和改善自然环境为每个公民应尽的义务。还有《伊朗宪法》规定：在伊朗共和国里，保护这一代和我们子孙后代在其中生活的环境是公众的义务。

但仅仅主张环境义务也有弊端。因为我们在这里所讲的环境权利也好，环境义务也好，其主体都是公民。公民要履行某项义务就意味着如他不履行就要受到法律的制裁。就环境问题而言，对某些破坏环境的公民进行制裁，可以在一定程度上保护环境。但要知道，良好环境的保护和维持最主要的力量来自国家。如果对公民加以环境义务而非环境权利，这样国家成了监督者，袖手旁观者。没有国家的参与，公民的力量是薄弱的，也很难使得环境得到大的改善。再说一味对公民追加环境义务，公民从中难以得到直接的利益，对之产生冷漠甚至反感，这也不见得能达到预先所设想的摆脱人类中心主义的羁绊，真正实现可持续发展的目标。20 世纪以来的社会化潮流，明显地体现国家对社会事务的广泛干预。人民认可国家社会事务的广泛干预，但国家为此也要承担相应的义务。在环境问题上国家就负有不可推卸的义务，而国家的义务，对于公民就成了权利。

（三）环境权的法律保障

宪法是人权的保障书。所以，环境权的法律保障，宪法是首要之选。

目前世界上有不下 20 个国家都在其宪法中以专条的形式规定了公民的环境权。有些国家如韩国、俄罗斯、乌克兰、西班牙、葡萄牙、智利等直接在宪法中明确规定环境权；有些国家，如日本，依据宪法中生存权的规定引申主张对环境权的保障。

各国宪法对环境权的规定体现出三个比较鲜明的特点：①各国宪法中制定的越晚的，专门规定环境权的就越多，而且，前苏联及东欧国家在其中占有相当大的比例；②宪法在赋予公民环境权的同时规定公民应履行保护环境的义务；③一般在同一条中，在规定了公民的环境权之后，紧接着便规定国家应履行保护环境的职责。

（四）我国宪法对环境权保护的依据

我国现行宪法目前还没有明确的规定环境权，但随着我国经济的发展，人们生活水平的提高，对环境的要求会越来越高；而宪法是人权保障书，所以有必要为环境权的保护寻求宪法依据。虽然，《宪法》第 9 条规定，"国家保障自然资源的合理利用"；第 26 条规定，"国家保护和改善生活环境和生态环境，防止污染和其他公害。"但这两条的规定是从国家义务的角度对公民的环境权予以间接保护。那么，既然宪法已规定"国家尊重和保障人权"，环境权又是一项基本人权，因此我们认为，应当在宪法中明确而直接地规定公民的环境权。这既有利于完善我国宪法的公民权利体系，也有利于实现可持续发展。

百事员工罢工案[160]

【事例介绍】

2011 年 11 月 4 日，百事和康师傅宣布达成股权置换协议，百事将把目前在华 24 家全资和合资装瓶企业股移交给康师傅饮品，由此将获得康师傅饮品 5% 的间接持股。百事将有权决定在 2015 年前把康师傅饮品的间接持股增加到 20%。此协议下，康师傅将负责生产、销售和分销百事的碳酸饮料和佳得乐品牌产品，百事将继续拥有品牌和负责其市场推广活动。而百事中国瓶装厂的员工普遍担心公司易主后自己的权益问题，2011 年 11 月 14 日上午，百事在重庆、成都、南昌的瓶装厂员工首先发起集体罢工。部分员工称"这不是罢工，是维权"。罢工员工要求百事中国因并购案赔偿自己利益，主要方式是现金赔偿和买断工龄；并声称，在并购案消息发出之前，员工完全不知情，这侵犯了员工们的"知情权"。

在百事中国员工罢工潮中，业界最为关心的是百事和康师傅的合作协议会不会因此而不能获批。对此百事方面称，因为此次合作方案是一种"交叉持股"方式，不会造成市场份额方面的集中，可以规避商务部的反垄断审批，百事对审批结果持"审慎乐观"。但是百事中国工厂全国范围的罢工潮还是会对其造成一定影响的。在《外商投资者并购境内企业暂行规定》中，虽然没有对被并购境内公司的职工安置问题作出具体的规定，但是要求境外投资者在向审批机关报送的文件中，应同时报送被并购境内公司职工的安置计划。而政府部门基于维稳方面的考虑，很有可能在审批时向百事方面施压，百事中国的罢工员工或许是希望借此机会满足自己的利益诉求。这就是一场劳资之间的利益博弈。在劳资市场上，员工可以基于自身利益的考虑，联合起来，通过罢工等方式与资方谈判。但是百事中国的罢工员工不应该拉起"维权"大旗，因为其提出的很多利益诉求并不具备法律依据。

【本事例涉及的法律问题】

我国公民是否有罢工的权利？

---

[160] "百事员工罢工不是'维权'只是利益博弈"，载 http://finance.qq.com/a/20111124/004994.htm，最后访问时间：2013 年 5 月 19 日。

【基础知识】

罢工权实际上是公民言论自由和结社自由的自然延伸。宪法上的言论自由应加以广义理解，即表达自由，是指公民有权通过各种方式自由地表达自己的意思，这是包括我国宪法在内的各国宪法所公认的一项公民的基本权利。罢工则是劳动者表达自己意思的一种特殊方式，有明确的目的性，并且是非暴力的，在一定条件下不会影响到除企业主外的其他人的合法权益。罢工这种特殊的言论自由权利的行使并不违法。

【事例评析】

一、世界各国对罢工的限制

罢工可分为个人罢工和集体罢工。个人罢工属于个人职业自由的内容，我国《劳动法》规定了劳动者享有选择职业的权利，所以个人罢工如无暴动或其他犯罪行为，便不能受刑事制裁。集体罢工，是指为一定的目的，多数人共同暂时性地停止工作。本文中的罢工指集体罢工。

考察世界各国的宪法制度，承认罢工是公民的基本权利已经得到各国的普遍认同。但罢工会影响社会的稳定，而且也必然会带来经济上的损失，所以罢工权不能被滥用，必须通过法律加以规范。从世界各国的实践看，对罢工权的限制主要可以体现在以下几个方面：

1. 目的性限制。即罢工一定要有明确的经济目的，不能为罢工而罢工以致给社会带来不必要的损失。例如，法国对于罢工的规定就失之过宽，允许工人每年有 3 个月的罢工时间，而企业还得照付工资，这显然与我们确立罢工权的目的背道而驰。德国法律则在承认"工业行动"[161] 是集体谈判双方权利的同时，又规定只有当采取"工业行动"的目的是为了达成集体协议时"工业行功"才具合法性。德国的这种规定较具合理性，既有利于发挥罢工权的积极作用，又控制了罢工对社会的损害，更为可取的是把政治性的罢工也排除在了罢工权之外。以罢工来实现政治主张，因为不是针对某一具体的劳动法律关系企业方当事人，所以一般而言必然规模大、时间长（政治协议的达成较经济协议的达成更为不易，且程序上也更为复杂）、社会动荡大，这样不仅付出的代价太大，而且容易被社会的某种政治力量利用，在实践中也会与有些危害国家安全的犯

---

〔161〕　工业行动，译自英文 Industrial action，是工人同老板谈判时，讨价还价的一种行为。所采取的做法有拖慢效率的效果，比如罢工、按章工作、拖慢做，等等。等到对老板或社会造成大的影响后，增加谈判筹码。工业行动有时是罢工的代名词，为了比罢工听起来好听而使用的。不过工业行动的方式比罢工多。

罪相混淆，显得难以掌握。所以对罢工的目的性限制必不可少。

2. 组织限制。罢工是一种结社行为，为了使罢工有序进行，防止行使罢工权对社会造成不必要的损害，所以罢工应当有组织上的保证。一般而言，各国的罢工大多由工会负责组织。我国的工会因为是国家组织的，具有准官方的性质，与劳工自由结社有一定差别，在这种情况下，工会能否真正地、完全地负担起组织罢工的职能已值得考虑，但在我国目前的法律框架内，允许由劳动者自行另行结社组织罢工也是不现实的，对国家而言，失控的可能性也较大。所以最起码在可以预见的时期内，只有由工会组织罢工方为合法。

3. 主体与行业限制。一般而言，各国均规定国家公务员、司法官员（法官、检察官）、军人不得组织和参加罢工；国防和与国防有关的行业禁止罢工。这主要考虑到一是这些人员和行业与国家政局稳定、国防稳定有着极密切的关系，社会不能承受这些人员罢工带来的危害；二是这些人员所从事的是公务，而不是提供劳务。所以他们与国家之间的关系不属劳动法调整，因此自然不享有劳动法上的罢工权利。例如，美国法律规定，政府雇员（包括政府所属公司雇员）罢工是非法的，参加罢工的政府雇员应立即予以解职，而且3年内不得在任何国家机关中担任公职。但我们认为这里面对政府所属公司雇员不得罢工的规定过于苛刻，因为政府所属公司里的工人与公司是劳务关系，受劳动法调整，只要这些公司不属于与国防有关行业，不从事与国防有关业务的，他们的罢工权利就不能被剥夺。

4. 时间地点限制。在特定的时间和地点不得罢工，这主要是指战争状态时、宣布进入动员状态或戒严的时间和地点、受灾区域在抢险救灾时或有受灾的迫切危险区域在防险时以及其他与国防有关的紧急状态。

5. 法律责任限制。罢工无论是否合法，只要没有其他犯罪行为，就不受刑事制裁。但因罢工而发生的民事责任问题，各国法律的规定甚为复杂。英国自1906年后，工会对于因罢工而导致的损害并不负责。但经1926年的大罢工而有的1927年《劳工争执及工会法》规定，工会须对因罢工而导致的损害负责任。而法国则至今仍依1920年的法律，工会仍无责任。我们认为，非法罢工而造成的民事损害应当由组织者负责赔偿。但对于合法的罢工，要求罢工者对企业的损失予以赔偿必将使罢工失去原有的意义。因为，企业方基于对民事赔偿的预期完全可以对罢工不理不睬，不利于争端的及时公正解决。另外，这也混淆了具体保障公民宪法上罢工权利的劳动法作为社会法强调保护弱者与民法作为私法强调等价有偿的区别。对合法的罢工，罢工方不需承担民事责任，以便使处于弱者地位的劳动者更好地行使权利。

综上所述，罢工现象是市场经济的必然产物，罢工权是劳动者的一项宪法上的权利。罢工因其固有的影响力，如置之不理可能成为一种不安定因素，因此，罢工立法应当得到高度重视，要运用法律手段来解决罢工的规范性问题，促使劳动者正确行使罢工权利，维护社会的总体秩序和稳定。

二、宪政体制下的中国需要确立公民的罢工权

新中国成立后所制定的4部宪法中，1954年《宪法》中没有罢工权的规定；1975年和1978年《宪法》中增加了公民有罢工权的规定；1982年《宪法》制定时，对是否继续规定罢工权有两种意见：一是主张应予规定，理由是以前两部宪法已经写入罢工权，现在去掉，似乎没有必要；而且罢工在对付官僚主义方面还是有一定作用的。二是主张不予规定，理由是罢工是旧社会工人用来对付资本家以反抗压迫和剥削的一种手段。但在社会主义制度下工人是国家的主人，工人的利益和国家的利益是一致的，如果罢工只能使国家和工人自己的利益受损[162]。最终后一种意见得到采纳，现行宪法取消了公民罢工权的规定。

但有学者认为，宪法取消公民的罢工权并不意味着罢工权在现实生活中归于虚无，取消的只是法律保障，只是意味着不予提倡。按照法理上的"法不禁止即自由"的原则，罢工并不违法。而结社自由也为大多数国家的宪法所确认。这就使得集体罢工与个人罢工之间取得了沟通，在理论上讲两者并无二致。也就是说，既然个人罢工不是违法行为，那么劳动者为了罢工而结社并举行罢工就也不是违法行为。事实上，我国《工会法》第27条规定："企业、事业单位发生停工、怠工事件，工会应当代表职工同企业、事业单位或者有关方面协商，反映职工意见和要求并提出处理意见，并有权要求追究直接负责的主管人员和有关责任人员的责任。对工会提出的意见，应当及时研究，给予答复。"这实际上默认了工人罢工的权利。

市场经济作为一种基本经济体制在我国已由宪法予以确认。在此前提下，尤其是近几年来，劳动关系也日益市场化和契约化，而不再仅仅是国家计划的一个组成部分。在这种大的环境下，确立公民的罢工权是市场经济正常发展的需要，也是保护公民权利的需要。

1. 罢工是市场经济的必然产物。在计划经济体制下，国家计划对企业的生产经营起着指导和制约作用，因此劳动关系的主体被不正常地表现为国家和职工之间的直接关系，而最起码在理论上这两者都被认为是以满足社会总体利益为最大利益的，双方没有根本的利益冲突。但在市场经济体制下，企业的存在

---

〔162〕　肖蔚云：《我国现行宪法的诞生》，北京大学出版社1986年版，第46～47页。

是以实现自身利益的最大化为目标的。企业的所有者和经营者在市场规律的作用下，必然以追求经济效益为主要目标。而劳动者是以改善自身境况（包括工资福利待遇、工作条件、心理满足等）的天然愿望作为自己追求的目标。这种经济利益上的矛盾，决定了劳动关系主体双方的矛盾冲突不可避免。这些矛盾并非总是可以得以及时而公正的解决，罢工正是劳动者在集体劳动争议得不到及时、公正解决时所采取的激烈的抗争形式。在一些沿海地区的外商投资企业中，由于资方随意延长工时、克扣工资、拒绝提供必要的劳动保护，甚至侮辱、体罚职工，导致劳资关系恶化，罢工事件骤增。这表明并不因宪法取消对公民罢工权的规定而在实践中即可消除罢工现象。罢工作为解决集体劳动争议的手段，在市场经济体制中对于维护职工的合法利益有着重大意义。作为与市场经济相应的宪政体制，其根本作用就在于通过国家根本法的形式确立公民在市场经济体制下的公民权利体系，所以，确立公民的罢工权是市场经济体制对公民权利保障的现实要求。

2. 确立罢工权是公民权利发展的需要。劳动法律关系，在罗马法中曾被划入“物权”范畴。劳动者作为奴隶，不过是主人的财产和物，可以被用来以近似于物的租赁的方式进行“雇佣租赁”。相反，中世纪的劳动关系建立在“人身权”基础之上，劳动义务产生于人身隶属性，导致对雇主有服徭役义务（但劳动者有要求雇主保护和照顾的权利）。而近代的劳动关系则建立在“债权”的关系之上，以民法的契约自由为基础，但因为劳动者和雇主经济上的强弱关系不平衡，所以劳动者处于弱者一方。其权益无法得到有效的保护。实质上就是把劳动力作为商品，其侧重点仍然在于劳动力这种“物”，而不在于人。当代的劳动法则强调保护弱者，相对于近代的“契约自由”（这也是当代民法的基本原则），更重视“人身自由”，即将劳动法律关系作为人身权利关系设立。它表现为通过“强行法律”对契约自由进行法律限制——保护工人，使劳资双方在新的基础上重新达到动态平衡。尽管如此，个别劳动者面对企业不免势单力薄。但同一行业全体或多数劳动者有组织地使用罢工这个“最后理性”时则显得强大有力。于是，从19世纪末到20世纪上半叶，随着罢工事件的普遍发生，一些国家对集体劳动争议先后摒弃了放任自流的不干预政策，相继进行了立法。罢工普遍地成为了一项权利。

既然罢工现象是市场经济体制下，由劳资双方的矛盾所必然导致的社会现象，而且为当代保护弱者的法律思想所认可，那么就有必要使罢工成为劳动者的宪法权利，从而为国家设定保护职工罢工权利的义务，这对于解决矛盾，将罢工纳入法制化的轨道，使其有法可依，以防影响社会安定或由劳动争议的经济性罢工转化为政治性罢工有着重大意义。

3. 确立罢工权是与国际接轨的需要。法律是反映社会现实，并为社会现实服务的。随着我国的改革开放，经济越来越与国际接轨，这就要求一些法律也要反映这种现实。我国实行改革开放以后，有一部分外资企业在带来先进管理方式的同时，未能有效地保障职工的权利。工人受到不公正待遇甚至被侮辱或体罚的情况也时有发生。国外大多数国家都规定了工人的罢工权，这是工人作为弱者对抗企业侵权的有力工具。而且罢工权的行使有利于使争议事端引起各方面的重视，从而使争端得到及时有效的解决，这已为国外的大量经验所证明。所以我国在实行改革的同时也应当在这方面与国际接轨，以保护本国劳动者的合法权益。

三、小结

宪法规定的是一个国家的基本制度，作为宪法规定的基本权利应该表明公民的宪法地位，并且具有综合性、涉及社会生活的各个方面。这些权利是最基本、最重要的，是构成一国权利体系的基础。罢工权涉及作为劳动者的公民在市场经济条件下的利益保护问题，具有宪法权利的地位。它实际上是言论自由和结社自由这两个宪法权利的自然延伸，因此罢工权应当在宪法内作原则规定。然而考虑到罢工问题的复杂性，应再以劳动法等普通法律作配套规定，以形成保障作为劳动者的公民罢工权利的完整的法律体系。通过宪法下的普通法律明确合法罢工的条件和限制，对合法的罢工予以保护，对非法罢工予以制裁，以保证公民罢工权的正确行使。

 参考阅读

1. 陈乃新、楼建兵："罢工权入宪新思考——规制与处理集体争议（罢工）的法权依据"，载《吉首大学学报》（社会科学版）2012 年第 1 期。

2. 张光宇："论劳动法范围内的罢工与罢工制度的实质"，载《长春大学学报》2006 年第 5 期。

3. 徐群："论罢工权利的行使和对罢工权利的限制"，载《北京广播电视大学学报》2001 年第 2 期。

4. 高凌霄："论集体合同制度下的罢工权"，载《南京理工大学学报》（社会科学版）2010 年第 6 期。

5. 任丽莉："社会转型时期罢工权的宪法规制"，载《新疆大学学报》（哲学·人文社会科学版）2011 年第 6 期。

6. 龙晟："论我国宪法向度内的罢工权——以法释义学为视角"，载《河北师范大学学报》(哲学社会科学版) 2011 年第 3 期。

7. 周宝妹、王茜："论劳动者的罢工权"，载《行政与法》2010 年第 7 期。

事例二

"孟母堂事件"——受教育权的宪法保护

【事例介绍】

2005 年 9 月，一家名为"孟母堂"的教育机构在上海松江开设。在该教育机构中，记诵中国古代经典是最主要的教学方式，其教学内容包括：语文学科所读的是《易经》、《论语》等中国古代传统典籍；英语以《仲夏夜之梦》起步；数学则由外聘老师根据读经教育的观念，重组教材，编排数理课程，体育课以瑜伽、太极之类修身养性的运动为主。因为其教学方式与教学内容近似于我国古代私塾，所以媒体普遍将"孟母堂"视为"现代私塾"。在"孟母堂"求学的孩子来自全国各地，除部分短期补习的以外，还有一些接受全日制教育的学生。这一所谓的"现代私塾"被媒体广泛报道之后，因其对传统教学方式和教学内容的回归，构成对我国目前教育模式的挑战，而导致争讼纷纭。2006 年 7 月 24 日，"孟母堂"被上海市教委定性为违法办学，并责成当地教育行政部门对该学堂紧急叫停。

围绕"孟母堂"事件形成的争议主要有两种观点：一种认为"孟母堂"违反了我国的教育法律制度，这种观点以上海市教委为代表，并得到了一些专家学者的支持。[163] 上海市教委发言人指出，"孟母堂"分别违反了办学许可的有关规定，违反了《义务教育法》的有关规定，违反了教育收费的有关规定。首先，根据相关法律规定，该学堂举办者应到所在地的教育行政主管部门办理有关手续，经审批、登记获得办学许可证后方可办学。但该学堂未提交任何办学申请材料办理申请，更未获得办学许可，属违法办学。其次，家长把适龄子女送到该学堂接受教育，而未按规定把子女送到经国家批准的教育机构接受义务教育，属违法行为。因为根据法律规定，"凡具有中华人民共和国国籍的适龄儿童、少年，不分性别、民族、种族、家庭财产状况、宗教信仰等，依法享有平等接受义务教育的权利，并履行接受义务教育的义务。"再次，对于"孟母堂"

---

[163]　葛剑雄："'孟母堂'涉嫌违法办学"，载《东方早报》2006 年 7 月 11 日。

的"读经教育"内容和方式，上海市教委也认为与《义务教育法》相关规定不符。同时，上海市教委认为现行的《上海市普通中小学课程方案》设置了由基础型、拓展型和研究型课程组成的课程结构，学校可在拓展型课程中补充某些传统文化教育。最后，上海市教委认为"孟母堂"未经有关物价部门审核，擅自向学生家长收取高额费用，属违规收费。另一种观点认为"孟母堂"并不违法，主要以"孟母堂"的学生家长为代表，认为"孟母堂"不是办学，只是现代在家学习或在家教育的一种方式。既然不是办学，也就无所谓违规和违法。显然"孟母堂"这种形式，不适合用"社会力量办学"的有关规定来框定它。还有的学者认为，国家义务教育法的"义务"首先是指国家义务，至于儿童则是享有享受这种义务的权利。现在的问题，不是家长没有送孩子入学，而是入什么学。不入公学，是家长的权利，正如家长没有不送孩子入学的权利一样。于家长而言，这属于自由选择，他人无权干涉，国家也无权干涉。家长有权利不让自己的子女上公立学校，而去"孟母堂"求学，政府理应尊重。

【本事例涉及的法律问题】

"孟母堂"事件属不属于宪法事例？或者"孟母堂"事件是宪法问题还是法律问题？监护人将适龄子女送到非国家批准的义务教育机构就学是否是违法行为？

【基础知识】

义务教育，是根据法律规定，适龄儿童和青少年都必须接受的，国家、社会、家庭必须予以保证的国民教育。其实质是国家依照法律的规定对适龄儿童和青少年实施的一定年限的强迫教育的制度。义务教育又称强迫教育和免费义务教育。中国义务教育的强制性、公益性、统一性是义务教育的三个基本特征。我国义务教育法规定的义务教育年限为 9 年，这一规定符合我国的国情，是适当的。

【事例评析】[164]

一、法律上有无规定

从上海市教育部门对"孟母堂"的处理情况来看，首先，他们将"孟母堂"视为一所民办学校，那么，根据《民办教育促进法》第 17 条的规定，民办学校的设立要取得教育行政部门颁发的办学许可证。否则，按照该法第 64 条的规定，社会组织和个人擅自举办民办学校的，由县级以上人民政府的有关行政部门责令限期改正，符合本法及有关法律规定的民办学校条件的，可以补办审批

---

[164]　主要参考胡锦光主编：《中国十大宪政事例研究》，中国人民大学出版社 2009 年版，第 264～284 页。

手续；逾期仍达不到办学条件的，责令停止办学，造成经济损失的，依法承担赔偿责任。其次，该事件中，"孟母堂"中的学生的家长没有将孩子送往国家批准设立的学校接受义务教育，而是送到"孟母堂"这样一所"全日制私塾"。根据我国《义务教育法》（2006年）第11条的规定，凡年满6周岁的儿童，其父母或者其他法定监护人应当送其入学接受并完成义务教育，条件不具备的地区的儿童，可以推迟到7周岁。否则，根据该法第58条的规定，适龄儿童、少年的父母或者其他法定监护人无正当理由未依照本法规定送适龄儿童、少年入学接受义务教育的，由当地乡镇人民政府或者县级人民政府教育行政部门给予批评教育，责令限期改正。所以，上海市教育部门得出下述结论：从现行法律的相关规定来看，"孟母堂"属于"非法办学"，并且将孩子送往"孟母堂"学习的学生家长也违反了《义务教育法》中针对家长的送学义务。

二、法律对该问题的处理结果是否合理

"孟母堂"这种教育形态属于一种家庭教育，即家长自己或者聘请家庭教师对处于义务教育阶段的适龄儿童进行的替代入学教育的家庭内部教育，我国的法律对这种教育形态还没有相关规定。其实，"孟母堂"之所以用家庭教育来取代入学教育，其原因在于"我们的孩子因为特殊原因不能或不愿去教育部门主办的正规学校学习，为了让他们受到教育，我们必须给这些儿童提供家庭教育"[165]。由此，既然学生不能或不愿去教育部门主办的正规学校学习，能否强迫孩子的家长将其送到符合法律规定的学校学习？国家规定义务教育制度的本质是为了让国民接受作为人生基本技能和生存本领的知识，从而完善国民的人格发展，从而帮助其自我实现。因此，教育的本质仍然是要满足学生的需要。在《义务教育法》（2006年）第34条也规定，教育教学工作应当符合教育规律和学生身心发展特点，面向全体学生，教书育人，将德育、智育、体育、美育等有机统一在教育教学活动中，注重培养学生独立思考能力、创新能力和实践能力，促进学生全面发展。所以，如果对于某些学生，有一种教育形态比入学教育更能保证他们的健康发展，那么，为什么不能允许这种教育形态存在呢？如果只是"一刀切"式地不顾不同类型孩子的特点，统统强制其入学接受义务教育，这是否本身就背离了义务教育的本质呢？

三、宪法上有无规定

既然"孟母堂"这样一种家庭教育的形态在我国法律上尚无规定，同时，

---

[165] "孟母堂家长声明"，载 http：//www. dujing. org/CICms/Article/ShowInfo. asp？InfoID = 851，最后访问日期：2013年4月20日。

《义务教育法》的强制入学制度对于某些不能或不愿接受入学教育的学生而言并不合理，那么，显然这个问题是单纯的法律所解决不了的。我们必须从更高的宪法上来寻找解决问题的依据。也就是说，宪法上对于接受义务教育阶段的适龄儿童除了入学教育之外，是否还允许其他的教育形态的存在？对此，我们有两种论证思路：

首先，从宪政主义的精神来看，诚如前述，宪政主义的思想精髓是保护少数人，保护少数人就必然要求这个社会中的多数人要对少数人的信仰和世界观表示尊重和宽容，也就是说，要允许"不同声音"的存在。这体现在教育领域，自由民主宪政国家的教育发展基本上是以学生的自我实现为核心导向的，是一种多元而开放的教育的自由发展，在这种教育发展过程中，学生、父母、教师和国家的冲突是难以避免的，但问题是必须以学生的自我实现为核心去寻求一种协调发展、多元发展的道路。[166] 因此，无论是入学教育，还是家庭教育，只要能够满足学生自我实现的目的，国家就应当允许其存在。

其次，比较国外的做法，家庭教育在宪法上的依据来自于父母的教育权，而父母的教育权又来自于父母的亲权。父母的亲权作为一种自然权利，包括父母有权对孩子进行抚养和教育两方面。而父母的教育权中就包含了父母对家庭教育的选择权。那么，我国现行宪法有没有父母的亲权存在的空间？这就必须注意《宪法》第49条第3款，父母有抚养教育未成年子女的义务。通过对这一条款的解释，相信可以得出有利于父母的家庭教育的结论。

四、《义务教育法》是否违宪

既然从教育多元化和父母的亲权的角度都可以得出家庭教育的合宪性，那么这是否意味着《义务教育法》有关适龄儿童的父母的强制送学义务就违反了宪法的精神和规定？我们认为，也不能草率地得出该结论。首先，我国并无实效性的违宪审查制度，虽然宪法赋予全国人大及其常委会宪法监督权，但是至今全国人大及其常委会从未宣布某个法律违宪，因此，《义务教育法》是否违宪，这只是学者在学理上分析的结果。其次，即使有违宪的嫌疑也并不代表就要宣告无效。因为法治主义之下，人们的权利义务都系于法律，如果轻易宣告某部法律违宪，那么就会立刻造成该领域出现法律调整的空白，无论是社会生活还是国家生活都会陷入无序的状态，所以，基于法律安定性的考虑，很多国家的违宪审查机关对于法律无效的宣告都非常谨慎，只有在对法律没有任何合

---

[166]（台）许育典：《法治国与教育行政——以人的自我实现为核心的教育法》，台湾高等教育出版社2002年版，第67页。

宪性解释的空间的时候，才不得不宣告法律无效。否则，违宪审查机关都会尽量去对受争议的法律作合宪性解释。

 **参考阅读**

1. 林祖鉌："'入学'不是保障受教育权的唯一途径——从'孟母堂'事件看《中华人民共和国义务教育法》的缺陷"，载《基础教育研究》2010年第15期。

2. 饶龙飞、欧阳晓安："教育权配置基本原则探析——以'孟母堂'事件为例"，载《上海教育科研》2012年第1期。

3. 郑素一："教育权之争——'孟母堂事件'的法理学思考"，载《行政与法》2006年第11期。

4. 季卫华："'孟母堂'事件中的受教育权探析"，载《教学与管理》2007年第19期。

5. 倪洪涛："论义务教育阶段学生的学习权——从'孟母堂'事件谈起"，载《法学评论》2008年第4期。

事例三

青岛三考生诉教育部案

【事例介绍】

2001年8月23日，山东省青岛市应届高中毕业生姜妍、栾倩、张天珠向最高人民法院起诉教育部侵犯了公民的平等受教育权。提起诉讼的3名学生在全国统一高等学校入学考试中的分数分别是：姜妍522分（理科）、栾倩457分（文科）、张天珠506分（文科）。这样的分数，按教育部划定的全国各地高等教育招生计划，在北京完全可以考上较为理想的大学，而在山东省，连普通本科学校都难以录取。3人的代理律师李强、杨培银认为，教育部所作的《关于2001年全国普通高校高等教育招生计划》的行政行为侵犯了原告的平等受教育权。教育部在该行政行为中，根据不同地域范围对招生人数做了不同的限定。这种限定使得不同地域的考生被划分成了高低不同的等级、并在不同的等级中参加高考。等级之间分数标准差异巨大，从而直接侵犯了包括原告在内的广大考生的平等受教育权。

最高人民法院以《中华人民共和国行政诉讼法》（以下简称《行政诉讼法》）第14条第2项规定"中级人民法院管辖下列一审行政案件：……②对国

务院各部门或者省、自治区、直辖市人民政府所作的具体行政行为提起诉讼的案件；……"为由，认为教育部制定高考录取分数线的行为不属于最高人民法院的受案范围，驳回了原告的起诉。

【本事例涉及的法律问题】

教育部的行为侵犯公民的什么权利？如何保障公民平等地获得受教育的机会？

【基础知识】

公民的受教育权系指公民获得教育机会、接受教育的权利，其本质依据在于人自身完善发展的基本需要。在福利国家兴起之后，以1919年德国《魏玛宪法》为标志，受教育权作为公民的一项基本权利在宪法上得到确认。受教育权具有自由权和社会权的双重属性：作为自由权具有消极的属性，即受教育是不受他人非法干预的自由，要求国家、社会的不作为；作为社会权具有积极的属性，即受教育需要有人从事教育活动，要求国家、社会的作为。

基于此可以分析得出，受教育权的基本含义包括：首先，从一般意义上来讲，公民有接受教育并通过教育来完善自己、发展自己的权利，与此相对，国家或社会有提供配置相应资源的义务。其次，受社会经济水平影响，由于教育资源（尤其是高等教育资源）有限，只能保障一部分公民享受完整的教育。因此对于享用稀缺教育资源的受教育权就得要加以更多的限制，即只有满足特定条件的公民才可以享用这一资源，而这里限定的条件应当公平、公开、统一并为一般民众所接受。由此，公民的受教育权转变为满足特定条件即可享受特定教育的权利，而这一条件应对每个人都是公平的；如有差别待遇，必须是基于正当和合理的事由。

【事例评析】[167]

平等作为我国宪法的基本原则，已经体现在各个领域。男女平等、民族平等、家庭内部成员之间的平等都是宪法的平等原则在不同领城的具体体现，而平等原则体现在受教育权上就是指公民享有平等的受教育权。平等的受教育权意味着接受教育（包括高等教育）的资格平等，权利能力的平等。只要是中华人民共和国的公民，具备相应的行为能力，不分财产状况、居住年限、地域、宗教信仰等，在法律上都应该被认定为具有平等的接受高等教育的资格。在我国高校学生是通过法定的程序来取得其身份。为了培养符合国家和社会发展需

---

[167]　该部分主要参照了焦洪昌、姚国建：《宪法学案例教程》，知识产权出版社2004年版，第37~40页。

要的人才，国家统一组织高考，并向各个公办大学下达招生计划，达到一定分数线的公民通过申请并经过严格筛选而为某个大学录取，经过学籍注册后取得该校学生身份。学生身份的获得并非学校的恩惠，而是国家统一行政的结果。正是由于具有了公办学校的学生身份，学生才能享受国家提供的优惠与福利，比如户口从原籍转出并享受补助，享受公费医疗，毕业生发放报到证等，更为重要的是，在国家高等教育资源相对短缺的情况下，保有学生身份意味着可以在特定的年龄阶段，特定的时间和空间内以及特定的条件下享有学习和接受教育并获取知识和能力的权利。而这种资格的具体体现，就是一年一度的国家组织的统一考试——高考。从平等的受教育权原则出发，除非特殊专业需要特殊的身体条件，否则，所有的考生在高考当中只有一样区别，就是分数。只有分数的区别可以决定考生最终是否能够接受高等教育，以及进入哪一所高校接受高等教育。

在 2001 年青岛的高考生在高考中对同一份试卷的回答必须比其他的考生（如北京）高出 100～120 分才能取得与他们相同的接受高等教育的资格。这里显然没有"平等接受教育权"。这样看来，教育部的行为的确与我国《宪法》第 33 条第 2 款"公民在法律面前一律平等"的规定有所出入。但对教育部的规定使本案中当事人的何种性质的权利受到侵犯，则有不同的认识。有的认为是教育权和劳动就业权受到侵犯，有的认为是平等权受到侵犯。意见相左的原因在于对宪法"公民在法律面前一律平等"的不同认识。

综言之，学者们对"公民在法律面前一律平等"含义的理解有四种观点：

第一，主张公民在法律面前一律平等是一种独立的权利，即平等权。该观点认为，平等权应当与其他人权一样，具有独自的权利本质，是可以主观认定的权利，如果只是一种原则，就无法主张实体的权利保障，这将削弱对公民权利平等保护的效果。而且平等作为一种权利，同样可以广泛地成为多种人权要求平等的基准。[168]

第二，主张公民在法律面前一律平等是公民权利保护中的一项原则。该观点认为，平等应当是对应各种人权的基准，也是客观处理各种与人权相关问题的原则。惟此，平等才能广泛适用于各个层面，成为一种崇高的价值理念。[169]

第三，主张公民在法律面前一律平等兼有公民权利保障原则和平等权双重属性。该观点认为，权利性和原则性是平等权的重要特征，如果把平等权只理

---

[168]　周叶中主编：《宪法》，高等教育出版社、北京大学出版社 2000 年版，第 261 页。

[169]　焦洪昌："关于'公民在法律面前一律平等'的再认识"，载《中国法学》2002 年第 6 期。

解为一项宪法原则，不赋予其权利性质，有可能导致平等权价值名存实亡。从某种意义上说，确定平等权的性质是权利平等原则的前提，因为没有主体的具体权利活动便无法产生指导其行为的准则，更不能产生指导法制建设的总体原则。[170]

第四，主张公民在法律面前一律平等属于公民的政治权利。[171]

以上四种观点中，第一种观点最具科学性。首先，我们在探讨人类权利体系或人权的分类时，平等一向被认为是属于总则性人权，是与人格尊严、追求幸福等同样适用于人权各范畴的一般性原则。使用平等权在人权分类或探讨与其他种类人权的关系时，将会遇到困难。其次，平等有其他权利所没有的"比较性"特质。即对平等的侵害，一定要有明确的基准，使受到不平等待遇者有主张提升到基准的目标。再次，平等的性质具有依附性，在没有其他权利作为对象的情况下，根本无法独立主张平等权。最后，平等由其历史演变过程观之，虽然曾经与自由相提并论，被认为是人权发展史上最初被主张的权利，但是当时称为平等权，只是在人权相关理论的发展尚未成熟的情况下，所产生的一种误用或误解。事实上，平等不能与一般的自由权利相提并论。[172]

根据以上结论，可以认为，青岛三位考生受到侵犯的是受教育权，即国家未能按宪法规定的要求为他们提供平等的权利保护。

当然，宪法对公民权利的平等保护并不排除合理的差别。因为现实中人们客观地存在着许多差别，如果法律上完全无视这些差别而加以机械地均一化，反而是不合理的和非现实的。这是现代宪法对公民权利平等保护的新要求。

在近代宪法理念下，宪法对公民权利的平等保护指的是为公民提供"形式上的平等"，即通常所说的"机会平等"，要求人们参加自由的竞争，保障人们在各种活动中起点上的平等。但在现代社会，人们认识到，基于社会各个成员自身所不能改变的客观原因如自然资源、社会资源的先天拥有和分配不均、自然和历史形成的社会和个体差异等，绝对的实行和保障形式上的平等就可能导致事实上的不平等。所以，现代宪法理念吸收了"实质上平等"的原理，即在起点时给予"弱者"以合理的优待，在对公民权利实行平等保护时不排除合理的差别待遇以企求实质之平等。

所以，现代宪法上的平等保护并不排除法律对其所规制的对象实行合理的

[170]　董和平、韩大元、李树忠：《宪法学》，法律出版社 2000 年版，第 344 页。

[171]　魏定仁主编：《宪法学》，北京大学出版 1999 年版，第 173 页。

[172]　焦洪昌："关于'公民在法律面前一律平等'的再认识"，载《中国法学》2002 年第 6 期。

分类。

何谓合理的分类？主要有两个判断标准：其一，分类必须具有正当的利益，亦即法律目标本身不能够违反宪法。其二，分类必须同法律的目标具有合理的联系。合理的分类应该是一种将法律目标方面处境相同的所有人都包括在内，也应如此。亦即分类的范围不能过大或过小，当一项法律不能使所有处境类似的人受限制或受益，就产生范围过小的问题；而范围过大的分类使法律的利益或者限制不仅扩大到就法律目标而言处境类似的那些人，并且扩大到其他的人，使这些人的利益不合理地得到增长或受到限制。不符合这两个标准的分类，即是一种"可疑性分类"。

以此标准，就本案而言，我们并不认为全国应实行统一的高考分数线，亦即对参加高考的学生实行合理的分类，按不同的成绩予以录取是正当的。我国西部地区，特别是西部少数民族地区，由于自然、经济和历史等诸多的原因，教育水平较低，教育资源，特别是师资资源相对于东部贫乏，每年高考的总体分数要比东部地区总体上低一个档次。为了保证西部地区有合理数量的学生接受高等教育，在全国统一试卷、统一考试的情况下，适当降低西部考生的分数线，为西部培养更多的人才，是实质平等的体现。

但分数的差距应在合理的范围内，应在充分考虑东西部招生考试人数、计划人数和实际分数的基础上确定，否则就是国家权力的"恣意"行使，必然造成对东部考生的不平等。但是，在我国实行低分数的不仅有西部各省市，还包括北京、上海等大城市。所以，这是分类范围过大的不合理分类，违反了平等保护的原则。因为北京、上海等大城市的教育水平不仅高于西部地区，在中、东部地区也是占有优势地位的。另外从相关报道来看，北京、上海等地的分数线低于山东的原因一般是：山东考生较多，而高校相对较少，北京、上海考生较少，而高校较多。但这不应成为"合理的差别"，恰恰是"不合理的差别"，是对平等保护原则的明显违反。

1. 赵鹏："论高考录取与受教育权的平等保护"，载《吉林省教育学院学报》2006 年第 8 期。

2. 刘泽思："高考改革需要对症下药：机会平等原则对中国高考的启发"，载《教育与考试》2010 年第 2 期。

3. 王柱国："高考招生：从无区别对待到参与平等——对录取分数地区（民族）差异

的宪法考量"，载《政法论坛》2006 年第 5 期。

4. 江雪松、赖秀兰、张昌辉："考试公平与区域公平——由我国高考录取地域差异看受教育权平等"，载《江苏高教》2007 年第 4 期。

5. 燕文华："高考招生制度不平等拷问法律公平"，载《牡丹江大学学报》2007 年第 4 期。

6. 郎维伟："高考招生录取的民族政策与少数民族教育权利平等"，载《西南民族大学学报》（人文社会科学版）2008 年第 5 期。

7. 王怀章、朱晓燕："平等视角下的高考制度改革"，载《湖北社会科学》2005 年第 7 期。

选举制度

项　目	具体内容
教学目标	1. 通过教学，着重掌握选举制度的发展、原则以及我国选举的组织和程序。 2. 比较中美两国不同选举方式的特点，使学生从中了解各自的优缺点。 3. 培养学生积极参与国家和社会管理意识，掌握直接选举、间接选举、等额选举、差额选举的优缺点。
教学要求	1. 教师提前将下节课讨论的事例告知学生们，要求学生们搜集相关内容和法律规定。 2. 将全部学生分成若干个小组，每小组 5～6 人，要求对将要讲述的事例进行讨论并得出本小组的结论（可制作多媒体课件）。 3. 在课堂上，每小组推荐一名同学代表本小组进行发言，阐明本小组观点和理由。
教学准备	1. 多媒体教室。 2. 与讲授事例相关的其他事件。
教学过程	1. 讲授选举制度形成的历史和重要性。 2. 针对事例涉及的基础知识进行讲述。 3. 启发学生对争议的焦点进行辩论，让学生提出完善我国选举制度的设想。 4. 教师进行最后点评并总结。

一、选举制度概述

选举制度，是指公民按照法律的规定选举国家代议机关代表或者国家公职人员的各项制度的总称。一般包括选举的基本原则、选举权的确定、选举的组织和程序、选举的保障和选举诉讼等内容。世界各国一般都以宪法、选举法和其他一些专门的法律来对选举制度加以规定，有些国家还包括一些历史上形成的习惯和惯例。

选举的历史可以追溯到原始社会，作为国家政治制度的选举则产生于奴隶制社会。在古希腊、罗马奴隶制社会和中世纪封建社会中，选举一度实行。在我国的古代历史上选举也是统治者选拔人才的一种手段。从《新唐书》、《旧唐书》到《明史》均有《选举志》，但那时的选举与近代意义的选举在本质、范围和作用上有明显的区别。

近代选举制度是随同资产阶级代议制度的发展而发展起来的，是资产阶级反对封建君主专制的世袭制度的结果。近代意义的选举是指国家权力来自人民，人民按照自己的意志，按照法定的原则和形式，通过定期的、普遍的、自由的、平等的少数服从多数的选举，选出国家代议机关的代表和国家公职人员的活动。在现代，选举制度是民主制度的基础环节，是取得政权的统治阶级组织政权机关的根本手段。它的完善与否，成为评价一个国家民主实现程度的基本标志。因此，不论是资产阶级还是无产阶级，在夺取政权之后不仅立即实行了选举制度，而且特别重视研究和不断完善其选举制度。英、法、美等主要资本主义国家是最早创立选举制度的国家，前苏联在十月革命胜利之后建立了社会主义类型的选举制度，目前，选举制度已经在全世界得到了普及。

我国的选举制度是伴随着我国的革命和政权建设，与人民代表大会制度一起逐渐产生和发展起来的。大致可分为建国前革命根据地时期和新中国成立后两个时期。土地革命时期，根据地工农民主政权先后制定了一系列有关选举的法律，主要规定了劳动者的普遍选举权，确定了选民对代表的监督权和罢免权，规定了男女平等、直接选举和间接选举相结合、给选举权以物质保障的原则等。这些规定为我国人民民主选举制度的形成奠定了基础。抗日战争时期，各抗日根据地革命政权制定了许多相关法律，在选举制度上主要是规定了在普遍享有选举权和被选举权的基础上按照"三三制"原则分配代表名额，明确了"普遍、平等、直接、无记名投票"的基本原则，促进了抗日民族统一战线的发展和根据地抗日政权的巩固。新中国成立后，中央人民政府委员会 1953 年颁布了新中国的第一部选举法《中华人民共和国全国代表大会及地方各级人民代表大会选举法》。它标志着新中国选举制度的建立，为我国选举制度的发展奠定了基础。

1979 年制定了新《选举法》，此后分别于 1982 年、1986 年、1995 年、2004 年、2010 年五次进行了修改和完善，增加了选举制度的民族性和可操作性。

二、我国选举制度的基本原则

根据我国宪法和选举法的规定，我国选举制度的基本原则主要有以下几项：

（一）选举权的普遍性原则

选举权的普遍性是就享有选举权的主体范围而言的，是指一国公民中能够享有选举权的广泛程度。我国享有选举权的基本条件有三：①具有中国国籍，是中华人民共和国公民；②年满 18 周岁；③依法享有政治权利。

根据 1983 年全国人民代表大会常务委员会《关于县级以下人民代表大会代表直接选举的若干规定》，被判处有期徒刑、拘役、管制而没有被剥夺政治权利的，被羁押，正在受侦查、起诉、审判，检察院或者法院没有决定停止当事人行使选举权利的，正在取保候审或者被监视居住的，正在被劳动教养的，正在受拘留处分的人员，享有选举权和被选举权。

根据《选举法》第 26 条第 2 款规定："精神病患者不能行使选举权利的，经选举委员会确认，不列入选民名单。"

需要特别注意的是，成年人不具有选举权只有一种可能，即被依法判决剥夺政治权利。其他的都只能称为暂停行使选举权。

（二）选举权的平等性原则

选举权的平等性是指每个选民在每次选举中只能在一个地方享有一个投票权，不承认也不允许任何选民因民族、种族，职业、财产状况、家庭出身、居住期限的不同而在选举中享有特权，更不允许非法限制或者歧视任何选民对选举权的行使。这是"公民在法律面前一律平等"原则在选举制度中的具体体现。选举权的平等性原则的要求主要表现在：

（1）除法律规定当选人应具有的条件外，选民平等地享有选举权和被选举权。

（2）在一次选举中选民平等地拥有相同的投票权。

（3）每一代表所代表的选民人数相同。

（4）一切代表在代表机关具有平等的法律地位。

（5）对在选举中处于弱势地位的选民进行特殊的保护性规定，也是选举权平等性的表现。

我国现行《选举法》制定于 1979 年，经过 1982 年、1986 年、1995 年、2004 年、2010 年五次修正。其中 1982 年、1995 年和 2010 年三次修正涉及对城乡代表名额分配比例的修改。

我国的选民登记原则是"一次登记，长期有效"，故每次选举前需要登记的并非全部选民，只是新满 18 周岁的以及被剥夺政治权利期满后恢复政治权利的部分选民。

法定差额比例是指直接选举的代表候选人人数应当多于应选名额 1/3 ~ 1 倍，间接选举的代表候选人应当多于应选名额 1/5 ~ 1/2。

我国宪法、选举法对选举及有关问题的规定，体现了选举权平等性原则的要求。①我国选举法明确规定，凡年满 18 周岁的公民，除依法被剥夺政治权利者外，都平等地享有选举权和被选举权；②选举法明确规定，每一选民在选举中平等地拥有一个投票权，否定了有的国家采用的复数投票制；③按照宪法和有关组织法的规定，在各级人民代表大会中实行合议制，采取民主集中制原则，代表具有平等的法律地位，从而反映了选举代表的选民的平等地位，体现了选举权的平等性；④我国选举法还规定了一系列对特定主体选举权进行保护的措施。例如，《选举法》第 6 条对基层代表、妇女、归侨以及旅居国外的中国公民参与选举作了专门规定；《选举法》第五章对各少数民族的选举也作了专门规定。

我国选举权的平等性原则既着眼于机会平等，同时也重视实质平等。比如，根据 2010 年修订前的《选举法》的规定，各级人民代表大会代表的名额都以一定的人口数为基础，但城乡每一代表所代表的人口比例却不相同，即每一农村代表所代表的人口数，是城市每一代表所代表的人口数的 4 倍。2010 年 3 月 14 日，十一届全国人大三次会议通过选举法修正案，明确规定实行城乡按相同人口比例选举人大代表。

（三）直接选举和间接选举并用的原则

我国《选举法》规定，不设区的市、市辖区、县、自治县、乡、民族乡、镇的人民代表大会代表，由选民直接选出；全国人民代表大会代表，省、自治区、直辖市、设区的市、自治州的人民代表大会代表，由下一级人民代表大会选出。由此可见，我国在选举中采取的是直接选举和间接选举并用的原则。

（四）秘密投票原则

现行《选举法》第 38 条规定："全国和地方各级人民代表大会代表的选举，一律采用无记名投票的方法。选举时应当设有秘密写票处。选民如果是文盲或者因残疾不能写选票的，可以委托他信任的人代写。"无记名投票，相对于记名投票或公开投票（起立、欢呼、唱名、举手）更具有科学性，它包括：①秘密填写选票；②在选票上不标识选民身份；③投票时不显露选举意向等内容。

三、选举的组织机构

根据我国选举法的规定，我国存在选举委员会和各级人大常委会两种形式的选举组织机构。

（一）直接选举的主持机构

在实行直接选举的地方，设立选举委员会主持本级人大代表的选举。不设区的市、市辖区、县、自治县的选举委员会受本级人大常委会的领导；乡、民族乡、镇的选举委员会受不设区的市、市辖区、县、自治县的人大常委会的领导。它们要接受省、自治区、直辖市、设区的市、自治州人大常委会对选举工作的指导。

根据《选举法》第9条，不设区的市、市辖区、县、自治县的选举委员会的组成人员由本级人民代表大会常务委员会任命。乡、民族乡、镇的选举委员会的组成人员由不设区的市、市辖区、县、自治县的人民代表大会常务委员会任命。选举委员会的组成人员为代表候选人的，应当辞去选举委员会的职务。

根据《选举法》第10条规定，选举委员会履行下列职责：①划分选举本级人民代表大会代表的选区，分配各选区应选代表的名额；②进行选民登记，审查选民资格，公布选民名单；受理对于选民名单不同意见的申诉，并作出决定；③确定选举日期；④了解核实并组织介绍代表候选人的情况，根据较多数选民的意见，确定和公布正式代表候选人名单；⑤主持投票选举；⑥确定选举结果是否有效，公布当选代表名单；⑦法律规定的其他职责。选举委员会应当及时公布选举信息。选举工作完成后，选举委员会及其所属选举工作机构即行撤销。

（二）间接选举的主持机构

我国间接选举由本级人大常委会主持。特别行政区全国人大代表的选举由全国人大常委会主持。

四、代表名额的分配

（一）一般行政地方人大代表名额的分配

全国人民代表大会代表名额，由全国人民代表大会常务委员会根据各省、自治区、直辖市的人口数，按照每一代表所代表的城乡人口数相同的原则，以及保证各地区、各民族、各方面都有适当数量代表的要求进行分配。

省、自治区、直辖市应选全国人民代表大会代表名额，由根据人口数计算确定的名额数、相同的地区基本名额数和其他应选名额数构成。

（二）民族自治地方人大代表名额的分配

1. 在聚居区内同一少数民族的总人口占境内总人口30%以上的，每一代表所代表的人口数应相当于当地人民代表大会每一代表所代表的人口数。

2. 在聚居区内同一少数民族的总人口占境内总人口数的 15% 以上、不足 30% 的，每一代表所代表的人口数，可以适当少于当地人民代表大会每一代表所代表的人口数，但是该少数民族的代表名额不得超过代表总名额的 30%。

3. 在聚居区内同一少数民族的总人口数不及境内总人口数 15% 的，每一代表所代表的人口数可以适当少于当地人民代表大会每一代表所代表的人口数，但不得少于 1/2；实行区域自治的民族人口特少的自治县，经省、自治区人民代表大会常委会决定，可以少于 1/2。人口特少的其他民族，至少应有一名代表。

4. 散居的少数民族应当有当地人民代表大会的代表，其每一代表所代表的人口数可以少于当地人民代表大会每一代表所代表的人口数。

（三）军队与港澳台人大代表名额的分配

各地驻军应选县级以上地方各级人大代表的名额由驻军所在省、自治区、直辖市，市、县的人大常委会决定；军队应选全国人民代表大会代表的名额，由全国人民代表大会常委会决定。

特别行政区、台湾省全国人大代表名额的分配由全国人大常委会决定。

五、选举的程序

直接选举是选民通过投票等方式直接选举人民代表大会代表。直接选举方式适用于县、区、乡、镇人民代表大会代表的选举。

间接选举是上一级人民代表大会的代表由下一级人民代表大会通过间接方式选举产生的制度。间接选举主要适用于县级以上各级人民代表大会代表的选举、同级军队人大代表的选举和特别行政区全国人大代表的选举。

相对于直接选举的程序而言，间接选举的程序较为简单。其中，提名候选人、介绍候选人以及投票程序等与直接选举程序比较相似，但也存在着一些自己的特点。

（一）选举机构

全国人民代表大会常务委员会主持全国人民代表大会代表的选举。省、自治区、直辖市、设区的市、自治州的人民代表大会常务委员会主持本级人民代表大会代表的选举。不设区的市、市辖区、县、自治县、乡、民族乡、镇设立选举委员会，主持本级人民代表大会代表的选举。县级选举委员会受本级人民代表大会常务委员会的领导。乡级选举委员会受县级人民代表大会常务委员会的领导。

（二）选区划分与选民登记

1. 选区划分。

（1）选区与选民小组。选区是指以一定数量的人口为基础进行直接选举、产生人大代表的区域，也是人大代表联系选民开展活动的基本单位；在我国直接选举的地方，即在不设区的市、市辖区、县、自治县、乡、民族乡、镇，其人大代表的名额分配到各个选区，由选民按选区直接投票选举；选区往往又划分为若干选民小组。

（2）选区的规模。选区的大小，按照每一选区选 1 至 3 名代表划分（《选举法》第 24 条第 2 款）；本行政区域内各选区每一代表所代表的人口数应当大体相等（《选举法》第 25 条）。

（3）选区的类型。城镇选区可以按居住状况划分，也可以按生产单位、事业单位、工作单位划分；城镇中有生产（工作、事业）单位的选民一般在本单位所属的选区参加选举；农村县级人大代表选举时，一般由几个村联合划为一个选区，人口特多的村或者人口少的乡，可单独划为一个选区；农村选举乡、镇人大代表时，一般由几个村民小组合为一个选区，人口多的村民小组或人口少的村，也可以单独划为一个选区。

2. 选民登记。选民登记是对选民资格的法律认可，是关系到公民是否有选举权和被选举权以及能否行使选举权的重要问题。根据我国选举法的规定，凡年满 18 周岁没有被剥夺政治权利的公民都应列入选民名单。选民登记按选区进行，经登记确认的选民资格长期有效。每次选举前对上次选民登记以后新满 18 周岁的公民，以及被剥夺政治权利期满后恢复政治权利的选民，予以登记；对选民经登记后迁出原区的，列入新迁入的选区的选民名单；对死亡的和依照法律被剥夺政治权利的人，从选民名单上除名。选民名单应在选举日的 20 日以前公布，实行凭选民证参加投票的，应当发给选民证。对公布的选民名单有不同意见的，可以向选举委员会提出申诉。选举委员会对申诉意见，应在 3 日内作出处理决定。申诉人如果不服，可以在选举日的 5 日以前向人民法院起诉，人民法院在选举日以前作出判决。人民法院的判决是最后的决定。

（三）候选人制度

全国和地方各级人民代表大会的代表候选人，按选区或者选举单位提名产生。各政党、各人民团体，可以联合或者单独推荐代表候选人。选民或者代表，10 人以上联名，也可以推荐代表候选人。推荐者应向选举委员会或者大会主席团介绍代表候选人的情况。接受推荐的代表候选人应当向选举委员会或者大会主席团如实提供个人身份、简历等基本情况。提供的基本情况不实的，选举委员会或者大会主席团应当向选民或者代表通报。

各政党、各人民团体联合或者单独推荐的代表候选人的人数，每一选民或者代表参加联名推荐的代表候选人的人数，均不得超过本选区或者选举单位应选代表的名额。

1. 实行差额选举。全国和地方各级人民代表大会代表实行差额选举，代表候选人的人数应多于应选代表的名额。

2. 直接选举中代表候选人的确定。《选举法》第 30 条规定，由选民直接选举人民代表大会代表的，代表候选人的人数应多于应选代表名额 1/3～1 倍；由县级以上的地方各级人民代表大会选举上一级人民代表大会代表的，代表候选人的人数应多于应选代表名额 1/5～1/2。

由选民直接选举人民代表大会代表的，代表候选人由各选区选民和各政党、各人民团体提名推荐。选举委员会汇总后，将代表候选人名单及代表候选人的基本情况在选举日的 15 日以前公布，并交各该选区的选民小组讨论、协商，确定正式代表候选人名单。如果所提代表候选人的人数超过《选举法》第 30 条规定的最高差额比例，由选举委员会交各该选区的选民小组讨论、协商，根据较多数选民的意见，确定正式代表候选人名单；对正式代表候选人不能形成较为一致意见的，进行预选，根据预选时得票多少的顺序，确定正式代表候选人名单。正式代表候选人名单及代表候选人的基本情况应当在选举日的 7 日以前公布。

3. 间接选举中代表候选人的确定。县级以上的地方各级人民代表大会在选举上一级人民代表大会代表时，提名、酝酿代表候选人的时间不得少于 2 天。各该级人民代表大会主席团将依法提出的代表候选人名单及代表候选人的基本情况印发全体代表，由全体代表酝酿、讨论。如果所提代表候选人的人数符合《选举法》第 30 条规定的差额比例，直接进行投票选举。如果所提代表候选人的人数超过《选举法》第 30 条规定的最高差额比例，进行预选，根据预选时得票多少的顺序，按照本级人民代表大会根据选举法确定的具体差额比例，确定正式代表候选人名单，进行投票选举。

县级以上的地方各级人民代表大会在选举上一级人民代表大会代表时，代表候选人不限于各该级人民代表大会的代表。

4. 介绍代表候选人情况。选举委员会或者人民代表大会主席团应当向选民或者代表介绍代表候选人的情况。推荐代表候选人的政党、人民团体和选民、代表可以在选民小组或者代表小组会议上介绍所推荐的代表候选人的情况。选举委员会根据选民的要求，应当组织代表候选人与选民见面，由代表候选人介绍本人的情况，回答选民的问题。但乡级的人民代表大会代表可以向本级人民代表大会书面提出辞职。县级的人民代表大会常务委员会接受辞职，须经常务委员会组成人员的过半数通过。乡级的人民代表大会接受辞职，须经人民代表大会过半数的代表通过。接受辞职的，应当予以公告。

县级以上的各级人民代表大会常务委员会组成人员，全国人民代表大会和省、自治区，直辖市、设区的市、自治州的人民代表大会的专门委员会成员，辞去代表职务的请求被接受的，其常务委员会组成人员、专门委员会成员的职务相应终止，由常务委员会予以公告。乡、民族乡、镇的人民代表大会主席、副主席，辞去代表职务的请求被接受的，其主席、副主席的职务相应终止，由主席团予以公告。

5. 补选。代表在任期内因故出缺，由原选区或者原选举单位补选。地方各级人民代表大会代表在任期内调离或者迁出本行政区域的，其代表资格自行终止，缺额另行补选。

县级以上的地方各级人民代表大会闭会期间，可以由本级人民代表大会常务委员会补选上一级人民代表大会代表。

补选出缺的代表时，代表候选人的名额可以多于应选代表的名额，也可以同应选代表的名额相等。补选的具体办法由省、自治区、直辖市的人民代表大会常务委员会规定。

六、特别行政区、台湾省全国人大代表的产生

（一）特别行政区全国人大代表的选举

特别行政区全国人大代表的选举，首先是在特别行政区成立全国人大代表选举会议。选举会议名单由全国人大常委会公布。选举会议的第一次会议由全国人大常委会主持。会议选举会议成员组成主席团。选举由主席团主持，代表候选人由选举会议成员 10 人以上联名提出。联名提名不得超过应选人数。候选人应多于应选名额，进行差额选举。根据全国人民代表大会有关办法的规定，香港特别行政区应选第十二届全国人大代表名额为 36 名，澳门特别行政区应选第十二届全国人大代表名额则为 12 名。选举结果由主席团依法宣布，报全国人大代表资格审查委员会进行资格确认后，公布代表名单。

（二）台湾省全国人大代表的产生

根据第十一届全国人大《关于第十二届全国人民代表大会代表名额和选举问题的决定》的规定，台湾省暂时选举第十二届全国人大代表 13 人，由在各省、自治区、直辖市和中国人民解放军的台湾省籍同胞中选出。代表产生办法由全国人大常委会规定。

七、选举的物质保障和法律保障

《选举法》第 7 条明确规定："全国人民代表大会和地方人民代表大会的选举经费，列入财政预算，由国库开支。"

同时，我国对公民的选举权还有严格的法律保障。各省、自治区、直辖市的人大常委会可以根据选举法的规定，结合本地区的实际，制定有关选举的实施细则，以保证选举工作的顺利进行。

 事例一

2000 年美国总统大选案[173]

【事例介绍】

2000 年 11 月 7 日，美国进行总统大选。大选次日，佛罗里达州宣布共和党候选人布什州长获得 2 909 135 张选票，民主党候选人戈尔副总统获得了 2 907 351 张选票。由于选票之差小于所投票总数的 0.5%，根据州法规定进行了再次自动计票，结果表明布什仍然获胜。戈尔利用佛州规定的异议程序，要求在倾向民主党的选区进行手工计票。在迈阿密——戴德选区的检票团因故于 11 月 23 日停止手工计票后，戈尔竞选委员会起诉，要求计票继续进行。在佛州最高法院拒绝发布这一命令后，戈尔表示将按照州法的争议程序来挑战这一选区的选举结果。11 月 21 日，佛州最高法院在合并诉讼的意见中把公证日期延迟到 11 月 26 日，命令重新计票过程继续进行，并判决在此期间的手工计票结果必须被包括在最后的公证数字当中。布什将这一判决进一步上诉到联邦最高法院。佛州最高法院以 6:1 再次肯定了原先判决的这一期限。最终由联邦最高法院裁决终止计票，布什以几百张选民票的微弱优势赢得佛州关键的 25 张选举人票得以当选。

【本事例涉及的法律问题】
美国的选举制度能否适用于中国？

【基础知识】

选举是当代代议制度中最基本和最关键的制度形式，影响和决定着民主制度中其他制度的构成，选举程序视角的民主始终是最低限度的民主定义。虽然民主和法治可能发生冲突，两者毕竟又是相辅相成的。法治以民主为基础，民主以法治为前提。民主是法治的基础与合法性的来源，而法治又为民主选举"保驾护航"。让法院决定选举过程是否符合法律要求，本身并不和民主或法治

---

[173]   案情来源于王雅琴：《选举及其相关权利研究——美国选举个案分析》，山东人民出版社 2004 年版，第 116 页。

原则相冲突；相反，这是民主与法治的共同要求。

【事例评析】

对于美国选举中选举人团制度[174]及最后由法院决定选举结果的制度到底是民主的体现还是虚假民主的力证，学者们态度不一。有人认为美国选举过程长、程序复杂，选民所代表的普遍性下降以及选举日益商业化，表现了其选举民主的虚伪性[175]；而有学者又认为美国的选举争议最后通过法律手段而获得解决，恰恰体现了其法治与民主体制的成熟。[176]民主政治的发展是选举制度赖以存在的基础。选举与民主是相互依赖、相互促进的。选举制度的建立与发展使得不论国土大小、人口多寡的各种类型的国家得以普遍地发展民主政治。如果没有选举制度，就不可能有大规模、高层次的民主政治。

一、民主与法治的关系

从本质来看，民主就是"主权在民"的政治，是大多数人参与的政治，是权力平稳交接的政治。"主权在民"是民主的理想，由人民亲自或经由自己的代表作出制度安排是民主理想的核心。而要通过制度的安排使这一民主理想逐渐成为现实，就需要法治。作为制度的安排，民主就是人民对如何管理国家和社会事务的设定，就是法治的政治。本案最终由联邦最高法院解决了总统宝座的归属问题，开创了由联邦最高法院裁决总统大选争执的先例，从而引起了美国及国际上的广泛关注。

美国司法界对于本案中佛州最高法院对佛州选举法的解释是否改变了联邦和州的制定法从而超越了司法权的界限有着不同的看法。本案中伦奎斯特首席大法官及斯卡利亚大法官、托马斯大法官认为"司法解释不能改变立法安排的总体上的一致性以致完全更改制定法所规定的不同机关之间的职责分配"，认为佛州最高法院的解释不仅延长了立法机关规定的抗议期限，而且完全偏离了立法机制，因而扭曲了佛州选举法并大大超出了合理的字面含义，是对制定法的改变。而持不同意见的史蒂文大法官、苏特大法官、金斯伯大法官和布雷耶大法官则认为："佛州法院的解释处于合理的解释范围之内"，"宪法原则的解释不

---

[174]　选举人团（electoral college）又称选举团或总统选举团，是美国特有的一种选举方式。根据美国宪法，美国总统由各州议会选出的选举人团选举，而不是由选民直接选举产生。每四年一次的美国大选实际上是由选民决定所在州的选举人团给哪位总统候选人投票。通俗点说，老百姓投票选举的不是总统，而是选举人，随后再由这些选举人选出总统。决定大选胜负的，也不是看候选人获得的选民票数多少，而是看他得到的选举团成员，也就是选举人的票数有多少。

[175]　参见应霄燕："从总统选举透视美国选举民主的虚伪性"，载《思想理论教育导刊》2004年第5期。

[176]　参见胡建淼主编：《外国宪法：案例及评述》，北京大学出版社2004年版，第494页。

必太拘泥于字面……如果不允许政府体制的各关节有一点活动余地，整个政府机器就无法工作"，而且"佛州最高法院在本案以及早先在棕榈滩县检查委员会诉哈里斯一案中的意见，都没有对佛州选举法作任何实质性修改……它的判决根植于长期建立的先例并符合相关的制定法条文"。

美国是三权分立的国家，三权之间相互独立，相互制衡。美国宪法第 1～3 条分别对立法权、行政权和司法权的权限进行了规定。对法律的解释权被认为是法院正当的、特定的职权。但在很长一段时间内，司法权是三权中最弱小的。

1803 年的"马伯里诉麦迪逊"案确立了司法审查制度，法院继而通过一系列影响巨大的判决树立了司法权在民众和其他政府部门中的权威地位。但是，对于法院在进行司法解释时的界限何在，则一直存在争议。保守派认为，司法解释应力争探究立法原意，而不应偏离制定法的框架，否则便是司法权对立法权的侵犯；自由派则认为，司法解释应适应时代需要，不应拘泥于字面含义。实际上，这两种观点本身均存在可疑之处。立法者的原意到底是什么？司法机关所要探究的又是哪一部分的立法者的原意？而如果司法解释为了适应社会发展的需要，可以任意修改立法机关的制定法，那么司法权与立法权的界限在哪里，又如何实现权力间的相互制衡？所以司法解释的界限问题本身是一个十分复杂的问题，很难给出一个明确的标准，当法官在行使裁量权时，不同的理念、不同的政治倾向将使他们作出不同的回答。本案中，尽管法院最终表明了多数法官的态度，但本案判决的政治性倾向是十分明显的。该案给我们最大的启示是：美国民众对于司法权非常信任，这种信任源于司法权的基本公正以及基本不受政府更替和舆论变迁影响的特点，是司法权长期努力的结果，它构成了美国法治的基础。戈尔在不服判决的前提下仍然接受判决的表白，不能不让我们感叹美国民众对法治的坚持和对法律的忠诚。记者托马斯·L. 弗雷德曼曾对本案有精彩的评论，他认为美国成功的秘密"不在于华尔街，也不在于硅谷，不在于空军，也不在于海军，不在于言论自由，也不在于自由市场——秘密在于长盛不衰的法治及其背后的制度，正是这些让每一个人可以充分发展而不论谁在掌权"[177]。

法治需以民主为基础，因为法官所解释的法是、也应该是经由民主政治程序所产生的法。但民主也应以法治为前提，这时司法权的适当行使不但不违反民主原则，反而对保障民主过程的完整性发挥了至关重要的作用。这次戈尔与布什之争充分显示出，民主政治的核心是选举。一个名副其实的民主体制必须

---

〔177〕　胡建淼主编：《外国宪法：案例及评述》，北京大学出版社 2004 年版，第 495 页。

至少要防止选举过程中的种种不规则行为，如贿选、作弊或恐吓等明显违法行为，且选举结果应当以统一、合理的方式获得准确的统计。虽然立法规定及执法过程的质量对于保证选举的准确性至关重要，但假如缺乏司法审查，这种保障仍将是不充分的，尤其是由于立法和执法人员出于党派利益未必能保证选举过程的中立性，在这种情况下法官对于维护民主选举的完整性具有责无旁贷的义务。[178]

二、选举的方式和方法

在民主原则下，实行选举政治的根本目的是希望使广大社会成员参与社会管理、实现公民的基本权利，其最大的价值在于追求社会的稳定与进步。保障选举的民主性是选举制度的关键和基础。选举是人民主权的实现形式，是民主的直接表现，大多数人的统治只有通过选举才有可能实现，因此，所有的现代民主国家都举行选举。但是，选举仅仅是民主的必要条件而不是充分必要条件。因为民主要求选举本身必须是民主的，只有民主的选举才能体现民主，才能达到选举的本意。选举的民主性取决于选举的自由、公正、广泛和竞争性。要通过制度设计保障选举的民主性，就要保证选民的广泛性，保证选民自由意志的充分表达，因此，定期举行有竞争性的选举也就显得十分必要了。选举的实际运作、发展是复杂的，有阶段性的，一次选举的完成是诸多因素作用的结果，因此，选举需要和民主的其他机制相配合、相适应，从而形成良性互动。

选举是一个国家民主宪政制度的组成部分，与民主相互依赖、相互促进。如果没有选举制度，就不可能有大规模、深层次的民主政治；离开民主的其他制度，选举也不可能有效进行。民主是选举的基本目标和价值取向，但选举既要民主，又要能择优，只有能恰当处理选举价值目标的关系和矛盾，选举才是有效的民主选举。

各国都要探讨适合自己国家的选举方式和方法。虽然作为实现代议民主的基本手段，选举的基本原则和程序是具有普遍意义的，但是政治、经济、文化和历史传统的差异使各国的选举制度的选择和运作表现出较大的差异。即使是在政治体制和国家结构形式方面相同的国家，其选举组织的设置、选举时间的确定、选举人和候选人的资格、选区的划分原则，选票的计算方法与投票规则等也都有各自的特点。美国总统选举采用的则是"选举人团制度"。选举人团制度是美国宪法上一项有创意的制度，是一种临时设置代表人民的、以选举总统为惟一目的的选举团的二重选举制。美国宪法规定，总统不由选民直接选举，

---

[178]　张千帆主编：《宪法学》，法律出版社 2004 年版，第 103 页。

而由选举人团间接选举。即总统大选以州为单位，各州在组织大选时有自己的一套程序，大选中，候选人赢得该州普选后，即赢得该州全部选举人票，最后将所有候选人赢得的选举人票进行核算，赢得超过半数选举人票的候选人赢得本次大选成为下一届总统。1787 年在制宪会议上，对于中央行政首长的产生曾争论不休：以汉密尔顿为首的强力行政派倾向于贵族政治，拥护君主制；而立法选举派主张由立法机关选举行政首长，并对其负责。威尔逊提出一个折中方案：由各州人民选出总统选举团，再由总统选举团选举行政首长。1787 年以州为单位对宪法草案进行表决时，以 6 票对 3 票对威尔逊的方案予以接受，但将选举人团代表的产生修改为由各州议会选出，由各州议会自行规定条件，每州总统选举人团各选两人，得票最多者为总统，但其总票数必须超过全体代表的半数。此即后采的"选举人团条款"。

该制度的不足之处在于会导致"少数票"总统（当选的总统获得了过半数选举人票，但未获得过半数选民票）的产生。即在竞选双方所获选民票相当接近的情况下，很有可能出现两位候选人获得的选民票与获得的选举人票的比例不相称，从而出现获得选民票少于对方但因获得了过半数选举人票而当选的少数票总统。如 2000 年大选中，布什少于戈尔 539 898 票，但因最后获得了佛州的 25 张关键的选举人票，拿到了选举人团的多数票而当选为"少数票总统"。这就显然已经影响到了人民的平等、自由选举权的行使，以至于影响到了民主选举制度本身。[179]

我国的选举制度是人民代表大会制度的重要组成部分，改革和完善选举制度是坚持人民代表大会制度的基础，完善我国的选举制度要加强基层民主建设，逐步扩大直接选举的范围，引入竞争机制，提高候选人的参选意识和选民的选举积极性，在选举和民主参政的实践中锻炼民众，以良好的选举环境促进选举在民主、法治轨道内运作。

我们完善选举制度的最根本内容就是要贯彻选举法治化和程序制度化、规范化的原则。没有法律制度的保障，民主选举就无法正当进行。超越领导人意志的法治是保障人民自由表达意志的基本要素，法治对选举民主性的作用在于通过保障选举过程的民主性保证选举结果的民主与公正，保障民意的贯彻和执行。法治的要求需要实现从选举机构的设立、选民资格的审定、候选人提名、选区的划分、选举程序的制定和进行、秘密投票的保护、公正计票、当选规则

---

[179]　王雅琴：《选举及其相关权利研究——美国选举个察分析》，山东人民出版社 2004 年版，第 119 ~ 120 页。

的落实到选举制度各环节。在竞选中，竞选法律规则和规范化程序是严格规制竞选活动所必需的，竞选本意为民主而设，但不规范的竞选活动会影响选民自由意志的形成和表达，影响公民的选举权和被选举权的行使。

独立、公正的选举管理是维持民主选举的必要条件，只有在选举机构独立、公正并充分发挥作用的前提下，民主选举才可能成功。选举机关有选举主持机关和选举裁判机关。其中，选举主持机关对选举过程进行管理和监督，以确保选民和候选人的自由权利不被侵犯，而选举裁判机关和裁判程序因各国的政治传统而异，如美国的选举争端裁决权由选举委员会、普通法院和国会、州议会共享。维持民主选举的关键在于建立一种能够有效地解决发生的各种纠纷和争议的制度，对选举过程和结果进行监督。

三、结论

2000 年美国总统选举纠纷及诉讼过程体现了美国民主法治、宪政机制的成熟与稳定。不论其选举方式有何弊端，从纠纷发生到解决过程表现出来的是选举在法治轨道上的有序运作。司法是法治运作的核心，如何保障司法公正和独立、树立司法权威和法官的权威是每个崇尚法治的国家都应当思考的问题。

参考阅读

1. ［美］波尔斯比、威尔达夫斯基：《总统选举：美国政治的战略与构架》，管梅译，北京大学出版社 2007 年版。

2. 刘性仁："论美国总统选举之选举人团制度及其改革建议"，载《南京大学法律评论》2007 年第 Z1 期。

3. 马晓轩："浅议美国的选举人团制度"，载《改革与开放》2011 年第 16 期。

4. 林宏宇："论美国政党对美国总统选举的影响——兼测 2004 年美国大选"，载《国际关系学院学报》2003 年第 5 期。

5. 张烁："美国国会中期选举对执政总统的影响——以 1994 年、2010 年中期选举的影响为例"，载《长春教育学院学报》2011 年第 7 期。

6. 林宏宇："民主的尴尬：从选举团制度看美国选举政治"，载《国际关系学院学报》2003 年第 1 期。

7. 张骛远："美国总统选举人团制度的历史嬗变"，载《国际资料信息》2012 年第 1 期。

事例二

北京市怀柔区汤河口镇后安岭村村民代表会议选举事件

【事例介绍】

北京市怀柔区汤河口镇后安岭村只有 71 户 187 人。多年以来，该村村民都分为两派，一部分支持村支书郭宝来，一部分支持村主任堵凤林。2007 年 9 月，怀柔区汤河口镇后安岭村开始新一届的村民代表选举。这次选举以户为单位，71 户村民共有 71 张选票，他们分成 3 个小组，选出 31 个村民代表。前 2 个小组的选举顺利结束后，在当选的 25 个村民代表中，约 2/3 "是村主任堵凤林的人"。这令部分支持郭宝来的村民不满。他们认为，这一选举结果的原因是，一些支持堵凤林的村民此前实行分户，导致在支持人数大致相同的情况下，"他们的票数多"。于是支持郭宝来的村民们把希望寄托在最后第三组的选举上。他们称，第三组共有 15 户村民，将推选出 6 名代表。目前，15 户村民中两派的力量基本对等，但如果这几对第三组的村民离婚分了户，那么增加的选票，是完全有可能选出 6 名都支持郭宝来的代表，"这样，加上前面两组的代表人数，双方所获得村民代表数量基本相当"。为了实现双方力量的均衡，支持郭宝来的 10 余户村民准备以离婚的方式实现分户增加选票。2007 年 12 月 12 日，10 余名村民集体来到怀柔区民政局，咨询离婚程序，希望尽快离婚。根据汤河口镇党委组织委员吕宝文得到的资料，打算集体离婚的共有 9 户村民；而后安岭村村支书郭宝来透露，离婚的村民将近 20 户，这约占全村总户数的 1/4。对于集体离婚的消息，有村民说，"打离婚，争选票，全村人，都知道"。村支书郭宝来称，村民集体离婚，是想通过分户"来达到力量的均衡"。几名想离婚的村民说，离婚的确是手段，目的就是维护自己的最根本的权利。他们希望"尽快离婚"，"不能让那 6 个名额被取消了"。[180]

【本事例涉及的法律问题】

基层选举一人一票还是一户一票更为合理？

【基础知识】

2010 年修订后的《村民委员会组织法》第 25 条的规定，人数较多或者居住分散的村，可以推选产生村民代表，由村民委员会召集村民委员会成员和村民代表（村民代表应当占村民代表会议组成人员的 4/5 以上）开会，讨论决定村

---

[180]   参见："村民欲集体离婚争选票"，载《新京报》2007 年 12 月 17 日。

民会议授权的事项。村民代表由村民按每 5~15 户推选 1 人，或者由各村民小组推选若干人。一些学者对此规定提出了异议，例如张千帆教授认为：现代国家的议会选举无不遵循"一人一票"原则，因而是以人而不是户、区或任何其他指标作为计量单位。"一人一票"不仅意味着每一个选民都有一票也只有一票，而且要求每张选票都有同等的分量。如果像《村民委员会组织法》第 25 条规定的那样以户为单位分配村民代表，那么由于户有大小，每个家庭成员的选票分量就不平等了；家庭人越多，家庭成员个人的分量就相对越轻。这样就违反了1982 年《宪法》第 33 条关于"公民在法律面前人人平等"的基本原则，也不符合第 34 条有关选举权和被选举权平等的规定。因此，要符合宪法平等原则，村民代表的选举也必须采用"一人一票"。[181]

【事例评析】[182]

在本事例中，由于村民代表推选依照户数计票，因此一些村民意图通过离婚分户的方式，达到在村民代表推选中获得优势地位的目的。村民代表推选依照户数计票的方式为我国法律所确定。

那么，《村民委员会组织法》规定以户数作为村民代表推选计票单位的条文，是否妥当？是否合乎《宪法》第 33 条和第 34 条确定的"平等选举权"原则呢？本文认为，《村民委员会组织法》第 25 条的规定并未违宪，而且合乎宪法。

一、村民代表会议制度的目的

村民代表会议是 1998 年修订后的《村民委员会组织法》新规定的制度。在村民自治实践中，由于有的村人口较多，且居住分散，很多村民常年在外打工等原因，作为村民自治决策机构的村民会议很难按时召开，导致村民无法有效监督村民委员会的工作。正是考虑到这种现实，为了有效推进基层民主，立法机关在 1998 年修改《村民委员会组织法》时将各地普遍存在的村民代表会议制度固定了下来。1998 年 6 月 22 日，全国人大常委会开始审议《村民委员会组织法（修订草案）》，最初的这个草案并没有规定村民代表会议制度。在全国人大常委会的审议过程中，有的常委会委员、部门、地方和群众都提出需要设立村民代表会议制度。1998 年 8 月 18 日，全国人大农业与农村委员会在一份审议意见中就这样指出：

从实际情况来看，凡事都要召开村民会议决定，不仅办不到，而且容易使

---

[181] 张千帆："后安岭选举婚变，还是一人一票好"，载《新京报》2007 年 12 月 22 日。

[182] 主要参考韩大元主编：《中国宪法事例研究（三）》，法律出版社 2009 年版，第 63~69 页。

会议流于形式。许多同志认为，村民代表会议是村民委员会组织法试行 10 年来广大农民群众的一个创举，是发展基层民主、健全村民自治制度的一项行之有效的制度，已经取得了较好的效果……建议增加有关村民代表会议的内容。[183]

全国人大内务司法委员会也赞同设立村民代表会议制度，1998 年 7 月 21 日内务司法委员会在一份审议意见中认为：

《村民委员会组织法（试行）》设立了村民会议制度，规定涉及全村村民利益的重大问题，村民委员会必须提请村民会议讨论决定。但在实践中，有些人口较多或者居住分散的村，村民会议召集、议事很不方便。为此，广大农民在民主自治的过程中，创造了村民代表会议这一形式，由村民选举代表组成村民代表会议，讨论本村的重大事项，形成决定草案，提交村民会议表决。各地实践证明，村民代表会议可以有效地解决村民会议召集难、议事难的问题。[184]

上述意见最终得到了立法机关的采纳。1998 年修订后的《村民委员会组织法》第 21 条规定：人数较多或者居住分散的村，可以推选产生村民代表，由村民委员会召集村民代表开会，讨论决定村民会议授权的事项。村民代表由村民按每 5～15 户推选 1 人，或者由各村民小组推选若干人。全国人大法律委员会对此项增修的解释是：

村委会组织法试行以来，许多村民人数较多或居住分散的地方在实践中采用召集村民代表开会讨论、决定本村涉及村民利益的事项，收到了较好的效果。鉴于上述做法在许多地方已实际存在，并行之有效，受到村民的欢迎，因此，法律委员会建议增加规定。[185]

从上述立法过程看，村民代表会议制度的设立目的，主要在于弥补村民会议不能有效及时召集的缺陷。从法律上说，村民会议和村民委员会是实现村民自治的基本方式，村民代表会议是对这一基本方式的补充。

二、推选——村民代表会议成员的产生方式

经过 2010 年修订后的《村民委员会组织法》对村民委员会和村民代表会议产生方式的规定与之前的规定相比略有不同。《村民委员会组织法》第 11 条规

〔183〕 "全国人大农业与农村委员会关于《中华人民共和国村民委员会组织法（修订草案）》的审议意见"，载张春生主编：《中华人民共和国村民委员会组织法释义》，法律出版社 1999 年版，第 107 页。

〔184〕 "全国人大内务司法委员会关于《中华人民共和国村民委员会组织法（修订草案）》的审议意见"，载张春生主编：《中华人民共和国村民委员会组织法释义》，法律出版社 1999 年版，第 115 页。

〔185〕 "全国人大法律委员会关于《中华人民共和国村民委员会组织法（修订草案）》初步审议情况的汇报"，载张春生主编：《中华人民共和国村民委员会组织法释义》，法律出版社 1999 年版，第 95 页。

定：村民委员会主任、副主任和委员，由村民直接选举产生。法律详细规定了村民委员会选举的程序。对于村民代表，立法机关并没有使用"选举"一词，而使用了"推选"的概念，即"人数较多或者居住分散的村，可以推选产生村民代表"。"推选"这个概念，《村民委员会选举法》前后共出现数次，分别适用于不同情形：

1. 村民小组长的产生。《村民委员会选举法》第28条第2款规定：村民小组组长由村民小组会议推选。

2. 村民选举委员会成员的产生。《村民委员会选举法》第12条规定：村民委员会的选举，由村民选举委员会主持。村民选举委员会由主任和委员组成，由村民会议、村民代表会议或者各村民小组会议推选产生。

3. 村民代表的产生。《村民委员会选举法》第25条规定：人数较多或者居住分散的村，可以设立村民代表会议，讨论决定村民会议授权的事项。……村民代表由村民按每5～15户推选1人，或者由各村民小组推选若干人。

历史地看，在村民代表会议制度初现之际，由于欠缺法律的规范，村民代表的产生方式是多种多样的。例如，黑龙江省规定村民代表由村民选举的村民代表、村民委员会成员和村民小组长三部分人构成；河南、福建等省规定村民代表由村民选举的村民代表、村民委员会成员和本村的各级人民代表三部分人构成；山西省的一些市县则规定村民代表由村民选举的村民代表、村民委员会成员、村民小组长、本村的人大代表和政协委员五部分人构成；陕西省有的地方规定村民代表由村民选出的村民代表、村党支部书记、副书记、村民委员会委员、村民小组长和本村的人大代表六部分人构成；山东省有的地方规定村民代表由村民选出的代表、村党支部成员、村委会成员，以及团支部、民兵连、妇女组织、村级经济组织的主要负责人以及本村的人大代表八部分人构成。[186]

从各地的上述做法来看，村民代表中虽然有一部分由村民选出，但至少有相当一部分代表并不是由村民推选的。从民主的角度看，《村民委员会组织法》规定村民代表由农户或者各村民小组推选，这种方式无疑是朝向民主的一个进步。从《村民委员会组织法》的实践过程看，就村民代表的推选而言，全国绝大部分地区是以10～15户为村民代表选举的基本单位，也就是10～15户为一个小的选区，具体进行村民代表的选举。[187]

---

[186]　王振耀、白益华主编：《乡镇政权与村委会建设》，中国社会出版社1996年版，第136页。

[187]　王振耀、白益华主编：《乡镇政权与村委会建设》，中国社会出版社1996年版，第138页。

三、农户推选方式是否与立法目的相互匹配

诚然，从民主的角度看，"代表"一词表示了某种选举制度的存在。不过，建立村民代表会议制度的目的在于弥补村民会议不能按时召集的缺陷，它只是村民自治制度的一个补充，而非核心要素。在村民自治制度中，村民委员会的制度建设至为关键，而村民选举委员会、村民小组长以及村民代表制度相对于村民自治制度的重要程度而言相对较低，因此法律为其规定了不同的产生方式。根据《村民委员会组织法》的规定，村民代表会议的职权是"讨论决定村民会议授权的事项"。从这个规定看，村民代表会议所能决定的事项有限，它只能按照授权决定有关事项。另外，按照《村民委员会组织法》第 24 条的规定，涉及村民重大利益的事项，只能由村民会议讨论决定，或者由村民会议授权村民代表会议决定。[188]　因此，可以说由村民代表会议决定的事项范围有限，且内容相对次要。更重要的是，村民代表会议因村民会议的授权行使职权，因此村民会议亦有权对村民代表会议进行监督，有权撤销其作出的决定。既然如此，村民代表的选举方式也就没有必要如同村民委员会成员的选举方式那样严格，必须采取同样的选举方式。[189]

立法机关为村民委员会成员和村民代表的产生，确立了不同的产生方式，这源自立法机关对它们不同重要程度的价值判断。这种价值判断及其立法体现并非不合理，或者体现了立法机关的任性和反复无常，因为立法机关并没有对村民委员会的产生规定由农户"推选"，而对村民代表的产生却规定了严格的村民"选举"程序。换言之，立法机关并没有本末倒置，为重要性程度较低的制度规定严格的选举方式，而为重要性程度较高的制度规定宽松的推举方式，这

[188] 《村民委员会选举法》第 24 条规定如下：涉及村民利益的下列事项，经村民会议讨论决定，方可办理：①本村享受误工补贴的人员及补贴标准；②从村集体经济所得收益的使用；③本村公益事业的兴办和筹资筹劳方案及建设承包方案；④土地承包经营方案；⑤村集体经济项目的立项、承包方案；⑥宅基地的使用方案；⑦征地补偿费的使用、分配方案；⑧以借贷、租赁或者其他方式处分村集体财产；⑨村民会议认为应当由村民会议讨论决定的涉及村民利益的其他事项。村民会议可以授权村民代表会议讨论决定前款规定的事项。法律对讨论决定村集体经济财产和成员权益的事项另有规定的，依照其规定。

[189] 例如，有学者指出，简化选举程序，可能是立法机关选择"推选"而不使用"选举"一词的另外一个缘由："《村民委员会组织法》规定村民代表由村民推选产生，其用意与规定村民小组长由村民小组会议推选产生一样，都是为了简化选举程序，其严格性低于村民委员会选举。'推选'一词的法律内涵，我国目前的法律法规鲜有涉及，但可以将其理解为既包括正式的投票选举，也包括协商选举，由村民当场举手表决，但都必须有过半数的选民同意才可当选。"参见王禹：《我国村民自治研究》，北京大学出版社 2004 年版，第 171 页。

是其具备合宪性的一个重要理由。

此外，由农户推选的方式，尽管在民主的程度上尚不完美，但要看到，与立法前各地纷繁复杂的村民代表产生方式相比，它在民主的道路上大大前进了一步，值得充分肯定。还需要指出的是，从理论上说，"一人一票、一票一值"制度并非绝对。就我国宪法和法律而言，在人民代表大会选举中，少数民族代表一直享有特殊的复数选举权。即便就美国而言，虽然美国联邦最高法院宣称过"一人一票、一票一值"原则，但由于选举人制度的存在，因此美国总统的选举就不可能体现这一原则，[190] 但美国联邦最高法院并没有说美国总统的选举方式不符合民主原则而违宪。

四、结论

村民代表会议制度乃为弥补村民会议制度之缺陷而设，是村民自治制度的补充，立法机关对其代表产生方式与村民委员会委员的产生方式作了不同的规定。这种"差别待遇"体现了立法机关的基本价值判断，这种价值判断及其立法体现并非不合理，也没有体现立法机关的任性和反复无常，且能够与其立法目的相互匹配。因此，由农户推选村民代表的方式，其合宪性应当得到充分的肯定。

 参考阅读

1. 王姗姗："论我国基层村民自治中的选举制度——以吉林省梨树县第五届村民委员会选举为例"，载《长春大学学报》2011 年第 11 期。

2. 丁开杰："集体经济规模与村民选举的竞争性——以江西省新余市分宜县村民选举为例"，载《上饶师范学院学报》2009 年第 2 期。

3. 徐世雨："村民委员会选举中存在的问题与改进对策——以山东省德州市某县村民委员会选举为视角"，载《山东科技大学学报》（社会科学版）2006 年第 1 期。

4. 潘弘祥："村民选举：规范与创新——广西三江侗族自治县村民选举调查报告"，载《湖北社会科学》2006 年第 10 期。

5. 林少敏、吉青："乡村社会对村民选举的回应——对影响村民参与选举的因素的考量"，载《福建师范大学学报》（哲学社会科学版）2004 年第 3 期。

6. 陈建国、韩永红："从经济发达地区基层民主选举看中国村民自治的走向——以2008 年绍兴农村基层民主换届选举为例"，载《南京工业大学学报》（社会科学版）2009 年第 2 期。

7. 肖唐镖、王欣："农村村民选举质量及其影响因素的变化——对 4 省市 68 个村选

---

[190]　对此问题的简略阐述，参见甘阳：《将错就错》，生活·读书·新知三联书店 2002 年版，第 340 页。

举的跟踪观察和研究"，载《北京行政学院学报》2009 年第 3 期。

 事例三

深圳市区级人民代表大会代表选举系列案[191]

【事例介绍】

2003 年 5 月，广东省深圳市进行区级人民代表大会代表换届选举工作。肖幼美是深圳市罗湖区人民代表大会代表候选人。她所在的第 12 选区有深圳市委党校等规模较大的单位。800 多名选民中大部分都是单位选民。除她以外，该选区的其他 3 名候选人都是隶属于规模较大的单位，只有她是 30 多名居民联合推荐的代表。由于选区选举办公室没有安排选民联合推荐的候选人与选民见面。肖幼美担心选民对她不了解而不投票给她，所以她决定张贴海报宣传自己。选举工作办公室表示法律没有禁止候选人张贴海报，所以既不支持也不反对。肖幼美的竞选海报写有"倾听来自基层的呼声，监督政府的作风与体制改革；反映广大群众的意愿，做沟通政府与市民的桥梁"等口号。

吴海宁是本次深圳市区级人民代表大会代表换届选举中南山区麻岭选区 2 名正式候选人之一，他是经 151 位选民联名推荐成为候选人的。为了让更多的选民了解自己当选后的主张，吴海宁印刷了《致麻岭社区选民和广大居民的一封信》，并挨家挨户将信投到各家的信箱。在信中，吴海宁承诺："如果当选，将自己出资聘请专职工作人员，在麻岭社区设立南山区人民代表大会代表吴海宁办公室，一周七日，全天候 24 小时接待与倾听选区选民、群众反映社情民意，及时与政府有关部门沟通。"另外，吴海宁还在其居住区周围张贴海报，海报上方写有两行大字："做一个无私无畏，敢于为民说真话、办实事的人民代表大会代表。"

【本事例涉及的法律问题】

在直接选举中候选人能否张贴海报宣传自己？

【基础知识】

我国的许多改革行动是在法律法规还不完善的情况下发生的，有的改革行动尽管没有法律法规的认可，但法律法规也没有禁止。目前，我国各个层面的法律法规并没有明确禁止候选人在选举活动中宣传自己。从我国村民自治选举的实践看，候选人做自我介绍已经比较普遍，有些地方还引入了候选人之间的竞争机制，效果都比较好。当然，一个村庄内部的选举与更大范围里的人大代

---

[191] 主要参考焦洪昌、姚国建：《宪法学案例教程》，知识产权出版社 2004 年版，第 51~56 页。

表选举是不同的。在选民对候选人完全不了解的情况下，候选人如果以攻击对手为竞选手段，很容易在选民中制造混乱，引起选民之间的纠纷。但在小的社区，在选民对候选人比较了解的社区，展开候选人的自我宣传，创造一种有序的竞选氛围，有利于培养选民在选举过程中的平常心态。有了这样一个基础，较大范围内的候选人自我宣传也就不会出现麻烦了。总之，只要我们本着积极而又慎重的态度对待选举，就总能找到合适的程序和合适的方法，保证选举工作能够适应民主政治发展的要求，让广大老百姓满意。

【事例评析】

在直接选举中，候选人自发地通过张贴海报等方式宣传自己，是让选民了解自己的政见、主张的有效方式。这一方式有利于选民增加对候选人的认识，从而提高选民投票的理性，提升直接选举中的民主品质，对于促进我国的民主化进程有积极的作用。

候选人被提名以后直至选举投票正式开始之时，应是选民通过各种方式对候选人了解的时间，也是候选人通过各种方式宣传自己的政见、主张以争取更多选民认同自己的主张，从而支持自己当选的过程。所以在此过程中，候选人不应无所事事，而应利用各种场合和方式与选民沟通、交流以形成良性互动。

但我国选举法没有任何有关候选人可以通过何种方式宣传自己的规定，选民对于候选人的了解只能来源于法定组织（非候选人）对候选人的介绍。我国目前在候选人的介绍与宣传的过程中，候选人基本上是无所作为。1979年选举法规定："各党派、团体和选民，都可以用各种形式宣传代表候选人。但1982年第一次修改选举法时对此作了重大变更。根据1995年《选举法》第33条规定，选举委员会或人民代表大会主席团应当向选民或者代表介绍代表候选人的情况。推荐代表候选人的政党、人民团体或选民、代表可以在选民小组或者代表小组会议上介绍所推荐的代表候选人的情况，但是在选举日必须停止对代表候选人的介绍。2010年3月第五次修订的《中华人民共和国选举法》规定"选举委员会根据选民的要求，应当组织代表候选人与选民见面，由代表候选人介绍本人的情况，回答选民的问题。"[192] 据此可以看出，法律关于候选人的介绍与宣传

[192] 2010年3月第五次修订的《中华人民共和国选举法》第33条规定：选举委员会或者人民代表大会主席团应当向选民或者代表介绍代表候选人的情况。推荐代表候选人的政党、人民团体和选民、代表可以在选民小组或者代表小组会议上介绍所推荐的代表候选人的情况。选举委员会根据选民的要求，应当组织代表候选人与选民见面，由代表候选人介绍本人的情况，回答选民的问题。但是，在选举日必须停止代表候选人的介绍。由于该案是2003年发生的，因此本文依然按照1995年《选举法》内容讨论。

的规定太过简单，在选举法中只有一条。至于候选人自己对人民代表大会代表性质和作用的认识、自己若当选有何工作设想等选民都无从了解，以至于在选举中多数选民对候选人不了解、甚至不认识，投票只能是盲目的、随意的。这严重侵犯了选民的知情权。对于候选人来说，这是剥夺了他们直接向选民推荐自己的机会。从某种意义上说，这也是对他们权利的侵犯。新的《选举法》增加了"选举委员会根据选民的要求，应当组织代表候选人与选民见面，由代表候选人介绍本人的情况，回答选民的问题"的规定，但是，代表候选人能否采取多种合法形式宣传自己，法律依然没有明确规定。

地方立法显然在这方面比中央立法更为完善。为保证选民对候选人的充分了解，全国有 20 多个省、直辖市和自治区在选举法实施细则中规定选区或选举委员会可以组织候选人和选民见面。[193] 通过座谈会、选民大会、候选人的走访等形式可以使选民和候选人之间的有限的单向交流变为内容丰富的双向交流，这是对选民知情权的确认和尊重，有利于选民充分了解候选人；也增强了选民的主人翁意识，使选民认识到人民代表大会代表是自己意志的反映者和利益的代表者，应该投自己最信任的人的票。从候选人的角度讲，这给候选人提供了一个向选民直接推荐自己的机会，这也是对他们权利的确认和保护。

但是，候选人和选民见面还只是二者双向交流的初级阶段，有很大的局限性。在形式上，选民和候选人的直接接触范围过小，还没有达到完全公开的程度。在内容上，还要受到选举委员会的规定范围的限制。而且见面制度虽然具有一点竞争的意思，但还不是候选人之间自由的、平等的竞争。所以，从发展角度而言，必须建立我国的竞选制度，这既是对选民利益的保障，也是平等对待所有参选者所必须的。

但实行竞选在我国似乎一直遭到本能的抗拒。1982 年，在全国人民代表大会常务委员会向全国人民代表大会所作的修改选举法的报告中对候选人介绍方式的改革有如此解释：原选举法的规定是为了使选民能够充分地了解候选人的情况，"但是在实践中发现这一规定不够严谨，可能产生不同的理解"[194]，故此要作出修改。这种解释是含糊其辞的。何谓"不同的理解"？也许在这一规定下可能产生带有竞选色彩的宣传候选人的行为。所以对竞选的担忧才是促成这一修改的真正原因。在我国传统的政治思维中，竞选一直是与资产阶级民主相联

---

[193]　史卫民、雷兢璇：《直接选举：制度与过程》，中国社会科学出版社 1999 年版，第 39 页

[194]　北京大学法律系人民代表大会与议会研究中心编：《人民代表大会工作全书（1949～1998）》，中国法制出版社 1999 年版，第 144 页。

系的，被认为是资本主义的东西而为我们所不齿，且与我国的社会主义制度难以兼容。但实际上，社会制度与选举方式之间没有任何本质冲突。中国共产党也并未一直拒绝竞选，早在抗战时期的陕甘宁边区就已实行过。《陕甘宁边区选举条例》第 25 条规定："各政党及职业团体提出候选人名单，进行竞选活动，在不妨碍选举秩序下不得加以干涉和阻止。"[195] 1941 年和 1944 年的《陕甘宁边区各级参议会选举条例》对此作了进一步的完善。而在建国后，主流政治思想却对竞选产生无理性的排斥，将其上升到关乎社会制度的政治高度，这是没有道理的。

从长远来看，为了尽快完善我国的选举制度，健全社会主义民主政治，还是要实行竞选。宪法学家吴家麟说，没有差额的选举，不是真正的选举；没有竞选的差额，不是真正的差额选举[196] 实际上，竞争是商品经济的基本规律，也是推动社会发展的动力。竞选只是把竞争机制引入选举这一政治领域，它不是资本主义的专利品，完全可以为我们所用。建国初期，也有党和国家领导人主张人民代表大会实行竞选，只是到 1957 年极"左"思潮泛滥，反"右"开始，竞选才被当做资产阶级的东西受到批判。到 20 世纪 80 年代，有人主张在选举中引入竞争机制，指出，实行竞选不仅能保持社会政治、经济的活力，还有助于形成竞争者对上、下负责的法定责任，有助于选民对竞争者进行监督，并可以从制度上促进参选人了解社会和人民，密切党群关系和干群关系。实践中，以前也有一些地方实行竞选，其调动了选民和候选人两方面的积极性，深受群众拥护。对于竞选中可能出现的一些弊病完全可以通过完善的制度设计来避免。

事例四

王亮当选人大代表

【事例介绍】[197]

中国青年报 2003 年 5 月 21 日报道，在深圳市福田区人民代表大会代表选举中，独立候选人、深圳高级技工学校校长（从国外留学归来的硕士）王亮在其

---

[195] 袁瑞良：《人民代表大会制度形成发展史》，人民出版社 1994 版，第 248 页。

[196] 蔡定剑：《中国人民代表大会制度》，法律出版社 1996 年版，第 180 页。

[197] 2011 年"李承鹏等人宣布参选人大代表"的事例体现出近年来全国各地独立候选人逐年增多。参见"'李大眼'参选人大代表"，载《长江商报》2011 年 5 月 29 日。

所在的 29 选区以 1308 票的高票击败正式候选人。人民代表大会代表独立候选人直接参选胜出在全国还是首例。

2003 年 5 月 15 日，深圳市福田区有包括王亮在内的 4 位选民分别在不同选区，以独立候选人身份直接参选区人民代表大会代表。

福田区 29 选区约有近 3000 名选民。除社区居民外，还有另外几家单位在同一选区。在人民代表大会换届选举中，该选区推荐的两名正式候选人分别是一个企业集团和一个国家机关的负责人。由于选举委员会的工作疏漏，在划分选区时，深圳高级技工学校被遗漏，致使该校错过了推选正式候选人机会。学校师生决定采取直接选举方法投票选举。他们推举的候选人是海外归来的硕士、深圳高级技工学校校长王亮。2003 年 5 月 15 日上午，经过投票选举后，两位正式候选人的得票数均未达到法定票数，而直接参选的独立候选人王亮的票数却位居榜首。

经过人民代表大会选举小组研究，决定留下两位获票最多的候选人（正式候选人和独立候选人各 1 名）。当天下午 4 时，组织 29 区选民第二次投票选举，选举工作一直延续到晚上 8 时 30 分左右结束。第二次投票选举结果：王亮获得 1308 票，比另一位被推荐的正式候选人的得票高出 331 票。

叶百原是深圳市福田区第 39 选区的选民。2003 年 5 月 6 日，叶百原经 90 名选民联合推荐成为初步候选人。但因其不符合福田区选举委员会要求在其所在的选区产生一名女人民代表大会代表的条件，居民委员会动员其放弃候选人的资格，叶百原答应了。但他终因心有不甘而根据《全国人民代表大会和地方各级人民代表大会选举法》第 37 条有关选民在投票时"对代表候选人可以投赞成票，可以投反对票，可以另选其他任何选民"的规定，决定仍参加选举。为了让选民对自己有所了解，而在选举时能够在选票中"另选他人"一栏中写上自己的名字，叶百原开始大张旗鼓地宣传自己，印刷了一批宣传单。但最终叶百原没有当选。

另外，在福田区第 55 选区，邹家健也以自荐候选人的身份参加了选举，但也没有当选。

【本事例涉及的法律问题】
何谓独立候选人？独立候选人当选的意义何在？

【基础知识】
"独立候选人"一说，源自于西方选举制度，即为不代表任何党派参选的候选人。我国《选举法》规定，在直接选举人民代表大会代表时，选民既可以投赞成票，也可以投反对票，也可以弃权，也可以另选他人。所谓另选他人，即是在选举委员会所确定的正式候选人之外选举其他没有被列入选票的人选。这些未能被确定为正式候选人但被选民直接写入选票的候选人称为"独立候选人"。媒体所称人大代表"独立候选人"，规范用语应为"选民 10 人以上推荐的人大代表候选人"，即为在人大代表直接选举过程中，非经政党和团体提名推荐，经过自身努力获得选民联名提名推荐的人大代表候选人。严格法律意义上，人大代表没有"独立候选人"一说，除"各政党、各人民团体，可以联合或者单独推荐代表候选人"外，还有"选民或者代表，10 人以上联名，也可以推荐代表候选人"（2010 年《选举法》第 29 条之规定）。独立候选人的出现，并非新鲜事。过去十多年间，北京、深圳等地一直都有独立候选人竞选人大代表的案例。他们当中既有成功也有失败。北京市海淀区、东城区，都有过独立候选人当选人大代表的先例。而在 2011 年，随着微博的兴起，独立参选人大代表的人士多过了往年，表现也更为活跃。微博，为他们表达自己的参选意愿、凝聚人气提供了一个平台。

【事例评析】

独立候选人的当选表明我国人民代表大会代表直接选举中候选人提名制度存在缺陷。那些被选举委员会列为正式候选人的没有当选（因为按我国《选举法》的规定，正式候选人的数目一般应多于应选代表名额的 1/3～1 倍，所以有独立候选人当选，肯定有正式候选人落选），而选民自发选举的独立候选人能够当选，说明那些真正能够得到选民认可和信任的人却不能够为选举委员会所认可，而为选举委员会认可的正式候选人却不能够得到选民的普遍信服。

我国《选举法》规定，能够提名候选人的有政党、人民团体、选民或代表联名。这一规定过于简单，以致为实践中的一些不合理甚至是错误的做法提供了空间。这些做法主要有以下几种：其一，只重视政党、团体的提名，而忽视代表或选民联合提名。政党、团体的提名一般是在党的组织部门或统战部门的直接或间接干预下进行的。所以，实际上，在提名候选人过程中，真正起作用的是党组织。虽然选民或代表联名也可以提出候选人，但他们与政党和团体所提出的候选人的地位是不平等的。其二，政党、团体提名的候选人数量过多，而选民或代表联名提出的候选人却很少，甚至没有。选民或代表在选举中只是被动地在由政党和团体提出的候选人之间作出选择，而难以选出自己满意的代表。

但是，不应过高估计独立候选人当选的意义。因为，就客观而言，在没有任何合法的对独立候选人介绍的情况下,[198] 独立候选人的当选只能是个别现象,不可能成为普遍性事实。本案中,王亮的当选,有很大的偶然性。王亮所在学校的选民在该选区所有选民中所占的比例达到相当高的程度,而其又是该校的校长,处于这样的一个熟人社会里,王亮具备别人无法具有的选民对其充分了解的得天独厚的条件。但并不是所有的独立候选人都具备这样的条件。叶百原和邹家健的落选生动地说明了这一点。独立候选人的当选完全是我国目前选举体制外的因素起了决定作用,恰恰印证了我国候选人提名制度存在问题。所以,关键的问题不是在于研究独立候选人当选的普遍性意义,而是要对我国人民代表大会代表选举中的候选人的提名制度以及正式候选人的确定制度加以改革。其一,明确规定政党、团体和选民、代表提出的候选人的地位平等。为了淡化党在提名候选人过程中的包办色彩,应将候选人提名的主体作详细分类,可以将其分为共产党、民主党派、人民团体和代表或选民四类。在公布候选人时,应标明各候选人是由哪类主体推荐的。其二,应限制政党和人民团体提名的候选人在候选人总体中的比例。现在,已有很多省、直辖市和自治区在其制定的选举法实施细则中对此作了具体规定。如天津市、上海市、广东省都将此比例限制在不超过15%,[199] 但这只是地方性法规的规定,尚不够权威,选举法应对此作明确的规定。

 参考阅读

1. 魏荣汉:《中国基层选举报告》,作家出版社 2009 年版。

2. 张涛、王向民、陈文新:《中国城市基层直接选举研究》,重庆出版社 2008 年版。

3. 赵心树:《选举的困境——民选制度及宪政改革批判(增订本)》,四川人民出版社 2008 年版。

4. 唐晓腾:《基层民主选举与农村社会重构——转型期中国乡村治理的实证研究》,社会科学文献出版社 2007 年版。

5. 肖君拥:"中国基层官员民主选举程序的理论思考与立法建议——以规范县、乡两级国家机关领导人员选举的提名程序为视角",载《浙江社会科学》2003 年第 6 期。

6. 魏君、任中平:"加强基层民主建设 构建和谐社会——从村民委员会选举制度拓展到乡镇长选举制度改革的尝试",载《重庆工学院学报》2006 年第 6 期。

---

[198] 根据现行法律的规定,正式候选人尚不能独立开展有效的向选民宣传自己的活动,何况独立候选人。即使将来引进竞选制度(不论在多大程度上),也只能是正式候选人的竞选,独立候选人也不可能有任何自由竞选的制度空间。

[199] 史卫民、雷兢璇:《直接选举:制度与过程》,中国社会出版社 1999 年版,第 38 页。

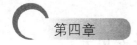

第四章

国家制度

教学设计

项　目	具体内容
教学目标	在知识学习方面，通过学习，掌握国家机构的体系，理解国家机构之间的相互关系。 在能力训练方面，实现以下目标： 1. 训练学生的理论研究能力，培养学生在学习过程中善于思考，勤于思考的习惯。 2. 加强理论联系实际，培养学生对社会实际问题的分析能力。 3. 培养学生深入思考的能力，锻炼其归纳总结能力、语言表达能力和阐释的能力。
教学要求	1. 对本部分相关理论知识进行讲授。 2. 给学生提供课堂讨论事例。 3. 教师对讨论进行总结。
教学准备	1. 与教学内容有关的教学事例。 2. 多媒体教室。
教学过程	1. 课前分组。教师将学生根据班级人数情况分成若干组，每组一个事例或者对一个事例分成不同方面的问题，由各小组课后搜集、归纳相关内容。 2. 课堂讨论。由各小组推选发言人，将本小组讨论所形成的观点进行阐述，其他学生可提问或发表自己的观点。 3. 课后总结。每组在课后应对讨论内容撰写总结报告。

第一节 全国人民代表大会及其常务委员会

一、全国人民代表大会

（一）全国人大的性质和地位

我国现行《宪法》规定："中华人民共和国的一切权力属于人民"，"人民行使国家权力的机关是全国人民代表大会和地方各级人民代表大会"，"全国人民代表大会是最高国家权力机关"，"全国人民代表大会和全国人民代表大会常务委员会行使国家立法权"。这些规定表明了全国人大的性质和地位，即最高国家权力机关和最高国家立法机关。

从权力的所有者与行使者来看，全国人大代表人民统一行使国家最高权力。它集中代表全国各族人民的意志和利益，行使国家的立法权和决定国家生活中的其他重大问题。

从国家机关之间的分工和它的法律地位来说，全国人大在我国国家机构体系中居于首要地位，其他任何国家机关都不能超越于全国人大之上，也不能和它相并列。全国人大及其常委会通过的法律和决议，其他国家机关都必须遵照执行。

（二）全国人大的组成和任期

根据现行宪法和《选举法》的规定，全国人大由省、自治区、直辖市、特别行政区和军队选出的代表组成。全国人大代表的名额总数不超过 3000 人，由全国人大常委会确定各选举单位代表名额比例的分配。港澳地区全国人大代表的名额和代表产生办法由全国人大另行规定。省、自治区、直辖市应选全国人大代表的名额，由全国人大常委会按照每一代表所代表的城乡人口数相同的原则进行分配。各少数民族在全国人民代表大会中都应当有适当名额的代表，人口特少的民族至少应有代表 1 人。

全国人大行使职权的法定期限即每届任期为 5 年。在任期届满前的 2 个月以前，全国人大常委会必须完成下届全国人大代表的选举工作。如果遇到不能进行选举的非常情况，由全国人大常委会以全体组成人员的 2/3 以上的多数通过，可以推迟选举，延长本届全国人大的任期；但在非常情况结束后 1 年以内，全国人大常委会必须完成下届全国人大代表的选举。

（三）全国人大的职权

根据宪法规定，全国人民代表大会行使下列职权：

1. 修改宪法、监督宪法实施。宪法是国家的根本大法，它的修改举足轻重。因此，这项权力只能由全国人大行使。宪法规定，宪法的修改由全国人大常委会或者1/5以上的全国人大代表提议，并由全国人大以全体代表的2/3以上的多数通过。现行宪法颁布实施以来，全国人大根据客观现实生活的需要，已经于1988年、1993年、1999年、2004年对宪法进行了4次修改。

同时，宪法颁布以后最重要的问题就在于宪法的实施。因此，为了保证宪法真正得到贯彻执行，必须对宪法的实施加以切实的监督。

2. 制定和修改基本法律。基本法律是以宪法为根据的由全国人大制定的最重要的法律，包括刑法、刑事诉讼法、民法、民事诉讼法、组织法、选举法、民族区域自治法、特别行政区基本法，等等。由于这些法律涉及整个国家生活，关系到全国各族人民的根本利益，因此必须由全国人大行使这些法律的制定权和修改权。至于上述基本法律以外的其他法律则由全国人大常委会制定和修改，但全国人大常委会要受全国人大的监督，全国人大有权改变或者撤销全国人大常委会不适当的决定。因此，全国人大实际上掌握着国家的全部立法权。

3. 选举、决定和罢免国家机关的重要领导人。全国人大有权选举全国人大常委会委员长、副委员长、秘书长和委员，选举中华人民共和国主席、副主席，中央军事委员会主席，最高人民法院院长，最高人民检察院检察长；有权根据国家主席的提名决定国务院总理的人选，根据国务院总理的提名决定国务院副总理、国务委员、各部部长、各委员会主任、审计长和秘书长的人选；根据中央军事委员会主席的提名决定中央军事委员会副主席和委员的人选。对于以上人员，全国人大有权依照法定程序予以罢免。按照法律规定，罢免案必须由全国人大3个以上的代表团或者1/10以上的代表提出，由主席团提请大会审议，并经全体代表的过半数同意，才能通过。

4. 决定国家重大问题。全国人大有权审查和批准国民经济和社会发展计划以及计划执行情况的报告；审查和批准国家预算和预算执行情况的报告；批准省、自治区和直辖市的建置；决定特别行政区的设立及其制度；决定战争与和平问题，等等。

5. 最高监督权。全国人大有权监督由其产生的国家机关的工作。全国人大常委会、国务院、最高人民法院和最高人民检察院必须对全国人大负责并报告工作。中央军事委员会须对全国人大负责。全国人大有权改变或者撤销全国人大常委会不适当的决定。必要时，可以组成特定问题调查委员会，以便对国家生活中的重大问题进行监督。

6. 其他应当由它行使的职权。现行宪法规定，全国人大有权行使"应当由最高国家权力机关行使的其他职权"。由于国家生活复杂多变，而且在不断发展中，因而很难完全预料到可能出现的新问题。因此，宪法不可能完全列举全国人大的职权。但国家生活中的特别重大问题又必须由全国人大处理，现行宪法规定的本项职权就为全国人大处理这些新问题提供了宪法根据。

（四）会议制度

宪法规定，全国人民代表大会每年举行一次会议，即第×届全国人民代表大会第×次会议。每届全国人民代表大会举行五次会议。为了规范全国人民代表大会会议举行的日期，《全国人民代表大会议事规则》第2条规定，全国人民代表大会会议于每年第一季度举行，会期一般在半个月左右。全国人民代表大会除举行例行会议外，还可以举行临时会议。《宪法》第61条规定，如果全国人民代表大会常务委员会认为必要，或者有1/5以上的全国人民代表大会代表提议，可以临时召集全国人民代表大会会议。从1954年9月至今，全国人民代表大会尚未召开过这样的临时会议。

二、全国人民代表大会常务委员会

（一）全国人大常委会的性质和地位

全国人大常委会是全国人大的常设机关，是最高国家权力机关的组成部分，是在全国人大闭会期间经常行使国家最高权力的机关，也是行使国家立法权的机关。全国人大常委会对全国人大负责并报告工作，接受其监督；在全国人大闭会期间，国务院、最高人民法院、最高人民检察院对全国人大常委会负责并报告工作。全国人大常委会通过的决议、制定的法律，其他国家机关和全国人民都必须遵守执行。

（二）全国人大常委会的组成和任期

全国人大常委会由委员长、副委员长若干人、秘书长和委员若干人组成。这些组成人员必须是全国人大代表，并由每届全国人大第一次会议选举产生。为了保证全国人大常委会顺利开展工作，集中精力搞好常务委员会的本职工作，《宪法》规定，全国人大常委会的组成人员不得担任国家行政机关、审判机关和检察机关的职务。自十届全国人大起，全国人大常委会还增设了若干专职委员。同时，《宪法》还规定，在全国人大常委会的组成人员中，应当有适当名额的少数民族代表。这一规定充分体现了民族平等原则，有利于反映各族人民的利益和愿望，巩固民族团结，促进各民族的共同繁荣。全国人大常委会的任期与全国人大相同，即每届任期5年。但全国人大常委会与全国人大在任期结束的时间上又略有不同。下届全国人大第一次会议开始时，上届全国人大的任期即告结束。但上届全国人大产生的常委会，则须在下届全国人大常委会产生后，才能结束。它要负责召集下一届全国人大第一次会议。这样才能使全国人大的工作衔接起来，不致因为交接而中断。常委会的委员长、副委员长、秘书长和委员可以连选连任，但现行《宪法》规定，委员长、副委员长连续任职不得超过两届。

（三）全国人大常委会的职权

宪法对全国人大常委会职权的规定，较之以往有所扩大，使常委会的地位进一步加强。根据现行《宪法》规定，全国人大常委会的职权主要有以下几个方面：

1. 解释宪法，监督宪法的实施。宪法和其他普通法律一样，为了正确理解，准确执行，必要时需要作出具有法律效力的解释，即对宪法条文的含义、内容和界限进行说明。但宪法是根本法，对它的解释权只能由特定的极有权威的国家机关来行使。而解释宪法与监督宪法的实施又有着密切的联系。根据宪法规定，全国人大及其常委会都有权监督宪法的实施。这一规定是对1954年宪法的发展。1954年宪法规定监督宪法的实施只是全国人大的一项重要职权。但由于全国人大每年只举行十多天会议，不便于经常工作，因此，1982年宪法把这项职权同时赋予全国人大常委会。

2. 根据宪法规定的范围行使立法权。全国人大常委会有权制定除由全国人大制定的基本法律以外的其他法律，并且在全国人大闭会期间，对全国人大制定的基本法律有权进行部分修改和补充，但是不得同该法律的基本原则相抵触。

3. 解释法律。全国人大常委会所解释的法律，并不限于它自己所制定的法律，也包括由全国人大制定的法律。因为全国人大常委会是全国人大的常设机关，它完全了解全国人大的立法意图，能作出准确的解释。但这里必须明确的是，全国人大常委会解释法律，指的是对于那些法律条文本身需要进一步明确界限或作补充规定的解释。

4. 审查和监督行政法规、地方性法规的合宪性和合法性。国务院制定的行政法规必须服从于宪法和法律；省、自治区、直辖市的国家权力机关制定的地方性法规，也不得同宪法、法律和行政法规相冲突。这是维护社会主义法制统一的基本保证。因此，全国人大常委会有权撤销国务院制定的同宪法、法律相抵触的行政法规、决定和命令；有权撤销省、自治区、直辖市的国家权力机关制定的同宪法、法律和行政法规相抵触的地方性法规和决议。

5. 对国民经济和社会发展计划以及国家预算部分调整方案的审批权。《宪法》规定，在全国人大闭会期间，全国人大常委会有权审查和批准国民经济和社会发展计划以及国家预算在执行过程中所必须作的部分调整方案。

6. 监督国家机关的工作。国务院、中央军事委员会、最高人民法院和最高人民检察院都由全国人大产生，并根据宪法的规定，分别行使国家的各项权力。它们都必须向全国人大负责并接受它的监督。但是，监督这些机关是一项经常性的日常工作，因此，《宪法》规定，在全国人大闭会期间，由全国人大常委会行使监督权。全国人大常委会行使监督权的具体形式有四种：一是在全国人大常委会会议期间，常委会组成人员 10 人以上联名就可以向国务院及其各部委、最高人民法院、最高人民检察院提出书面的质询案；二是国务院、最高人民法院、最高人民检察院在每次常委会会议上，围绕经济建设和人民群众关心的热点问题，向全国人大常委会做工作汇报；三是全国人大常委会有权撤销国务院制定的同宪法、法律相抵触的行政法规、决定和命令；四是开展对法律实施的检查。

7. 决定、任免国家机关领导人员。在全国人大闭会期间，全国人大常委会有权根据国务院总理的提名，决定部长、委员会主任、审计长、秘书长的人选；根据中央军事委员会主席的提名，决定中央军事委员会其他组成人员的人选；根据最高人民法院院长的提请，任免最高人民法院副院长、审判员、审判委员会委员和军事法院院长；根据最高人民检察院检察长的提请，任免最高人民检察院副检察长、检察员、检察委员会委员、军事检察院检察长，并且批准省、自治区、直辖市的人民检察院检察长的任免。

8. 国家生活中其他重要事项的决定权。在全国人大闭会期间，全国人大常委会有权决定批准或废除同外国缔结的条约和重要协定；决定驻外全权代表的任免；规定军人和外交人员的衔级制度和其他专门衔级制度；规定和决定授予国家的勋章和荣誉称号；决定特赦；如果遇到国家遭受武装侵犯或者必须履行国际间共同防止侵略的条约的情况，有权决定宣布战争状态；决定全国总动员和局部动员；决定全国或者个别省、自治区和直辖市进入紧急状态。

9. 全国人大授予的其他职权。

（四）全国人大常委会的会议制度与工作程序

全国人大常委会主要通过举行会议、作出会议决定的形式行使职权。全国人大常委会全体会议一般每两个月举行一次，由委员长召集并主持。根据《全国人民代表大会组织法》，在全国人大常委会举行会议的时候，可以由各省、自治区、直辖市的人大常委会派主任或者副主任一人列席会议，发表意见。根据《全国人民代表大会常务委员会议事规则》的规定，常委会组成人员和列席人员在全体会议上的发言不超过 10 分钟；在联组会议上，第一次发言不超过 15 分钟，第二次对同一问题的发言不超过 10 分钟。

尽管全国人大常委会是全国人大闭会期间经常行使国家权力的机关，但实际上它并不是每天都召开会议进行工作的。因此，《宪法》规定，由委员长、副委员长、秘书长组成委员长会议，处理全国人大常委会重要的日常工作，但委员长会议不能代替常务委员会行使职权。

全国人大常委会举行会议期间，全国人大各专门委员会、国务院、中央军委、最高人民法院和最高人民检察院、常委会组成人员 10 人以上联名可以向全国人大常委会提出属于常委会职权范围内的议案。由委员长会议决定提请常务委员会审议，或者先交有关的专门委员会审议，提出报告后再提请常委会会议审议。审议后的议案由常委会全体会议进行表决，获得全体组成人员的半数以上方能通过。法律通过后由国家主席公布，其他决议由全国人大常委会自行公布。

三、全国人民代表大会代表

（一）代表的权利

根据宪法和有关法律的规定，全国人大代表享有以下权利：

1. 全国人大代表有出席全国人大会议，参与讨论和决定国家重大问题的权利。代表们受人民委托，按期出席全国人大会议，并对提交给大会审议的一切议案进行讨论、发表意见、参与表决，共同决定中央国家机关领导人员的人选和国家生活中的重大问题。

2. 根据法律规定的程序提出议案、建议和意见的权利。《全国人民代表大会组织法》第 10 条和《全国人民代表大会议事规则》第 21 条规定，一个代表团或者 30 名以上代表联名，可以向全国人大提出属于全国人大职权范围内的议案。全国人大代表对全国人大及其常委会的工作，有提出建议、意见和批评的权利；对提出的建议、意见和批评，由全国人大常委会负责落实。

3. 依照法律规定的程序提出质询案或者提出询问的权利。在全国人大会议期间，一个代表团或者 30 名以上代表联名，可以书面提出对国务院及其部、委的质询案，由主席团决定交受质询机关书面答复，或者由受质询机关的领导人在主席团会议上或者有关的专门委员会会议上或者有关的代表团会议上口头答复。在主席团会议或者专门委员会会议上答复的，提质询案的代表团团长或者提质询案的代表可以列席会议，发表意见。此外，人大代表在审议议案和报告时，可以向有关国家机关提出询问，有关部门应当派负责人到会，听取意见，回答代表提出的询问。

4. 依法提出罢免案的权利。《中华人民共和国全国人民代表大会和地方各级人民代表大会代表法》规定，全国人大代表有权依照法律规定的程序提出对全国人大常委会组成人员，中华人民共和国主席、副主席，国务院组成人员，中央军事委员会组成人员，最高人民法院院长，最高人民检察院检察长的罢免案。

5. 人身受特别保护权。根据《宪法》、《全国人民代表大会组织法》与《代表法》的规定，在全国人大开会期间，没有经过全国人大会议主席团的许可，在全国人大闭会期间，没有经过全国人大常委会的许可，全国人大代表不受逮捕或者刑事审判。如果因为全国人大代表是现行犯而被拘留的，执行拘留的公安机关必须立即向全国人大会议主席团或者立即向全国人大常委会报告。

6. 言论免责权。《宪法》规定，全国人大代表在全国人大各种会议上的发言和表决不受法律追究。这项权利对于代表们消除思想顾虑，畅所欲言，自主、负责地行使自己的权利是十分必要的。

7. 物质保障权。全国人大代表在出席全国人大会议和执行其他属于代表职务的时候，享有国家根据实际需要给予适当的补贴和物质便利的权利。

8. 其他权利。如参观、视察等。代表在参观或者视察工作中发现问题，可以提交有关国家机关处理，必要时可以报全国人大常委会处理。

（二）代表的义务

根据《宪法》、《全国人民代表大会组织法》和《代表法》的有关规定，全国人大代表必须履行如下义务：

1. 模范地遵守宪法和法律，保守国家秘密，并且在自己参加的生产、工作和社会活动中，协助宪法和法律的实施。

2. 按时出席本级人民代表大会会议，认真审议各项议案、报告和其他议题，发表意见，做好会议期间的各项工作。

3. 积极参加统一组织的视察、专题调研、执法检查等履职活动。

4. 加强履职学习和调查研究，不断提高执行代表职务的能力。

5. 同原选举单位和群众保持密切联系。代表要经常深入选民中了解他们的意愿，向选举单位和群众介绍全国人大的工作情况，等等。全国人大代表联系群众的方式和渠道很多，其中特别重要的有两种：一是参观和视察工作，二是参加原选举单位召开的人民代表大会。

6. 自觉遵守社会公德，廉洁自律，公道正派，勤勉尽责。

7. 法律规定的其他义务。

事例一

全国人民代表大会及其常务委员会的基本法律修改权

【事例介绍】

近年来，在我国的立法实践中，对基本法律的修改权限问题不断引发争议，这些争议的焦点集中体现在全国人大常委会对于由全国人民代表大会制定和通过的基本法律是否都具有修改的权限？全国人大常委会根据其权限修改基本法律的权限如何界定？例如，第十届全国人民代表大会常务委员会第三十次会议于 2007 年 10 月 28 日修订通过的《中华人民共和国律师法》，其中不少条文的规定与 1997 年的《刑事诉讼法》存在冲突；我国《侵权责任法》于 2009 年 12 月 26 日由第十一届全国人民代表大会常务委员会第十二次会议通过，而徐显明委员在十一届全国人大常委会第十二次会议分组审议《侵权责任法》（草案）时，曾建议侵权责任法草案提交全国人民代表大会审议[200]。由于该法一直被认为是与《物权法》、《合同法》并列的民事基本法律，因此其未能提交全国人民代表大会审议通过，在社会上和学界引起了较大的争议[201]。又如，2010 年 3 月 14 日，十一届全国人大三次会议通过了现行《选举法》的第 5 个修正案，而之前的 1986 年、1995 年、2004 年 3 次修改则均由全国人大常委会作出；2010 年，围绕着全国人大常委会是否有权修改《全国人民代表大会和地方各级人民代表大会代表法》，学界也提出了质疑[202]。2011 年 2 月 25 日第十一届全国人民代表大会常务委员会第十九次会议通过了《刑法修正案（八）》，修正条文的数量最多，一共修改了 50 个条款，涉及 49 个问题。至此，自 1997 年刑法制定到现在，全国人大常委会先后对刑法典进行了 8 次修正，形成了 8 个《刑法修正案》，出台了 1 个补充规定，形成了 1 个单行刑法，平均 1 年半左右修改 1 次，共修改了 79 个条文，约占刑法典全部条文的 17.5%，占分则条文总数的 22.5%。而 2011 年对刑法的修正，开始涉及刑法总则领域，共修改 19 个条文，占总则 101 条的 18.8%。在总则部分，主要是修改刑罚制度，而修改分则的突出表现是废除 13

---

[200]　"徐显明建议侵权责任法草案提交全国人民代表大会审议"，载 http：//www. npc. gov. cn/huiyi/cwh/1112/2009－12/23/content_ 1531599. htm，最后访问日期：2012 年 9 月 17 日。

[201]　王竹："《侵权责任法》立法程序的合宪性解释——兼论'民法典'起草过程中的宪法意识"，载《法学》2010 年第 5 期.

[202]　参见张千帆："全国人大常委会无权修改代表法"，载 http：//const123. fyfz. cn/b/333682，最后访问日期：2012 年 9 月 17 日。

个罪名的死刑。这些修正对全国人大制定的刑法典内容进行了较大的变动,[203]
而全国人大常委会对刑法如此进行修正的权限是否合宪也受到了质疑。

【本事例涉及的法律问题】

1. 全国人大常委会基本法律修改的权限有哪些?
2. 全国人常委会修改基本法律能否改变全国人大制定的法律的规定?
3. 全国人大常委会修改的"新法"与全国人大制定的"旧法",哪个效力
更高?

【基础知识】

一、全国人民代表大会的性质、地位及其职权

(一)全国人大的性质、地位

我国现行《宪法》规定:"中华人民共和国的一切权力属于人民","人民行
使国家权力的机关是全国人民代表大会和地方各级人民代表大会","全国人民
代表大会是最高国家权力机关","全国人民代表大会和全国人民代表大会常务
委员会行使国家立法权"。这些表明了全国人大的性质和地位,即最高国家权力
机关和最高国家立法机关。

(二)全国人大的职权

《宪法》第62条规定:"全国人民代表大会行使下列职权:①修改宪法;②监
督宪法的实施;③制定和修改刑事、民事、国家机构的和其他的基本法律;
④选举中华人民共和国主席、副主席;⑤根据中华人民共和国主席的提名,决
定国务院总理的人选;根据国务院总理的提名,决定国务院副总理、国务委员、
各部部长、各委员会主任、审计长、秘书长的人选;⑥选举中央军事委员会主
席;根据中央军事委员会主席的提名,决定中央军事委员会其他组成人员的人
选;⑦选举最高人民法院院长;⑧选举最高人民检察院检察长;⑨审查和批准
国民经济和社会发展计划和计划执行情况的报告;⑩审查和批准国家的预算和
预算执行情况的报告;⑪改变或者撤销全国人民代表大会常务委员会不适当的
决定;⑫批准省、自治区和直辖市的建置;⑬决定特别行政区的设立及其制度;
⑭决定战争和和平的问题;⑮应当由最高国家权力机关行使的其他职权。"

根据《宪法》的上述规定,可以将全国人民代表大会的职权归纳为如下几
点:①修改宪法、监督宪法实施;②制定和修改基本法律;③选举、决定和罢

---

[203]　如:《刑法》总则第49条中增加一款作为第2款:"审判的时候已满75周岁的人,不适用死刑,但
以特别残忍手段致人死亡的除外";13个罪名的死刑的取消;醉驾入罪、恶意欠薪入罪等新罪名的
增加。

免国家机关的重要领导人；④决定国家重大问题；⑤最高监督权。

二、全国人民代表大会常务委员会的性质、地位及其职权

（一）全国人大常委会的性质、地位

全国人大常委会是全国人大的常设机关，是最高国家权力机关的组成部分，是在全国人大闭会期间经常行使国家最高权力的机关，也是行使国家立法权的机关。全国人大常委会对全国人大负责并报告工作，接受其监督；在全国人大闭会期间，国务院、最高人民法院、最高人民检察院对全国人大常委会负责并报告工作。全国人大常委会通过的决议、制定的法律，其他国家机关和全国人民都必须遵守执行。

（二）全国人大常委会的职权

《宪法》第67条规定："全国人民代表大会常务委员会行使下列职权：①解释宪法，监督宪法的实施；②制定和修改除应当由全国人民代表大会制定的法律以外的其他法律；③在全国人民代表大会闭会期间，对全国人民代表大会制定的法律进行部分补充和修改，但是不得同该法律的基本原则相抵触；④解释法律；⑤在全国人民代表大会闭会期间，审查和批准国民经济和社会发展计划、国家预算在执行过程中所必须作的部分调整方案；⑥监督国务院、中央军事委员会、最高人民法院和最高人民检察院的工作；⑦撤销国务院制定的同宪法、法律相抵触的行政法规、决定和命令；⑧撤销省、自治区、直辖市国家权力机关制定的同宪法、法律和行政法规相抵触的地方性法规和决议；⑨在全国人民代表大会闭会期间，根据国务院总理的提名，决定部长、委员会主任、审计长、秘书长的人选；⑩在全国人民代表大会闭会期间，根据中央军事委员会主席的提名，决定中央军事委员会其他组成人员的人选；⑪根据最高人民法院院长的提请，任免最高人民法院副院长、审判员、审判委员会委员和军事法院院长；⑫根据最高人民检察院检察长的提请，任免最高人民检察院副检察长、检察员、检察委员会委员和军事检察院检察长，并且批准省、自治区、直辖市的人民检察院检察长的任免；⑬决定驻外全权代表的任免；⑭决定同外国缔结的条约和重要协定的批准和废除；⑮规定军人和外交人员的衔级制度和其他专门衔级制度；⑯规定和决定授予国家的勋章和荣誉称号；⑰决定特赦；⑱在全国人民代表大会闭会期间，如果遇到国家遭受武装侵犯或者必须履行国际间共同防止侵略的条约的情况，决定战争状态的宣布；⑲决定全国总动员或者局部动员；⑳决定全国或者个别省、自治区、直辖市进入紧急状态；㉑全国人民代表大会授予的其他职权。"

根据《宪法》的上述规定，可以将全国人民代表大会常务委员会的职权归

纳为如下几点：①解释宪法，监督宪法的实施；②根据宪法规定的范围行使立法权；③解释法律；④审查和监督行政法规、地方性法规的合宪性和合法性；⑤对国民经济和社会发展计划以及国家预算部分调整方案的审批权；⑥监督国家机关的工作；⑦决定、任免国家机关领导人员；⑧国家生活中其他重要事项的决定权；⑨全国人大授予的其他职权。

【事例评析】

本事例涉及的核心问题是全国人民代表大会与全国人大常委会的关系及其在立法权限上的划分。

一、全国人民代表大会与全国人大常委会的关系

全国人大常委会是全国人大的常设机关，是最高国家权力机关的组成部分，是在全国人大闭会期间经常行使国家最高权力的机关。但是，全国人大与其常委会是否属于同一机关？两者的地位、性质是否相同？

我国《宪法》第 57 条规定："中华人民共和国全国人民代表大会是最高国家权力机关。它的常设机关是全国人民代表大会常务委员会。"根据宪法文本的表述，可以看出，宪法明确规定，只有全国人民代表大会是最高国家权力机关，而全国人民代表大会常务委员会只是其常设机关，性质是不相同的，不能称"全国人民代表大会常务委员会"为最高国家权力机关[204]，由此可以看出，全国人大与全国人大常委会的宪法地位是不同的，其性质也不同。

全国人大与全国人大常委会在组成与产生方式上也是不同的。全国人民代表大会由省、自治区、直辖市、特别行政区和军队选出的代表组成，全国人大常委会由委员长、副委员长若干人、秘书长、委员若干人组成，全国人民代表大会选举并有权罢免全国人民代表大会常务委员会的组成人员。

全国人大与全国人大常委会在职权划分上宪法的规定是十分明确的。《中华人民共和国宪法》分别在第 62 条和第 67 条详细规定了他们的职权，"这种职权上的不同为二者属于不同机关提供了有力的佐证：二者如果是同一机关的话，其职权就没有必要用宪法加以区分并作出不同范围的规定；同时更没有必要规定全国人大对常务委员会的授权条款。"[205]

二、全国人民代表大会与全国人大常委会的立法权限

我国《宪法》第 58 条规定："全国人民代表大会和全国人民代表大会常务委员会行使国家立法权。"《宪法》第 62 条和第 67 条具体规定了全国人大与全

[204] 韩大元主编：《中国宪法事例研究（四）》，法律出版社 2010 年版，第 152～153 页。
[205] 韩大元主编：《中国宪法事例研究（四）》，法律出版社 2010 年版，第 153 页。

国人大常委会在立法权方面的划分,《立法法》第 7 条也重申了宪法的规定:全国人大有权修改宪法,制定和修改刑事、民事、国家机构的和其他的基本法律;全国人大常委会有权解释宪法,制定和修改除应当由全国人大制定的法律以外的其他法律,解释全国人大制定的法律,在全国人大闭会期间可以部分补充和修改全国人大制定的法律,但是不得同该法律的基本原则相抵触。同时,《立法法》第 8 条专门规定:"下列事项只能制定法律:①国家主权的事项;②各级人民代表大会、人民政府、人民法院和人民检察院的产生、组织和职权;③民族区域自治制度、特别行政区制度、基层群众自制制度;④犯罪和刑罚;⑤对公民权利的剥夺、限制人身自由的强制措施和处罚;⑥对非国有财产的征收;⑦民事基本制度;⑧基本经济制度以及财政、税收、海关、金融和外贸的基本制度;⑨诉讼和仲裁制度;⑩必须由全国人民代表大会及其常务委员会制定法律的其他事项。"可见,在立法权限的分工方面,我国法律的规定是比较清晰和详细的。但是,按照我国宪法的规定,二者之间的立法层次是不一样的。《宪法》第 62 条第 3 项规定的是全国人大的基本法律的立法权,而《宪法》第 67 条第 3 项规定的是全国人大常委会的对非基本法律的立法权。《宪法》第 62 条第 3 项和《宪法》第 67 条第 3 项共同构成了我国立法体制中的立法权二元结构模式。而《宪法》和《立法法》条文中的"基本法律"、"应当由全国人大制定的法律以外的其他法律",由于语言表述的模糊性,进而引起了一些理论和实践上的问题。在理论层面上,如何界定"基本法律"与"非基本法律";在实践层面上,则反映在全国人大与全国人大常委会在立法权行使过程中出现混乱现状:原本应该属于全国人大制定和修改的法律,却往往由全国人大常委会行使了该项权力;"全国人大常委会在全国人大闭会期间可以部分补充和修改全国人大制定的法律"中的"部分补充和修改"如何判断?全国人大常委会对全国人大制定的法律的修改存在"同该法律的基本原则相抵触"的情形,[206] 等等。这些问题的存在不仅给立法机关带来不利影响,而且在实施过程中给执法机关、司法机关以及公民等造成更大的困惑,如《律师法》与《刑事诉讼法》的冲突,从修订伊始就纷争不断,实践中使律师、行政机关(看守所、公安机关)无所适从。

虽然全国人民代表大会和全国人民代表大会常务委员会都行使国家立法权,但是由于两者地位的不同,宪法赋予全国人大和全国人大常委会的国家立法权

---

[206] 如刑法从 1997 年 10 月 1 日实施至 2011 年 2 月,已经有过 8 次修正,8 次修正案均由全国人大常委会审议通过,在修改的内容上,不仅增设了新的罪名、调整了某些犯罪的法定刑,而且还涉及刑法典总则的修正(其中包括刑罚之类的调整、死刑的减少等)。

是有区别的，两者的权力不能混用。因此，有必要对于全国人民代表大会和全国人民代表大会常务委员会的立法权限作出明确界定。因为这关系到我国法制的统一问题。立法不统一，法律的实施也必将面临不统一，而法律实施的不统一必将影响法律的权威性，进一步影响我国法治国家建设的进程。

 参考阅读

1. 韩大元："'全国人大修改选举法'与基本法律的修改权"，载《法学杂志》2010年第7期。
2. 韩大元："全国人大常委会新法能否优于全国人大的旧法"，载《法学》2008年第10期。
3. 林彦："再论全国人大常委会的基本法律修改权"，载《法学家》2011年第1期。
4. 姜涛："谁之修正———对我国刑法修正案制定权的反思与重构"，载《中国刑事法杂志》2011年第5期。
5. 涂龙科、程兰兰："刑法修正案立法权违宪之思考"，载《昆明理工大学学报》（社会科学版）2009年第1期。

 事例二

人大专题询问

【事例介绍】

2010年6月24日第十一届全国人大常委会第十五次会议分组审议国务院关于2009年中央决算报告时进行了专题询问。受国务院委托，财政部多位负责人到会回答询问。这是全国人大常委会首次进行专题询问。

2010年8月27日9时，在北京人民大会堂，第十一届全国人大常委会第十六次会议分别在东大厅和西大厅举行联组会议，审议国务院关于粮食安全工作情况的报告并进行专题询问。受国务院委托，国家发展和改革委员会、财政部、国土资源部、水利部、农业部等九部门负责人到会听取意见，并对提出的询问进行回答。这也是全国人大常委会首次以联组会议形式进行的专题询问。

2010年12月24日第十一届全国人大常委会第十八次会议在人民大会堂召开联组会议，专题询问国务院关于深化医药卫生体制改革工作情况。受国务院委托，国家发展和改革委员会、财政部、人力资源和社会保障部、卫生部等相关部委局负责人到会听取意见、回答询问。

2010 年 12 月 30 日，全国人大常委会在人民大会堂金色大厅对国务院关于实施《国家中长期教育改革和发展规划纲要（2010～2020 年）》工作情况进行专题询问。受吴邦国委员长委托，全国人大常委会副委员长路甬祥主持了这次联组会议。受国务院委托，教育部、国家发改委、科技部、公安部、财政部、人力资源和社会保障部、卫生部和国务院法制办等相关部委负责人到会听取意见、回答询问。这是全国人大常委会在 2010 年举行的第三次专题询问。30 日上午的联组会议上，全国人大常委会组成人员就教育经费保障、教育均衡发展、素质教育实施、校车校园安全等群众普遍关心的问题提出询问，教育部等相关部委负责人一一作了回答。

2011 年 6 月 28 日，第十一届全国人大常委会第二十一次会议举行分组会，就国务院关于 2010 年中央决算的报告进行专题询问。受国务院委托，财政部、审计署多位负责人到会回答询问。这是全国人大常委会在 2011 年进行的首次专题询问。

全国人大常委会的示范作用产生了冲击波，一些地方人大常委会也先后启动专题询问：2011 年 3 月 31 日，甘肃省人大常委会举行首次专题询问，询问二期天保工程建设情况；2011 年 4 月 2 日，陕西省安康市人大常委会首次开展专题询问，询问物价问题；2011 年 4 月 28 日，江苏省南京市人大常委会审议市政府关于全市物价工作情况的报告，并就此开展专题询问；2011 年 4 月 29 日，贵州省贵阳市人大常委会为推进固定资产投资和重大项目建设进行首次专题询问；2011 年 5 月 23 日，山西省人大常委会首次进行专题询问，聚焦全省城市和农村最低生活保障工作；2011 年 5 月 25～26 日，湖南省怀化市人大常委会专题询问食品安全问题；2011 年 6 月 1 日，江苏省泰州市人大常委会首次启动专题询问，询问内容为如何解决目前国有资产管理中存在的问题，发挥资产最大效应；2011 年 6 月 14 日，河南省邓州市人大常委会专题询问食品安全问题；2011 年 6 月 15 日，广东省广州市人大常委会专题询问"同德围地区出行难"问题；2011 年 6 月 17 日，广西壮族自治区北海市人大常委会专题询问"学前教育"问题；2011 年 6 月 22 日，山西省运城市人大常委会首次启动专题询问，关注食品安全问题；2011 年 6 月 28 日，河北省石家庄市人大常委会专题询问市政府水利改革发展情况；2011 年 6 月 28 日，山东省青岛市人大常委会专题询问浮山绿化管理和生态保护问题；2011 年 12 月 1 日，福建省人大常委会就食品安全问题首次进行专题询问。

【本事例涉及的法律问题】

1. 人大及人大常委会进行专题询问的法律依据是什么？

2. 询问与质询是否相同？

【基础知识】

一、询问

专题询问是全国人大常委会组成人员了解有关情况的一种手段，是全国人大常委会对国务院、最高人民法院、最高人民检察院依法实施监督的一种重要方式。全国人大常委会及地方各级人大常委会通过询问进行监督的直接法律依据，主要体现在以下法律规定中：

2006 年 8 月 27 日第十届全国人民代表大会常务委员会第二十三次会议通过的《监督法》第 34 条规定："各级人民代表大会常务委员会会议审议议案和有关报告时，本级人民政府或者有关部门、人民法院或者人民检察院应当派有关负责人员到会，听取意见，回答询问。"2004 年修改后的《地方各级人民代表大会和地方各级人民政府组织法》第 29 条规定："在地方各级人民代表大会审议议案的时候，代表可以向有关地方国家机关提出询问，由有关机关派人说明。"

1989 年 4 月 4 日第七届全国人大二次会议通过的《中华人民共和国全国人民代表大会议事规则》第 41 条第 2、3 款规定："各代表团全体会议审议政府工作报告和审查关于国民经济和社会发展计划及计划执行情况的报告、关于国家预算及预算执行情况的报告的时候，国务院和国务院各部门负责人应当分别参加会议，听取意见，回答询问。主席团和专门委员会对议案和有关报告进行审议的时候，国务院或者有关机关负责人应当到会，听取意见，回答询问，并可以对议案或者有关报告作补充说明。"

2009 年 4 月 24 日第十一届全国人民代表大会常务委员会第八次会议通过了《关于修改〈中华人民共和国全国人民代表大会常务委员会议事规则〉的决定》，在《全国人大常委会议事规则》第 5 章用专章规定了"询问和质询"，其中第 25 条规定："常务委员会分组会议对议案或者有关的工作报告进行审议的时候，应当通知有关部门派人到会，听取意见，回答询问。常务委员会联组会议对议案或者有关的工作报告进行审议的时候，应当通知有关负责人到会，听取意见，回答询问。"

1994 年 3 月 22 日第八届全国人民代表大会第二次会议通过的《预算法》第 68 条规定："各级人民代表大会和县级以上各级人民代表大会常务委员会举行会议时，人民代表大会代表或者常务委员会组成人员，依照法律规定程序就预算、决算中的有关问题提出询问或者质询，受询问或者受质询的有关的政府或者财政部门必须及时给予答复。"

2000 年 3 月 1 日第九届全国人民代表大会常务委员会第十四次会议通过的《全国人大常委会关于加强经济工作监督的决定》第 9 条规定："全国人民代表

大会常务委员会会议审议讨论本决定所列事项时，国务院应当根据要求，及时提供相关的信息资料及说明，并派国务院负责人或者有关部门负责人到会，听取意见，回答询问。"

二、质询

在代议制国家中，所谓质询权就是根据宪法和有关法律的规定，代议机关的议员或代表有权对国家行政机关、司法机关及其公职人员提出质问和要求答复。[207] 具体而言，质询指议员在议会会议期间，就政府的施政方针、行政措施以及其他事项，向政府首脑或高级官员提出质疑或询问并要求答复的活动。它是议会监督政府的一种方式。在我国，质询具体指人民代表大会代表在人民代表大会开会期间、人民代表大会常委会组成人员在常委会开会期间，依照有关法律规定，有对本级人民政府及其所属工作部门，本级人民法院、人民检察院提出质询并要求必须予以答复的权利。

质询是人大对"一府两院"实施监督的法定形式，是人大代表的一项重要权利。质询可以发挥重要的监督工作，程度上要比询问严厉得多。人大代表的质询权在我国的《宪法》、《全国人民代表大会组织法》、《监督法》等都作出了明确的规定。

《中华人民共和国宪法》第 73 条规定："全国人民代表大会代表在全国人民代表大会开会期间，全国人民代表大会常务委员会组成人员在常务委员会开会期间，有权依照法律规定的程序提出对国务院或者国务院各部、各委员会的质询案。受质询的机关必须负责答复。"

《中华人民共和国全国人民代表大会议事规则》第 42 条规定："全国人民代表大会会议期间，一个代表团或者 30 名以上的代表联名，可以书面提出对国务院和国务院各部门的质询案。"

《全国人大常委会议事规则》第 26 条规定："在常务委员会会议期间，常务委员会组成人员 10 人以上联名，可以向常务委员会书面提出对国务院及国务院各部门和最高人民法院、最高人民检察院的质询案。"

《监督法》第 35 条规定："全国人民代表大会常务委员会组成人员 10 人以上联名，省、自治区、直辖市、自治州、设区的市人民代表大会常务委员会组成人员 5 人以上联名，县级人民代表大会常务委员会组成人员 3 人以上联名，可以向常务委员会书面提出对本级人民政府及其部门和人民法院、人民检察院的质询案。"

---

[207]　胡弘弘："别让质询权睡着了"，载《河北法学》2000 年第 6 期。

　　1982 年 12 月 10 日第五届全国人民代表大会第五次会议通过的《全国人民代表大会组织法》第 33 条规定:"在常务委员会会议期间,常务委员会组成人员10 人以上,可以向常务委员会书面提出对国务院和国务院各部、各委员会的质询案,由委员长会议决定交受质询机关书面答复,或者由受质询机关的领导人在常务委员会会议上或者有关的专门委员会会议上口头答复。在专门委员会会议上答复的,提质询案的常务委员会组成人员可以出席会议,发表意见。"

　　2004 年 10 月 27 日第十届全国人民代表大会常务委员会第十二次会议通过《关于修改〈中华人民共和国地方各级人民代表大会和地方各级人民政府组织法〉的决定》。修正后的《中华人民共和国地方各级人民代表大会和地方各级人民政府组织法》第 28 条第 1 款规定:"地方各级人民代表大会举行会议的时候,代表 10 人以上联名可以书面提出对本级人民政府和它所属各工作部门以及人民法院、人民检察院的质询案。质询案必须写明质询对象、质询的问题和内容。"

　　三、质询和询问的比较

　　询问和质询都是人大对"一府两院"实施监督的法定形式,都要按一定的法律程序提出,都要在会议期间作出答复或说明。但两者有一定区别:

　　1. 性质与目的不同。质询必须以质询案的形式提出,属于议案的一种,带有批评性和强制性,提出质询的目的是为获知被质询机关的工作情况或者对被质询机关的工作提出批评,以监督其改正工作中的缺点和错误;而询问则具有介绍、说明的性质,不属于议案,代表提出询问是为了解所审议议案或报告中不清楚、不理解的问题。

　　2. 主体与对象不同。根据《地方各级人民代表大会和地方各级人民政府组织法》的规定,在人代会期间,代表 10 人以上联名,有权向本级政府和它所属工作部门、人民法院、人民检察院提出质询案;在常委会会议期间,设区的市以上人大常委会组成人员 5 人以上联名、县级人大常委会组成人员 3 人以上联名,有权对本级政府、人民法院、人民检察院提出质询案;根据《代表法》规定,代表可在代表大会审议议案和报告事项所审议议案或报告有关的本级国家机关提出询问,且没有人数的限制。

　　3. 问题的指向不同。质询的范围较广,凡属被质询机关的职权范围,都可以提出质询;而询问只限于正在审议的议案和报告。

　　4. 答复的范围和形式不同。质询案一旦成立,在人民代表大会期间,被质询机关就应在主席团会议、大会全体会议或有关的专门委员会会议上,在常委会会议期间,应当在常委会全体会议或有关专门委员会会议上口头或书面作出答复。以口头答复的应当由受质询机关的负责人到会答复,以书面答复的应当由受质询机关负责人签署；而询问提出后，被询问机关派负责人或负责人员作出说明即可。

5. 运作程序不同。质询案必须以书面形式提出，而且要写明质询对象、质询的问题和内容，并须提请人民代表大会主席团或常委会主任会议决定后交受质询机关答复；而询问没有严格的程序规定，一般随问随答，比较简便。

6. 法律效力和后果不同。在人大的监督体系中，质询的法律层次高，效力大。提出质询案的代表半数以上对答复不满意的，可以要求受质询机关再作答复，如仍不满意，可通过依法行使建议权、罢免权、特定问题调查权等方式，达到监督目的；相比而言，询问的法律层次较低，效力较小。被询问机关答复后，代表一般即可对所询问问题予以了解，无需采取其他措施。

【事例评析】

开展专题询问是全国人大常委会不断强化监督的一个举措。

人大常委会对"一府两院"的工作进行专题询问，其法律依据是我国《监督法》第34条，该条规定：各级人大常委会会议审议议案和有关报告时，本级人民政府或者有关部门、人民法院或者人民检察院应当派有关负责人员到会，听取意见，回答询问。专题询问是人大及其常委会行使监督职权的一个重要方式，也是人大常委会组成人员在审议议案和有关报告时，了解有关情况的一种有效手段，是人大常委会的法定职责。

开展专题询问，有利于人大常委会进一步加大监督工作的力度、提高监督的实效性，是完善监督制度的有益尝试；同时，通过询问活动，民众也能切实感受到实践中人大监督在加强，监督权的行使具有力度。对公民而言，开展专题询问有助于增强公民的民主意识、权利意识，激发大家关心、参与国家生活。专题询问可谓是进行公民教育的一个生动平台。对政府而言，接受专题询问既是压力也是动力，有利于行政机关树立责任政府的理念，也有助于进一步落实依法行政原则，加强对政府工作的约束，使依法行政制度化，从而推动建设法治政府、服务型政府目标的实现。

笔者认为，开展专题询问应该进一步常态化、制度化。一方面要讲求实效，选好询问的主题；另一方面，专题询问对媒体和公众的开放，也应形成制度，以保障公民的知情权。

参考阅读

1. 韩大元："专题询问，让人大监督更有力"，载《天津人大》2011 年第 10 期。

2. 陈扣喜："询问、质询的启动：人大监督的新内涵"，载《人大研究》2011 年第 12 期。

3. 阿计："人大询问权：能否激活更多的监督权?"，载《民主与法制》2010 年第 19 期。

事例三

人民代表大会及其常务委员会否决政府与法院的工作报告

【事例介绍】

1. 沈阳市中级人民法院工作报告未获人民代表大会通过。2001 年 2 月 14 日召开的辽宁省沈阳市第十二届人民表大会全体会议上，在对沈阳市中级人民法院的工作报告进行表决时，应到代表 508 名，出席会议代表 474 名，报告获赞成票 218 票，反对 126 票，弃权 82 票，9 人未按表决器，使法院工作报告未获通过。同时大会主席团作出了关于《沈阳市中级人民法院工作报告》继续审议的意见：沈阳市第十二届人民代表大会第四次会议对《沈阳市中级人民法院工作报告》进行了审议，经表决未获通过。大会主席团一致意见，由沈阳市人民代表大会常务委员会继续审议，并将审议结果向沈阳市第十二届人民代表大会第五次会议报告。

2. 郑州市人大常委会首次否决政府工作报告。2006 年 10 月 24 日，在郑州市第十二届人大常委会第二十四次会议上，郑州市政府有关负责人作了《〈关于解决城乡弱势群体看病难、看病贵问题〉代表议案办理情况的汇报》（以下简称《代表议案办理情况的汇报》），但这份报告在表决中未获通过。

3. 衡阳市人大代表"否决"市中级人民法院工作报告。2007 年 1 月 24 日上午，衡阳市第十二届人大五次会议审议表决衡阳市中级人民法院工作报告，由于赞成票未超过该市人大全体代表的 1/2，报告未获通过，成为继 2001 年 2 月 14 日沈阳市中级人民法院的工作报告未被人大通过的又一宪法监督新闻。

4. 湖南省临澧县人大否决政府专项工作报告。2009 年 7 月，临澧县人大常委会组织开展了《中华人民共和国水污染防治法》执法检查，并在当年 9 月向县政府发出了审议意见函，除要求县政府抓好法律宣传、落实防治责任、加大财政投入外，还向县政府提出了 8 大急需整改的重大污染问题，并给出了 4 个月的整改期限。同时，临澧县人大常委会还成立了 3 个督查组，一月一督查，一月一碰头，一月一通报。为确保整改工作取得实效，临澧县人大常委会主任会议经过研究，先后两次延长整改期限。

2010 年 6 月，临澧县第十五届人大常委会第二十一次会议听取了县政府整改工作情况汇报，认为虽然县政府为落实县人大审议意见做了一些工作，也取得了一些成绩，但一些重点污染问题却迟迟未见行动，有的虽有动作但效果不理想。在随后进行的投票表决中，该工作报告因"满意"和"基本满意"票未过半数而被否决。湖南省临澧县第十五届人大常委会第二十一次会议以整改工作未达到预期效果为由否决了临澧县政府工作报告，并发出了本届人大常委会第一份督办函，要求政府继续整改，5 个月后再次向县人大常委会汇报整改结果。

5. 广西北海首次采取票决制，政府环境整治报告遭否决。2008 年 8 月，广西北海市人大常委会向社会征集热点、难点问题作为对政府专项工作监督审议的议题，市容卫生和环境污染方面的意见最为集中。9 月上旬，市人大常委会经过一个多月的调查，形成调查报告要求政府大力进行环境整治。

在 2008 年 10 月 28 日召开的广西北海市人大常委会上，北海市政府一位副秘书长受委托向人大常委会作《关于整治环境污染专项工作的报告》。北海市人大常委会组成人员和列席会议的市人大代表听取报告后，对报告进行了分组审议和集中审议，认为效果未尽如人意，并在票决中对报告进行了否决。

1 票满意，3 票基本满意，21 票不满意。广西北海市人大常委会首次采取票决制形式，对市政府整治城市环境污染专项工作报告"未予通过"。

面对"未予通过"的结果，受委托的报告人表示虚心接受人大常委会的监督，将对城市环境污染加大整治力度。据介绍，北海市政府要在 90 天内重新向市人大常委会书面报告整改情况，由常委会主任会议研究后再提请常委会会议审议，人大常委会将跟踪整治措施的落实。

【本事例涉及的法律问题】

1. 人民代表大会能否否决人民法院的工作报告？
2. 人民代表大会及其常委会对政府监督的依据为何？

【基础知识】

人民代表大会的监督权，是指宪法和法律赋予各级人民代表大会及其常务委员会，对由它产生的国家机关的工作和宪法、法律、法规的实施，进行检查、调查、督促、纠正、处理的强制性权力。人大的监督权从根本上来说，是人民当家作主，参与国家事务管理权利的表现。

人民代表大会及其常务委员会的监督权（简称人大监督权），是宪法和法律赋予国家权力机关的重要职权，是人民的神圣权利。人大监督制度，是作为国家根本政治制度的人民代表大会制度的重要组成部分。监督权是宪法和法律赋予各级人大及其常委会最基础、最重要和运用最广泛、最经常的职权。地方人大监督职能能否充分行使，直接影响人民行使管理国家权力作用的发挥和整个国家监督机制的健康运行，也直接影响地方人大工作的顺利进行，对于不断推进我国的依法治国和民主法治进程同时具有十分重要的政治意义。

【事例评析】

本事例涉及各级人民代表大会及其常务委员会的监督权问题。

在我国，《宪法》规定了全国人民代表大会和地方各级人民代表大会是人民行使国家权力的机关，由它产生的同级人民政府、人民法院和人民检察院对它负责，并受它监督。我国《宪法》第 3 条规定："中华人民共和国的国家机构实行民主集中制的原则。全国人民代表大会和地方各级人民代表大会都由民主选举产生，对人民负责，受人民监督。国家行政机关、审判机关、检察机关都由人民代表大会产生，对它负责，受它监督。"第 104 条规定："县级以上的地方各级人民代表大会常务委员会讨论、决定本行政区域内各方面工作的重大事项；监督本级人民政府、人民法院和人民检察院的工作；撤销本级人民政府的不适当的决定和命令；撤销下一级人民代表大会的不适当的决议；依照法律规定的权限决定国家机关工作人员的任免；在本级人民代表大会闭会期间，罢免和补选上一级人民代表大会的个别代表。"第 110 条规定："地方各级人民政府对本级人民代表大会负责并报告工作。县级以上的地方各级人民政府在本级人民代表大会闭会期间，对本级人民代表大会常务委员会负责并报告工作。地方各级人民政府对上一级国家行政机关负责并报告工作。全国地方各级人民政府都是国务院统一领导下的国家行政机关，都服从国务院。"这为人大的监督权行使提供了法律依据。

2006 年 8 月 27 日第十届全国人民代表大会常务委员会第二十三次会议通过了《中华人民共和国各级人民代表大会常务委员会监督法》，在《监督法》第二章专门规定了各级人大及其常委会的监督权："听取和审议人民政府、人民法院和人民检察院的专项工作报告"。其中，第 8 条规定："各级人民代表大会常务委员会每年选择若干关系改革发展稳定大局和群众切身利益、社会普遍关注的重大问题，有计划地安排听取和审议本级人民政府、人民法院和人民检察院的专项工作报告。常务委员会听取和审议专项工作报告的年度计划，经委员长会议或者主任会议通过，印发常务委员会组成人员并向社会公布。"第 9 条规定："常务委员会听取和审议本级人民政府、人民法院和人民检察院的专项工作报告的议题，根据下列途径反映的问题确定：①本级人民代表大会常务委员会在执法检查中发现的突出问题；②本级人民代表大会代表对人民政府、人民法院和人民检察院工作提出的建议、批评和意见集中反映的问题；③本级人民代表大会常务委员会组成人员提出的比较集中的问题；④本级人民代表大会专门委员会、常务委员会工作机构在调查研究中发现的突出问题；⑤人民来信来访集中反映的问题；⑥社会普遍关注的其他问题。人民政府、人民法院和人民检察院可以向本级人民代表大会常务委员会要求报告专项工作。"

虽然宪法赋予各级人大及其常委会以监督权，但由于缺乏明确的法律规范，人大的监督职能往往难以落到实处，这也使得人大一度被称作"橡皮图章"。2006年《监督法》的制定和颁布实施，从法律层面上进一步确认和规范了各级国家权力机关的监督职权，使各级人大及其常委会监督权行使更加规范化程序化，实现了监督工作的法律化、规范化、制度化。

上述事例正好反映了各级人大及其常委会依照宪法和监督法的规定，充分履行了宪法赋予他们的职责。

 事例四

梁广镇身兼两地人大代表事件

【事例介绍】

2008年，广东省云浮市"亿万富翁"梁广镇因涉嫌挪用公款犯罪被立案侦查，鉴于其云浮市人大代表身份，经云浮市检察院申请，该市人大常委会许可检察院对其采取强制措施并移送法院进行刑事审判。然而，广西百色市人大常委会表示了不同的意见。2008年3月，远在千里之外的广西百色市人大常委会副主任谭振秋携带该市人大常委会的决定来到云浮市检察院，告诉检察长李庆协，因为梁广镇是百色市人大代表，云浮市检察院没有经过百色市人大常委会的许可，就对梁广镇采取强制措施并移送法院进行刑事审判，"是严重的违法"。一人可否兼任两地人大代表？两地人大常委会机关意见相左，检察机关无所适从，案件被迫搁置。[208]

一件看似简单的挪用公款案，因为主角是一位在两地都有巨额投资的亿万富翁，又同时是两地人大代表，案件便变得复杂起来。

面对同一事实，广东、广西两地的人大常委会作出了截然相反的决定，云

---

[208] 殷国安："法办涉案人大代表有多难"，载《中国青年报》2008年6月3日。

浮市检察院无所适从。

"百色市人大常委会不许可，广东就没法办理梁广镇这个案子了，虽然云浮市人大常委会许可了，但司法机关对梁广镇既不能采取任何强制措施，也不能审判，即使判了，也不能抓去坐牢，又有什么意义。"广东省人大常委会选举联络人事任免工作委员会副主任杨成勇说，"人大代表不是特殊公民，不能逍遥法外。"

但是，百色市人大常委会秘书长卢骁认为，所谓挪用公款是 10 年前的事情，钱也不是用来干违法乱纪的事，而且很快就还上了。因此，即使是犯罪，也是轻微的，更何况梁涉嫌犯罪一案不是在他们那里发生的，如果是在他们那里犯事，肯定会许可。卢骁说："国家有政策，要让东部沿海发达地区帮助西部落后地方发展经济。梁广镇对百色的经济和社会发展有贡献，如果允许对梁广镇采取强制措施并移送法院进行刑事审判，对企业的影响太大了。"

对卢骁的这个观点，云浮市人大常委会法工委主任黄冠坤表达了不同看法："同案犯江纲因为挪用公款罪，已经被判处有期徒刑 9 年，怎么能说是轻微的犯罪？云浮市人大常委会经过研究认为，检察院的做法是合法的、正确的，应当许可对其采取强制措施并移送刑事审判。"

梁广镇分别在两地当选人大代表，杨成勇认为，"这是不妥当的"，因为同一个层次的选民（同为地市级），只有一次选举权和被选举权。"梁广镇在云浮市连任三届人大代表。"云浮市人大常委会选举联络人事任免工作委员会主任朱祖球告诉记者，"他是郁南县选举出来的市人大代表。""梁广镇在云浮市当选人大代表是理所当然，在居住地、工作地也可以当选代表，但不能同时兼职两地代表。"杨成勇说，"云浮市先选的代表，百色市人大知道后，就不应该再选梁广镇了。而梁广镇明明知道自己已是云浮市人大代表，就应当辞去百色的代表职务。""我们知道梁广镇是云浮市人大代表，但他同时也可以在百色市当选人大代表。"与广东人大的观点相反，卢骁认为，"梁广镇在我们这里投资发展，虽然户口不在这里，但他完全可以当选代表。广东不也选出了农民工全国人大代表吗？法律上没有规定不能跨区当选代表。""国家不提倡兼职两地代表，也不提倡交叉任职，主要是满足和保证代表参政议政的时间。"杨成勇认为。

【本事例涉及的法律问题】

梁广镇能否同时当选两地人大代表？

【基础知识】

人民代表大会代表是国家权力机关组成人员。全国人民代表大会代表是最高国家权力机关组成人员，地方各级人民代表大会代表是地方各级国家权力机关组成人员。

人大代表的选举。关于人大代表的选举资格，我国宪法和选举法对选举权与被选举权都做了规定。我国《宪法》第 34 条规定："中华人民共和国年满 18 周岁的公民，不分民族、种族、性别、职业、家庭出身、宗教信仰、教育程度、财产状况、居住期限，都有选举权和被选举权；但是依照法律被剥夺政治权利的人除外。"《选举法》[209] 第 3 条关于选举权与被选举权的规定与《宪法》完全相同。

人大代表的选举采取直接选举和间接选举两种方式。不设区的市、市辖区、县、自治县、乡、民族乡、镇的人大代表，由选民直接选举产生。全国人大代表和省、自治区、直辖市、设区的市、自治州的人大代表，通过间接选举方式，由下一级人民代表大会选举产生。

人大代表的选举办法。在直接选举中，不设区的市、市辖区、县、自治县、乡、民族乡、镇的人民代表大会的代表名额分配到选区，按选区进行选举。选区可以按居住状况划分，也可以按生产单位、事业单位、工作单位划分。代表候选人由各政党、各人民团体联合或单独推荐，选民 10 人以上联名也可推荐代表候选人。实行差额选举。代表候选人人数多于应选代表人数 1/3 ~ 1 倍。选举采用无记名投票方法。选区全体选民的过半数参加投票，选举有效，代表候选人要获得参加投票选民的过半数的选票才当选。

在间接选举中，按照选举单位提名代表候选人产生代表，如省级人大代表是由省辖的设区的市、自治州、不设区的市、县、自治县的人民代表大会选举产生的。全国人大代表是由省、自治区、直辖市的人民代表大会选举产生的，但中国人民解放军的全国人大代表是由军人选出的；香港、澳门特别行政区的全国人大代表是由香港、澳门居民中的中国公民依法选出的；台湾省的全国人大代表是由在祖国大陆的台湾省籍同胞协商选举会议选出的。全国人大代表的人大代表数不得超过 3000 人。

2010 年修改后的《选举法》第 45 条特别规定："公民不得同时担任两个以上无隶属关系的行政区域的人民代表大会代表。"

---

[209] 《中华人民共和国全国人民代表大会和地方各级人民代表大会选举法》是 1979 年 7 月 1 日第五届全国人民代表大会第二次会议通过，在 1982 年、1986 年、1995 年、2004 年和 2010 年进行了 5 次修正，其中 1982 年和 2010 年的修正案是由全国人大表决通过的，1986 年、1995 年和 2004 年的修正案是由全国人大常委会通过的。

【事例评析】

　　"梁广镇现象"是对我国相关立法的挑战。2010 年修改前的《中华人民共和国全国人民代表大会和地方各级人民代表大会选举法》、《中华人民共和国全国人民代表大会和地方各级人民代表大会代表法》对于公民身兼数个代表资格的问题，只规定可以兼任不同级别（还必须有行政区域上的隶属关系）的人大代表，但是否可以兼任同一级别的不同行政区域的人大代表，或不同级别的无行政区域隶属关系的人大代表，法律并未作明确规定。由此引发了不同的判断，以致出现"梁广镇现象"。对于此种现象，学者众说纷纭。有的认为我国《选举法》未明确规定禁止兼任属于同一级别的两地人大代表，因此按照"法无明文禁止即可为"的法理原则，梁广镇同时兼任属于同一级别的两地人大是"合法"的。而大部分学者则认为，即使法律没有明确规定，但从宪法和选举法的基本原则和法律规范的规定可以判断，这种做法是不合法的。中国人民大学法学院教授韩大元认为"身兼两地人大代表"既缺乏合法性也缺乏合理性。

　　从代表法来看，跨区担任代表职务实际上是被禁止的。《代表法》第 41 条规定："代表有下列情形之一的，其代表资格终止：①地方各级人民代表大会代表迁出或者调离本行政区域的；……"这一条的规范意义在于禁止人大代表两地兼任。因为既然代表不在本区域内居住或工作，那么代表与本选区或选举单位之间的实际利益关系不再存续，无法有效地代表本选区或选举单位行使国家权力，也就失去了担任人大代表的法律意义。从选举法看，我国选区的划分可以按居住状况划分，也可以按生产单位、事业单位、工作单位划分，但选民只能选择其中的一种形式，不能重复参加选举。在选民登记程序中，选民一般是在户口所在地进行登记的，如在非户口所在地参加选举，必须由户口所在地开具在当地没有参加选举的证明，其目的也是防止重复投票。如果选民已经迁居外地，但没有转出户口，在取得原选区选民资格的证明后，在现居住地参加选举，需出示户籍所在地开具的本人放弃原户籍所在地选举权的书面证明。

　　从宪法和选举法的基本原则来看，"身兼两地人大代表"直接违反了选举权的平等原则。我国《选举法》第 4 条规定："每一选民在一次选举中只有一个投票权。"每个公民只能在一个地方进行选民登记，只能在他登记的地方有选举权和被选举权。现在，梁广镇既在户口所在地当选人大代表，又在其企业投资地即工作地点当选人大代表，他实际上就有了特权：具有双倍的选举权和被选举权。如果这样的做法推广开来，一个大企业家可以同时在几个地方投资或工作，那么就可以在几个地方成为人大代表，在其触犯法律以后，只要有一个地方的人大常委会出于地方保护阻拦对其实行强制措施，法律就会变成一纸空文。

2010 年 3 月 4 日第十一届全国人民代表大会第三次会议通过了关于修改《中华人民共和国全国人民代表大会和地方各级人民代表大会选举法》的决定，该修正案第 19 条规定，《选举法》增加一条，作为第 45 条："公民不得同时担任两个以上无隶属关系的行政区域的人民代表大会代表。"此规定的出现，正是在梁广镇事件发生后为了弥补原有的法律空白作出的，同时也使法律的规定明确化，为解决实际问题提供了确切的法律依据。

对人大代表的罢免程序

【事例介绍】

1. 人大代表醉酒后交通肇事被罢免。2010 年 4 月 5 日晚，浙江三门县城关发生一起交通事故，犯罪嫌疑人杨曙忠醉酒驾驶宝马轿车，先后与多辆车辆相撞，共造成 4 人死亡、6 人受伤。事故发生后，警方在第一时间控制住肇事司机杨曙忠，将其带至海游派出所审讯，抽取血液样本，送台州市公安局物证鉴定所检测。

杨曙忠，男，1962 年 7 月 26 日出生，三门华丽医药化工有限公司董事长兼总经理，现为台州市人大代表、三门县人大代表、三门县人大常委会常委。经检测，事发当夜肇事司机杨曙忠血液酒精含量为 3.3mg/ml，属醉酒驾驶。肇事司机杨曙忠醉酒驾车，在与第一辆车发生碰撞后，没有及时采取有效措施避免事故再次发生，最终造成人员 4 死 6 伤和车辆多辆损坏的交通事故，其行为已违反《中华人民共和国刑法》第 115 条第 1 款之规定，涉嫌以危险方法危害公共安全罪，三门县公安局已于 4 月 5 日晚对此案予以立案侦查。

鉴于杨曙忠系台州市和三门县人大代表，台州市公安局和三门县公安局分别向市、县两级人大常委会提出对犯罪嫌疑人杨曙忠采取刑事强制措施许可的报告。4 月 6 日上午，台州市、三门县人大常委会经过紧急会议，同意对杨曙忠采取刑事强制措施，并罢免其人大代表资格。杨曙忠因涉嫌以危险方法危害公共安全罪被公安机关依法刑事拘留。

2. 人大代表违法犯罪被罢免。犯罪嫌疑人王军国，男，衡阳市第十三届人大代表，衡山县政协常委；湖南省金贝尔投资有限公司董事长、法定代表人；湖南省金贝尔化工有限公司董事长、法定代表人；衡阳市南岳区京湘伟业贸易公司董事长、法定代表人。2007 年 5 月，王军国因企业流动资金不足和房地产开发项目启动资金严重紧缺，分别找到时任衡山县信用联社理事长刘国清和衡山县农业银行行长廖岳平，要求信用联社在县农业银行办理同业存款 5000 万元。同年 8 月 21 日，县信用联社与农业银行签订了约期 1 年的同业存款 5000 万元协议书，8 月 28 日，县信用联社将 5000 万元存入该社在县农业银行开设的银行账户，8 月 31 日，王军国安排他人持伪造的印鉴，填制转账 5000 万元的转账支票，伙同县信用联社营业部经理胡若涛将 5000 万元转入王军国在南岳区建行开设的"京湘伟业贸易公司"账户上，全部骗取挪用。为掩盖这一真相，胡若涛协助王军国制作假对账单、利息单及公函，廖岳平受王军国请托，没有严格按照规定把关，致使该笔公款流入王军国的个人公司账户，除 2008 年 9 月 27 日王军国归还县信用联社 1700 万元外，造成衡山县信用联社经济损失 3300 万元。王为感谢廖的帮忙，分多次共向廖行贿 53 万元。

2010 年 4 月 26 日，衡阳市第十三届人大常委会第二十次会议批准市检察院对市第十三届人大代表王军国采取逮捕强制措施。

【本事例涉及的法律问题】

公安机关能否对有犯罪嫌疑的人大代表直接采取刑事强制措施？

【基础知识】

1. 人大代表的职权。根据宪法和有关法律的规定，人大代表的职权主要有审议权，表决权，提名权，选举权，提出议案权，质询权，提出罢免案权，提出建议、批评、意见权，提议权，言论表决免责权，人身特别保护权，执行代表职务保障权等。如《宪法》第 64 条规定："宪法的修改，由全国人民代表大会常务委员会或者 1/5 以上的全国人民代表大会代表提议，并由全国人民代表大会以全体代表的 2/3 以上的多数通过。"第 72 条规定："全国人民代表大会代表和全国人民代表大会常务委员会组成人员，有权依照法律规定的程序分别提出属于全国人民代表大会和全国人民代表大会常务委员会职权范围内的议案。"第 73 条规定："全国人民代表大会代表在全国人民代表大会开会期间，全国人民代表大会常务委员会组成人员在常务委员会开会期间，有权依照法律规定的程序提出对国务院或者国务院各部、各委员会的质询案。受质询的机关必须负责答复。"

《中华人民共和国全国人民代表大会和地方各级人民代表大会代表法》作为一部专门规定人大代表职权和义务的法律是在 1992 年 4 月 3 日由第七届全国人民代表大会第五次会议通过，中华人民共和国主席令第 56 号公布并施行的。2009 年 8 月 27 日根据第十一届全国人民代表大会常务委员会第十次会议《关于修改部分法律的决定》进行了第一次修正，2010 年 10 月 28 日第十一届全国人民代表大会常务委员会第十七次会议根据《关于修改〈中华人民共和国全国人民代表大会和地方各级人民代表大会代表法〉的决定》进行了第二次修正。《代表法》第 2 条第 1 款规定："全国人民代表大会和地方各级人民代表大会代表依照法律规定选举产生。"

修正后的《代表法》第 3 条规定了代表的权利："代表享有下列权利：①出席本级人民代表大会会议，参加审议各项议案、报告和其他议题，发表意见；②依法联名提出议案、质询案、罢免案等；③提出对各方面工作的建议、批评和意见；④参加本级人民代表大会的各项选举；⑤参加本级人民代表大会的各项表决；⑥获得依法执行代表职务所需的信息和各项保障；⑦法律规定的其他权利。"

2. 人大代表执行职务的保障。《代表法》在第 4 章规定了"代表执行职务的保障"，主要包括四个方面：政治保障（又称司法保障）、时间保障、物质保障和组织保障。而政治保障又具体包括：

（1）言论免责保障。《代表法》第 31 条规定："代表在人民代表大会各种会议上的发言和表决，不受法律追究。"言论免责是保障人大代表可以自由地表达自己的意志，在审议报告、讨论问题时的发言不管多么尖锐，都不受法律追究。宪法对此也作了专门规定，《宪法》第 75 条规定："全国人民代表大会代表在全国人民代表大会各种会议上的发言和表决，不受法律追究。"

（2）人身豁免权。我国《宪法》第 74 条规定："全国人民代表大会代表，非经全国人民代表大会会议主席团许可，在全国人民代表大会闭会期间非经全国人民代表大会常务委员会许可，不受逮捕或者刑事审判。"《中华人民共和国地方各级人民代表大会和地方人民政府组织法》第 35 条规定："县级以上的地方各级人民代表大会代表，非经本级人民代表大会主席团许可，在大会闭会期间，非经本级人民代表大会常务委员会许可，不受逮捕或者刑事审判。如果因为是现行犯被拘留，执行拘留的公安机关应当立即向该级人民代表大会主席团或者常务委员会报告。"《代表法》第 32 条规定："县级以上的各级人民代表大会代表，非经本级人民代表大会主席团许可，在本级人民代表大会闭会期间，非经本级人民代表大会常务委员会许可，不受逮捕或者刑事审判。如果因为是现行犯被拘留，执行拘留的机关应当立即向该级人民代表大会主席团或者人民代表大会常务委员会报告。对县级以上的各级人民代表大会代表，如果采取法律规定的其他限制人身自由的措施，应当经该级人民代表大会主席团或者人民代表大会常务委员会许可。人民代表大会主席团或者常务委员会受理有关机关依照本条规定提请许可的申请，应当审查是否存在对代表在人民代表大会各种会议上的发言和表决进行法律追究，或者对代表提出建议、批评和意见等其他执行职务行为打击报复的情形，并据此作出决定。乡、民族乡、镇的人民代表大会代表，如果被逮捕、受刑事审判、或者被采取法律规定的其他限制人身自由的措施，执行机关应当立即报告乡、民族乡、镇的人民代表大会。"

【事例评析】

议员享有人身保护权，这是世界各国的通例。纵观世界各国，议员的人身保护权指议员非经议会批准不受逮捕或审判的豁免权利。这项特权确立初期主要是为了确保议员在参政议政时不受封建势力的干扰和迫害，后来主要是为确保议员不受无根据的司法干扰，专心致志地做好工作。有的国家规定，议员只是在议会开会前后和开会期间享有这一权利。如日本《宪法》第50条专门规定了"议员不受逮捕的特权"："除法律规定外，两院议员不受逮捕，开会前被捕的议员，如其所属议院提出要求，必须在开会期间予以释放。"有的国家还规定，议员在议会闭会期间也享有这一特权，保护议员不会因其职责范围之外的民事、刑事罪行而受到起诉。如法国《宪法》第26条规定："议会的任何议员都不得由于本人在行使职权中所发表的意见或者所投的票而受追诉、搜查、逮捕、拘留或者审判。议会的任何议员在议会会议期间，非经所属议院的许可，不得因刑事案件或者轻罪案件受追诉或者逮捕，但现行犯除外。议会的任何议员在议会闭会期间，非经所属议院秘书厅许可，不受逮捕，但现行犯、已经认可的追诉或者已经确定判决的除外。对议会议员的拘留或者追诉，如经议员所属议院的请求，应即停止进行。"

我国人大代表人身特别保护权的主要内容包括：①人大代表的人身特别保护权只限于刑事案件，不包括民事案件的传讯和审判；②如果人大代表确属犯罪，必须在得到人大主席团或常委会的许可后才能实施逮捕；③未经人大主席团或者常委会许可，不得对人大代表采取司法拘留、行政拘留、劳动教养、监视居住等强制性措施；④人大代表如果因为现行犯被拘留，执行拘留机关必须立即向该级人大主席团或常委会报告。对人大代表实施逮捕或拘留，必须履行严格的法律程序，否则，执行逮捕或者拘留的机关的行为就是违法，应当受到法律追究。

上述事例中，对人大代表采取刑事强制措施程序的特别规定体现了对人大代表人身特别保护权：人大代表享有非经特别许可不受逮捕或审判及其他限制人身自由的权利。

第二节　国务院

一、行政机关概述

国家行政机关是行使国家行政权的国家机关，其基本特征在于执行和管理。在资本主义国家，国家机关的组织以"三权分立"原则为指导，国家行政权由行政机关掌管，行政机关肩负着广泛的公共事务管理职能。在实行民主集中制原则的社会主义国家，行政机关包括最高国家行政机关和地方各级国家行政机关。

二、国务院的性质和地位

《宪法》第 85 条规定："中华人民共和国国务院，即中央人民政府，是最高国家权力机关的执行机关，是最高国家行政机关。"

（一）国务院是最高国家行政机关

国务院行使国家行政权，它有权根据宪法和法律制定行政法规、发布决定和命令；它有权根据宪法在自己的职权范围内从事行政组织工作和管理工作。所以国务院的工作性质是对国家事务进行行政管理，是行政机关。同时，国务院在整个国家行政系统中处于最高地位，它要统一领导地方各级人民政府的工作，是最高国家行政机关。

（二）国务院即中央人民政府

在外交活动中，主权国家都以政府的名义来处理外交关系和进行其他外交事务，因此，国务院作为中华人民共和国政府，对外以中国政府名义进行活动。再从国内的政权组织体系来说，我国分为四级地方政府，它们都要统一服从国务院的领导。全国只有一个中央人民政府即国务院。

（三）最高国家权力机关的执行机关

国务院是最高国家权力机关的执行机关。首先是指国务院将最高国家权力机关已经通过的法律和决议付诸实施，其次是指国务院从属于最高国家权力机关，国务院由全国人民代表大会产生，向它负责，受它监督。

三、国务院的组成和任期

根据《宪法》第 86 条的规定，国务院由总理、副总理若干人、国务委员若干人、各部部长、各委员会主任、审计长和秘书长所组成。国务院总理由国家主席提名，由全国人大决定后由国家主席任命。国务院副总理、各部部长、各委员会主任、审计长、秘书长根据总理提名，由全国人大决定。在全国人大闭会期间，根据国务院总理提名，全国人大常委会决定部长、委员会主任、审计长、秘书长的人选，并由国家主席任命。

国务院的任期与全国人大的任期相同，总理、副总理、国务委员连续任职不得超过两届。

四、国务院的职权

根据《宪法》第 89 条的规定，国务院拥有广泛的职权，概括起来主要有以下几个方面：

（一）行政立法权

根据宪法的规定，国务院有权"规定行政措施，制定行政法规，发布决定和命令"。而学术界一般将国务院依法定权限和法定程序制定行政法规的活动称为"行政立法"。[210] 但是，国务院的行政立法权不是国家立法权，而是在行使行政权。因为国务院制定的行政法规虽然具有法的基本特征，但它的调整对象通常是行政管理事务。

国务院制定的行政法规的法律效力低于宪法和法律，其内容不能与宪法和法律相抵触，否则无效。

国务院的行政立法权还包括授权立法在内，如上所述，国务院制定行政法规和规章的权力来自宪法的规定，它只能在自己的职权范围内行使。但是，国务院根据国家权力机关的特别授权可以就应由权力机关管辖的事务先行制定行政法规。

（二）行政管理权

国务院是国家的最高行政机关，行政管理权是它的主要职权。

根据宪法的规定，国务院有权规定各部和各委员会的任务和职责，统一领导各部、各委员会的工作；国务院统一领导全国地方各级国家行政机关的工作，规定中央和省、自治区、直辖市的国家行政机关的职权的具体划分。

国务院有权管理全国性的行政工作，包括编制和执行国民经济和社会发展计划以及国家预算；领导和管理经济工作和城乡建设；领导和管理教育、科学、文化、卫生、体育和计划生育工作；领导和管理民政、公安、司法行政和监察等工作；管理对外事务，同外国缔结条约和协定；领导和管理国防建设事业；领导和管理民族事务；保障少数民族的平等权利和民族自治地方的自治权利；保护华侨的正当的权利和利益，保护华侨和侨眷的合法的权利和利益；批准省、自治区、直辖市的区域划分，批准自治州、县、自治县、市的建置和区域划分；

---

[210]　罗豪才主编：《行政法学》，中国政法大学出版社 1996 年版，第 143 页。

决定省、自治区、直辖市的范围内部分地区的紧急状态。

（三）监督权

为了有效地行使行政管理权，宪法赋予国务院以广泛的监督权。国务院的监督权同全国人大和全国人大常委会的监督权不同，属于行政监督的范围，其监督的对象是国务院各部委及地方各级行政机关，对它们是否履行法定职责、工作是否符合法律和法规进行监督。而全国人大及常委会的监督主要是法律监督，其监督的对象包括国务院、最高人民法院和最高人民检察院，即对它们遵守宪法、执行法律的情况进行监督。

（四）提出议案权

根据宪法的规定，国务院有权向全国人大和全国人大常委会提出议案。国务院编制国民经济和社会发展计划及国家预算，为行使行政管理职能，对不属于其制定行政法规范围的事项应以提出议案的形式，由全国人大和全国人大常委会制定法律，以便执行。

五、国务院的领导体制

我国最高国家行政机关的领导体制在建国初期实行集体领导制度，政务院每周举行一次政务会议，重大问题由集体讨论并由集体决定。我国现行宪法在总结历史经验的基础上规定国务院实行"首长负责制"，例如，《宪法》第 86 条规定："国务院实行总理负责制。各部、各委员会实行部长、主任负责制。"

国务院实行首长负责制主要表现在：其一，国务院总理由国家主席提名，经全国人大决定后由国家主席任命，因此，总理担负起管理全国行政事务的职责，总理代表国务院须向全国人大及其常委会负责。其二，国务院其他组成人员的人选由总理提名，由全国人大或全国人大常委会决定，在必要的时候，总理有权向全国人大或全国人大常委会提出免除他们职务的请求。其三，国务院总理领导国务院的工作，副总理、国务委员协助总理工作，各部部长、各委员会主任负责某一方面的专门工作，他们均须向国务院总理负责。其四，总理主持和召集国务院常务会议和国务院全体会议，会议议题由总理确定，重大问题必须经全体会议或常务会议讨论，总理在集体讨论的基础上形成国务院的决定。其五，国务院发布的决定、命令，制定的行政法规，向全国人大或者向全国人大常委会提出的议案，任免的政府机关工作人员，均须由总理签署才有法律效力。

国务院实行首长负责制有利于提高行政工作效率，避免职责不清，权限不明等弊端。国务院作为国家最高行政机关，每天都要处理大量行政事务，因此，必须办事果断，指挥灵敏，首长负责制强调总理的权力与责任的统一，便于总理发挥行政才干，及时解决各种重要问题。

 事例一

北京安元鼎保安公司截访事件

【事例介绍】

2010 年，一家名叫"安元鼎"的保安公司在北京保安业悄然做大。安元鼎，全称为北京安元鼎安全防范技术服务有限公司。安元鼎的主业为关押、押送到北京上访的民众。这家成立时间短却发展迅猛的保安公司在北京设立多处"黑监狱"，向地方政府收取佣金，限制上访者自由并押送返乡，甚至向上访者施暴。越来越多的调查表明，安元鼎公司的主业为关押、押送到北京上访的民众。安元鼎业务员的文件包里，有两份文件是谈生意时必须携带的：《委托书》和《特保护送服务合同》。《委托书》载明的主要内容为：兹有某某省某某市，依据《关于对进京非正常上访人员要"快速接领、快速劝返"》的要求，特委托受托方将我省非正常上访人员（人数），护送回。望贵单位鼎力配合。《特保护送服务合同》则详尽列出了"特保护送内容"、"聘用特保队员的形式、数量、服务期限和服务地点"、"护送特保人员补助费以及管理费收费标准和付款方式"，以及"双方权利和义务"。北京警方最终以涉嫌"非法经营和非法拘禁"对安元鼎公司立案侦查，该公司董事长和总经理被刑拘。

【本事例涉及的法律问题】

1. 保安公司的性质为何？其具有哪些权利？
2. 保安公司是否有执法权？是否有权对上访人员采取限制人身自由的措施？
3. 地方政府与保安公司签订的"委托书"是否具有法律效力？

【基础知识】

保安公司的性质与权利。《保安服务管理条例》于 2009 年 9 月 28 日国务院第八十二次常务会议通过，自 2010 年 1 月 1 日起施行。中国的保安服务公司是为社会提供专业化、有偿安全防范服务的特殊性企业，是协助公安机关维护社会治安、预防和减少违法犯罪的重要力量。《保安服务管理条例》第 2 条规定："本条例所称保安服务是指：①保安服务公司根据保安服务合同，派出保安员为客户单位提供的门卫、巡逻、守护、押运、随身护卫、安全检查以及安全技术防范、安全风险评估等服务；②机关、团体、企业、事业单位招用人员从事的本单位门卫、巡逻、守护等安全防范工作；③物业服务企业招用人员在物业管理区域内开展的门卫、巡逻、秩序维护等服务。前款第 2 项、第 3 项中的机关、团体、企业、事业单位和物业服务企业，统称自行招用保安员的单位。"从上述《条例》的规定可以得知，保安公司的性质应该属于企业法人，其权利也仅限于"提供门卫、巡逻、守护、押运、随身护卫、安全检查以及安全技术防范、安全风险评估等服务"。

【事例评析】

本事例中，安元鼎属于注册登记的保安公司，属于企业法人，并不具有执法的主体资格，其对到京上访人员依据与地方政府签订的所谓"委托合同"即采取对上访人员限制人身自由的措施，违反了我国《宪法》、《行政处罚法》和《行政强制法》的规定。我国《宪法》第 37 条规定："中华人民共和国公民的人身自由不受侵犯。任何公民，非经人民检察院批准或者决定或者人民法院决定，并由公安机关执行，不受逮捕。禁止非法拘禁和以其他方法非法剥夺或者限制公民的人身自由，禁止非法搜查公民的身体。"《行政处罚法》第 15 条规定："行政处罚由具有行政处罚权的行政机关在法定职权范围内实施。"第 16 条规定："国务院或者经国务院授权的省、自治区、直辖市人民政府可以决定一个行政机关行使有关行政机关的行政处罚权，但限制人身自由的行政处罚权只能由公安机关行使。"2011 年 6 月 30 日中华人民共和国第十一届全国人民代表大会常务委员会第二十一次会议通过的、于 2012 年 1 月 1 日起施行的《中华人民共和国行政强制法》第 17 条规定："行政强制措施由法律、法规规定的行政机关在法定职权范围内实施。行政强制措施权不得委托。依据《中华人民共和国行政处罚法》的规定行使相对集中行政处罚权的行政机关，可以实施法律、法规规定的与行政处罚权有关的行政强制措施。行政强制措施应当由行政机关具备资格的行政执法人员实施，其他人员不得实施。"

本事例中还有一个需要分析的重点在于"地方政府与保安公司签订的《委托书》"是否具有法律效力？这涉及行政法中的"行政委托"问题。行政委托是行政机关在其职权职责范围内依法将其行政职权或行政事项委托给有关行政机关、社会组织或者个人，受委托者以委托机关的名义实施管理行为和行使职权，并由委托机关承担法律责任。其特点有：受委托方是非国家行政机关的组织，本身不具有行政权；受委托方是以委托行政机关的名义行使职能，由委托行政机关承担责任，区别于法律法规的授权；能够委托行使的行政权是有限的，例如：公安机关行使的限制公民的人身自由的权力不得转让。在我国《行政处罚法》第 18、19 条分别规定了有关行政委托与受委托行使行政处罚权组织的条件。第 18 条规定："行政机关依照法律、法规或者规章的规定，可以在其法定权限内委托符合本法第 19 条规定条件的组织实施行政处罚。行政机关不得委托其他组织或者个人实施行政处罚。委托行政机关对受委托的组织实施行政处罚的行为应当负责监督，并对该行为的后果承担法律责任。受委托组织在委托范围内，以委托行政机关名义实施行政处罚；不得再委托其他任何组织或者个人实施行政处罚。"第 19 条规定："受委托组织必须符合以下条件：①依法成立的管理公共事务的事业组织；②具有熟悉有关法律、法规、规章和业务的工作人员；③对违法行为需要进行技术检查或者技术鉴定的，应当有条件组织进行相应的技术检查或者技术鉴定。"但是，依据《行政处罚法》第 16 条及《行政强制法》第 17 条的规定，限制人身自由的行政处罚权只能由公安机关行使，作为行政强制措施的"限制人身自由"措施不得委托。北京安元鼎保安公司在对来京上访人员进行截访的过程中，限制他们人身自由的行为是非法的，构成"非法拘禁"行为。保安公司虽与一些地方政府签订有《委托书》，但依据《行政处罚法》及《行政强制法》的规定，地方政府本身是不能把"截访"（暂且不去讨论政府有无此权力）的所谓"权力"委托给保安公司，这个《委托书》本身不具有任何法律效力。

 事例二

部分省市变更部分行政区划事件

【事例介绍】

1. 2010 年 6 月 28 日，国务院下发国函［2010］55 号文，正式批复了北京市政府关于调整首都功能核心区行政区划的请示，同意撤销北京市东城区、崇文区，设立新的北京市东城区，以原东城区、崇文区的行政区域为东城区的行政区域；撤销北京市西城区、宣武区，设立新的北京市西城区，以原西城区、宣武区的行政区域为西城区的行政区域。这次行政区划调整，是北京市 52 年来规模最大的一次行政区划调整。批复要求北京市要尽快明确新设区政府驻地位置，并按程序报批。行政区划调整涉及的各类机构要按照"精简、统一、效能"的原则设置，涉及的行政区域界线要按规定及时勘定，所需人员编制和经费由北京市自行解决。7 月 1 日下午，北京市召开了四城区区级领导干部会议。会上宣布了中共北京市委关于新的东城区、西城区主要领导班子的人事任命，并成立了新的东城区、西城区筹备工作委员会。直到那一刻，之前对四城区合并有所怀疑的人们才真正意识到，宣武和崇文要真的成为历史了。

2. 2009 年 11 月，国务院正式批复天津市滨海新区行政体制改革方案，同意撤销天津市塘沽区、汉沽区、大港区，设立天津市滨海新区，将原塘沽区、汉沽区、大港区的行政区域合并为滨海新区的行政区域。2010 年 1 月 11 日，天津滨海新区政府机构正式揭牌。

3. 2010 年 7 月 1 日深圳经济特区正式扩容，范围从原来的罗湖、福田、南山、盐田四区扩大到全市，将宝安、龙岗纳入特区范围，特区面积从 327.5 平方公里扩大至 1991 平方公里，面积将增加 5 倍，发展空间大为拓展，这也意味着深圳进入了"大特区"的时代，特区一体化进程驶入快车道。国务院就广东省《关于延伸深圳经济特区范围的请示》作出批复，同意自 7 月 1 日起深圳经济特区范围扩大到深圳全市。为贯彻国务院批复，积极应对新形势，做好深圳经济特区扩大到全市范围以后特区法规在全市范围内适用的衔接工作，深圳市人大常委会领导专程赴全国人大常委会进行请示。1992 年 7 月 1 日，深圳市得到全国人大常委会授权，拥有了"特区立法权"；2000 年 7 月 1 日，《立法法》正式实施，赋予深圳市"较大市立法权"。由于特区立法只在 327.5 平方公里的关内实行，而关外的宝安、龙岗等区实施的则是通行全省的法律法规，造成了特区内外法规适用的不统一。

4. 2011 年 8 月 22 日，安徽省宣布撤销地级巢湖市，并对原地级巢湖市所辖的一区四县行政区划进行相应调整，分别划归合肥、芜湖、马鞍山三市管辖。行政区划调整后，合肥市辖 4 区 1 市 4 县，马鞍山市辖 3 区 3 县，芜湖市辖 4 区 4 县。根据国务院的批复，撤销地级巢湖市；撤销原地级巢湖市居巢区，设立县级巢湖市。以原居巢区的行政区域作为新设的县级巢湖市的行政区域。新设的县级巢湖市由安徽省直辖，合肥市代管。原地级巢湖市管辖的庐江县划归合肥市管辖。无为县划归芜湖市管辖；和县的沈巷镇划归芜湖市鸠江区管辖。含山县、和县（不含沈巷镇）划归马鞍山市管辖。

【本事例涉及的法律问题】

行政区划变更的权限。

【基础知识】

行政区划是指国家根据政治和行政管理的需要，根据有关法律规定，充分考虑经济联系、地理条件、民族分布、历史传统、风俗习惯、地区差异、人口密度等客观因素，将全国的地域划分为若干层次大小不同的行政区域，设置相应的地方国家机关，实施行政管理。行政区划以国家或次级地方在特定的区域内建立一定形式、具有层级唯一性的政权机关为标志。行政区划因不同的国家结构形式而不同。我国行政区域划分遵循的原则主要有：

第一，要有利于经济发展。搞好经济建设，提高人民群众物质和文化水平是我们当前的中心任务，各项工作都要紧紧围绕这一中心任务进行，划分行政区域也不例外。在具体操作时，要照顾到各地经济、文化发展水平，包括资源、交通、人口等因素，以有利于社会主义现代化建设事业的顺利发展。

第二，要有利于行政管理和人民管理国家。行政区域划分的主要目的和动因就是为了更好地发挥国家机器管理社会的职能。同时，我国的国家性质决定，人民是国家和社会的主人，要发挥人民群众的智慧，使他们便于参加对国家的民主管理。

第三，要有利于各民族的团结与发展。我国是由 56 个民族共同组成的社会主义大家庭。各民族共同奋斗，创造了中华文明。同时，各个民族由于历史、地理、宗教等原因，又各具特色。在划分行政区域时，对此要作通盘考虑，尤其对少数民族要予以照顾，在少数民族聚居的地方实行民族区域自治，激励各族人民为建设中国特色社会主义而共同奋斗。

第四，要照顾自然条件和历史状况。我国是一个大国，各地自然条件相差甚大。同时，我国又是一个具有悠久历史的国家，有许多地方的地域划分、区划名称已经延续了数百年甚至上千年，这些地区早已形成了比较固定的行政区域范围。在划分区域时，不能不考虑这些情况，否则，必将产生不良后果。

我国《宪法》第 30 条规定："中华人民共和国的行政区域划分如下：①全国分为省、自治区、直辖市；②省、自治区分为自治州、县、自治县、市；③县、自治县分为乡、民族乡、镇。直辖市和较大的市分为区、县。自治州分为县、自治县、市。自治区、自治州、自治县都是民族自治地方。"

行政区域的变更包括行政区域的设立、调整、撤销和更名。这些都必须根据一定的法律程序进行。根据我国现行宪法的规定，其法律程序包括：

1. 省、自治区、直辖市的设立、撤销、更名，特别行政区的成立，应由全国人大审议决定。

2. 省、自治区、直辖市行政区域界线的变更，自治州、县、自治县、市、市辖区的设立、撤销、更名或者隶属关系的变更，自治州、自治县的行政区域界限的变更，县、市的行政区域界线的重大变更，都须经国务院审批。

3. 县、市、市辖区部分行政区域界线的变更，由国务院授权省、自治区、直辖市人民政府审批。

4. 乡、民族乡、镇的设立、撤销、更名或者变更行政区域的界线，由省、自治区、直辖市人民政府审批。

【事例评析】

行政区划是事关国家政治、经济、社会发展全局的重大战略性问题。随着经济体制改革的不断深入，生产力水平的日益提高和交通、通讯条件的逐渐改善，我国现行行政区划对经济社会发展的不利影响因素也越来越明显，调整改革行政区划的要求也自然越来越迫切。

从程序上看，行政区划的变更一定要按照法律规定的程序进行审批。我国对行政区划的变更，除了宪法有明确规定外，国务院在 1985 年颁布了《关于行政区划管理的规定》，其较为详细地规定了行政区划变更的有关事项。

从变更的原则看，国务院在《关于行政区划管理的规定》第 2 条中规定："行政区划应保持稳定。必须变更时，应本着有利于社会主义现代化建设，有利于行政管理，有利于民族团结，有利于巩固国防的原则，制订变更方案，逐级上报审批。"近几年来，全国各地对行政区划的调整比较多，这些调整首先都是为了与经济发展水平相适应，本着有利于促进区域经济的发展的目的进行的优化布局，科学发展。通过优化要素资源配置和生产力布局，加大区域资源整合力度，加快工业化、城镇化和农业现代化，培育壮大中心城市，推动经济转型升级，坚定不移地走科学发展道路。其次，行政区划调整是为了提高行政效率，方便行政管理，优化行政机构组织设置，探索建立新的行政管理体制和运行机制，加快建设服务型政府。国务院对行政区划调整的批复要求"行政区划调整涉及的各类机构要按照'精简、统一、效能'的原则设置"，因此，行政区划调整必须从提高行政效能、节约行政成本上下功夫。行政区划调整得是否科学合理，直接关系到国家管理机制能否顺畅有效运行、国民经济能否健康发展、生产力布局能否科学合理，关系到中央能否有效管理地方、地方能否充分发挥能动性和创造性。

第三节　特别行政区的国家机关

一、特别行政区国家机关的概念和特征

特别行政区的国家机关是指依照特别行政区基本法，在特别行政区内设立的行使高度自治权的国家机关。它具有以下几个方面的特征：

1. 特别行政区国家机关具有高度自主权。由于特别行政区是根据"一国两制"的原则，为解决历史遗留问题而设立的。因此，为保障特别行政区经济的繁荣和稳定，全国人民代表大会以宪法为依据授权香港特别行政区和澳门特别

行政区以高度的自治权，包括享有行政管理权、立法权、独立的司法权和终审权。

2. 特别行政区的国家机关仍属于我国地方国家机关的体系。特别行政区虽拥有高度的自治权。但这种自治权是全国人民代表大会通过特别行政区基本法授予的，具有派生性。我国《宪法》第 31 条和第 62 条规定特别行政区的设立及其所实行的制度的决定权属于全国人民代表大会，中央政府行使国家对特别行政区的主权；香港特别行政区和澳门特别行政区的行政长官和行政机关的主要官员由中央人民政府任命，行政长官必须向中央人民政府述职。因此，特别行政区国家机关与中央政府的关系是一个主权国家内地方政府与中央政府的关系，说明了特别行政区政府对中央人民政府有明显的直接从属关系。《香港特别行政区基本法》和《澳门特别行政区基本法》均规定特别行政区是中华人民共和国的一个有高度自治权的地方行政区域，直辖于中央人民政府。这一规定就是这种直接从属的明确表述。

3. 特别行政区的政治体制为特别的政治体制。特别行政区的行政机关、立法机关和司法机关的组织、地位、职权及其相互之间的关系，既不采取内地的人民代表大会制度，也不采用资本主义国家的政权组织形式。内地所实行的人民代表大会制度是国家的根本政治制度，人民代表大会既是立法机关，又是权力机关，各级人民政府及其他政权机关均由同级人民代表大会选举产生，向它负责，受它监督。这种制度是社会主义制度的主要表现。而特别行政区不实行社会主义制度，因此其政治体制也就不可能与内地一致，特别行政区虽依法选举全国人大代表，但特别行政区没有人民代表大会，它的立法机关是立法会。同时，特别行政区是中华人民共和国境内的特别行政区域，也不宜完全照搬资本主义国家的政权组织形式来表现其政治体制。因此，根据特别行政区的历史与现状，从有利于特别行政区的稳定发展、兼顾社会各阶层的利益以及循序渐进地发展民主这一角度出发，特别行政区地方国家机关实行行政机关和立法机关既相互配合又互相制衡以及司法独立的原则。这一原则既与特别行政区内实行资本主义制度、保留资本主义生活方式相一致，又与特别行政区是中华人民共和国境内的一个地方行政区域相一致。

4. 特别行政区与中央人民政府的关系具有特殊性。根据基本法的规定，特别行政区是中华人民共和国享有高度自治权的地方行政区域，直辖于中央人民政府。因此，中央与特别行政区的关系，是一个主权国家内中央与地方的关系，或者说是中央对特别行政区进行管辖和特别行政区在中央监督下实行高度自治而产生的相互关系。这种关系的核心在于中央与特别行政区的权力划分和行使。

特别行政区的高度自治权前已述及。中央对特别行政区行使的权力主要有：中央人民政府负责管理与特别行政区有关的外交事务；中央人民政府负责管理特别行政区的防务；中央人民政府任命特别行政区行政长官和行政机关的主要官员；全国人大常委会有权决定特别行政区进入紧急状态；全国人大常委会享有对特别行政区基本法的解释权；全国人大对特别行政区基本法享有修改权；等等。

二、特别行政区行政长官

1. 法律地位。特别行政区的行政长官是特别行政区的首脑，对中央人民政府和特别行政区负责；同时，他又是特别行政区的行政首脑，领导特别行政区政府。

首先，由于特别行政区享有基本法规定的某些对外事务方面的权力，行政长官在对外事务的活动和交往中代表特别行政区。

其次，由于特别行政区享有高度自治权，而行政长官由当地通过选举或协商产生，由中央人民政府任命，由此，行政长官的地位高于行政、立法和司法机关的首脑，他代表特别行政区与中央人民政府联系，对内独掌行政管理权。

2. 任职资格。由于行政长官在特别行政区具有十分重要的地位，因此，基本法对行政长官的任职资格作了比较严格的规定。

根据《香港特别行政区基本法》的规定，香港特别行政区行政长官由年满40岁、在香港通常居住连续满20年并在外国无居留权的香港特别行政区永久性居民中的中国公民担任。这种规定既符合国家主权原则和"港人治港"的精神，也体现了中央对香港居民管理香港的高度信任。除此之外，行政长官还必须拥护《中华人民共和国香港特别行政区基本法》并效忠香港特别行政区。《澳门特别行政区基本法》规定，澳门特别行政区行政长官由年满40周岁，在澳门通常居住连续满20年的澳门特别行政区永久性居民中的中国公民担任。它与《香港特别行政区基本法》的规定相比，没有关于外国居留权的限制性规定，这主要是因为澳门居民中相当数量的华人按照葡萄牙国籍法取得了葡籍，领有葡萄牙认别证或葡萄牙护照。因此《中葡联合声明》规定："澳门居民凡符合中华人民共和国国籍法规定者，不论是否持有葡萄牙旅行证件和身份证件，均具有中国公民资格"，但为了行政长官的任职与其法律地位相一致，基本法又对行政长官的任职资格作了补充规定："行政长官在任职期间不得具有外国居留权"。

3. 产生和任期。特别行政区行政长官的产生办法，基本法规定，在当地通过选举或协商产生，由中央人民政府任命。

香港特别行政区行政长官的产生办法，根据《香港特别行政区基本法》第

45 条的规定，应根据香港特别行政区的实际情况和循序渐进的原则而规定，最终达成由一个有广泛代表性的提名委员会按民主程序提名普选产生的目标。根据《香港特别行政区行政长官的产生办法》的规定，在 1997～2007 年的 10 年内由 800 人组成的包括工商、金融界，劳工、社会服务、宗教界，立法会议员、区域性组织代表以及香港地区全国人大代表和全国政协委员的代表等各界人士在内的、具有广泛代表性的选举委员会选举产生，由中央人民政府任命。第一任行政长官则按照《全国人民代表大会关于香港特别行政区第一届政府和立法会产生办法的决定》产生，即由全国人民代表大会香港特别行政区筹备委员会筹组的由 400 人组成的香港特别行政区第一届政府推选委员会在当地以协商方式产生，或协商以后提名选举产生，报中央人民政府任命。

澳门特别行政区行政长官的产生办法与香港基本相同。但澳门特别行政区没有关于"根据循序渐进的原则，最终达至由普选产生"的规定；其选举委员会和推选委员会的人数比香港少得多。从 1999 年 12 月 20 日到 2009 年期间的第一、第二、第三任行政长官分别按照《全国人民代表大会关于澳门特别行政区第一届政府、立法会和司法机关产生办法的决定》和《澳门特别行政区行政长官产生办法》产生。[211] 香港特别行政区和澳门特别行政区的行政长官任期为 5 年，均可以连选连任一次。

4. 行政会议（行政会）。为保障行政长官有效地行使职权，基本法规定设立协助行政长官决策、向行政长官提供咨询的智囊团机构。这种机构在香港特别行政区称作行政会议，而在澳门特别行政区称作行政会。

香港特别行政区行政会议的成员由行政长官从行政机关的主要官员、立法机关成员和社会人士中委任，其任免由行政长官决定，其任期都不能超过委任他们的行政长官的任期，同时，他们必须是在外国无居留权的香港特别行政区永久性居民中的中国公民。

澳门特别行政区行政会的性质、地位、作用与香港行政会议相同，但其任职资格中没有关于"外国居留权"的限制，澳门行政区基本法还规定行政会由 7～11 人组成，每月至少要举行一次会议。

三、特别行政区的行政机关

特别行政区的行政机关即特别行政区政府，其首长为特别行政区行政长官。

1. 组成。根据《香港特别行政区基本法》第 60 条的规定，特别行政区政府由政务司、财政司、律政司和各局、处、署组成。各司的主管官员为"司长"；

---

[211]　许崇德编著：《港澳基本法教程》，中国人民大学出版社 1994 年版，第 182 页。

各局是有权拟订政策的部门，其主管官员为"局长"；各处是负责执行行政事务而不拟订政策的部门，其主管官员为"处长"；各署则是工作较有独立性质的部门，如廉政公署、审计署等，其主管官员称为"署长"或"专员"。

《澳门特别行政区基本法》第 62 条规定，澳门特别行政区设司、局、厅、处，其主管官员分别称做司长、局长、厅长、处长。澳门特别行政区的检察机关属于司法机关，不包括在行政机关内，这与香港特别行政区是不同的。

2. 主要官员的任职资格及任免。根据基本法的规定，香港特别行政区的主要官员包括各司司长、副司长，各局局长，廉政专员，审计署长，警务处长，入境事务处处长和海关长。澳门特别行政区政府的主要官员包括各司司长、廉政专员、审计长、警察部门的主要负责人和相关主要负责人。

基本法对主要官员任职资格的规定是比较严格的。香港特别行政区的主要官员必须由在香港通常居住连续满 15 年并在外国无居留权的香港特别行政区永久性居民中的中国公民担任。澳门特别行政区的主要官员由在澳门通常居住连续满 15 年的澳门特别行政区永久性居民中的中国公民担任。主要官员在任职期内必须宣誓效忠中华人民共和国。

香港和澳门特别行政区政府的主要官员均由行政长官提名并报请中央人民政府任命，其免职也由行政长官向中央人民政府提出建议。

四、特别行政区立法会

1. 性质。特别行政区立法会是特别行政区的立法机关，它拥有广泛的立法权限，包括制定刑法、民法、诉讼法等重要的法律，因此立法会的立法权是特别行政区高度自治权的表现。

2. 议员资格。《香港特别行政区基本法》第 67 条规定，香港特别行政区立法会由在外国无居留权的香港特别行政区永久性居民中的中国公民组成，而非中国籍的香港特别行政区永久性居民和在外国有居留权的香港特别行政区永久性居民也可以当选为立法会议员，但所占比例不得超过全体议员的 20%。

《澳门特别行政区基本法》第 68 条规定，澳门特别行政区立法会议员由澳门特别行政区永久性居民担任，同香港相比，没有"国籍"和"在外国无居留权"的限制。

五、特别行政区的司法机关

《香港特别行政区基本法》和《澳门特别行政区基本法》均设专节规定司法机关。由于香港属普通法系地区，而澳门属大陆法系地区，因此，澳门的司法机关除法院外，检察机关也属于司法机关，而香港的司法机关只有法院，检察机关则作为行政机关的一部分。

1. 香港特别行政区的司法机关。《香港特别行政区基本法》第 80 条规定："香港特别行政区各级法院是香港特别行政区的司法机关，行使香港特别行政区的审判权。"也就是说，香港特别行政区法院是特别行政区的审判机关，依法审理香港特别行政区的一切民事、刑事案件以及其他案件。

香港特别行政区法院的设置，按照基本法的规定，1997 年后，原有的司法体制基本不变。但香港回归后，香港特别行政区拥有终审权。为行使终审权，必须对原有的法院系统进行适当调整。根据基本法第 81 条规定，香港特别行政区设立终审法院作为最高法院；将原香港最高法院更名为高等法院，高等法院内仍设上诉法庭和原讼法庭；将原地方法院更名为区域法院；原裁判司署法庭和其他专门法庭仍予以保留。

2. 澳门特别行政区的司法机关。澳门特别行政区法院行使审判权。根据基本法的规定，法院独立进行审判，只服从法律，不受任何干涉；法官履行审判职责的行为不受法律追究。

澳门特别行政区法院的设置，基本保留原有司法体制。由于澳门属于大陆法系地区，其法院分为普通法院和行政法院两套下行的法院系统。对此，基本法仍予以保留，在普通法院之外仍设行政法院，管辖行政诉讼和税务诉讼的案件。但基本法规定，不服行政法院的判决可向中级法院上诉。澳门的普通法院原称为"澳门法院"，是隶属于里斯本中级法院的初级法院，对其判决不服可以上诉于里斯本中级法院直至葡萄牙最高法院。而澳门回归后，澳门特别行政区享有终审权，因此必须对原有普通法院进行适度调整。为此，基本法第 84 条规定，澳门特别行政区设初级法院、中级法院和终审法院三级，其中终审法院是行使终审权的法院。

香港特别行政区提请全国人大常委会解释《基本法》

【事例介绍】

1. 2005 年 3 月 12 日，国务院批准董建华辞去香港特别行政区行政长官职务的请求，行政长官职位由当日起空缺。根据《香港特别行政区基本法》（以下简称《基本法》）第 53 条，行政长官缺位时，应在 6 个月内，依《基本法》第 45 条的规定产生新的行政长官。按照《行政长官选举条例》第 10 条的规定，如行政长官出缺后的第 120 天是周日，便在当天举行选举。所以特区政府须于 2005

年 7 月 10 日（周日）举行选举。

2005 年 4 月 6 日，香港特别行政区署理行政长官曾荫权向国务院呈送了报告，请求国务院提请全国人民代表大会常务委员会就《中华人民共和国香港特别行政区基本法》第 53 条第 2 款作出解释，以明确新的行政长官的任期为原行政长官的剩余任期。国务院决定提请全国人大就香港补选特首任期的相关法律进行解释。

2. 2011 年 6 月 8 日，香港特区终审法院以 3∶2 多数，就一家美国公司诉刚果（金）及中铁公司案［下称"刚果（金）案"］作出判决，决定就香港特区基本法第 13 条第 1 款和第 19 条第 3 款涉及的与"外交事务"有关的 4 个问题提请全国人大常委会作出解释。这是香港回归近 14 年来，特区终审法院第一次启用《基本法》第 158 条第 3 款规定的程序，主动向全国人大常委会提请解释法律。

刚果（金）案起因于一家以收购不良债权为业的"秃鹫基金"。该基金公司于 2008 年 5 月向香港特区法院提起诉讼，申请截留中铁公司应向刚果（金）支付的矿权费 1.75 亿美元，以执行苏黎世和巴黎两个仲裁庭针对刚果（金）作出的仲裁裁决。这场官司历经一审、二审，最终打到特区终审法院。诉讼各方争议的焦点在于，香港特区采取的国家豁免制度是否必须与中央政府立场一致。如答案是肯定的，则根据中央政府一贯奉行的"绝对豁免"立场，刚果（金）在此案中享有管辖豁免，特区法院应驳回起诉。然而，特区高等法院上诉庭在其二审判决中恰恰作出一个截然相反的结论，这就引发出国家外交政策能否在香港特区有效落实，以及如何处理中央外交权与特区司法权的关系等重大宪制问题。

案件审理过程中，外交部驻香港特区特派员公署三度致函特区政府，说明中国采取绝对豁免立场，并指出，国家豁免问题是影响国家间关系的重要问题，如香港特区实行与我国立场不一致的国家豁免原则，将明显对我国主权和整体国家利益造成损害。特区政府律政司长作为介入人参与诉讼，明确提出，确定适用何种国家豁免制度，属于应由中央政府负责管理的外交事务，不属特区自治范围，特区在此问题上适用的法律规则必须与中央政府立场相符。但特区高等法院上诉庭却在二审判决中武断地认定，特区适用与中央政府立场不一致的国家豁免制度，不会损害国家主权，香港应继续延用回归前港英时期的普通法。

特区终审法院多数法官认为，香港作为中国的一个特别行政区，没有主权属性；在国家豁免这一与外交事务有关的事宜上，特区法院必须尊重中央政府的决定并遵照其决定行事，这是一项必须遵循的宪法规定，绝无采取不同政策的空间。外交部函件正是对此问题具权威性的事实陈述。由于本案涉及的基本法第13条关乎中央政府负责的外交事务,第19条涉及中央与特区的关系,因此,特区终审法院在作出最终判决前,有责任提请全国人大常委会进行释法。

为此,香港特别行政区终审法院依据《中华人民共和国香港特别行政区基本法》第158条第3款的规定,提请全国人民代表大会常务委员会解释如下问题:"①根据第13条第1款的真正解释,中央人民政府是否有权力决定中华人民共和国的国家豁免规则或政策;②如有此权力的话,根据第13条第1款和第19条的真正解释,香港特别行政区('香港特区')(包括香港特区的法院)是否:①有责任援用或实施中央人民政府根据第13条第1款所决定的国家豁免规则或政策;或②反之,可随意偏离中央人民政府根据第13条第1款所决定的国家豁免规则或政策,并采取一项不同的规则;③中央人民政府决定国家豁免规则或政策是否属于《基本法》第19条第3款第1句中所说的'国防、外交等国家行为';以及④香港特区成立后,第13条第1款、第19条和香港作为中华人民共和国的特别行政区的地位,对香港原有(即1997年7月1日之前)的有关国家豁免的普通法(如果这些法律与中央人民政府根据第13条第1款所决定的国家豁免规则或政策有抵触)所带来的影响,是否令到这些普通法法律,须按照《基本法》第8条和第160条及于1997年2月23日根据第160条作出的《全国人民代表大会常务委员会的决定》的规定,在适用时作出必要的变更、适应、限制或例外,以确保关于这方面的普通法符合中央人民政府所决定的国家豁免规则或政策。"香港特别行政区终审法院上述提请解释的做法符合《中华人民共和国香港特别行政区基本法》第158条第3款的规定。

2011年8月26日第十一届全国人民代表大会常务委员会第二十二次会议通过了关于《中华人民共和国香港特别行政区基本法》第13条第1款和第19条的解释。

【本事例涉及的法律问题】

1. 《香港特别行政区基本法》的解释权应该由谁行使?

2. 香港特别行政区终审法院在审理一起与刚果民主共和国有关的案件时,涉及香港特别行政区是否应适用中央人民政府决定采取的国家豁免规则或政策的问题时,是否应该由全国人大常委会解释法律?

【基础知识】

一、"一国两制"

第一,"一国两制"的内涵。根据香港基本法的规定,香港保留原有的资本主义制度和生活方式50年不变,并享有高度自治权。但是,香港保留原有的制度也好，享有高度自治权也好，都是在"一国"的前提下才具有的。离开了"一国"这一前提，香港的资本主义制度以及高度自治权，都不可能拥有。

第二，中央与香港特别行政区的关系，以及香港的法律地位。根据香港基本法的规定，香港是中华人民共和国的一个地方，香港特别行政区政府是中华人民共和国中央人民政府直辖下的一级地方政府。虽然香港享有高度自治权，而且其高度自治权甚至比联邦制国家的组成部分所享有的权力还要大。但是，香港特别行政区的设立，并没有改变我们国家是单一制的国家结构形式，只是丰富了我们国家单一制的内容。也就是说，香港特别行政区所享有的高度自治权仍然是中央通过法律的形式授予的，而不是其自身所固有的。甚至包括香港特别行政区的设立也是由全国人大决定的。

香港作为中华人民共和国的组成部分，特别行政区作为中华人民共和国的一个地方政权，中央人民政府当然要在香港特别行政区行使与其地位相当的权力，其中包括决定香港政治制度未来的发展。而且决定香港特别行政区未来政治制度的发展应当理解为必须是由中央人民政府决定的事项。因为只有中央人民政府才有能力从总体上把握香港未来的政治制度发展。

二、《中华人民共和国香港特别行政区基本法》解释权

《中华人民共和国香港特别行政区基本法》（下文简称《香港特别行政区基本法》）于 1990 年 4 月 4 日在第七届全国人民代表大会第三次会议上通过，于 1997 年 7 月 1 日起实施。《香港特别行政区基本法》作为特别行政区的宪法性法律文件，对回归后香港的稳定繁荣起到了巨大的作用。《香港特别行政区基本法》依宪法的规定而制定，它涵盖了香港的社会、经济制度、居民的基本权利和自由的制度以及行政管理、立法、司法制度。《香港特别行政区基本法》是全国人大制定的在全国范围内适用的法律，属于效力和位阶仅低于宪法的基本法律。而根据我国现行宪法所确立的法律解释体制，全国人大及其常委会制定的法律的解释权属于全国人大常委会。《香港特别行政区基本法》是由全国人大制定的，属于基本法律的范畴，对其进行解释是全国人大常委会的职权。

全国人民代表大会对《香港特别行政区基本法》的解释权限来自于《宪法》和《香港特别行政区基本法》的规定。根据《宪法》第 67 条的规定，全国人大常委会有权解释宪法和法律，负责监督宪法的实施。《香港特别行政区基本法》第 158 条第 1 款也明文规定："本法的解释权属于全国人民代表大会常务委员会。"全国人大常委会对宪法和法律的解释是最终的权威解释。2000 年通过的《立法法》第 42 条规定："法律解释权属于全国人民代表大会常务委员会。法律有以下情况之一的，由全国人民代表大会常务委员会解释：①法律的规定需要

进一步明确具体含义的；②法律制定后出现新的情况，需要明确适用法律依据的。"第 47 条规定："全国人民代表大会常务委员会的法律解释同法律具有同等效力。"

《香港特别行政区基本法》第 158 条第 3 款规定：香港特别行政区法院在审理案件时对本法的其他条款也可解释。但如香港特别行政区法院在审理案件时需要对本法关于中央人民政府管理的事务或中央和香港特别行政区关系的条款进行解释，而该条款的解释又影响到案件的判决，在对该案件作出不可上诉的终局判决前，应由香港特别行政区终审法院请全国人民代表大会常务委员会对有关条款作出解释。如全国人民代表大会常务委员会作出了解释，香港特别行政区法院在引用该条款时，应以全国人民代表大会常务委员会的解释为准。但在此以前做出的判决不受影响。但同时，《香港特别行政区基本法》还规定："全国人大常委会授权香港特别行政区法院在审理案件时对本法关于香港特别行政区自治范围内的条款自行解释"（第 158 条第 2 款）。

自 1997 年 7 月 1 日《香港特别行政区基本法》实施以来，全国人大常委会共对其作过 4 次解释。

第一次是在 1999 年的香港"无证儿童案"中，全国人大常委会就《香港特区基本法》第 24 条关于"香港永久性居民所生子女也是永久性居民"规定的解释：港人在内地所生子女要求进入香港，需要经过内地机构审批，并持有有效证件方可进入香港；第 2 款第 3 项规定是指无论本人是在香港特别行政区成立以前出生还是成立以后出生，在其出生时，其父母双方或一方须是香港永久性居民。全国人大常委会该次释法并不影响终审法院 1999 年 1 月 29 日所作的判决。

第二次是在香港特别行政区就政制发展问题的讨论十分热烈而各界对《香港特别行政区基本法》附件中有关行政长官和立法会的产生办法争论颇大的背景下，全国人大常委会主动对《香港特别行政区基本法》附件一、附件二进行了解释。全国人大常委会于 2004 年 4 月 6 日作出了《关于〈中华人民共和国香港特别行政区基本法〉附件一第 7 条和附件二第 3 条的解释》，就《香港特别行政区基本法》附件中存在争议和模糊之处进行了解释，通过解释使基本法中的有关规定更为明确和具体。这次解释主要有四项内容：①关于附件中规定的"2007 年以后"的合议；②附件中"如需"修改的合议；③对行政长官和立法会产生办法进行修改的启动程序；④如果对行政长官和立法会产生办法无需修改时原有规定的适用问题。

第三次是国务院颁令批准董建华辞去行政长官职务的请求，行政长官空缺之后，香港特别行政区署理行政长官曾荫权请求国务院提请全国人大常委会就

《香港特别行政区基本法》第 53 条第 2 款有关新的行政长官任期作出解释。全国人民代表大会常务委员会征询香港特别行政区基本法委员会的意见后，于 2005 年 4 月 27 日对此做出解释：在行政长官 5 年任期届满前出缺的情况下，由任期 5 年的选举委员会选出的新的行政长官只能完成原行政长官未任满的剩余任期。

第四次是 2011 年 8 月 26 日，对"香港特别行政区终审法院在审理一起与刚果民主共和国有关的案件时，涉及香港特别行政区是否应适用中央人民政府决定采取的国家豁免规则或政策的问题"，第十一届全国人民代表大会常务委员会第二十二次会议通过了《全国人民代表大会常务委员会关于〈中华人民共和国香港特别行政区基本法〉第 13 条第 1 款和第 19 条的解释》。

【事例评析】

《香港特别行政区基本法》的解释权曾引发了中央与特别行政区不同程度的争议。全国人大常委会对于《香港特别行政区基本法》解释权的行使，不仅体现了对我国宪法以及《香港特别行政区基本法》赋予权力的行使，更是体现了"一国两制"中"一国"的要求。

在《香港特别行政区基本法》第 158 条的第 2 款和第 3 款分别规定了全国人大常委会授权香港法院对《香港特别行政区基本法》的解释权。第 158 条第 2 款规定："全国人民代表大会常务委员会授权香港特别行政区法院在审理案件时对本法关于香港特别行政区自治范围内的条款自行解释。"第 158 条第 3 款规定："香港特别行政区法院在审理案件时对本法的其他条款也可解释。但如香港特别行政区法院在审理案件时需要对本法关于中央人民政府管理的事务或中央和香港特别行政区关系的条款进行解释，而该条款的解释又影响到案件的判决，在对该案件作出不可上诉的终局判决前，应由香港特别行政区终审法院请全国人民代表大会常务委员会对有关条款作出解释。如全国人民代表大会常务委员会作出解释，香港特别行政区法院在引用该条款时，应以全国人民代表大会常务委员会的解释为准。但在此以前作出的判决不受影响。"

上述香港特别行政区终审法院在审理一起与刚果民主共和国有关的案件时，涉及香港特别行政区是否应适用中央人民政府决定采取的国家豁免规则或政策的问题，虽然《香港特别行政区基本法》第 158 条规定全国人大常委会授权香港特别行政区法院在审理案件时有解释基本法的权利，但是这种"授权"不是"分权"，不意味着香港法院本身拥有基本法的解释权，全国人大常委会也不因"授权"而丧失其依《宪法》和《基本法》获得的解释权。全国人大常委会依据《宪法》第 67 条以及《香港特别行政区基本法》第 158 条，征询全国人民代表大会常务委员会香港特别行政区基本法委员会的意见后，对香港特别行政区提出的相关问题及时做出了解释。

上述案件中涉及的解释条款不属于第 158 条第 2 款规定的"自治范围内的条款"，而应归属于第 158 条第 3 款中规定的情形。因为"依照《中华人民共和国宪法》第 89 条第 9 项的规定，国务院即中央人民政府行使管理国家对外事务的职权，国家豁免规则或政策属于国家对外事务中的外交事务范畴，中央人民政府有权决定中华人民共和国的国家豁免规则或政策。"[212] 关于香港特别行政区提出的"中央人民政府决定国家豁免规则或政策是否属于《基本法》第 19 条第 3 款第一句中所说的'国防、外交等国家行为'"，全国人大常委会的"解释"答复为："国家豁免涉及一国法院对外国国家及其财产是否拥有管辖权，外国国家及其财产在一国法院是否享有豁免，直接关系到该国的对外关系和国际权利与义务。因此，决定国家豁免规则或政策是一种涉及外交的国家行为。基于上述，《中华人民共和国香港特别行政区基本法》第 19 条第 3 款规定的'国防、外交等国家行为'包括中央人民政府决定国家豁免规则或政策的行为。"全国人大常委会在必要时解释香港基本法是行使其作为法律解释机关所应尽的职责。

 参考阅读

1. 秦前红 、黄明涛："对香港终审法院就'刚果金案'提请人大释法的看法"，载《法学》2011 年第 8 期。

2. 焦洪昌："香港基本法解释冲突之原因分析——以居港权系列案件的讨论为例"，载《广东社会科学》2008 年第 3 期。

3. 邹平学："香港基本法解释机制基本特征刍议"，载《法学》2009 年第 5 期。

4. 李昌道："香港基本法解释机制探析"，载《复旦学报》（社会科学版）2008 年第 3 期。

5. 朱国斌："香港基本法第 158 条与立法解释"，载《法学研究》2008 年第 2 期。

6. 董立坤、张淑钿："香港特别行政区法院的违反基本法审查权"，载《法学研究》2010 年第 3 期。

---

[212] 第十一届全国人民代表大会常务委员会第二十二次会议通过了《全国人民代表大会常务委员会关于〈中华人民共和国香港特别行政区基本法〉第 13 条第 1 款和第 19 条的解释》，载 http://www. npc. gov. cn/wxzl/gongbao/2011 – 10/25/content_ 1679039. htm.

第四节 人民法院和人民检察院

一、人民法院

（一）人民法院的性质和任务

人民法院是国家的审判机关，是人民民主专政的重要工具之一。

《宪法》第 123 条规定："中华人民共和国人民法院是国家的审判机关。"这就确定了人民法院的性质。《人民法院组织法》依据宪法进一步规定了各级人民法院行使审判权。审判权就是国家赋予人民法院统一行使审理判决案件的国家权力。审判权是国家权力的重要组成部分。只有人民法院才能行使审判权，任何其他国家机关、社会团体和个人都无权进行审判，其他任何组织或者任何人私设公堂都是违法犯罪的行为。国家把审判权赋予人民法院统一行使，是为了维护国家法制的统一和尊严，保障国家和人民的利益。

人民法院的任务是：审判刑事案件、民事案件和行政案件等各类案件，并且通过审判活动，惩办一切犯罪分子，解决民事纠纷和行政争议，以保卫人民民主专政制度，维护社会主义法制和社会秩序，保护社会主义的全民所有的财产、劳动群众集体所有的财产，保护公民私人所有的合法财产，保护公民的人身权利、民主权利和其他权利，保障社会主义建设事业的顺利进行。人民法院要用它的全部活动教育公民忠于社会主义祖国，自觉地遵守宪法和法律。

（二）人民法院的组织体系和职权范围

我国《宪法》规定："中华人民共和国设立最高人民法院、地方各级人民法院和军事法院等专门人民法院。"最高人民法院是国家最高审判机关。地方各级人民法院分为：基层人民法院（在县、自治县、县级市、市辖区设立）、中级人民法院（在省、自治区按地区设立，在直辖市、省辖市、自治区辖市和自治州设立）、高级人民法院（在省、自治区、直辖市设立）是地方国家审判机关。此外，还设有一些专门人民法院，它们分别接受最高人民法院和所在地区的高级人民法院的监督。

我国人民法院除专门人民法院以外，共设四级人民法院，实行两审终审制。

1. 基层人民法院。基层人民法院包括：县、县级市、自治县、市辖区人民法院。基层人民法院由院长一人，副院长和审判员若干人组成。

基层人民法院可以设刑事审判庭、民事审判庭和行政审判庭等。基层人民法院根据地区、人口和案件情况可以设立若干人民法庭。人民法庭是基层人民法院的组成部分，它的判决和裁定就是基层人民法院的判决和裁定。基层人民法院审判刑事、民事、行政等第一审案件（但是法律另有规定的除外）。基层人民法院对它所受理的各类案件，认为案情重大应当由上级人民法院审判的时候，可以请求移送上级人民法院审判。基层人民法院除审判案件外，还要处理不需要开庭审判的民事纠纷和轻微的刑事案件以及指导人民调解委员会的工作。

2. 中级人民法院。中级人民法院包括：省、自治区内按地区设立的中级人民法院、直辖市内设立的中级人民法院，省、自治区辖市的中级人民法院、自治州中级人民法院。中级人民法院由院长一人，副院长、庭长、副庭长和审判员若干人组成。

中级人民法院设刑事、民事、行政等审判庭，根据需要可以设其他审判庭。中级人民法院审判下列案件：法律规定由它管辖的第一审案件；基层人民法院移送审判的第一审案件；对基层人民法院判决和裁定的上诉案件和抗诉案件；人民检察院按照审判监督程度提出的抗诉案件。对受理的刑事、民事等各类案件，认为案情重大应当由上级人民法院审判的时候，中级人民法院可以请求移送上级人民法院审判。

3. 高级人民法院。高级人民法院包括：省、自治区、直辖市高级人民法院。高级人民法院由院长一人，副院长、庭长、副庭长和审判员若干人组成。

高级人民法院设刑事、民事、行政等审判庭，根据需要可以设其他审判庭。高级人民法院审判下列案件：法律规定由它管辖的第一审案件；下级人民法院移送审判的第一审案件；对下级人民法院判决和裁定的上诉案件和抗诉案件；人民检察院按照审判监督程序提出的抗诉案件。

4. 最高人民法院。最高人民法院是国家最高审判机关，监督地方各级人民法院和专门人民法院的审判工作。最高人民法院由院长一人，副院长、庭长、副庭长和审判员若干人组成。

最高人民法院设刑事、民事、行政等审判庭和其他需要设的审判庭。最高人民法院审判下列案件：法律规定由它管辖的和它认为应当由自己审判的第一审案件；对高级人民法院、专门人民法院判决和裁定的上诉案件和抗诉案件；最高人民检察院按照审判监督程序提出的抗诉案件。

最高人民法院对于在审判过程中如何具体适用法律的问题，有权作出司法解释。

以上各级人民法院院长均由同级人民代表大会选举，副院长、庭长、副庭长和审判员由同级人民代表大会常务委员会任免。

各级人民法院院长任期与本级人民代表大会每届任期相同。最高人民法院院长连续任职不得超过两届。

各级人民代表大会有权罢免由它选出的人民法院院长。在地方两次人民代表大会之间，如果本级人民代表大会常务委员会认为人民法院院长需要撤换，须报请上级人民法院报经上级人民代表大会常务委员会批准。

各级人民法院按照需要可以设助理审判员，由本级人民法院任免。

在我国，除了地方各级人民法院和最高人民法院外，还设有专门人民法院，如军事法院、铁路运输法院、海事法院等。专门人民法院是我国特定部门设立或审理特定案件的法院。它不按区域设立，不审理一般刑事、民事和行政案件，而是审理与该部门工作有关的案件。设立专门人民法院主要是考虑军事、铁路运输、海事等系统都跨越一定的区域，而且相关案件有很强的专业性，特别是军事部门带有高度的保密性。因此，成立某些专门人民法院可以有效地发挥审判职能，惩罚犯罪，保护国家利益和公民的合法权益。现在，我国除有军事法院和铁路运输法院外，在一些沿海港口城市还设立了海事法院，专门负责审理国内和涉外第一审海事案件和海商案件。海事法院的设置或者变更、撤销以及海事法院的审判机构和办事机构的设置，由最高人民法院决定。海事法院判决和裁决的上诉案，由海事法院所在地的高级人民法院管辖。海事法院的组成人员由所在地的市的人大常委会任免。

（三）人民法院的运作原则

人民法院为了正确行使国家审判权，完成自己所担负的任务，必须遵守法定的审判原则和制度。

1. 依法独立行使审判权。我国《宪法》第126条规定："人民法院依照法律规定独立行使审判权，不受行政机关、社会团体和个人的干涉。"这一规定，指明了人民法院具有独立的法律地位，人民法院在审理和判决案件中只能以事实为依据，以法律为准绳。独立行使审判权就是只服从事实，服从法律。因此，人民法院要排除来自各方面的干扰和阻力，以及行政机关、社会团体的干涉和压力，保障司法公正。但是，人民法院依法独立行使审判权并不是不受上级人民法院和同级人大的监督和党的领导。人民法院也只有在党的领导下和上级人民法院、同级人大的监督下才能排除干扰，才能独立行使审判权。

2. 在适用法律上一律平等。人民法院必须坚持对公民在适用法律上一律平等，也就是在法律面前一律平等。这就要求人民法院在审理案件中，必须依法保护公民的合法权益，不受任何干扰；对任何公民的违法犯罪行为，都必须依法给予应得的惩罚，从而保障司法公正。

3. 公开审理。人民法院在审理案件时除法定情形外，一律进行公开审理。

但是人民法院对于下列第一审案件不得公开审理：①涉及国家秘密的案件；②涉及个人隐私的案件；③14 岁以上不满 16 岁未成年人犯罪的案件；④经人民法院决定不公开审理的 16 岁以上不满 18 岁未成年犯罪的案件；⑤经当事人申请，人民法院决定不公开审理的涉及商业秘密的案件；⑥经当事人申请，人民法院决定不公开审理的离婚案件；⑦法律另有规定的其他不公开审理的案件。对于不公开审理的案件，应当当庭宣布不公开审理的理由。对下列二审案件，应当公开审理：①当事人对不服公开审理的第一审案件的判决、裁定提起上诉的，但因违反法定程序发回重审的和事实清楚依法进行判决、裁定的除外；②人民检察院对公开审理的案件的判决、裁定提起抗诉的，但需发回重审的除外。

人民法院公开审理案件是把审判活动直接置于社会监督之下，这对保障司法公正，防止发生违法乱纪行为，预防和减少犯罪都有重要意义。

4. 被告人有权获得辩护。被告人有权获得辩护，就是被告人对自己是否实施了犯罪行为和情节轻重、真伪，以及对他适用法律是否恰当等，有权进行辩护。同时还有权依法委托辩护人或者要求法院指定辩护人，以提供有利于他的事实和理由，为其作无罪或罪轻的辩护。这一审判原则，要求人民法院保证被告人有权获得辩护和允许被告人申辩，对被告人的辩护权不得侵犯和剥夺，并应保证被告人依法获得辩护人的帮助。

5. 各民族公民使用本民族语言文字进行诉讼。我国各民族的公民，都有权用本民族语言文字进行诉讼，这是我国《宪法》和诉讼法律制度的一项重要规定。这一原则体现了我国各民族一律平等的地位。因此，要求人民法院保证公民都有用本民族语言文字进行诉讼的权利，真正保障各民族公民在诉讼中享有平等的地位，实现各民族公民享有平等的诉讼权利。

6. 两审终审制。两审终审制是适用于人民法院审判活动的一项基本原则，是指一个案件要经过两级人民法院的审判才能终结的一种审判制度。具体来说，就是地方的任何一级法院按照第一审程序对案件审判后，如果有合法的上诉或抗诉，该案件还要由其上一级人民法院按照第二审程序进行审判。第二审审理后所作的判决或裁定，就是发生法律效力的判决和裁定。当然，这并不是说任何一个一审案件都必须经过两审程序。

实行两审终审的制度，可以保障诉讼参与人的诉讼权利，保证办案质量，使案件及时终结，判决或者裁定可以及时得以执行。

人民法院的审判制度和原则除上面已提到的外，还有审判合议制度和审判委员会制度、人民陪审员制度、审判监督制度、回避制度、死刑复核制度等。

二、人民检察院

（一）人民检察院的性质和任务

我国《宪法》第129条规定："中华人民共和国人民检察院是国家的法律监督机关。"这一规定指明了我国人民检察院的性质。国家为了真正维护公民的合法权益，打击和惩罚犯罪，为做到不枉不纵，设置了人民检察院作为法律监督机关，行使国家检察权。

人民检察院的任务是：通过行使检察权，镇压一切叛国的、分裂国家和危害国家安全的活动，打击犯罪分子，维护国家的统一、维护人民民主专政制度，维护社会主义法制，维护社会秩序、经济秩序和政治秩序，保护社会主义的全民所有的财产和劳动群众集体所有的财产，保护公民私人所有的合法财产，保护公民的人身权利、民主权利和其他权利，保障社会主义现代化建设的顺利进行。

（二）人民检察院的职权和行使职权的程序

各级人民检察院行使以下职权：①对于叛国案、分裂国家案以及严重破坏国家的政策、法律、法规实施的重大犯罪案件，行使检察权。②对于直接受理的刑事案件，进行侦查。③对于公安机关、国家安全机关侦查的案件，进行审查，决定是否逮捕、起诉或者免予起诉；对于公安机关、国家安全机关的侦查活动是否合法，实行监督。④对于刑事案件提起公诉，支持公诉；对于人民法院的审判活动是否合法，实行监督。⑤对于刑事案件判决、裁定的执行和监狱、看守所、劳动改造机关的活动是否合法，实行监督。

《人民检察院组织法》详细地规定了人民检察院行使职权的程序，规定了检察机关和公安机关、人民法院之间的相互关系，体现了分工负责、互相配合、互相制约的原则。这是我国法制建设行之有效的成功经验。

（三）人民检察院的组织系统和领导制度

我国的检察机关分为：最高人民检察院、地方各级人民检察院和军事检察院等专门人民检察院。

地方各级人民检察院分为：省、自治区、直辖市人民检察院；省、自治区、直辖市人民检察院分院，自治州和省辖市、自治区辖市人民检察院；县、县级市、自治县和市辖区人民检察院。省一级人民检察院和县一级人民检察院，根据工作需要，提请本级人民代表大会常务委员会批准，可以在工矿区、农垦区、林区等区域设置人民检察院，作为派出机构。专门人民检察院包括军事检察院、铁路运输检察院和其他专门检察院。

最高人民检察院根据需要，设立若干检察厅和其他业务机构。地方各级人民检察院可以分别设立相应的检察处、科和其他业务机构。

最高人民检察院检察长由全国人民代表大会选举和罢免;副检察长、检察委员会委员和检察员由检察长提请全国人大常委会任免。省、自治区、直辖市人民检察院检察长和分院检察长由该地区人民代表大会选举和罢免,副检察长、检察委员会委员和检察员由检察长提请本级人大常委会任免;省级人民检察院检察长的任免,须报最高人民检察院检察长提请全国人大常委会批准。自治州、省辖市、自治区辖市、县、县级市、市辖区人民检察院检察长由本级人民代表大会选举和罢免,副检察长、检察委员会委员和检察员由检察长提请本级人大常委会任免,上述地方检察长的任免须报上一级人民检察院检察长提请该级人大常委会批准。各级人民检察院检察长的任期与本级人大每届任期相同,最高人民检察院检察长连续任职不得超过两届。

根据我国《宪法》第 132 条的规定,最高人民检察院领导地方各级人民检察院和专门人民检察院的工作,上级人民检察院领导下级人民检察院的工作。

三、法官和检察官

为了保障人民法院独立行使国家审判权和保障人民检察院独立行使国家检察权,保障司法公正和效率,保障法官和检察官依法履行职责,建立高素质、专业化的法官和检察官队伍,1995 年 2 月 28 日第八届全国人大常委会第十二次会议分别审议通过了《中华人民共和国法官法》和《中华人民共和国检察官法》(以下简称《法官法》和《检察官法》)。《法官法》共 17 章 49 条(2001 年 6 月 30 日第九届全国人大常委会第二十二次会议作了修改决定,新增加 2 条,计 51 条),《检察官法》共 17 章 52 条。这两部法律对于法官和检察官的职责、义务和权利、任职条件、任免等级、奖励与惩戒等作了一系列规定,并于同年 7 月 1 日起施行。下面就这两部法律中的有关规定予以简要介绍。

(一)担任法官和检察官必须具备的条件

担任法官和检察官必须具备以下条件:①具有中华人民共和国国籍;②年满 23 岁;③拥护中华人民共和国宪法;④有良好的政治、业务素质和良好的品行;⑤身体健康;⑥高等院校法律专业本科毕业或者高等院校非法律专业本科毕业具有法律专业知识,从事法律工作满两年;获得法律专业硕士学位、博士学位或者非法律专业硕士学位、博士学位具有法律专业知识,从事法律工作满一年。

初任法官和初任检察官采用严格考核的办法,按照德才兼备的标准,从通过国家统一司法考试取得资格,并且具备法官和检察官条件的人员中择优提出人选。

在《法官法》和《检察官法》施行前的审判人员和检察人员，不具备第 6 项学历条件的，应当接受培训，在规定期限内达到；在达到学历条件确有困难的地方，在一定期限内，可以将学历条件放宽为高等院校法律专业专科毕业。

曾因犯罪受过刑事处罚和曾被开除公职的人员，不得担任法官和检察官。

（二）法官和检察官的范围与任免

法官的范围是依法行使国家审判权的审判人员，包括最高人民法院、地方各级人民法院和专门人民法院的院长、副院长、审判委员会委员、庭长、副庭长、审判员和助理审判员。

检察官的范围是依法行使国家检察权的检察人员，包括最高人民检察院、地方各级人民检察院和专门人民检察院的检察长、副检察长、检察委员会委员、检察员和助理检察员。

（三）法官和检察官的等级

法官的级别分为 12 级。最高人民法院院长为首席大法官，2～12 级法官分为大法官、高级法官、法官。

检察官的级别分为 12 级。最高人民检察院检察长为首席大检察官，2～12 级检察官分为大检察官、高级检察官、检察官。

法官和检察官的等级的确定，以法官和检察官所任的职务、德才表现、业务水平、工作实绩和工作年限为依据。

（四）法官和检察官的义务和权利

法官和检察官是具有特定法律身份和地位的国家工作人员，必须忠实地执行宪法和法律，依法履行职责，全心全意为人民服务。

1. 法官和检察官应当履行的义务。法官和检察官应当履行以下义务：①严格遵守宪法和法律；②审判案件和履行职责必须以事实为根据，以法律为准绳，秉公办案和执法，不得徇私枉法；③维护国家利益、公共利益，维护公民、法人和其他组织的合法权益；④清正廉明，忠于职守，遵守纪律，恪守职业道德；⑤保守国家秘密和工作秘密；⑥接受法律监督和人民群众监督。

2. 法官和检察官享有的权利。法官和检察官享有以下权利：①履行法官和检察官职责应当具有的职权和工作条件；②依法审判案件或履行检察职责不受行政机关、社会团体和个人的干涉；③非因法定事由、非经法定程序，不被免职、降职、辞退或者处分；④获得劳动报酬，享受保险、福利待遇；⑤人身、财产和住所安全受法律保护；⑥参加培训；⑦提出申诉或者控告；⑧辞职。

（五）对法官和检察官的奖励与惩戒

1. 奖励。法官和检察官在审判和检察工作中有显著成绩和贡献，或者有其他突出事迹的，应当给予奖励（包括精神鼓励和物质鼓励）。奖励分为：嘉奖；记三等功、二等功、一等功；授予荣誉称号。

2. 惩戒。法官和检察官在审判和检察工作中由于玩忽职守、徇私枉法等违法乱纪行为，构成犯罪的，依法追究刑事责任；对尚未构成犯罪的，应当给予处分。处分分为：警告、记过、记大过、降级、撤职、开除。受撤职处分的，同时降低工资和等级。

各级人民检察院组织对本院检察官的考核，人民检察院应设检察官考评委员会，由 5~9 个人组成，由本院检察长担任主任，负责指导对检察官的培训、考核和评议工作。

四、人民法院、人民检察院和公安机关的关系

人民法院、人民检察院、公安机关的性质有所不同，人民法院是国家审判机关，人民检察院是法律监督机关，两者组成我国的司法机关，行使国家的司法权；公安机关是执行治安管理任务的国家行政机关，其行使的职权属于国家行政权的一部分。三机关的性质虽然不同，但在办理刑事案件的过程中却有紧密的联系，为了惩罚犯罪、保护人民，《宪法》对三机关在刑事诉讼中的关系进行了原则性的规定："人民法院、人民检察院和公安机关办理刑事案件，应当分工负责、互相配合、互相制约，以保证准确有效地执行法律"。根据这一原则，三机关的关系是分工负责，互相配合和互相制约的关系，其具体体现是：

第一，三机关分工负责，各司其职。在办理刑事案件时，除法律规定由人民检察院侦查的案件外，其余的案件均由公安机关负责侦查、预审；人民检察院负责批捕、审查起诉和出庭公诉；人民法院负责审判。

第二，在分工的基础上，三机关互相配合。三机关的任务都是为了惩罚犯罪和保护人民。因此，必须在工作中互相配合，如人民检察院对公安机关提请批准逮捕的请求应当及时进行审查并作出决定，对公安机关移送起诉的案件应当及时作出决定；人民法院对人民检察院提出公诉的案件应当及时进行审理和判决。只有三机关互相配合，刑事诉讼才能顺利进行。

第三，在分工配合的基础上，三机关互相制约。虽然三机关的任务具有一致性，但三机关对具体案件的处理，在认定事实和适用法律上可能意见不一致。为避免彼此可能存在的片面性和局限性，保证准确有效地执行法律，三机关必须相互制约。如人民检察院对公安机关提请批捕的案件经审查后有权作出不批准逮捕的决定，但公安机关如认为人民检察院的决定有错误，可以要求复议，如果意见不被接受，可以向上一级人民检察院提请复核。人民检察院对公安机关移送起诉的案件，如认为证据不足可以退回公安机关补充侦查或自行侦查；

认为犯罪嫌疑人有《刑事诉讼法》第 15 条规定情形的，应当作出不起诉的决定，但公安机关认为不起诉的决定有错误时，可以要求复议，如果意见不被接受，可以向上一级人民检察院提请复核。人民法院对人民检察院起诉的案件如认为犯罪事实不清，证据不足或者有违法情况的，可以退回人民检察院补充侦查或者通知人民检察院纠正；对于不需要判刑的，可以要求人民检察院撤回起诉；对于人民检察院决定不起诉的案件，如被害人直接向人民法院起诉而人民法院决定受理的，人民检察院应当将有关案件材料移送人民法院；人民检察院对人民法院的审判活动是否合法进行监督，如发现违法情况应向人民法院提出纠正意见；发现本级人民法院的一审判决和裁定确有错误，有权向上级人民法院提出抗诉。实践证明，人民法院、人民检察院和公安机关在办理刑事案件中的相互制约对准确地执行法律，及时防止错案的发生有十分重要的作用。

 事例一

河南洛阳玉米种子案

【事例介绍】

2001 年 5 月 22 日，河南汝阳县种子公司（下称汝阳公司）与伊川县种子公司（下称伊川公司）签订合同，约定由伊川公司为其代繁玉米种子。合同约定：汝阳公司给伊川公司提供亲本玉米种子 2437.5 公斤，伊川公司为汝阳公司代繁农大 108 玉米杂交种子 10 万公斤，合同履行期限至 2002 年 10 月 31 日止。同时，双方约定，汝阳公司接受玉米种子的价格为基地收购价加代繁费，基地种子收购价的确定按移交种子时当地市场商品玉米单价的 2.2 ~ 2.5 倍计算。但伊川公司没有履约，为赚取更大利润，将所育种子高价卖与了他人。2003 年初，汝阳公司以伊川公司不履约为由，将其诉至洛阳市中级人民法院，请求法院判令伊川公司违约并赔偿经济损失。

伊川公司同意给予赔偿，但在赔偿损失的计算方法上与汝阳公司发生争议。汝阳公司认为，依据《中华人民共和国种子法》（以下简称《种子法》）的立法精神，赔偿损失的计算方法应按市场价格确定，伊川公司之所以将代繁的种子转卖他人，也是因为当时市场价格较高。汝阳公司按市场利润 3.4 ~ 3.9 元/公斤价格计算，扣除其他因素损失为 70 余万元。而伊川公司认为，赔偿应当依据《河南省农作物管理条理》及省物价局、农业厅据此制定的《河南省主要农作物种子价格管理办法的通知》（以下简称《通知》）即政府指导价来确定赔偿数额，因为按此计算，伊川公司只需赔偿 2 万元左右。

洛阳市中级人民法院在经过审理后，于 2003 年 5 月 27 日作出（2003）洛民初字第 26 号判决书，判决书认定：《种子法》实施后，玉米种子的价格已由市场调节，《河南省农作物种子管理条例》作为法律价位较低的地方性法规，其与《种子法》相冲突的条款"自然无效"，而河南省物价局、农业厅联合下发的《通知》又是根据该《条例》制定的一般性规范性文件，其与《种子法》相冲突的条款亦为"无效"条款，遂判令伊川公司按市场价格赔偿汝阳公司经济损失 59.7 万余元。

但伊川公司则提出，《种子法》并没有对种子的销售价格作出任何规定，《河南省农作物种子管理条例》对农作物种子经营价格做出的具体规定没有与《种子法》、《价格法》相抵触，法院不应视之为"无效"。法院是司法机关，无权直接在判决书中认定上级立法机关制定的正在生效的《条例》无效。一审判决后，伊川公司不服，向河南省高级人民法院提起上诉。

与此同时，河南省人大、洛阳市人大亦对洛阳中级法院"宣告"地方性法规"无效"的判决表示不满，于是在 2003 年 10 月 13 日，河南省人大常委会办公厅下发了"关于洛阳市中级人民法院在民事审判中违法宣告省人大常委会通过的地方性法规有关内容无效问题的通报"（下称"通报"）。"通报"指出，"针对洛阳市人大常委会的请示，2003 年 10 月 13 日省十届人大常委会第 24 次主任会议认为，洛阳市中级人民法院作为一级审判机关，在其民事判决书中宣告省人大常委会通过的地方性法规有关内容无效，其实质是对省人大常委会通过的地方性法规的违法审查，违背了我国的人民代表大会制度，侵犯了权力机关的职权，暴露了一些审判机关对人民代表大会制度意识的淡薄，是严重违法行为。1998 年省高级人民法院已就沁阳市人民法院在审理一起案件中错误地审查地方性法规的问题通报全省各级法院（豫高法〔1998〕111 号），洛阳市中级人民法院却明知故犯。主任会议决定，为了维护地方性法规在全省贯彻执行的严肃性，请省法院对洛阳市中级人民法院的严重违法行为做出认真、严肃的处理，认真查找、分析再次出现类似情况的原因，真正采取切实措施，以避免类似情况的再发生，并将处理结果报告省人大常委会。"

2003 年 10 月 13 日，河南省人大常委会法制室下发了题为"关于洛阳市人大常委会关于《河南省农作物种子管理条例》实施中有关种子经营价格问题的请示的答复"，该答复认为：经 2003 年 10 月 13 日省十届人大常委会第 24 次主任会议研究，现答复如下：

1. 《河南省农作物种子管理条例》第 36 条关于种子经营价格的规定，与

《中华人民共和国种子法》没有抵触，应继续适用。

2. 洛阳市中级人民法院在其民事判决书（[2003] 洛民初字第26号）中宣告地方性法规有关内容无效，这种行为的实质是对省人大常委会通过的地方性法规的违法审查，违背了我国的人民代表大会制度，侵犯了权力机关的职权，是严重违法行为，请你们依法行使监督权，纠正洛阳市中级人民法院的违法行为，对直接责任人员和主管领导依法作出处理，通报洛阳市有关单位，并将处理结果报告省人大常委会。

随后，河南省高级人民法院于2003年10月21日做出了"河南省高级人民法院关于洛阳中院在民事审判中违法宣告省人大常委会通过的地方性法规有关内容无效问题的通报"（豫高法 [2003] 187号），洛阳市中级人民法院作出了"关于中院（2003）洛民初字第26号判决书违法宣告省人大常委会通过的地方性法规有关内容无效问题通报"。11月7日，在河南省人大和省高级人民法院的直接要求下，洛阳中院党组作出书面决定，撤销了此案主审法官李慧娟的审判长职务，并免去其助理审判员的资格，同时撤销了当时受委托签发判决书的一位副庭长的职务。

【本事例涉及的法律问题】

1. 法官在审理具体案件过程中，对于法律之间的冲突能否作出裁决，宣布法律条款无效？

2. 法官在审理案件过程中，面临法律之间的冲突，法官该如何做？

3. 对于法院判决中宣布的"地方性法规无效"，能否追究法官个人的责任？

【基础知识】

一、我国国家机关之间的关系

我国《宪法》第2条规定："中华人民共和国的一切权力属于人民。人民行使国家权力的机关是全国人民代表大会和地方各级人民代表大会"，第3条第3款规定："国家行政机关、审判机关、检察机关都由人民代表大会产生，对它负责，受它监督。"我国的根本政治制度是人民代表大会制度。在人民代表大会与其他国家机关的关系上，只有人民代表大会才是国家权力机关，在国家机构中处于核心最高地位，没有其他国家机关能够凌驾于其上。国家行政机关、司法机关都由人民代表大会产生，对它负责，受它监督，人民代表大会统一行使国家权力。国务院是最高国家权力机关的执行机关，是国家最高行政机关。检察院是法律监督机关，法院是审判机关，他们要对同级人大负责，接受监督和制约。

全国人民代表大会是最高国家权力机关。作为最高国家行政机关的国务院以及分别作为国家最高审判机关、检察机关的最高人民法院、最高人民检察院，都要由全国人大产生，向全国人大负责并报告工作。全国人大与其他最高国家机关的关系，是决定与执行的关系，是监督与被监督的关系。

从职权上说，全国人大行使国家最基本的、最重要的职权，拥有其他国家机关不具有的权力。主要是修改宪法和监督宪法实施的权力；制定和修改国家基本法律的权力；选举或决定任命和罢免全国人大常委会组成人员、国家主席和副主席、国务院组成人员、中央军事委员会组成人员、最高人民法院院长、最高人民检察院检察长的权力；决定国家重大事项，如国民经济和社会发展计划，国家预算，省、自治区和直辖市的建置，特别行政区的设立及其制度，和平和战争问题等的权力；监督国务院、中央军事委员会、最高人民法院、最高人民检察院的权力；以及应当由全国人大行使的其他权力。这些权力具有全权性和最高权威性，具体体现了全国人大作为最高国家权力机关的地位。

中华人民共和国主席、副主席由全国人民代表大会选举产生，每届任期同全国人民代表大会每届任期相同，连续任职不得超过两届。中华人民共和国主席根据全国人民代表大会的决定和全国人民代表大会常务委员会的决定，公布法律，任免国务院总理、副总理、国务委员、各部部长、各委员会主任、审计长、秘书长，授予国家的勋章和荣誉称号，发布特赦令、戒严令、动员令，宣布战争状态。中华人民共和国主席代表中华人民共和国接受外国使节；根据全国人民代表大会常务委员会的决定，派遣和召回驻外全权代表，批准和废除同外国缔结的条约和重要协定。

中华人民共和国国务院，即中央人民政府，是最高国家权力机关的执行机关，是最高国家行政机关。国务院由总理、副总理若干人、国务委员若干人、各部部长、各委员会主任、审计长、秘书长组成，实行总理负责制。国务院对全国人民代表大会负责并报告工作；在全国人民代表大会闭会期间，对全国人民代表大会常务委员会负责并报告工作。国务院每届任期与全国人民代表大会每届任期相同，总理、副总理、国务委员连续任职不得超过两届。

中华人民共和国中央军事委员会领导全国武装力量。它由主席、副主席若干人、委员若干人组成，实行主席负责制，每届任期同全国人民代表大会每届任期相同。中央军事委员会主席对全国人民代表大会和全国人民代表大会常务委员会负责。

中华人民共和国人民法院是国家的审判机关。最高人民法院是最高审判机关，对全国人民代表大会和全国人民代表大会常务委员会负责并报告工作。最高人民法院院长每届任期同全国人民代表大会每届任期相同，连续任职不得超过两届。《宪法》第 123 条规定："中华人民共和国人民法院是国家的审判机关。"第 126 条规定："人民法院依照法律规定独立行使审判权，不受行政机关、社会团体和个人的干涉。"第 128 条规定："最高人民法院对全国人民代表大会和全国人民代表大会常务委员会负责。地方各级人民法院对产生它的国家权力机关负责。"

中华人民共和国人民检察院是国家的法律监督机关。最高人民检察院是最高检察机关，对全国人民代表大会和全国人民代表大会常务委员会负责并报告工作。最高人民检察院检察长每届任期同全国人民代表大会每届任期相同，连续任职不得超过两届。《宪法》第 129 条规定："中华人民共和国人民检察院是国家的法律监督机关。"第 131 条规定："人民检察院依照法律规定独立行使检察权，不受行政机关、社会团体和个人的干涉。"第 133 条规定："最高人民检察院对全国人民代表大会和全国人民代表大会常务委员会负责。地方各级人民检察院对产生它的国家权力机关和上级人民检察院负责。"

二、我国法律的效力层次、适用原则及法律冲突的解决

当代中国法的渊源主要有：宪法、法律、行政法规、国务院各部门制定的部门规章、地方性法规和地方政府规章、民族自治地方的自治条例和单行条例、特别行政区基本法，等等。这些共同构成了我国的法律体系。法律体系中的各种法的渊源之间存在一个位阶等级体系，即法的效力层次。法的效力层次是指在一个国家法律体系的各种渊源中，由于其制定主体、程序、时间、适用范围等不同，各种法的效力也不同，由此而形成的一个法的效力等级体系。

由于法的复杂性等原因，不同的法之间会产生冲突，这就必然涉及法的效力层次问题。我国《立法法》第 78 条至第 83 条明确规定了我国法律的效力等级。根据《宪法》和《立法法》的规定，中国的法律效力等级体系表现为：

1. 宪法具有最高的法律效力，一切法律、行政法规、地方性法规、自治条例和单行条例、规章都不得同宪法相抵触。(《立法法》第 78 条)

2. 法律的效力高于行政法规、地方性法规、规章。行政法规的效力高于地方性法规、规章。(《立法法》第 79 条)

3. 地方性法规的效力高于本级和下级地方政府规章。省、自治区的人民政府制定的规章的效力高于本行政区域内的较大的市的人民政府制定的规章。(《立法法》第 80 条)

4. 自治条例和单行条例依法对法律、行政法规、地方性法规作变通规定的，在本自治地方适用自治条例和单行条例的规定。

经济特区法规根据授权对法律、行政法规、地方性法规作变通规定的，在

本经济特区适用经济特区法规的规定。(《立法法》第81条)

5. 部门规章之间、部门规章与地方政府规章之间具有同等效力,在各自的权限范围内施行。(《立法法》第82条)

《立法法》在第83条规定了法规、规章的适用原则:同一机关制定的法律、行政法规、地方性法规、自治条例和单行条例、规章,特别规定与一般规定不一致的,适用特别规定;新的规定与旧的规定不一致的,适用新的规定。

对于法律之间若存在冲突,如何确定应该适用的法律,除上述《立法法》第83条规定的一般适用原则外,《立法法》第85~86条还规定了"法律、法规适用的报请裁决"程序。《立法法》第85条规定:"法律之间对同一事项的新的一般规定与旧的特别规定不一致,不能确定如何适用时,由全国人民代表大会常务委员会裁决。行政法规之间对同一事项的新的一般规定与旧的特别规定不一致,不能确定如何适用时,由国务院裁决。"第86条规定:"地方性法规、规章之间不一致时,由有关机关依照下列规定的权限作出裁决:①同一机关制定的新的一般规定与旧的特别规定不一致时,由制定机关裁决;②地方性法规与部门规章之间对同一事项的规定不一致,不能确定如何适用时,由国务院提出意见,国务院认为应当适用地方性法规的,应当决定在该地方适用地方性法规的规定;认为应当适用部门规章的,应当提请全国人民代表大会常务委员会裁决;③部门规章之间、部门规章与地方政府规章之间对同一事项的规定不一致时,由国务院裁决。根据授权制定的法规与法律规定不一致,不能确定如何适用时,由全国人民代表大会常务委员会裁决。"

对于法律之间存在的冲突,能够"改变或者撤销的权限"在《立法法》第88条作了规定:"改变或者撤销法律、行政法规、地方性法规、自治条例和单行条例、规章的权限是:①全国人民代表大会有权改变或者撤销它的常务委员会制定的不适当的法律,有权撤销全国人民代表大会常务委员会批准的违背宪法和本法第66条第2款规定的自治条例和单行条例;②全国人民代表大会常务委员会有权撤销同宪法和法律相抵触的行政法规,有权撤销同宪法、法律和行政法规相抵触的地方性法规,有权撤销省、自治区、直辖市的人民代表大会常务委员会批准的违背宪法和本法第66条第2款规定的自治条例和单行条例;③国务院有权改变或者撤销不适当的部门规章和地方政府规章;④省、自治区、直辖市的人民代表大会有权改变或者撤销它的常务委员会制定的和批准的不适当的地方性法规;⑤地方人民代表大会常务委员会有权撤销本级人民政府制定的不适当的规章;⑥省、自治区的人民政府有权改变或者撤销下一级人民政府制定的不适当的规章;⑦授权机关有权撤销被授权机关制定的超越授权范围或者违背授权目的的法规，必要时可以撤销授权。"

【事例评析】

根据《宪法》第 2 条、第 3 条第 3 款，以及《立法法》的规定，在我国，能够有权撤销同宪法、法律和行政法规相抵触的地方性法规的机关是全国人民代表大会常务委员会，能够有权改变或者撤销它的常务委员会制定和批准的不适当的地方性法规的是省、自治区、直辖市的人民代表大会。因此，法院在行使审判权时，确实无权对人大及其常委会通过的地方性法规的效力进行评判。2009 年 10 月 26 日最高人民法院发布了《关于裁判文书引用法律、法规等规范性法律文件的规定》，其第 7 条规定："民法院制作裁判文书确需引用的规范性法律文件之间存在冲突，根据立法法等有关法律规定无法选择适用的，应当依法提请有决定权的机关做出裁决，不得自行在裁判文书中认定相关规范性法律文件的效力。"这个规定进一步明确了法院在裁判案件面临法律冲突时如何取舍，这一文件给出的解答是：其一，法院可以依法选择适用法律规范；其二，无法选择适用时应当提请裁决；其三，不得自行认定冲突的规范性法律文件的效力。由此可见，法官并无权力在裁判文书宣布法律条款无效。

在本案中，法官的法律推理是正确的，但是最终法官与地方人大的冲突所在就在于洛阳中院的（2003）洛民初字第 26 号判决书中的一句话——"《种子法》实施后，玉米种子的价格已由市场调节，《河南省农作物种子管理条理》作为法律阶位较低的地方性法规，其与《种子法》相冲突的条文自然无效……"中国的法官并没有宣布法律条款无效的权力，而本案法官在此判决中宣布地方性法规无效，自然涉及了越权的问题。

法官在审理案件实践中，认为地方性法规与法律相冲突，现实会作何种选择呢？第一种选择是上报裁决，法官中止案件审理，将认为与宪法和国家法律相冲突的地方性法规报请最高人民法院，由最高人民法院提请全国人大常委会裁决。第二种选择是直接适用上位法。法官在具体法律适用上是有选择权的，根据我国《宪法》和《立法法》的原则和具体规定，法官肯定不能适用与国家法律相抵触的地方性法规。

本案引发的另外一个值得思考的问题是：地方人大制定的法规、国务院制定的行政法规如果违反了全国人大及其常委会制定的法律，而全国人大及其常委会制定又没有作出撤销的决定，该怎么办？

参考阅读

1. 杨春福："法官应该是司法能动主义者——从李慧娟事件说起"，载《现代法学》

2009 年第 6 期。

2. 赵晓力:"司法过程与民主过程",载《法学研究》2004 年第 4 期。

 事例二

陕西省国土资源厅召开"协调会"否定法院判决

【事例介绍】

2010 年 7 月 17 日,陕西省榆林市横山县波罗镇山东煤矿和波罗镇樊河村发生了群体性械斗,共造成 87 人受伤。事件起因于矿权纠纷导致的民告官案,榆林市中级人民法院判决曾判定陕西省国土资源厅违法行政,但陕西国土资源厅召开"判决"性质的协调会,以会议决定否定生效的法院判决。

事件起因于煤矿的采矿许可权归属。波罗镇山东煤矿采矿许可证变更以前,名称是波罗镇北窑湾煤矿,正是这个名称变更,引发了一场旷日持久的行政诉讼。根据榆林市和陕西省两级法院判决书的内容,北窑湾煤矿于 1996 年 12 月开办,属集体性质。2000 年煤矿换证期间,山东淄博人李钊通过私刻公章,涂改采矿变更申请书等手段,获取了省国土厅新的《采矿许可证》,将"横山县波罗镇北窑湾煤矿"变更为"横山县波罗镇山东煤矿",负责人由樊占飞变为李钊。对此,樊河村村民联名要求有关部门给予更正。横山县矿产局发现问题后立即予以更正,并通过榆林市矿产局上报省国土厅。省国土厅口头答应尽快更正,却一拖再拖。无奈之下,樊占飞向法院提起行政诉讼。

2005 年 3 月 5 日,在一审、二审法院审理后,村委会向榆林市中级人民法院提起再审,要求对省国土厅未经村委会同意将集体矿权变更为李钊个人矿权一事进行审理。榆林市中院(2005)榆中行再终字第 36 号《行政审判书》作出判决:省国土厅给横山县波罗镇山东煤矿批准变更《采矿许可证》的行政行为,侵犯了原企业采矿权人的合法权益,属违反法定程序行为;李钊擅自涂改采矿变更申请登记书,骗取省国土厅颁发《采矿许可证》,显系违法行为,所取得的 6100000320008 号采矿证应依法予以撤销,由省国土厅作出具体行政行为。

该判决书下发后,省国土厅向陕西省高级人民法院提出申诉,省高院以(2007)陕行监字第 1 号裁定书驳回其申诉,明确指出省国土厅向山东煤矿颁发采矿许可证的行为缺乏合法性基础,榆林市中院再审判决对此予以撤销,并判令省国土厅重新作出具体行政行为并无不当,省国土厅的申诉理由不能成立。

至此,这起"民告官"的行政诉讼案件有了一个很明确的判决,只待败诉方——省国土厅履行法院裁决，纠正违法行政造成的错案，恢复原告的合法权益。然而，从陕西省高院裁定生效至今已两年有余，原告多次到省国土厅反映情况，要求执行，但省国土厅拒不纠正，生效的行政判决形同废纸。

2010年3月1日，北窑湾煤矿负责人和村民代表接到省国土厅通知，赴西安市参加该厅举行的"山东煤矿采矿权属纠纷协调会"。准时到达会场后，他们却被告知不能参加会议，须在指定地点等候消息。当日下午，省国土厅两位厅长向他们宣布：经有关部门相关人员及法律专家对该矿纠纷案进行解读，一致认定：①对榆林市中院和省高院的法律文书应理解为采矿权与樊占飞及樊河村村民和集体无任何关系；②由山东煤矿出资800万元给樊占飞作为招商引资奖励；③如不服可向最高人民法院寻求法律救济。至此，陕西省国土资源厅召开"判决"性质的协调会，以会议决定否定生效的法院判决。

7月20日，最高人民法院新闻发言人孙军工明确表示，陕西省国土厅如对法院终审判决有异议，可以申诉、申请再审等，走法律规定的救济途径，而不能拒不履行生效判决，干扰生效判决的正常执行。

另据2010年8月1日《中国青年报》报道，在陕西省横山县，同样是一起关于矿权纠纷的官司，在最高人民法院审理的过程中，却收到一份来自陕西省政府办公厅的密函。这份函件中有这样的表述："如果维持省高级人民法院的判决，将会产生一系列严重后果"，"对陕西的稳定和发展大局带来较大的消极影响"。

【本事例涉及的法律问题】

1. 法院生效的判决，即使该判决存在错误，行政机关能否否定法院判决？
2. 法院生效的判决，如果确有错误，该如何处理？
3. 法院能否直接判决采矿权的归属？

【基础知识】

一、人民法院依法独立行使审判权原则

我国《宪法》第126条规定："人民法院依照法律规定独立行使审判权，不受行政机关、社会团体和个人的干涉。"这一规定，指明了人民法院具有独立的法律地位，人民法院在审理和判决案件中只能以事实为依据，以法律为准绳。独立行使审判权就是只服从事实，服从法律。因此，人民法院要排除来自各方面的干扰和阻力，以及行政机关、社会团体的干涉和压力，保障司法公正。

二、行政主体及行政机关

行政主体是指能够独立地以自己的名义行使权力和承担义务的行政机关或者法律、法规授权的组织。行政主体具有下列三个特征：行政主体是享有国家行政权力，实施行政活动的组织，这是行政主体与其他国家机关、组织的主要区别所在；行政主体是能以自己的名义行使行政权的组织，这是行政主体与行政机关内部的组成机构和受行政机关委托执行某些行政管理任务的组织的区别；行政主体是能够独立对外承担其行为所产生的法律责任的组织，这是行政主体具有独立法律人格的具体表现，也是一个组织成为行政主体的必备条件。行政主体的范围有：其一，行政机关是指按照宪法和行政机关组织法的规定而设立的依法行使国家行政权力、对国家各项行政事务进行组织与管理的国家机关。它包括各级人民政府，也包括各级人民政府的职能部门，还包括各级行政机关所派出的机关。其二，法律、法规授权的组织。法律、法规授权的组织包括各种企事业单位和基层群众自治组织，例如学校、工会、共青团、妇联、残联、个协、律协、卫生防疫站、食品卫生监督站，等等。被法律、法规授权的组织在行使法定的职权时享有独立的行政主体资格，但是在缺乏法律、法规明确授权的其他场合之下不具有行政主体资格。

根据行政机关职权管辖的范围，行政机关有中央行政机关与地方行政机关之分。中央行政机关，指所辖区域及事务范围涉及全国的行政机关，是一国行政体制的核心。在我国，中央行政机关包括国务院（最高的国家行政机构）、国务院组成部门（国务院职能机关）、国务院直属机构（国务院主管某项专门业务的机构）、国务院部委管理的国家局和国务院办事机构（不具备行政主体资格）。地方行政机关，指活动范围及管辖事项仅限于国家一定行政区域范围内的行政机关，包括地方各级人民政府及其职能部门以及地方人民政府的派出机关。

【事例评析】

首先，法院判决的拘束力问题。《行政诉讼法》第5条规定："人民法院审理行政案件，对具体行政行为是否合法进行审查。"《宪法》第123条规定了人民法院是国家审判机关，第126条规定人民法院独立行使审判权，《行政诉讼法》第3条第1款规定："人民法院依法对行政案件独立行使审判权，不受行政机关、社会团体和个人的干涉"。《人民法院组织法》中也规定了人民法院独立行使审判权，不受行政机关、社会团体和个人的干涉。《行政诉讼法》第63条规定："人民法院院长对本院已经发生法律效力的判决、裁定，发现违反法律、法规规定认为需要再审的，应当提交审判委员会决定是否再审。"第65条规定："当事人必须履行人民法院发生法律效力的判决、裁定。"本案中，陕西省榆林市中级人民法院依据《行政诉讼法》的规定启动再审程序具有法律依据。陕西省国土厅向陕西省高级人民法院提出申诉，省高院以（2007）陕行监字第1号裁定书驳回其申诉。那么，陕西省高级人民法院的判决应为最终生效判决，该判决的所有当事人必须履行，当事人既包括作为原告的行政相对人，也包括作为被告的陕西省国土厅。这个判决有拘束力，陕西省国土厅应该执行。法院生效的判决，即使该判决存在错误，行政机关也不能否定法院判决。

其次，如果陕西省国土资源厅认为判决有错误，应该通过什么程序纠正？《行政诉讼法》第62条规定："当事人对已经发生法律效力的判决、裁定，认为确有错误的，可以向原审人民法院或者上一级人民法院提出申诉，判决、裁定不停止执行。"第64条规定："人民检察院对人民法院已经发生法律效力的判决、裁定，发现违反法律、法规规定的，有权按照审判监督程序提出抗诉。"所以，陕西省国土资源厅如果认为已经发生法律效力的判决存在错误，一种途径为可以向检察院申请提起抗诉，另一种途径就是向上一级法院提出申诉，但判决不停止执行。因此，陕西省国土厅召开了一个包括陕西省高院、国土厅和专家学者的协调会，来否定一个已经生效的法院判决，实际上是很荒唐的。

就此事件而言，还涉及行政许可的变更问题：法院能否在涉及采矿权的行政诉讼的判决中判定采矿许可权的归属？本事例中，国土资源厅认为，采矿权是国土资源厅才有权授予的行政许可权，法院无权干涉行政权力，也即法院无权直接判处采矿权归属。北京大学法学院教授、物权法起草者之一尹田认为，在涉及采矿权的行政诉讼中，法院只有权判定行政机关行政程序上是否违法，在民事诉讼中同样只能判定双方合同是否有效，二者皆不可直接判定采矿权归属。在此案中，即使原告胜诉，是否有资格获得采矿权依然要由国土资源厅来做出决定。[213]

事例三

最高人民法院收回死刑核准权

【事例介绍】

2006年10月31日，第十届全国人大常委会第二十四次会议高票表决通过《关于修改〈中华人民共和国人民法院组织法〉的决定》，将《人民法院组织法》原第13条"死刑案件除由最高人民法院判决的以外，应当报请最高人民法院核准。杀人、强奸、抢劫、爆炸以及其他严重危害公共安全和社会治安判处

---

[213]　陈鸣："最高院很生气，国土厅很'淡定'——陕西国土厅抗法事件调查"，载《南方周末》2010年8月5日。

死刑的案件的核准权，最高人民法院在必要的时候，得授权省、自治区、直辖市的高级人民法院行使"（该第 13 条是在 1983 年 9 月 2 日第六届全国人大常委会第二次会议表决通过全国人大常委会《关于修改人民法院组织法的决定》中修改的），修改为："死刑除依法由最高人民法院判决的以外，应当报请最高人民法院核准"。该修改决定自 2007 年 1 月 1 日起施行。

2006 年 12 月 28 日，最高人民法院正式公布了《关于统一行使死刑案件核准权有关问题的决定》。根据这一决定，2007 年 1 月 1 日起，最高人民法院过去关于授权高级人民法院和解放军军事法院核准部分死刑案件的通知，一律予以废止。自 2007 年 1 月 1 日起，死刑除依法由最高人民法院判决的以外，各高级人民法院和解放军军事法院依法判决和裁定的死刑立即执行案件，应当报请最高人民法院核准。

这意味着，所有死刑案件复核都要由最高人民法院核准。

为了分析该事例的便利，有必要对我国的死刑核准程序的法律规定及其历史演变过程作一简单介绍。

自 1954 年中华人民共和国第一部宪法通过以来，死刑复核权经历了一个变化的过程，具体如下：

1. 第一阶段：新中国成立之初到刑事诉讼法颁布前。死刑核准权最早出现在 1954 年颁布的《中华人民共和国人民法院组织法》中，该法第 11 条第 5 款规定：中级人民法院和高级人民法院对于死刑案件的终审判决和裁定，如果当事人不服，可以申请上一级人民法院复核。基层人民法院对于死刑案件的判决和中级人民法院对于死刑案件的判决和裁定，如果当事人不上诉、不申请复核，应当报请高级人民法院核准后执行。

1957 年第一届全国人民代表大会第四次会议通过的决议规定："今后一切死刑案件，都由最高人民法院判决或者核准。"决议将死刑核准权统一收归最高人民法院行使，从而实现了最高人民法院死刑核准权的第一次回收。

2. 第二阶段：从《刑事诉讼法》的实施到部分死刑案件核准的逐步授权。1979 年 7 月 1 日，第五届全国人民代表大会第二次会议同时通过了《刑法》、《刑事诉讼法》和《人民法院组织法》，对于死刑的核准程序，三部法律均规定实行由最高人民法院核准。《刑法》第 43 条第 2 款规定：死刑除依法由最高人民法院判决的以外，都应当报请最高人民法院核准。死刑缓期执行的，可以由高级人民法院判决或者核准。《刑事诉讼法》设立专章对死刑核准程序作了规定，其第四章"死刑复核程序"第 144 条明确规定："死刑由最高人民法院核准。"第 145 条规定："中级人民法院判处死刑的第一审案件，被告人不上诉的，应由高级人民法院复核后，报请最高人民法院核准。高级人民法院不同意判处死刑的，可以提审或者发回重新审判。"该法自 1980 年 1 月 1 日起实施。《人民法院组织法》第 13 条规定："死刑案件由最高人民法院判决或者核准。死刑案件的复核程序按照中华人民共和国刑事诉讼法第三编第四章的规定办理。"

分析立法者当时的出发点，应当说是体现了对死刑实行严格控制和谨慎的态度。

然而，在《刑事诉讼法》刚刚实施一个月，1980 年 2 月 12 日，第五届全国人大常委会第十三次会议即批准："在 1980 年内，对现行的杀人、强奸、抢劫、放火等犯有严重罪行应当判处死刑的案件，最高人民法院可以授权省、自治区、直辖市高级人民法院核准。"

根据这一决定，最高人民法院于 1980 年 3 月 18 日发布《关于对几类现行犯授权高级人民法院核准死刑的若干具体规定的通知》，该《通知》中规定："在 1980 年内，从 1 月 1 日起由公安机关立案侦查、人民检察院起诉的现行杀人、放火、抢劫、强奸等犯有严重罪行应当判处死刑的案件，本院已经授权各高级人民法院核准。"

1981 年 6 月 10 日，第五届全国人大常委会第十九次会议通过了《关于死刑案件核准问题的决定》，规定："在 1981～1983 年内，对犯有杀人、抢劫、强奸、爆炸、放火、投毒、决水和破坏交通、电力等设备的罪行，由省、自治区、直辖市高级人民法院终审判决死刑的，或者中级人民法院一审判决死刑，被告人不上诉，经高级人民法院核准的，以及高级人民法院一审判决死刑，被告人不上诉的，都不必报最高人民法院核准。"

1983 年 9 月 2 日第六届全国人大常委会第二次会议通过的《关于修改中华人民共和国人民法院组织法的决定》对死刑复核权作了修改，该《决定》将《人民法院组织法》原第 13 条修改为："死刑案件除由最高人民法院判决的以外，应当报请最高人民法院核准。杀人、强奸、抢劫、爆炸以及其他严重危害公共安全和社会治安判处死刑的案件的核准权，最高人民法院在必要的时候，得授权省、自治区、直辖市的高级人民法院行使。"据此，最高人民法院于 1983 年 9 月 7 日发布了《关于授权高级人民法院核准部分死刑案件的通知》，授予各省、自治区、直辖市高级人民法院及解放军军事法院行使上述案件的死刑复核权。

后来，随着毒品犯罪的迅猛发展，最高人民法院又于 1991 年 6 月 6 日、1993 年 8 月 18 日分别授权云南省和广东省的高级人民法院，对部分毒品犯罪死刑案件行使死刑核准权。

3. 第三阶段:《刑事诉讼法》和刑法的修改到 2007 年死刑复核权的最终收回。1996 年 3 月,第八届全国人大第四次会议通过了《关于修改〈中华人民共和国刑事诉讼法〉的决定》,修改后重新颁布的刑事诉讼法第 199 条再次重申:"死刑由最高人民法院核准。"修改后的《刑事诉讼法》于 1997 年 1 月 1 日起施行。

1997 年 3 月,第八届全国人大第五次会议对《中华人民共和国刑法》作了修订,修订后的刑法第 48 条特别增加了第 2 款,规定:"死刑除依法由最高人民法院判决的以外,都应当报请最高人民法院核准"。修改后的刑法于 1997 年 10 月 1 日起正式实施。

上述两部法律的修改均未规定最高人民法院在必要时可以下放死刑核准权,依"新法优于旧法"的原理,可以视为死刑核准权又"重归"最高人民法院。

但《刑事诉讼法》修订之后不久,最高人民法院于 1996 年 3 月 19 日发布《最高人民法院关于授权广西壮族自治区、四川省、甘肃省高级人民法院核准部分毒品犯罪死刑案件的通知》,通知指出:为了及时有力地打击走私、贩卖、运输、制造毒品等犯罪活动,切实保护公民身心健康,维护社会治安秩序,现依照《中华人民共和国人民法院组织法》第 13 条关于对于严重危害公共安全和社会治安判处死刑的案件的核准权,最高人民法院在必要的时候,得授权省、自治区、直辖市的高级人民法院行使的规定,经本院审判委员会 1996 年 3 月 19 日第 803 次会议讨论决定:自本通知下达之日起,广西壮族自治区、四川省、甘肃省的毒品犯罪死刑案件的核准权(本院判决的和涉外的毒品犯罪死刑案件除外),依法分别授权由广西壮族自治区、四川省、甘肃省高级人民法院行使。"1997 年 6 月 23 日,最高人民法院发布《最高人民法院关于授权贵州省高级人民法院核准部分毒品犯罪死刑案件的通知》,通知指出:"为了及时有力地打击走私、贩卖、运输、制造毒品等犯罪活动,切实保护公民身心健康,维护社会治安秩序,现依照《中华人民共和国人民法院组织法》第 13 条关于对于严重危害公共安全和社会治安判处死刑的案件的核准权,最高人民法院在必要的时候,得授权省、自治区、直辖市的高级人民法院行使的规定,经本院审判委员会 1997 年 6 月 17 日第 912 次会议讨论决定:自本通知下达之日起,贵州省的毒品犯罪死刑案件(本院判决的和涉外的毒品犯罪死刑案件除外)的核准权,授予贵州省高级人民法院行使。但涉港澳台死刑案件在一审宣判前仍需报最高法院内核。"

1997 年 9 月 26 日最高人民法院再次发布《关于授权高级人民法院和解放军军事法院核准部分死刑案件的通知》。《通知》指出:"鉴于目前的治安形势以及及时打击严重刑事犯罪的需要，有必要将部分死刑案件的核准权继续授权由各高级人民法院、解放军军事法院行使。"

根据这些"通知"，绝大部分判处死刑案件的核准权，仍然继续下放由高级法院行使。死刑核准的两极格局仍未改变，《刑事诉讼法》与《刑法》规定的死刑核准程序实际上名存实亡。

死刑核准权的下放，经过20多年的实践，暴露的问题越来越多，越来越严重。因为个别法院在死刑案件事实、证据上把关不严，酿成了多起错杀案件，在社会上造成了不良的影响。1996年、1997年第八届全国人大第四次会议和第五次会议期间审议通过《刑事诉讼法修正案》和新《刑法》后，死刑核准权收归最高人民法院行使的呼吁就一直没有间断过。2002年，党的十六大提出推进司法体制改革的任务。2004年中央在《中央司法体制改革领导小组关于司法体制和工作机制改革的初步意见》中进一步明确提出："改革授权高级人民法院行使部分死刑案件核准权的做法，将死刑案件核准权统一收归最高人民法院。"2005年10月，最高人民法院发布《人民法院第二个五年改革纲要》，明确表示："落实有关法律的规定和中央关于司法体制改革的部署，由最高人民法院统一行使死刑核准权，并制定死刑复核程序的司法解释。"2006年9月29日，最高人民法院将《关于提请审议〈人民法院组织法〉修正案草案》的议案提交全国人大常委会；10月27日，全国人大常委会审议这一修正案草案，并于10月31日表决通过了《关于修改〈人民法院组织法〉的决定》。该《决定》将原来的第13条修改为："死刑除依法由最高人民法院判决的以外，应当报请最高人民法院核准。"该决定自2007年1月1日起施行。至此，最高人民法院将所有死刑的核准权全部收回。

【本事例涉及的法律问题】
死刑核准权的下放是否符合法律的规定？
【基础知识】
死刑复核权是指对被告人判处死刑的案件，由有权的人民法院进行复核，以决定是否核准死刑判决并执行死刑所应当遵循的权力，是对死刑的判决和裁定进行复核的权限。新中国的死刑复核制度，在1954年9月第一部《人民法院组织法》颁布至"文化大革命"前，在当时历史条件下，该法规定死刑核准权由最高人民法院和高级人民法院共同行使。1979年制定的《刑事诉讼法》、《刑法》、《人民法院组织法》均规定死刑由最高人民法院核准。但之后基于当时社会治安的情况，死刑核准权又经历了多次下放的波折，直至2007年最终由最高人民法院收回。

【事例评析】

客观地评价，基于当时的治安情况，将部分死刑案件核准权授权高级人民法院行使，是针对改革开放初期的治安形势而采取的非常措施，为依法从重从快严惩严重危害社会治安的犯罪分子起到了一定作用。经过 20 多年的司法实践，死刑核准权的下放日益暴露出严重问题。来自社会各界要求最高法院收归死刑核准权的呼声愈发强烈。

由高级法院部分核准死刑，会造成对死刑案件量刑标准不一致，更难免由于执法者素质、对政策把握程度等的不同，造成执法标准的不同，一定程度上就难以保证司法的公正性。授权高级人民法院核准的案件的程序名存实亡。由于高级人民法院通常是死刑案件的二审法院，因而司法实践中高级人民法院通常将二审程序与死刑复核程序合而为一，而不再进行死刑复核，造成刑诉法规定的死刑复核程序难以发挥应有的监督作用，导致死刑复核程序在实际上被取消。更为关键的，《人民法院组织法》与《刑法》、《刑事诉讼法》关于死刑核准权规定的矛盾冲突，造成法律的效力和层级错位，影响了法律的权威性。

一、死刑核准权的下放与现行法律的规定是矛盾的

1996 年修正的《刑事诉讼法》第 199 条规定："死刑由最高人民法院核准。"第 201 条规定："中级人民法院判处死刑缓期二年执行的案件，由高级人民法院核准。"这一规定重复了 1979 年《刑事诉讼法》的规定。据此规定，死刑立即执行的案件，应当由最高人民法院核准，死刑缓期执行的案件，由高级人民法院核准。

1996 年修订的《刑事诉讼法》既然没有规定死刑可以由高级人民法院核准，说明全国人民代表大会对全国人大常委会作出的关于死刑立即执行的案件可以由高级人民法院核准的决议以及全国人大常委会通过的《人民法院组织法》修改中关于死刑执行的条文持否定态度。在此条件下，最高人民法院如果再将死刑立即执行的核准权下放给高级人民法院就于法无据。

但就是在这种情况下，最高人民法院仍然在 1997 年以"通知"的形式授权高级人民法院和解放军军事法院核准部分死刑案件。1998 年 6 月 29 日，最高人民法院审判委员会第 989 次会议通过了《最高人民法院关于执行〈中华人民共和国刑事诉讼法〉若干问题的解释》，该解释第 274 条规定："死刑由最高人民法院核准，但依法授权高级人民法院核准的除外……"

二、死刑核准权收回的意义

首先，死刑核准权的收回有利于体现保障人权和法律面前人人平等。在今天，人权问题已经成为国际政治中的一个长久而重要的主题。关心人、尊重人，

尊重人的生命权、自由权和财产权对人权的保障具有重要意义和价值。死刑核准权"归位"最高人民法院，有利于使人权得到最为切实的保障，最大程度上实现法律面前人人平等。法律面前人人平等，是我国的一项宪法原则，但死刑核准权的"下放"，使得各地的死刑标准不一，同样的犯罪在甲地可能被判处死刑，在乙地则可能不被判处死刑；甚至甲地一个较重的犯罪不判处死刑，而乙地一个较轻的犯罪反而判处死刑。由此引起死刑犯的不服、死刑犯家属的不满，也给社会造成了一些误会。

其次，死刑核准权的收回有利于缩小死刑的适用面和提高死刑案件的办案质量。严格限制死刑一直是我国的一项基本刑事政策，实践证明，死刑核准权的"下放"不利于从严控制死刑的适用面。

最后，死刑核准权的收回有利于推进司法体制改革和保证司法的公正性。近20年来，我国在政治、经济、文化和社会生活诸多领域，制定了一系列保护公民、法人权利的重要法律、法规，从而使社会生活的各个方面基本做到了"有法可依"。公民的法律意识、权利意识也日益增强。改革开放的实践已经使经济体制和社会结构发生了深刻的变化，社会主义市场经济的发展要求进一步加快司法体制改革已成为全社会的广泛共识。在建设现代化的社会主义法治国家的过程中，从法治建设的角度准确理解和阐释我国的死刑核准权的"归位"，对于推动法律的有效实现无疑具有十分重要的现实意义。

 参考阅读

1. 卢建平："死刑核准权收回的实质意义"，载《刑法论丛》2007年第1期。

2. 王茂林："死刑核准权回收将在国内外产生重大影响"，载《中国人大》2006年第22期。

3. 韩大元、王晓滨："强化检察机关监督死刑复核程序的宪法学思考"，载《人民检察》2006年第11期。